基于人工智能的
城市轨道交通短时客流预测

张金雷 杨立兴 高自友 著

清华大学出版社
北京

内 容 简 介

本书以作者及其团队多年来研究的城市轨道交通短时客流预测基础理论和算法为基础,深入细致地阐述了城市轨道交通短时客流预测面临的一系列数据、模型、管理需求等问题,提出了相关的机器学习和深度学习模型与算法,是作者及团队近年来一系列研究成果的体现。本书主要内容包括城市轨道交通常态与非常态场景下车站级和网络级短时进站流预测、短时 OD 流预测、短时断面流预测、以轨道交通为骨干的多模式交通短时客流预测、基于计算机视觉的轨道交通站内关键设施处短时客流预测。

本书主要面向从事城市轨道交通运营管理的科研人员,广大从事交通大数据分析、机器学习或深度学习的专业人员,从事高等教学的相关教师,高等院校的在读学生及相关领域的广大科研人员,可作为各高等院校交通运输、交通工程等专业的本科生和研究生教材。

图书在版编目(CIP)数据

基于人工智能的城市轨道交通短时客流预测/张金雷,杨立兴,高自友著.—北京:清华大学出版社,2023.5

ISBN 978-7-302-62757-9

Ⅰ.①基… Ⅱ.①张…②杨…③高… Ⅲ.①城市铁路－轨道交通－客流－运输需求－预测－研究 Ⅳ.①U293.13②U239.5

中国国家版本馆 CIP 数据核字(2023)第 031233 号

责任编辑:陈凯仁
封面设计:刘艳芝
责任校对:薄军霞
责任印制:沈 露

出版发行:清华大学出版社
  网   址:http://www.tup.com.cn,http://www.wqbook.com
  地   址:北京清华大学学研大厦 A 座   邮 编:100084
  社 总 机:010-83470000   邮 购:010-62786544
  投稿与读者服务:010-62776969,c-service@tup.tsinghua.edu.cn
  质量反馈:010-62772015,zhiliang@tup.tsinghua.edu.cn
印 装 者:三河市铭诚印务有限公司
经 销:全国新华书店
开 本:185mm×260mm   印 张:17   插 页:7   字 数:434 千字
版 次:2023 年 5 月第 1 版   印 次:2023 年 5 月第 1 次印刷
定 价:89.00 元

产品编号:100171-01

随着我国经济的快速发展,城市规模逐渐扩大,现有的交通基础设施已无法完全满足人们日益增长的出行需求,城市交通拥堵问题日益严重。城市轨道交通凭借其运量大、速度快、准时性高、污染小、安全性高等优势,近几年迎来了爆发式发展,已成为大中型城市中不可缺少的公共交通工具,有效缓解了城市交通压力。截至 2021 年年底,我国城市轨道交通总运营里程高达 8708km,其中地铁 7535km,占比 86.5%。同时,轨道交通运营规模空前扩大并保持高增长态势,截至 2021 年年底,我国已开通 269 条城市轨道交通运营线路,同比增长 10.2%,2021 年全年客运总量 236 亿人次,同比增长 34.1%,轨道交通发展前景广阔。

随着城市轨道交通线网规模的快速扩张和客流量的急剧增加,线网客流的时空分布日趋复杂,高峰时段供需不平衡问题愈加突出,部分车站客流超过设计能力,常态化限流车站逐步增加,系统安全运营和应急管理面临巨大挑战。大数据、人工智能等技术的兴起为应对现实挑战提供了解决思路,促使轨道交通逐渐向智慧轨道交通生态的方向发展。短时客流预测是构建智慧轨道交通生态的基础研究内容,然而既有相关研究存在预测精度较低、系统性较弱、网络客流时空特征捕捉不充分等不足,难以满足智慧化运营管理的需求。鉴于此,在新时代、新背景、新技术的推动下,本书借助大数据挖掘和人工智能等新兴技术,构建了包括城市轨道交通常态与非常态场景下车站级和网络级短时进站流预测、短时 OD 流预测、短时断面流预测、以轨道交通为骨干的多模式交通短时客流预测、基于计算机视觉的轨道交通站内关键设施处短时客流预测等在内的一整套智能城市轨道交通短时客流预测体系。研究成果有助于辅助地铁运营公司实时把握全网客流高精度的时空分布状态、及时有效地调整客流管控措施等,有助于辅助乘客合理选择出行路径和出行时间,规避拥堵线路,从而节约出行的价格成本和时间成本等。本书主要内容分为以下 8 章:

第 1 章为绪论。本章主要介绍了本书的研究背景及意义、使用的相关概念、相关研究面临的主要问题以及本书的章节安排。

第 2 章为城市轨道交通车站级常态短时进站流预测。本章主要介绍了客流空间特征挖掘、客流时间特征挖掘、基于聚类和 LSTM 的车站级短时进站流预测以及基于元学习的新开车站或线路短时进站流预测四个部分。针对客流空间特征挖掘,分别介绍了基于两步 K-means 算法的车站聚类和基于车站类别的客流特征分析,据此对车站进行聚类,获得具有相似的客流量和相似的客流量变化趋势的车站类别。针对客流时间特征挖掘,分别介绍了客流时间序列相似性度量、平稳性检验以及可预测性评估及分析,对每一类车站进行合理的可用于预测的时间粒度推荐,从而提高预测精度。针对基于聚类和 LSTM 的车站级短时进站流预测,提出了基于聚类的 CB-LSTM 模型,该模型中基于同一子类下所有车站的客流数据构建的模型可以增大训练集数量,进而一定程度上提高模型表现能力。针对基于元学习的新开车站或线路短时进站流预测,提出了基于元学习的 Meta-LSTM 模型,该模型从多个数据丰富的地铁站学习客流特征知识,并将知识转移到数据有限的新开地铁车站,从而提高知识迁移的稳定性和新开地铁车站的客流预测精度。

第 3 章为城市轨道交通网络级常态短时进站流预测。本章主要介绍了基于 ResLSTM 的网络级短时进站流预测,基于 Conv-GCN 的网络级短时进站流预测,以及基于 Graph-GAN 的网络级短时进站流预测共三个使用不同预测方法的深度学习模型,并分别从问题及数据简介、具体模型、模型的配置以及模型的预测结果分析四个方面来对模型进行全面介绍。本章构建的深度学习模型框架能够使用一个模型对全网所有车站进行同步实时预测,且能满足实际运营"高精度"和"实时性"的要求,同时能够捕捉网络客流之间复杂的时空依赖关系和网络的拓扑信息,兼具可接受的模型复杂度、良好的模型表现效果和较大的实际应用价值等优势。网络级常态短时进站流预测是顺应网络化以及大客流发展趋势,提高运营组织水平和客流管控效率的重要手段。

第 4 章为城市轨道交通车站级与网络级非常态短时进站流预测。本章从节假日期间的客流预测、疫情期间的客流预测以及大型活动期间的客流预测三个方面对非常态下的地铁进站流预测展开研究。节假日客流预测方面,本章首先分析目前节假日客流预测存在的问题和挑战,然后对节假日地铁进站流预测问题进行定义,最后简单介绍实验相关数据集。在完成问题分析和数据简介以后,基于深度学习相关知识和图论领域知识提出节假日客流预测模型 Graph-Transformer,并分别对模型各组成部分进行详细介绍。在介绍完模型框架后,首先介绍了模型配置,包括模型参数的选择、预测效果评价指标的选择以及基准模型的选择;然后在真实数据集上进行实验,并对实验结果展开分析,验证模型预测的精确性和鲁棒性。至于疫情期间地铁短时进站流预测以及大型活动期间地铁短时进站流预测,其大体行书思路与上述节假日客流预测相近,分别构建了 ST-former 模型和 ST-BiLSTM-Attention 模型用于疫情期间网络级短时进站流预测和大型活动期间车站级短时进站流预测。

第 5 章为城市轨道交通车站级与网络级短时 OD 流预测。本章提出了基于深度学习的车站级和网络级城市轨道交通短时 OD 流预测模型,解决了如何获取轨道交通系统短时期内 OD 流的问题。在车站级短时 OD 流预测方面,详细分析了车站级和网络级短时 OD 流预测问题中面临的挑战,引入 OD 吸引度概念,在此基础上划分 OD 吸引度水平,借助经典 LSTM 模型构建了车站级短时 OD 流预测模型,探索了时间粒度与 OD 吸引度水平的最佳组合。在网络级短时 OD 流预测方面,基于推荐的时间粒度和 OD 吸引度水平,构建了网络级短时 OD 流预测模型 CAS-CNN,实现了对全网所有 OD 对之间的短时 OD 需求进行预测,相较于多种既有深度学习模型,取得了良好的预测效果。精准的短时 OD 流预测能够提供车站之间的乘客时空出行分布,有助于理解乘客出行行为,有助于为轨道交通实时的路径规划和运营组织管理等提供重要的管理依据。

第 6 章为城市轨道交通网络级短时断面流预测。本章以数据为驱动,将模型驱动的交通分配方法和数据驱动的交通分配方法予以结合,将传统分配模型置于计算图框架下,借助计算图模型估计路径/路段的实时行程时间和车站不同方向的等车时间,进而通过智能体仿真动态获取短时断面流量。首先,引入了机器学习领域的计算图模型,并详细分析了基于计算图的客流分配模型相比传统客流分配模型的优势。其次,将轨道交通客流分配模型置于计算图框架下,通过乘客路径选择建模、k 短路搜索以及有效路径选择、构建数学优化模型、优化模型向量化、计算图模型建模等步骤,估计了路段行程时间和站点等车时间,进而通过客流分配和智能体仿真等步骤,最终生成了断面流量。最后,进行了案例研究,将该模型应用于虚拟地铁网络,验证了模型的合理性和有效性,将该模型应用于北京真实地铁网络,获取了网络短时断面客流。该模型实现了实时获取全网所有断面的短时客流量,解决了如何获取轨道交通全网短时期内断面流量的问题。

第 7 章为以轨道交通为骨干的多模式交通短时客流预测。本章提出了基于深度学习的区域级和网络级的多模式交通短时客流预测模型,解决了城市范围内不同尺度的多模式交通短时客流预测问题。在区域级多模式交通短时客流预测方面,详细分析区域级多模式交通短时客流预测面临的问题及研究现状,基于 Transformer 和残差网络构建多任务学习模型 Res-Transformer,并通过案例分析证明所提出模型的有效性和鲁棒性。进一步,通过实验分析多模式交通的交互机理,并对比单模式交通与多模式交通短时客流预测模型的预测结果,证明协同考虑多种交通模式的优势以及有效性。在网络级多模式交通短时客流预测方面,详细分析网络级多模式交通面临的问题,依据网络级多模式交通数据特点,基于 Informer 和残差网络构建多任务学习模型 Res-Informer,通过案例分析及消融实验证明该模型的有效性,实现了精准的网络级多模式交通短时客流预测。不同规模下的多模式交通短时客流预测能够提供不同交通模式之间的客流规律,有助于理解不同交通模式之间的关联,有助于实现以轨道交通为骨干的多模式交通系统协同管理。

第 8 章为基于计算机视觉的城市轨道交通站内短时客流预测。本章为了预测站内不同场景的微观客流,保证站内乘客通行安全,提出基于计算机视觉的端到端精细化短时客流识别与预测模型(Detect-Predict)。首先拍摄并标注轨道交通站内图片数据集用于训练 YOLOv5 目标检测算法,并通过通道剪枝对检测模型压缩,其次结合 Deep SORT 算法与 LSTM 算法实现乘客数量实时统计和预测。在拍摄的站内视频数据上进行实验,结果表明采用处理输入视频每秒传输帧数的方法,乘客数量实时统计算法可以满足识别与预测的实时性和高精度要求。该章节提出的模型可以实时识别与预测轨道交通站内场景的微观客流,研究成果可指导乘客更加合理地规划出行,轨道交通运营管理部门可实时掌握站内各场景未来客流并及时采取措施疏散站内拥挤乘客,保障乘客乘车安全,提升乘客出行体验,对于智慧轨道交通建设具有重要意义,具有一定的应用前景。

本书作者在城市轨道交通短时客流预测方面拥有丰富的理论基础和实践经验,内容汇集了作者及其团队近年来在该领域的主要研究方法和成果。作者在撰写本书过程中,考虑到内容的准确性和真实性,针对城市轨道交通短时客流预测领域不同方面的问题,详细查阅了大量的参考文献,并在此基础上竭力使用简明扼要的语言,系统阐述城市轨道交通短时客流预测领域的研究成果。虽然在撰写过程中,作者力求做到尽善尽美,但本书介绍内容为城市轨道交通较为新颖的领域,同时作者的时间和精力有限,书中难免有瑕疵之处,敬请各位学者、师生提出宝贵的意见和建议。

本书的研究工作得到国家自然科学基金杰出青年科学基金项目(编号:71825004)、国家自然科学基金基础科学中心项目(编号：72288101)、国家自然科学基金优秀青年科学基金项目(编号：72122003)以及国家自然科学基金青年科学基金项目(编号：72201029)的资助。此外，在本书内容的组织过程中，北京交通大学李树凯教授、阴佳腾副教授、戚建国讲师、章树鑫博士、杨咏杰、陈瑶、李华、张婧慧、毛帅等均参加了本书的撰写，在此表示感谢！

作　者

2022 年 7 月

目 录

第 **1** 章

绪　论

1.1　研究背景及意义

　　城市轨道交通凭借其运量大、速度快、准时性高、污染小、安全性高等优势,近几年迎来了爆发式发展,已成为大中型城市中不可或缺的公共交通工具。在全国轨道交通运营里程和在建里程方面,截至 2021 年年底,我国城市轨道交通总运营里程高达 8708km,其中地铁7535km,占比 86.5%。此外,56 个城市正在紧张建设城市轨道交通,总里程高达 6988km,其中在建地铁 5093km,占比 72.9%,近几年全国地铁在建里程和运营里程如图 1-1 所示。在全国地铁运营线路数量和客运总量方面,如图 1-2 所示,截至 2021 年年底,我国已开通269 条城市轨道交通运营线路,同比增长 10.2%,2021 年全年客运总量 236 亿人次,同比增长 34.1%,轨道交通运营规模空前扩大并保持高增长态势。

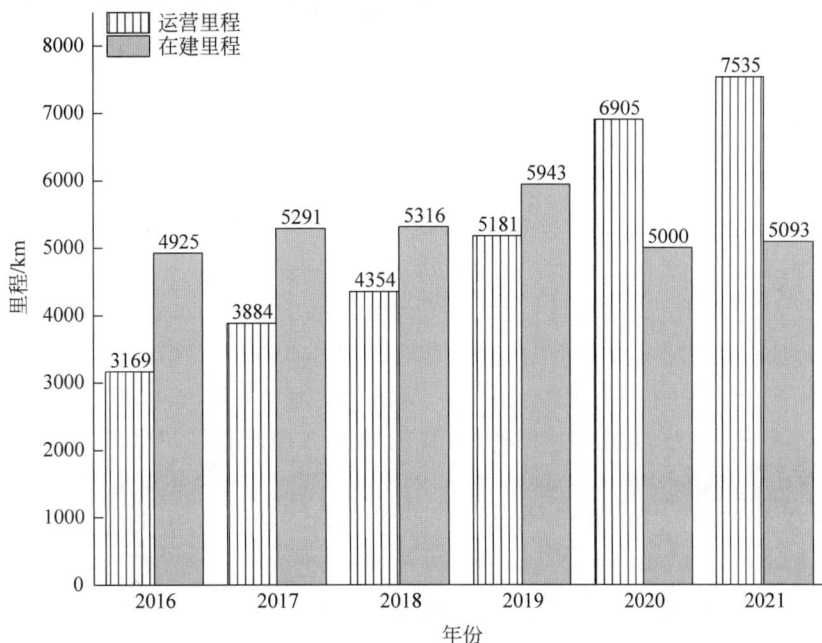

图 1-1　全国地铁在建里程和运营里程

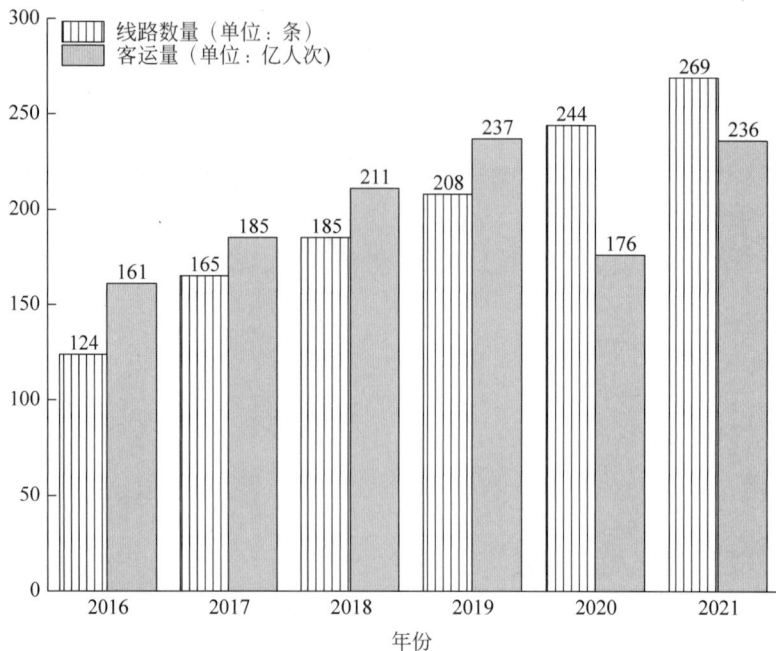

图 1-2　全国地铁运营线路数量和客运总量

随着城市轨道交通线网规模的快速扩张和客流量的急剧增加,线网客流的时空分布日趋复杂,高峰时段供需不平衡问题越发突出,部分车站客流超过设计能力,常态化限流车站逐步增加,系统安全运营和应急管理也面临巨大挑战。因此,我们需要顺应网络化以及大客流的发展趋势,科学合理地从车站、线路以及网络化角度全面分析轨道交通客流状态,并进行相应的运营组织和客流管控。

大数据、人工智能等新兴技术的飞速发展为应对轨道交通领域的现实挑战提供了一定的解决思路。其中,2008 年 *Nature* 期刊出版了一期以"big data"为主题的特刊,列举了包括交通运输、生物、互联网等行业在内的各种大数据,间接推动了大数据发展的热潮。2017 年,*Science* 期刊出版了一期以"artificial intelligence"为主题的特刊,其中机器学习占据了较大篇幅,进一步将人工智能推向了时代的前沿。随着人工智能的火速发展,机器学习和深度学习作为重要的分支得到了前所未有的关注,同时也推动人工智能渗透到生产、生活以及科研的方方面面,人工智能在智慧交通领域的渗透发展便是较为成功的应用领域之一。此外,2019 年 9 月,国家发布了《交通强国建设纲要》,其重点指出,要大力发展智慧交通,推动大数据、人工智能等新技术与交通行业深度融合。同月,习近平总书记在视察北京大兴国际机场时发表讲话指出:"城市轨道交通是现代大城市交通的发展方向,发展轨道交通是解决大城市病的有效途径,也是建设绿色城市、智能城市的有效途径。"时隔近两年,2021 年 2 月,国家又发布了《国家综合立体交通网规划纲要》,其重点指出,要构建智能先进的现代化高质量国家综合立体交通网,其中"智能"一词,更是在该纲要中出现了高达 20 次。

时代发展的背景下,城市轨道交通也逐渐向智慧城轨的方向发展,其中大数据、人工智能等新兴技术在智慧城轨全生命周期均展现出了广阔的应用前景。如图 1-3 所示,规划方面,大规模手机信令数据能够记录居民一天内完整的出行链,通过出行链重构,可进行轨道交通走廊识别以及线路走向推荐。建设方面,产生了大量的监测数据,可基于多源异构的各类监测大数据,进行基坑、隧道、车站等建设过程中的智能预警,避免发生坍塌事故等。养护维修方面,同样产生了各类健康监测大数据,可进行健康评估、损伤识别、振动噪声预测等科学研究。

运营方面不同于其他三个方面,该方面与居民日常出行更加息息相关,过程中产生了大规模、高质量、连续的刷卡数据以及站内视频监控数据等,数据记录了大量的城市居民出行信息,对个体出行特征挖掘、城市公共空间组织与规划、智慧城市构建等具有重要的研究意义。

人工智能和大数据在智慧城轨领域的应用,根据其研究对象可分为网络层面的研究、线路区间层面的研究以及车站层面的研究,如图 1-3 所示。网络层面,例如基于卡数据的全网交通状态感知与预警及基于强化学习的网络列车时刻表优化;线路区间层面,例如基于手机信令数据的断面客流分布识别及基于神经网络计算图模型的地铁网络拥堵建模及客流分配理论;车站层面,例如基于站内视频检测数据的乘客识别与监控及基于人脸识别的客流进出站管理系统等。

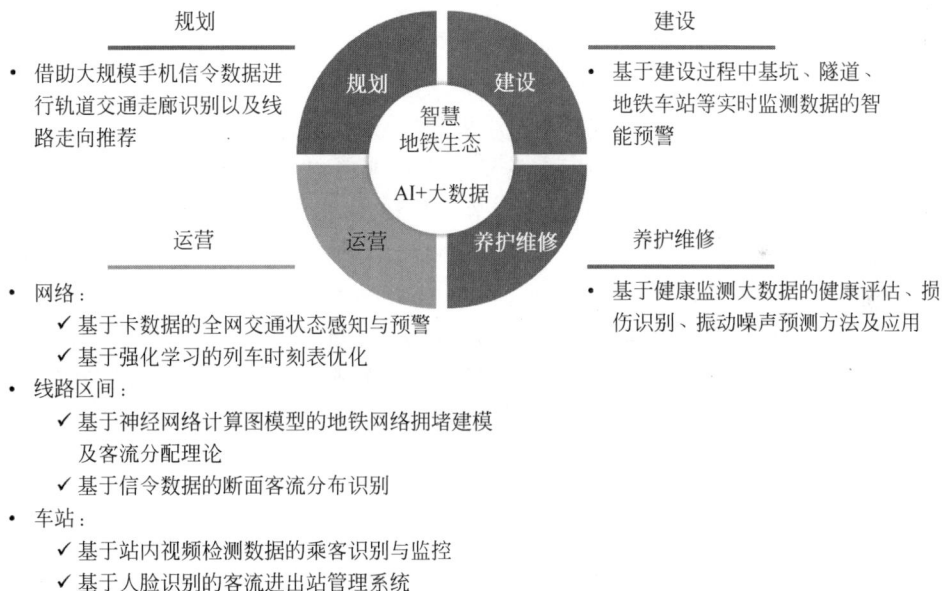

规划
- 借助大规模手机信令数据进行轨道交通走廊识别以及线路走向推荐

建设
- 基于建设过程中基坑、隧道、地铁车站等实时监测数据的智能预警

智慧地铁生态 AI+大数据

规划 建设 运营 养护维修

运营
- 网络:
  ✓ 基于卡数据的全网交通状态感知与预警
  ✓ 基于强化学习的列车时刻表优化
- 线路区间:
  ✓ 基于神经网络计算图模型的地铁网络拥堵建模及客流分配理论
  ✓ 基于信令数据的断面客流分布识别
- 车站:
  ✓ 基于站内视频检测数据的乘客识别与监控
  ✓ 基于人脸识别的客流进出站管理系统

养护维修
- 基于健康监测大数据的健康评估、损伤识别、振动噪声预测方法及应用

图 1-3 人工智能与大数据在智慧城轨领域的应用

智慧地铁生态构建流程根据其研究次序,可分为智能感知、智能建模以及智慧管控,如图 1-4 所示。智能感知方面,以精准把握车站级、线路级、网络级客流时空分布特征相关的研究为主;智能建模方面,以借助人工智能技术寻求各类运营优化解决方案为主,例如借助强化学习优化列车时刻表等;智慧管控方面,以在运营人员的参与下,借助人工智能技术进行车流、客流的协同管控为主。智能感知是智慧地铁生态建设的首要环节,是智能建模与智慧管控的基础,精准感知与准确把握大规模轨道交通网络客流时空分布特征,有利于进行更为科学合理的智能建模与智慧管控。

城市轨道交通短时客流预测是智能感知的重要研究内容,包括短时进站流预测、短时起讫点(origin-destination,OD)流预测、短时断面流预测、以轨道交通为骨干的多模式交通预

图 1-4　智慧地铁生态构建流程

测、轨道交通站内关键基础设施流量预测等。新时代新背景新技术的推动为城市轨道交通短时客流预测的进一步发展提供了契机,因此应借力时代发展的动车,抓住新机遇,融合新理论,应用新方法,开创新技术,以期达到短时预测的低延迟、高效率、高精度。

实时精准的短时客流预测是构建智慧地铁生态的重要基础和首要任务,对评价系统的运行状态和提升客运服务水平具有重要指导意义。短时客流预测不仅要实时把握当前客流的运行状态,更为重要的是对全网客流的时空分布发展趋势进行研判,从而提前采取客流调控预警措施,减少和避免运营事故发生。只有在及时、准确、全面地预测未来短时客流量的基础上,才能更好地进行轨道交通的客流诱导、管理与控制,进而实现轨道交通的安全运营。

机器学习、深度学习等在交通流预测方面发挥了举足轻重的作用,相关的机器学习、深度学习模型,凭借其良好的预测性能以及满足实时性等优点,获得了巨大的关注,深入城市轨道交通短时客流预测等智能感知领域,研究意义重大,主要分为以下几个方面:

(1)对于运营者,可通过短时客流预测结果,实时预判全网客流时空分布状况和拥挤状况,进而进行实时的客运组织工作及运营管理策略的制定与调整,例如通过临时增开列车、调整列车发车间隔、设置大小交路、跨站停车等措施调整列车运行图,实现运能需求与运量匹配的平衡,缓解拥挤;通过合理分配工作人员或者临时增加志愿者疏导客流,动态限流等措施,避免拥挤事故,节约运营成本,保证轨道系统的服务水平;通过短时客流预测结果构建城市轨道实时的交通拥堵指数等评价指标并向公众发布等。

(2)对于社会公众,可通过短时客流预测结果,准确掌握客流实时的时空分布特征,了解系统的运行状态和服务水平,合理选择出行路径和出行时间,规避拥堵线路,从而节约出行的价格成本和时间成本。

鉴于此,本书将以城市轨道交通智能感知为背景,探索如何将大数据挖掘技术和人工智能机器学习深度学习等更好地应用至轨道交通短时客流预测领域,以期提高轨道交通运营管理的准确性、及时性和有效性,为其运营管理提供现代化、智能化、精准化决策支持。

1.2　相关概念

为了更好地理解相关内容,下面介绍一些常用的概念。

(1)车站进站量

定义:统计期内,由自动售检票系统直接记录的进入车站的乘客数量。

单位:人次。

(2)车站出站量

定义:统计期内,由自动售检票系统直接记录的离开车站的乘客数量。

单位:人次。

（3）OD 流量

定义：以进站时间为基准的统计期内，由自动售检票系统直接记录的从某一车站出发前往另一车站的乘客数量。

单位：人次。

（4）OD 矩阵

定义：以进站时间为基准的统计期内，由自动售检票系统直接记录的从所有车站出发前往其他所有车站的乘客数量，为一个 $n\times n$ 方阵，其中的单个元素为所在行车站出发前往所在列车站的乘客数量。

单位：人次。

（5）换乘站换乘量

定义：统计期内，换乘站线路间各方向换乘乘客的总量。

单位：人次。

计算方法：换乘站换乘量＝线路间各方向换乘乘客人次。

（6）断面客流量

定义：单位时间内，单向通过运营线路某一断面的乘客数量。

单位：人次。

注：断面客流量通过清分系统计算得到。

（7）列车运行图

定义：表示列车在线路各区间运行时间及在各车站停车和通过时间的线条图，是列车运行的基础。运用坐标原理描述列车运行时间、空间关系，以横轴表示时间、纵轴表示距离、水平线表示各车站的中心线、垂直线表示时间、斜直线表示列车运行线。

（8）短时客流预测

定义：使用历史的客流时间序列数据，通过构建模型对未来的某一时间段（通常为 1h 之内）的客流数据进行预报，是对各种情况下的短时进站流预测、短时 OD 流预测、短时断面流预测等的统称。

1.3 面临的问题

随着人工智能和大数据时代的到来，时空数据挖掘技术不断成熟，智能卡数据挖掘应用日益广泛，城市轨道交通短时客流预测领域也正在经历着巨大的革新，推动着以机器学习、深度学习为基础的短时客流预测模型向高精度、高实时性、高实用性的方向发展。

城市轨道交通短时客流预测体系包含城市轨道交通常态与非常态场景下车站级和网络级短时进站流预测、短时 OD 流预测、短时断面流预测、以轨道交通为骨干的多模式交通短时客流预测、基于计算机视觉的轨道交通站内关键设施处短时客流预测等多方面研究内容，各研究内容面临的科学问题众多且复杂，本节将从以上不同层面对城市轨道交通短时客流预测中面临的一系列问题进行简要分析。

（1）针对城市轨道交通车站级常态短时进站流预测，其主要面临的问题有：①对于单个车站而言，其客流时间序列是一维数据，难以构建过于复杂的深度学习框架，因此需要考虑如何基于相对简单的深度学习模型提高预测精度；②地铁智能卡数据并非公开数据集，且一般科研人员获取的智能卡数据量有限,针对新开车站或线路的特殊情况,历史数据缺乏的现象更加明显,然而深度学习模型需要大量的训练数据集来训练模型以提高模型的泛化能力和表现力,因此如何利用有限的数据集提高模型预测精度有待研究;③既有研究进行短常态客流预测时采用的时间粒度长短不一,多数研究并未考虑采用的时间粒度是否合理,且对于车站级常态短时预测,更加强调精细化管理,应在保证预测精度前提下,尽量选取较小的时间粒度进行短时客流预测。

(2)针对城市轨道交通网络级常态短时进站流预测,其主要面临的问题有:①网络级短时客流预测相较于车站级短时客流预测,客流规律性更加复杂,预测难度较大,且更加重视和强调宏观把控,不同于车站级1~5min下的短时客流预测,为了兼顾预测精度,进行网络级短时客流预测时,时间粒度的选取可适当调整;②传统的基于数据统计的模型和机器学习模型较难实现使用一个模型进行全网所有车站的短时预测,且实时性、预测精度等较难满足运营要求;③基于循环神经网络(recurrent neural network,RNN)的模型无法同时捕捉网络车站之间的时间和空间依赖,且存在无法采用并行计算加速,训练时间较长等不足;④基于卷积神经网络(convolutional neural network,CNN)的模型虽然具有较好的特征学习能力,但其只能应用于欧式数据,非欧式的交通数据必须首先被转化为固定格式才能输入CNN模型中,即CNN模型无法考虑网络的拓扑连接关系;⑤基于图卷积神经网络(graph convolutional neural network,GCN)的模型虽然能够较好地捕捉网络的时空依赖特征以及网络拓扑信息等,模型训练速度也较快,但一般只能使用浅层次图网络,当构建深层次图网络时,模型表现能力变差,深层次的高阶空间特征无法被有效捕捉;⑥既有研究开发了各种深度学习框架,在多数情况下相对于单一模型具有更好的特征学习能力和模型表现效果,但某些深度学习框架模型复杂度较高,导致移植性和复现性较差,且需要消耗大量的计算资源和时间训练模型,实用价值因而相对较弱,因此在构建模型的过程中需要权衡模型复杂度、模型表现效果和应用价值,进行综合考虑。

(3)针对城市轨道交通车站级与网络级非常态短时进站流预测,本书主要涉及三个场景,分别是节假日期间的地铁进站流预测、疫情期间地铁进站流预测以及大型活动期间地铁进站流预测。非常态场景下的地铁客流存在突发性和无规律性等特点,容易受外界因素影响,对其展开预测时,主要面临的问题有:①非常态场景下的客流数据样本量往往有限,无论是上述哪种场景都或多或少存在样本量有限的问题,使模型无法充分学习客流的变化趋势,导致现有模型预测精度普遍不高;②非常态场景下的客流具有复杂的时空依赖性,且往往容易受突发因素影响,这使得客流特征具有动态性,如何从时间维度和空间维度动态建模多层次的客流特征是一项充满挑战性的任务;③非常态场景下的客流波动往往受外界因素影响,仅从客流数据本身无法充分挖掘外界因素对客流波动的影响,如何选择合适可靠的数据源融合至模型中用以刻画外界因素对客流的影响同样是一项重要且充满挑战性的任务。

(4)针对城市轨道交通车站级与网络级短时OD流预测,其主要面临的问题有实时的OD矩阵不可获取、复杂的数据依赖关系、数据维度大、数据稀疏性严重等,主要包括:①数据可获得性。由于乘客从出行起点前往出行终点需要经过一定的行程时间,实时的OD流不可获取,只有当该时间段内所有乘客全部结束行程之后才可获取该时间段内的OD矩阵。因此,当进行实时的轨道交通短时OD流预测时,需仔细考虑模型输入。②数据依赖关系。由于所有乘客均具有旅行目的地,当乘客进入地铁站时,必将出站。因此,轨道交通系统中进出站流等于 OD 流之和,在进行模型构建时,需仔细考虑进出站流和 OD 流的关系。③数据维度。假设轨道交通网络中存在 n 个车站,则同一时间段内 OD 矩阵中 OD 流的数量为 n^2,极大增加了 OD 流预测的难度。例如,目前北京、伦敦、纽约分别具有 404、270、424 个地铁车站,相应地同一时间段内 OD 矩阵中分别包含 163216、72900、179776 个 OD 流数据,OD 矩阵维度远大于车站数量。④数据稀疏性。轨道交通 OD 矩阵在时间和空间两个维度上稀疏性均较为严重,即大量 OD 对之间不存在 OD 流或 OD 流较小。综上所述,OD 流之间具有极其复杂的时空关系,单一的数学优化方法难以刻画 OD 流之间复杂的时空关系,准确性有待提高。既有研究多数应用于小规模地铁网络,而随着网络的扩张,OD 对数量暴增,OD 流稀疏性严重,传统模型的计算复杂度便会大大提高,无法满足实时性的要求。

(5)针对城市轨道交通网络级短时断面流预测,其主要面临的问题有:①传统方法的效用函数过于复杂,构建效用函数时通常考虑乘客进出站走行时间、在车时间、换乘走行时间、换乘次数、等车时间、拥堵时间票价、乘客对路径的熟悉程度、拥挤程度、舒适度等诸多因素。然而,随着轨道交通网络规模的扩大,乘客出行行为日趋复杂,出行行为受影响因素过多,导致传统的模型驱动的客流分配方法难以刻画更加真实的交通状态,且无法对模型分配结果进行验证。②列车时刻表等数据并非公开数据,且难以获取,即使可以获取官方公布的计划列车时刻表,该计划时刻表也难以全面反映真实的列车运行情况,例如,乘客衣服卡在屏蔽门等突发事故发生时,往往会导致列车延误运行。因此,研究如何仅利用自动售检票系统(automatic fare collection,AFC)数据进行动态配流以获取实时的断面客流量,具有重要的科研价值和应用前景。③新兴的机器学习领域的计算图模型为获取断面客流量问题提供了新的解决思路,因此,研究如何利用机器学习相关方法弥补传统方法的不足,获得质量更好的断面客流量,具有重要的意义。综上所述,短时断面流预测研究相对较少,既有客流分配模型较为复杂,实用性较差,不利于进行实时的断面流预测,且无法进行模型验证。使用既有断面流数据进行预测存在误差累积现象,且一定程度上忽视了断面流和进站流、OD 流的内在联系。

(6)针对以轨道交通为骨干的多模式交通短时客流预测,其主要面临的问题有:①数据结构。由于不同的交通模式形式不同,例如公交和地铁是基于站点类别的交通模式,而出租车是无站点类别的交通模式,由此导致不同交通模式的数据结构不同,存在异构性。在区域级和网络级不同规模下,不同交通模式的数据结构差异较大,在开展不同规模下的多模式交通短时客流预测需要仔细考虑数据结构的组织形式。②客流规律。对区域级而言,尽管同一种交通模式在工作日的规律很可能是相似的,但不同交通模式之间客流规律存在较大差异;对于网络级而言,同一种交通模式在不同区域的客流存在差异,不同交通模式之间的客流规律差异更为明显,关系更为复杂。在构建不同规模的多模式交通短时客流预测模型时,需仔细考虑如何设计模型,从而区别交通模式客流间的差异同时提取客流间的共性,实现准确的多模式交通短时客流预测。③模型层面。为实现多模式交通短时客流预测,需要考虑如何设计模型才能协同考虑不同交通模式。此外,由于涉及多种交通模式,其数据具有数据量庞大、数据关系复杂的特征,很可能导致模型复杂度上升,消耗更多的计算资源,因此,在实现准确预测的同时,需要考虑模型的计算成本以及模型的实用性,以便于投入实际生产应用。

(7)针对基于计算机视觉的城市轨道交通站内短时客流预测,其主要面临的问题有:

①前 7 章均以整个车站为最小单元进行城市轨道交通短时客流预测研究,然而,随着城市化的加快和智慧地铁的建设,以车站为最小单位进行短时客流预测已经不能够满足更加精细化的轨道交通客流管理需要。因此,轨道交通短时客流预测需要向着更加精细化、科学化的方向改进。②现有的轨道交通短时客流预测研究大多使用 AFC 数据,不能对轨道交通站内各个具体场景的客流量进行统计和预测。近年来,基于逐渐覆盖全面的轨道交通站内各场景摄像头和发展迅速的计算机视觉相关研究,对站内精细场景的客流进行统计和预测成为可能。因此,第 8 章旨在展望城市轨道交通短时客流预测未来的研究方向。

除上述特定领域的具体分析外,既有城市轨道交通短时客流预测领域相关研究还普遍存在以下不足:

(1) 缺乏体系化:既有短时客流预测相关的研究缺乏完整性和体系性,通常只涉及进站流、OD 流、断面流等其中的一两个,但要及时、准确、充分地把握全网客流时空分布特征,需对智能城市轨道交通短时客流预测体系各个方面进行统筹把握,协同研究。

(2) 数据壁垒:公交地铁刷卡数据、出租车轨迹数据、天气数据等各类数据通常并非开源数据集,数据开放性较差,数据获取难度较大,研究人员通常只可获取少量数据集用于相关研究,如何在数据量有限的情况下提高模型的预测精度,便成为一个亟待研究的问题。

(3) 时空特性难以充分捕捉刻画:随着城市轨道交通线网规模的快速扩张和客流量的急剧增加,线网客流的时空分布特征日趋复杂,如何全面考虑网络化以及大客流背景下客流的时空特征以及天气等外部因素特征,以提高预测精度,便成为另一个亟待研究的问题。

(4) 大数据、人工智能等新兴技术的应用:传统的基于数理统计的模型存在实时性较差,预测精度较低等问题,大量研究表明,基于人工智能的预测方法要远优于基于数理统计的预测方法,因此如何将大数据挖掘、人工智能等新兴技术等充分应用至城市轨道交通车站级、网络级短时客流预测领域,以提高车站级、网络级短时客流预测精度,也是亟待研究的问题之一。

1.4   本书研究内容

针对上述各个研究层面面临的问题,本书构建了包括城市轨道交通常态与非常态场景下车站级和网络级短时进站流预测、短时 OD 流预测、短时断面流预测、以轨道交通为骨干的多模式交通短时客流预测、基于计算机视觉的轨道交通站内关键设施处短时客流预测等在内的一整套智能城市轨道交通短时客流预测体系。具体章节内容安排如下:第 1 章为绪论;第 2 章为城市轨道交通车站级常态短时进站流预测;第 3 章为城市轨道交通网络级常态短时进站流预测;第 4 章为城市轨道交通车站级与网络级非常态短时进站流预测;第 5 章为城市轨道交通车站级与网络级短时 OD 流预测;第 6 章为城市轨道交通网络级短时断面流预测;第 7 章为以轨道交通为骨干的多模式交通短时客流预测;第 8 章为基于计算机视觉的城市轨道交通站内短时客流预测。

第 2 章

城市轨道交通车站级常态短时进站流预测

2.1　概述

　　实时精准的短时客流预测是构建智慧地铁生态的重要基础和首要任务,对评价系统的运行状态和提升客运服务水平具有重要指导意义。短时客流预测不仅要实时把握当前客流的运行状态,更为重要的是对全网客流的时空分布发展趋势进行研判,从而提前采取客流调控预警措施,减少和避免运营事故发生。只有在及时、准确、全面地预测未来短时客流量的基础上,才能更好地进行轨道交通的客流诱导、管理与控制,进而实现轨道交通的安全运营。短时进站流预测是构建智能城市轨道交通短时客流预测体系的第一步,分为车站级短时客流预测以及网络级协同短时客流预测。车站级短时进站流预测即针对单个车站进行建模并预测该车站未来的短时进站流,对于只关注个体车站的应用场景,该方法具有较大的应用价值。网络级短时进站流预测即针对全网所有车站进行协同建模并同时预测所有车站未来的短时进站流,该类方法对于全局把控整个网络所有车站的需求产生情况具有重要的实用价值。

　　数据挖掘是进行短时进站流预测研究的基础性工作,在时空数据挖掘方面,Shashi 等(2015)详细介绍了机器学习方法在气候科学等众多领域产生的时空数据,并详细总结了时空大数据在聚类、预测、频繁模式挖掘、异常值检测、变化检测、关系挖掘等领域的应用,尤其强调了时空数据挖掘领域各类问题和方法的异同。在 Shashi 等研究的基础上,Wang 等(2020)特别介绍了深度学习在时空大数据的应用现状,包括时空数据挖掘过程中使用的时空数据类型、深度学习模型、应用场景和应用领域等。涉及的应用场景包括预测、异常检测、图片分类、推断或估计、推荐系统以及其他应用等,其中利用深度学习进行时空预测的研究占 70% 以上,包括流量预测、速度预测、行程时间分布预测、轨迹下一位置预测、台风预测、降雨量预测等。

　　时空交通大数据是时空数据挖掘领域极为重要的一个分支,近年来吸引了科研界和工业界的巨大关注,尤其是机器学习、深度学习、强化学习等人工智能技术在交通领域更是得到了前所未有的应用和发展。Castro 等(2013)总结了出租车轨迹数据的应用情况;Mazimpaka 等(2016)总结了所有涉及经纬度的轨迹数据的应用领域和方法;Nguyen 等

(2018)详细总结了深度学习在交通网络表示、交通流预测、交通信号控制、车辆自动检测、交通事件处理、出行需求预测、自主驾驶与驾驶员行为等领域的应用；Wang 等(2019)详细总结了深度学习在交通预测(包括交通流量预测、交通速度预测和出行时间预测等)、交通矩阵预测、拥堵管理和交通风险预测、监控视频中的异常事件检测、交通信号控制等领域的应用，并分析了深度学习模型的优缺点和应用技巧等。

在智能卡数据挖掘方面，智能卡数据由于包含了时间维度和空间维度的信息，也属于时空大数据，主要包括轨道交通 AFC 刷卡数据和公交 IC 卡数据等。轨道交通 AFC 刷卡数据主要应用领域包括出行行为特征挖掘、通勤模式挖掘、职住空间分析、交通政策评估、乘客经济属性推断、列车开行方案和运行图优化、短时客流预测等领域。Ma 等(2013；2017)利用北京市轨道交通刷卡数据深入挖掘了乘客的出行模式以及通勤模式。Huang 等(2018)利用近十年的轨道交通刷卡数据分析了北京市的职住空间变化情况。Wang 等(2018)利用公交和地铁的刷卡数据，重点研究了两种出行方式之间的接驳换乘评估和优化。Wang 等(2015；2018)利用北京市票价变换前后的智能卡数据，分析了票价变换这一交通政策对交通需求以及居民出行的影响。Zhu 等(2018)融合兴趣点(point of interests，POI)信息及智能卡数据等多源数据对部分乘客的经济属性进行推断。Guo 等(2017)提出了一种混合整数非线性规划模型生成最优的列车时刻表。Sun 等(2018)基于时变的客流量提出了一种以旅客总等待时间和能源消耗最小为目标的双目标时刻表优化模型。Yang 等(2020)基于智能卡数据设计了一种时空网络进行末班车时刻表优化。王静等(2014)利用北京的卡数据分析了城市轨道交通车站客流时空分布特征。公交 IC 卡数据也是一种结构化的时空大数据，但相对于轨道交通 AFC 刷卡数据而言，数据质量相对较差。龙瀛等(2012；2016)早期总结了利用该类卡数据进行 OD 推算、公交系统的运行与管理、城市空间结构分析以及出行行为和社会网络分析等方面的应用，利用北京市公交卡数据分析了北京的职住关系和通勤出行，并结合兴趣点(POI)数据，利用城市功能区识别模型，识别了北京市的功能区。目前国内众多城市采用一票制系统，乘客只在上车时刷卡，导致多数 IC 卡数据不含有上下车站点，如银川公交系统，或者只含有上车站点，如早期的深圳公交系统，该类系统导致无法完整获取乘客出行的起讫点。Li 等(2018)对利用公交刷卡数据进行下车站点推断相关的研究进行了详细总结。Zhang 等(2019)利用该类智能卡数据，结合公交车的 GPS 定位数据，构建了上下车站点识别算法、换乘站点识别算法、上下行识别算法，并详细分析了乘客的出行特征和公交的运营状态。经过下车站点推断后的部分公交 IC 卡数据包含了乘客完整的出行起讫点，可进一步辅助城市空间规划、公交线网规划、交通政策制定等。

利用数据挖掘得出的客流特征进行时空预测是大数据时代地铁运营管理的一项基础性任务。传统的时间序列预测模型在过去几年被广泛使用，如历史平均(history average，HA)模型、自回归移动平均(autoregressive integrated moving average，ARIMA)模型、卡尔曼滤波模型等，许多研究人员也对这些模型进行了总结和分析。随后机器学习逐渐发展，近年来，深度学习方法开始盛行。Ma 等(2015)首先提出了一个长短期记忆网络(long-short term memory，LSTM)模型来预测交通速度。之后，众多经典的深度学习方法被引入交通时空预测领域，如门控循环单元(gate recurrent unit GRU)、CNN、时空残差网络(spatio-temporal residual network，ST-ResNet)和时空图卷积神经网络(spatio-temporal graph convolutional nueral network,ST-GCN)。在此阶段之后,出现了基于 RNN、CNN 和 GCN 的混合模型。Zhang 等(2020)将残差架构与 LSTM 相结合,用于地铁车站的短期客流预测。Zhang 等(2020)在另一篇文章中介绍了一种结合 GCN 和三维 CNN 的模型,用于地铁车站中的短期客流预测。此外,地铁的客流时空预测方法也适用于场景。Liu 等(2019)和 Zhang 等(2019)提出的方法被用于预测单个或多个地铁车站的短时客流。在正常和异常情况下,Jin 等(2020)、Yu 等(2020)和 Li 等(2021)提出了不同的交通领域客流预测模型。

　　然而,新开通的车站客流数据不足,使得依赖于充足数据的时空预测模型可能无法达到令人满意的性能。迁移学习方法(Ren et al,2019)为在数据不足的情况下进行预测的问题提供了解决方案。该方法最近被应用于道路交通,而在地铁中应用较少。迁移学习方法通过将知识从数据丰富的源域迁移到数据有限的目标域来解决问题。Wei 等(2016)为了解决数据不足的空气质量预测问题,使用迁移学习方法从数据丰富的城市学习多种模式的语义相关词典,同时将词典转移到数据不足的目标城市。Wang 等(2019)在文中提出的方法为数据有限的人群流量预测提供了一种解决方案。他们在数据充足和数据不足的城市之间建立城际区域对,然后计算城际区域对的相似度得分以提高传输性能。为了解决交通预测中的数据不足问题,Li 等(2021)以数据模式和地理属性为标准,从数据充足的链路(即源链路)中选择与目标链路相似的链路(即数据不足的链路),并将知识转移到目标链路。然而,当知识从单一源域转移时,转移的性能会不稳定。例如,如果源域和目标域的特征匹配良好,则迁移的性能表现较好。反之,如果源域和目标域的特征不匹配,则迁移学习方法将没有任何贡献,甚至会降低性能。

　　以下内容中,将主要针对车站级的轨道交通短时进站流预测展开详细阐述,主要包括客流时间特征和空间特征的挖掘、构建基于聚类的 LSTM(cluster-based LSTM,CB-LSTM)模型进行车站级短时进站流预测,以及针对新开车站或线路的特殊情况,构建基于元学习的 LSTM(meta learning based LSTM,Meta-LSTM)模型进行新开车站或线路的短时进站流预测。

2.2　客流空间特征挖掘

2.2.1　基于两步 *K*-means 算法的车站聚类

　　既有研究中聚类方法众多,*K*-means 聚类方法由于其简单易懂、收敛速度快等优点被广泛应用。对于地铁车站聚类,存在两种常用方法定义车站的属性特征(Gan et al,2020)。一种是利用客流指标(ridership indicator,RI)定义车站属性,如小时客流量占日客流量或最大小时客流量的比例(Chen et al,2009),客流指标可以捕捉全天的客流量变化趋势,但在一定程度上忽略了客流量大小的影响,导致同一类别的车站具有相似的客流量变化趋势,而客流量大小却差别较大。另一种是直接利用小时客流量定义车站属性(Kim et al,2017),该定义方法能够有效捕捉客流量大小变化,但一定程度上忽略了客流量变化趋势的影响,导致同一类别的车站具有相同的客流量大小,而客流量变化趋势可能略有不同。

　　为了在聚类过程中既能刻画客流量变化趋势,也能刻画客流量大小,本节提出了两步

K-means 聚类模型,第一步是使用客流指标对车站进行聚类,得到父类聚类结果,同一类别中车站具有相同的客流变化趋势,但客流量大小差异较大。第二步是直接使用小时客流量对每个父类车站进行重新聚类,获取该父类下的子类车站,每个子类下的车站不仅具有相似的客流变化趋势,同时还具有相似的客流量大小。基于子类下所有车站的客流数据构建短时预测模型,能够有效增加训练数据集数量,进而提升预测效果。相较于传统的 K-means 聚类方法,两步 K-means 聚类方法更加精巧,尤其是第二步聚类操作。下面对两步 K-means 聚类方法进行详细介绍。

步骤 1 (1) 首先以式(2-1)的形式提取车站的小时客流量,其中 R_{sj} 为第 s 个车站第 j 小时的客流量,然后根据式(2-2)和式(2-3)计算客流指标 RI_{sj},其中 RI_{sj} 为第 s 个车站第 j 小时的客流指标。

$$\boldsymbol{R}_{sj} = \begin{bmatrix} R_{11} & R_{12} & R_{13} & \cdots & R_{1j} \\ R_{21} & R_{22} & R_{23} & \cdots & R_{2j} \\ R_{31} & R_{32} & R_{33} & \cdots & R_{3j} \\ \vdots & \vdots & \vdots & \ddots & \vdots \\ R_{s1} & R_{s2} & R_{s3} & \cdots & R_{sj} \end{bmatrix} \tag{2-1}$$

$$\boldsymbol{RI}_{sj} = \begin{bmatrix} \mathrm{RI}_{11} & \mathrm{RI}_{12} & \mathrm{RI}_{13} & \cdots & \mathrm{RI}_{1j} \\ \mathrm{RI}_{21} & \mathrm{RI}_{22} & \mathrm{RI}_{23} & \cdots & \mathrm{RI}_{2j} \\ \mathrm{RI}_{31} & \mathrm{RI}_{32} & \mathrm{RI}_{33} & \cdots & \mathrm{RI}_{3j} \\ \vdots & \vdots & \vdots & \ddots & \vdots \\ \mathrm{RI}_{s1} & \mathrm{RI}_{s2} & \mathrm{RI}_{s3} & \cdots & \mathrm{RI}_{sj} \end{bmatrix} \tag{2-2}$$

$$\boldsymbol{RI}_{sj} = \frac{\boldsymbol{R}_{sj}}{\sum\limits_{j} \boldsymbol{R}_{sj}} \tag{2-3}$$

(2) 利用式(2-2)获得的客流指标矩阵 $\boldsymbol{RI}_{sj}$ 执行 K-means 聚类算法,使用 K-means++算法初始化聚类中心,并将式(2-4)作为损失函数;同时,将损失函数的下降量 Decrement 作为聚类标准,并选择合适的聚类数目,如式(2-5)所示。

$$\mathrm{LOSS} = \sum_{i=1}^{k} \sum_{j=1}^{n_k} \mathop{\mathrm{Min}}_{X_{ij} \in X, C_i \in C} (\parallel X_{ij} - C_i \parallel^2) \tag{2-4}$$

$$\mathrm{Decrement} = \mathrm{LOSS}_k - \mathrm{LOSS}_{k-1} \tag{2-5}$$

其中,X_{ij} 为车站样本;C_j 为聚类中心;n_k 为每个类别中车站数目,共 k 个类别。

步骤 2 针对每一个父类,利用该父类对应的客流矩阵 $\boldsymbol{R}_{sj}$ 重复步骤 1 中的(2),获取相应的子类聚类结果。

经过两步 K-means 聚类,获取的子类车站类别,不仅具有相似的客流变化趋势,也具有相似的客流量大小。

2.2.2 基于车站类别的客流特征分析

为避免随机因素的影响,本节使用 2016 年 3 月 7 日—3 月 11 日(周一至周五)连续 5 个工作日的平均小时客流量对北京地铁所有车站进行两步 K-means 聚类。第一步聚类结果如图 2-1 所示。由图可知,当聚类数目大于 6 时,损失函数的下降量开始减小并趋于平稳,根据肘部法则(elbow method)判断拐点,可知 6 为曲线的拐点。因此最终父类的聚类数目被设置为 6。不同父类的空间分布以及每一父类内的车站数目如图 2-2 所示,不同父类车站小时客流量分布如图 2-3 所示。经调研,既有研究中轨道交通车站聚类数目分布于 4～7 类不等,本节研究结果显示北京地铁车站聚类为 6 类,与既有研究结果相符,也从侧面证明了聚类结果的合理性。

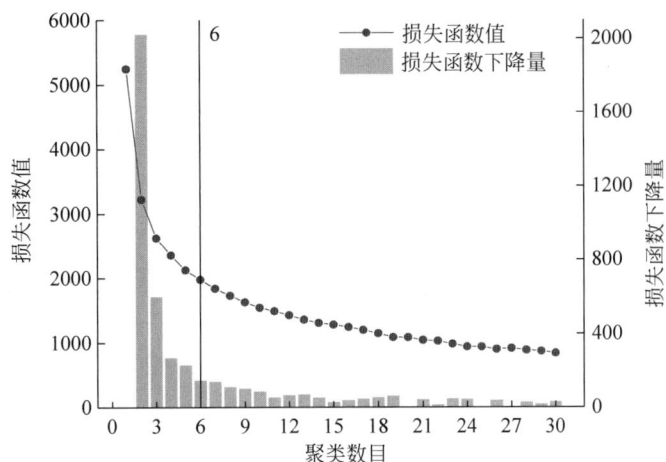

图 2-1　父类聚类数目

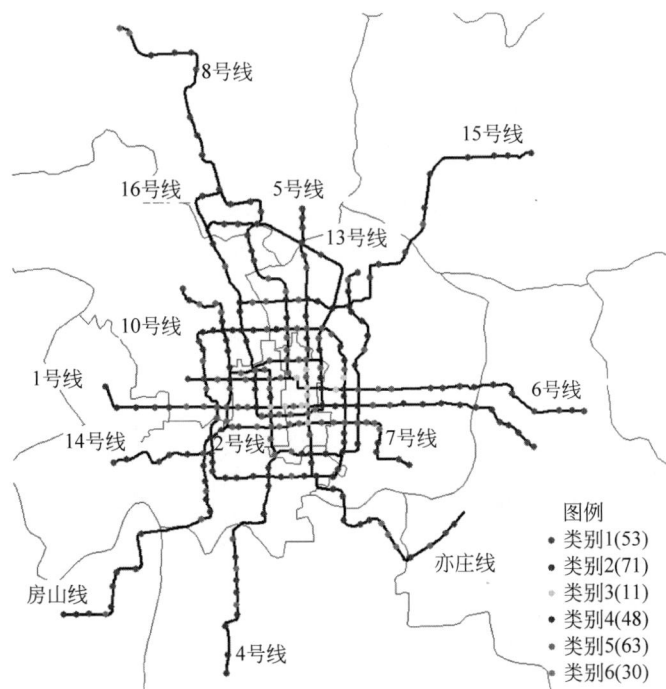

图 2-2　不同父类车站的空间分布(见文后彩图)

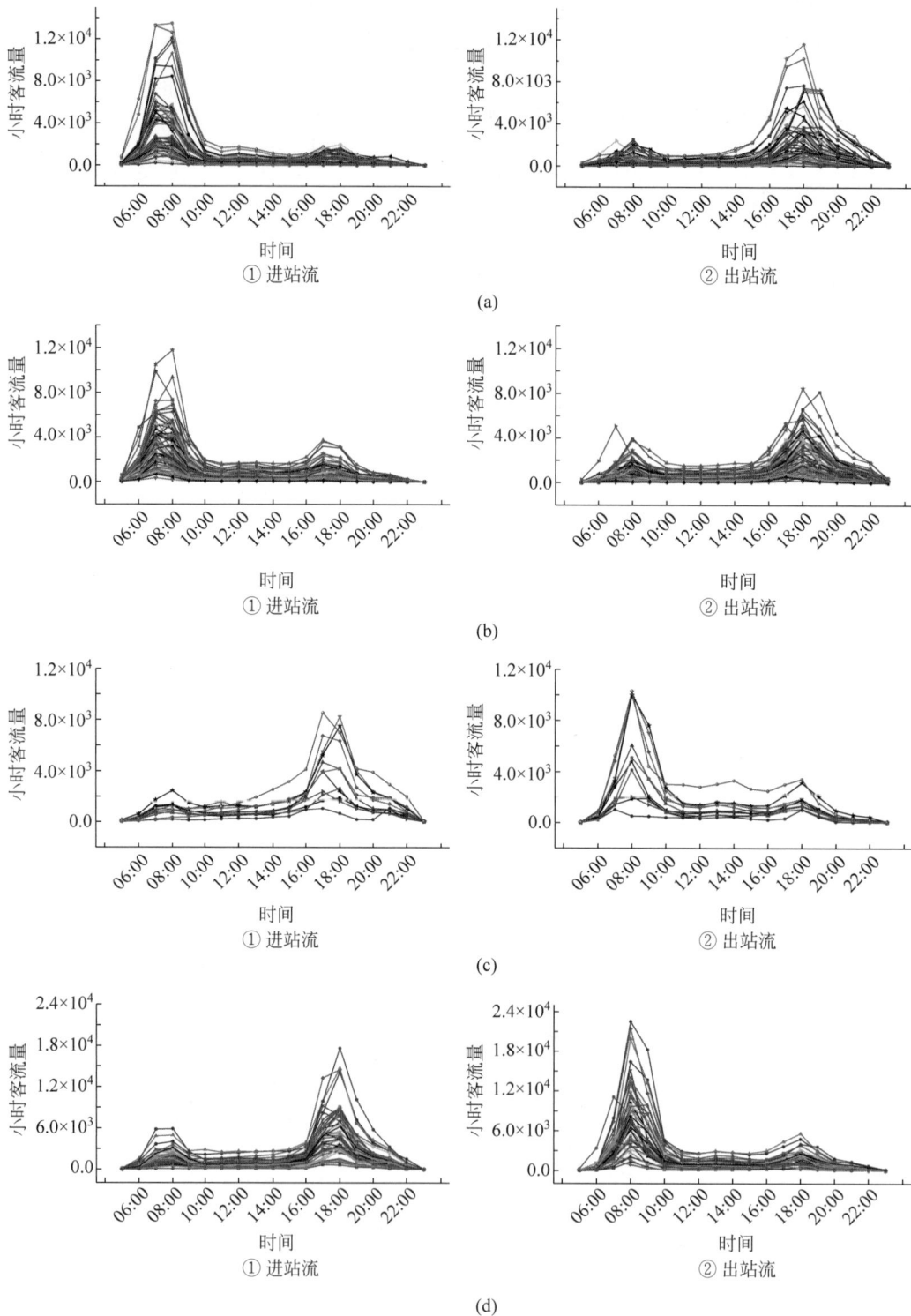

图 2-3

图 2-3   不同父类车站小时客流分布

（a）类别 1；（b）类别 2；（c）类别 3；（d）类别 4；（e）类别 5；（f）类别 6

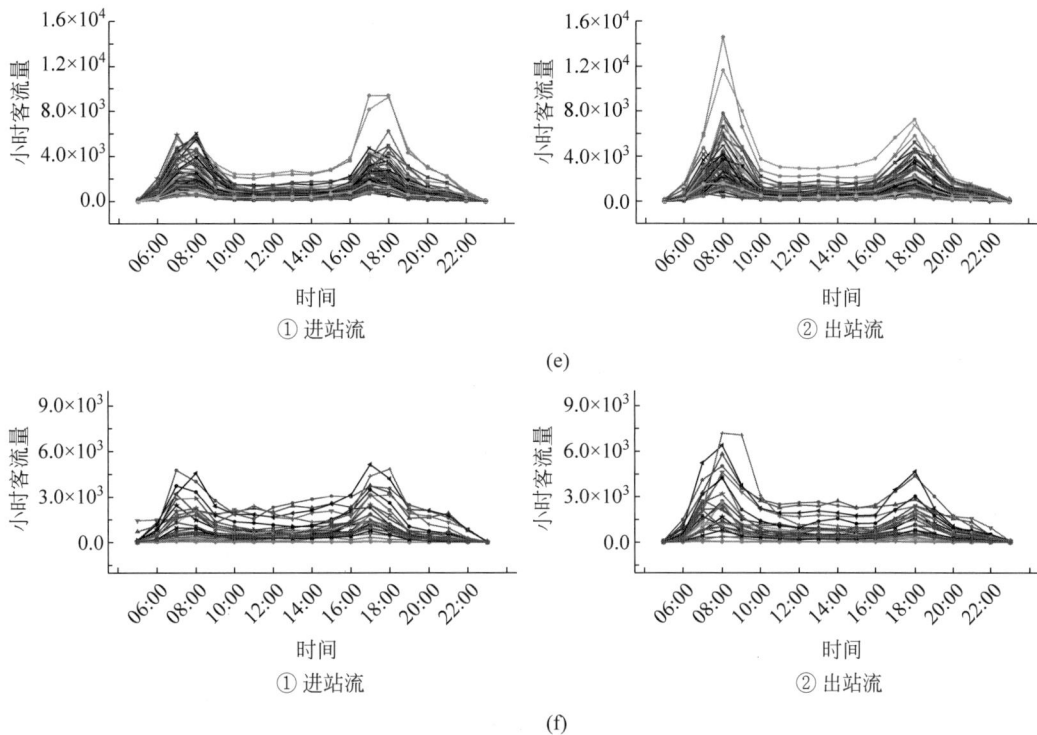

① 进站流

② 出站流

(e)

① 进站流

② 出站流

(f)

图 2-3　（续）

如图 2-3 所示,第一步的聚类结果中,类内所有车站全天内均具有极其相似的客流变化趋势,类间客流变化趋势差异性则较大,说明不同类别的车站具有不同的属性。下面对 6 个父类的客流特征进行详细分析。

对于类别 1,早高峰进站客流较大,早高峰过后客流逐渐下降至较低水平并保持平稳,出站客流的变化趋势与此正好相反,该类车站多数分布在北京郊区,为典型的"居住类车站",如图 2-2 所示。类别 2 与类别 1 具有较为相似的变化趋势,不同点在于晚高峰时期进站客流稍有增加,出站客流在早高峰期间也稍有增加,相比类别 1,该类车站坐落于相对靠近市中心的位置,为"混合类-居住为主型车站"。

对于类别 3,晚高峰时期进站客流达到一天内的高峰,其他时间段则处于较低水平并保持平稳,出站客流的变化趋势与此正好相反,如图 2-2 所示,该类车站多数分布在北京市中心,为典型的"工作类车站"。类似地,类别 4 为"混合类-工作为主型车站"。

对于类别 5,全天的进站客流和出站客流均呈现出明显的双峰状,该类车站分散分布在市中心与郊区的分界处,为"普通类车站"。对于类别 6,全天客流保持在相对平稳的水平,或处于较高水平,或处于较低水平,该类车站早晚高峰特征并非如类别 5 那样明显,多数为大型换乘站、火车站等交通枢纽,且分散分布在北京全域,为"普通类-交通枢纽为主型车站"。

综上所述,尽管类内车站具有相似的客流变化趋势和空间分布特征,但所有类内车站客流量大小差异却较大,因此在执行完第一步 K-means 聚类后,利用父类内所有车站的小时客流量进行第二步 K-means 聚类,每一个父类按照相同的分类原则被分为不同的子类,不同父类中子类数目如图 2-4 所示。

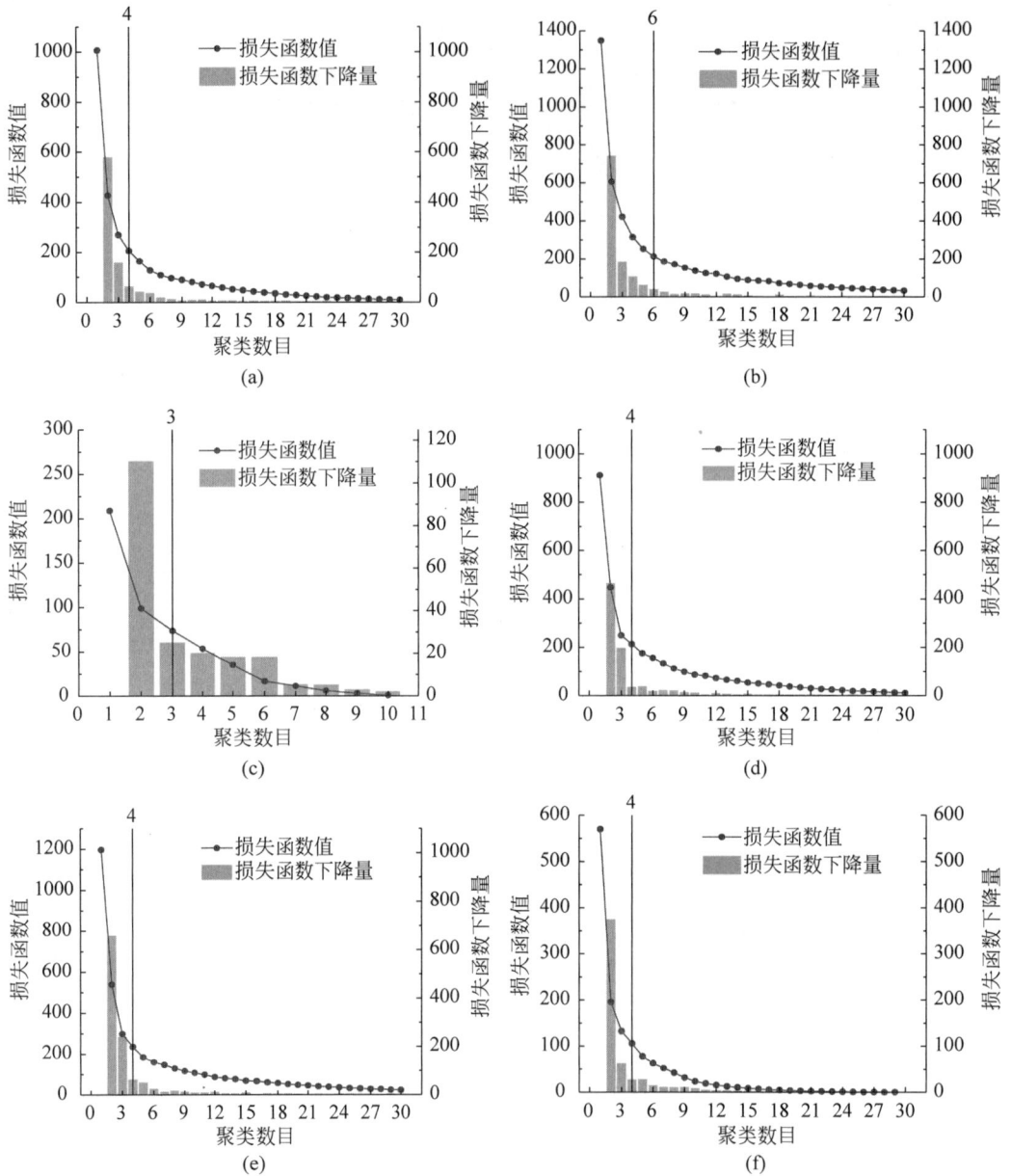

图 2-4　不同父类中子类数目
(a) 类别 1;(b) 类别 2;(c) 类别 3;(d) 类别 4;(e) 类别 5;(f) 类别 6

以类别 2 为例,第二步 K-means 聚类将类别 2 中 71 个车站聚类为 6 个子类,每个子类的进站流变化情况如图 2-5 所示,在每个子类中,类内所有车站不仅具有相似的变化趋势,而且具有更加相似的客流量大小,该聚类结果将被用作构建 CB-LSTM 模型。其他父类的子类聚类结果见文献(Zhang et al,2019)。

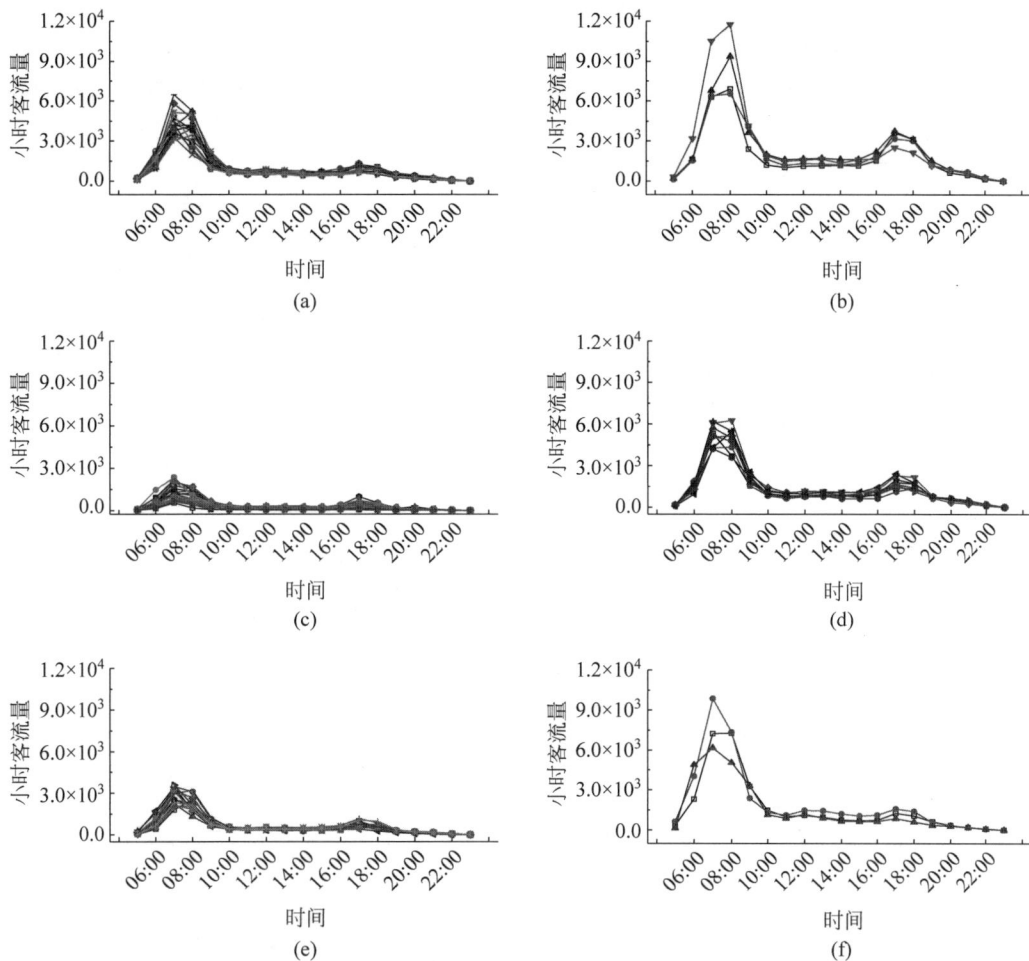

图 2-5　父类 2 中 6 个子类小时客流分布

（a）子类 1(16)；（b）子类 2(4)；（c）子类 3(23)；（d）子类 4(9)；（e）子类 5(16)；（f）子类 6(3)

2.3　客流时间特征挖掘

选择合理的时间粒度是进行短时客流预测的首要工作,然而既有研究中较少研究考虑选取的时间粒度理论上是否合理。较小的时间粒度下提取的客流序列虽然能够刻画客流的精细化信息,但规律性较差,预测精度较低,而较大的时间粒度下提取的客流序列虽然会损失客流细节信息,但规律性较强,预测精度较高,因此时间粒度选取并非越小越好,也非越大越好,要在客流细节信息、客流规律性、预测精度之间进行权衡,合理的时间粒度不仅有利于捕捉更加详细的客流信息,也有利于获取可接受的预测精度。

客流序列更高的相似性和平稳性有助于获取更高的预测精度。基于此,为了探索可用于短时客流预测的最佳时间粒度,王挺(2018)、张晚笛等(2018)借助相关系数矩阵度量了当前客流时间序列与历史同期客流时间序列的相似性(例如,本周一和上周一客流序列的相似性);借助增强 Dickey-Fuller(augmented Dickey-Fuller,ADF)检验方法检验了某一天内客流时间序列的平稳性(例如,周一当天内客流序列的平稳性)。但其研究只选取了几个特定的时间粒度(例如,1min、5min)。考虑到不同的运营需求,本节在其研究基础上,试图通过相似性度量和平稳性检验获取合理的时间粒度区间而非特定的时间粒度。此外,本节将相似性度量和平稳性检验进行组合,构成可预测性评估模型,进而判断并推荐合理的时间粒度区间,模型框架如图 2-6 所示。

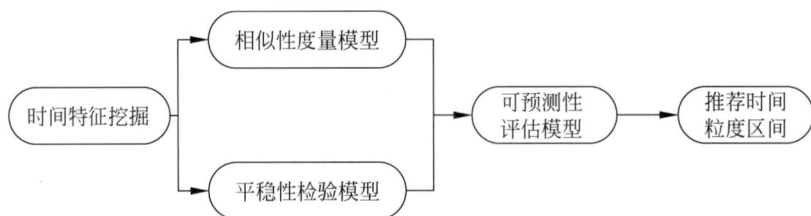

图 2-6　可预测性评估模型框架

2.3.1　客流时间序列相似性度量

本节采用皮尔逊相关系数度量时间序列的相似性,如式(2-6)所示:

$$r_S(i_D, j_D) = \frac{\sum_{t=1}^{n}(x_{S_t}(i_D) - \bar{x}_S(i_D))(x_{S_t}(j_D) - \bar{x}_S(j_D))}{\left(\sqrt{\sum_{t=1}^{n}(x_{S_t}(i_d) - \bar{x}_S(i_d))^2}\right)\left(\sqrt{\sum_{t=1}^{n}(x_{S_t}(j_d) - \bar{x}_S(j_d))^2}\right)} \quad (2\text{-}6)$$

式中,S_t 为第 t 个车站 S;i_d 和 j_d 分别为第 i 周的第 d 天和 j 周的第 d 天;$x_{S_t}(i_d)$ 为客流向量。

本节使用了连续五周工作日的卡数据,因此,需要对任意两工作日之间的客流序列计算其相关系数,相关系数计算完成后将获得五阶的相关系数矩阵 $\boldsymbol{R}_S(i_d, j_d)$,如式(2-7)所示。车站 S 第 d 天的平均相关系数 C_{S_d} 按式(2-8)计算,式中 l 取 5,代表相关系数矩阵的阶数。

$$\boldsymbol{R}_S(i_d, j_d) = \begin{pmatrix} 1 & r_S(2_d, 1_d) & r_S(3_d, 1_d) & r_S(4_d, 1_d) & r_S(5_d, 1_d) \\ r_S(1_d, 2_d) & 1 & r_S(3_d, 2_d) & r_S(4_d, 2_d) & r_S(5_d, 2_d) \\ r_S(1_d, 3_d) & r_S(2_d, 3_d) & 1 & r_S(4_d, 3_d) & r_S(5_d, 3_d) \\ r_S(1_d, 4_d) & r_S(2_d, 4_d) & r_S(3_d, 4_d) & 1 & r_S(5_d, 4_d) \\ r_S(1_d, 5_d) & r_S(2_d, 5_d) & r_S(3_d, 5_d) & r_S(4_d, 5_d) & 1 \end{pmatrix} \quad (2\text{-}7)$$

$$C_{S_d} = \sum_{i=1}^{l}\sum_{j=i+1}^{l}\frac{r_S^2(i_d, j_d)}{l \cdot (l-1)/2} \quad (2\text{-}8)$$

由于本章部分分析基于车站类别,因此,针对每一个类别 k,将会根据式(2-9)计算该类别内所有车站的平均相关系数 C_{kd}。

$$C_{kd} = \frac{1}{S}\sum_{S} C_{S_d} \quad (2\text{-}9)$$

上述所有计算全部针对相同时间粒度下的客流时间序列,根据式(2-10),可计算不同类别不同时间粒度下的平均相关系数向量。

$$C_{kd} = (C_{kd}^1, C_{kd}^2, C_{kd}^3, \cdots, C_{kd}^i) \qquad (2\text{-}10)$$

式中, i 为不同的时间粒度。

相关系数的取值范围为 $(0,1)$, 相关系数值越大, 客流序列间的相似性越高, 说明该时间粒度更加适合用于短时预测。如果相关系数大于给定的相似性水平, 则说明在该相似性水平下, 相应时间粒度下的客流时间序列具有较好的相似性, 可用于后续的短时预测。

2.3.2　客流时间序列平稳性检验

本节采用统计学和计量经济学中常用的平稳性检验方法, 即 ADF 检验或单位根检验, 对客流序列的平稳性进行检验。由于其是 DF(Dickey-Fuller)检验的扩展版本, 因此更适合于较大的和复杂的数据集。与 DF 检验相比, ADF 检验允许原始序列的自相关具有更多的滞后阶数。检验自回归模型如下:

$$\Delta y_t = a + bt + cy_{t-1} + \sum_{i=1}^{n-1} d_i \Delta y_{t-i} + e_t \qquad (2\text{-}11)$$

其中, a 为常量; b 为时间趋势的系数; t 为时间变量; n 为自回归过程的滞后阶数。在进行 ADF 检验之前, 需确定常量 a 和时间趋势 b 是否包含在模型中。由于客流时间序列具有较强的时间趋势, 并且受多种不确定性因素影响, 因此选择将 a 和 b 包含在最终的模型中, 此外, 使用赤池信息量准则(Akaike information criterion, AIC)确定滞后阶数 n。

确定好模型形式之后, 对每个车站周一至周五连续一周不同时间粒度下的客流时间序列进行 ADF 检验, 获得的 P 值为

$$P_s = (P_1, P_2, \cdots, P_s) \qquad (2\text{-}12)$$

由于本章后续部分分析基于车站类别, 因此, 针对每一个类别 k, 将会根据式(2-13)计算该类别内所有车站的平均概率值 P_k。

$$P_k = \frac{1}{S} \sum_S P_s \qquad (2\text{-}13)$$

上述所有计算全部针对相同时间粒度下的客流时间序列, 根据式(2-14)可计算不同类别不同时间粒度下的平均 P 值。

$$P_k = (P_k^1, P_k^2, \cdots, P_k^i) \qquad (2\text{-}14)$$

式中, i 为不同的时间粒度。P 的取值范围为 $(0,1)$, P 值越小, 客流序列的平稳性越高, 说明该时间粒度下更加适合用于短时预测。如果 P 值小于给定的显著性水平, 则说明在该显著性水平下, 检验结果具有统计学意义, 即相应时间粒度下的客流时间序列具有较好的平稳性, 可用于后续的短时预测。

2.3.3　客流时间序列可预测性评估及分析

如前文所述, 如果特定时间粒度下的客流时间序列具有更高的相似性和平稳性, 则更适合用于进行后续的短时客流预测。如果特定时间粒度下的客流时间序列与对应的历史客流具有较高的相似性, 但具有较低的平稳性, 或者相反, 使用历史数据进行短时预测理论上便无法获得可接受的预测精度。因此单纯使用其中一个指标进行评估存在一定的不合理性。

鉴于此,本节综合相似性度量和平稳性检验的结果,建立了可预测性评估模型来确定合理的时间粒度区间,以指导后续短时预测。

可预测性评估模型的最终评价标准为:在给定相似度水平和显著性水平的情况下,该时间粒度下的时间序列同时通过相似性度量和平稳性检验,方可用于后续的短时预测。

2.4 基于聚类和 LSTM 的车站级短时进站流预测

2.4.1 问题及数据简介

1. 问题分析

随着城市化进程快速推进,城市轨道交通的需求量日益增加。然而,轨道交通系统有限的运能难以适应急速增长的运能需求。实时精准的短时客流预测对评价城市轨道交通系统的运行状态和提升客运服务水平具有重要指导意义,只有及时、准确、全面地预测未来短时客流量,才能更好地进行轨道交通的客流诱导、管理与控制,对实现轨道交通的安全运营具有重要意义。短时进站流预测是构建智能城市轨道交通短时客流预测体系的第一步,车站级短时进站流预测针对单个车站进行建模并预测该车站未来的短时进站流,解决如何获取轨道交通系统短时期内进站流量的问题,需要考虑以下几个方面:

(1) 对于单个车站而言,其客流时间序列是一维数据,难以构建过于复杂的深度学习框架,因此需要考虑如何基于相对简单的深度学习模型提高预测精度。

(2) 地铁智能卡数据并非公开数据集,且一般科研人员获取的智能卡数据量有限。然而深度学习模型需要大量的训练数据集来训练模型以提高模型的泛化能力和表现力,因此如何利用有限的数据集提高模型预测精度有待研究。

(3) 既有研究进行短时客流预测时采用的时间粒度长短不一,多数研究并未考虑采用的时间粒度是否合理(王挺,2018;张晚笛等,2018)。且对于车站级短时预测,更加强调精细化管理,应在保证预测精度的前提下,尽量选取较小的时间粒度进行短时客流预测。

在此背景下,本节首先根据 2.2 节介绍的方法对车站进行聚类,聚类结果中每一个子类下的车站,不仅具有相似的客流量,也具有相似的客流量变化趋势;其次,根据 2.3 节介绍的方法评估不同时间粒度下客流时间序列的可预测性,根据评估结果,对每一个子类进行合理的时间粒度推荐,并在推荐的时间粒度范围内,进行短时客流预测;最后,构建基于聚类的 LSTM 模型(CB-LSTM)进行 1~5min 时间粒度下的车站级短时进站流预测。由于同一子类下所有车站不仅具有相似的客流量,也具有相似的客流量变化趋势,因此基于同一子类下所有车站的客流数据构建模型可以增大训练集数量,进而一定程度上提高模型表现能力。

2. 数据简介

本章使用北京地铁 2016 年 2 月 29 日—4 月 3 日连续 5 周 25 个工作日的 AFC 刷卡数据,共计 1.3 亿条记录,数据跨度为 05:00— 23:00(18h 或 1080min),原始卡数据记录了卡号、进出站时间、进出站车站编号、进出站车站名称等信息。2016 年 3 月,北京市共计 17 条运营线路和 276 座运营车站(换乘车站不重复计数,不计机场线)。数据预处理主要包括删除本研究不作使用的字段,删除明显不合理的记录,例如出站时间小于进站时间、出行时长超过 4h、出行时长短于 5min、同站进出、有用字段为空、超出运营时间范围、跨天出行等。

对于两条或三条线路交叉换乘的车站,给予不同的车站编号,其他车站给予唯一编号,将进出站时间转化为 0~1080min,代表一天内 05:00—23:00 之间的运营时间。处理前后的卡数据样例如表 2-1 和表 2-2 所示。根据处理后的卡数据,分别提取 1~5min 时间粒度下的进站客流时间序列,提取的 5min 时间粒度下的进站客流时间预测序列如表 2-3 所示,其中车站编号按线路号及邻接关系进行排序。该客流序列数据使用 Min-Max Scaler 归一化至(0,1)区间,结果评估时再反归一化至数据原始量级。

表 2-1　原始 AFC 卡数据样例

序号	卡号	进站编号	出站编号	进站时间	出站时间	进站名称	出站名称
1	74873＊＊＊	121	203	20160309190900	20160309193524	永安里	复兴门
2	19727＊＊＊	643	210	20160309123200	20160309124606	朝阳门	北京站
3	42656＊＊＊	9708	210	20160309115600	20160309124428	通州北苑	北京站

表 2-2　处理后 AFC 卡数据样例

序号	卡号	进站车站唯一编号	出站车站唯一编号	进站时间	出站时间
1	74873＊＊＊	19	37	849	875
2	19727＊＊＊	44	43	452	466
3	42656＊＊＊	29	43	356	464

表 2-3　进站客流时间预测序列

车站编号	05:00—05:05	05:05—05:10	05:10—05:15	…	22:55—23:00
1	3	5	7	…	2
2	5	4	8	…	11
3	1	7	9	…	9
⋮	⋮	⋮	⋮	⋮	⋮
276	3	4	6	…	6

2.4.2　基于聚类的 LSTM 模型

1. LSTM 模型简介

LSTM 模型属于循环神经网络(RNN)的一种,由 Hochreiter 和 Schmidhuber 等(1997)提出,至今已有 20 多年的发展历史。传统 RNN 取得巨大成功的原因在于其能够将历史信息进行记忆存储并通过前馈神经网络(例如多层感知机)向前传递,当经历长期的信息传递之后,由于梯度消失和梯度爆炸等原因,会存在有用信息丢失,导致无法记忆长期信息。不同于传统 RNN,LSTM 模型由于其独特的记忆单元,能够一定程度上解决长期依赖问题,因此在自然语言处理(natural language processing,NLP)、模式识别、短时交通预测等领域其表现均超越了传统 RNN,取得了巨大的成功。RNN 与 LSTM 模型的示意图如图 2-7 所示,类似于同一个神经网络的许多副本,但不同的是每一个副本将前一个时间步的信息传递至后一个时间步,即可以将历史信息与当前予以联系。

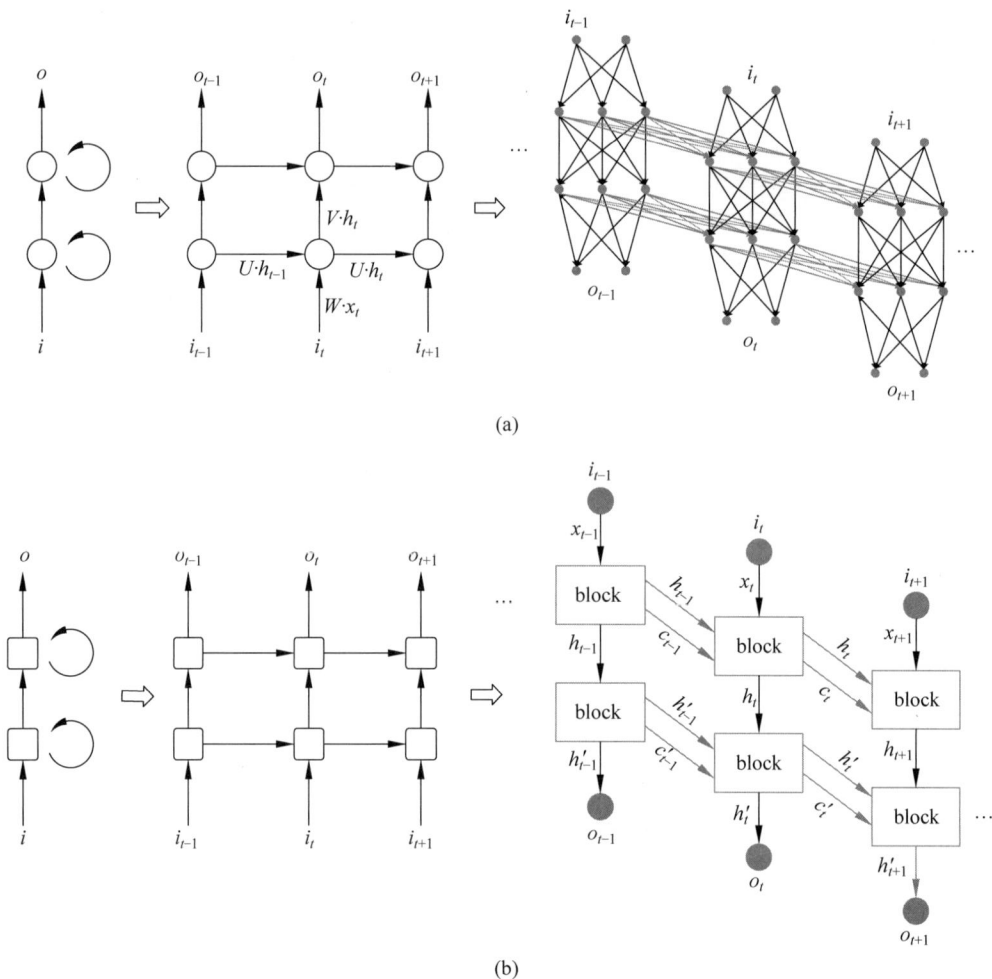

(a)

(b)

图 2-7   RNN 与 LSTM 模型的示意图

(a) 两层 RNN; (b) LSTM 模型

  RNN 和 LSTM 模型的最大区别在于分布在隐藏层的神经元结构,传统 RNN 的神经元结构简单,例如仅包含一个激活函数层。循环神经网络计算过程如下:

$$h_t = f(\boldsymbol{W}x_t + \boldsymbol{U}h_{t-1}) \tag{2-15}$$

$$y_t = \boldsymbol{V}h_t \tag{2-16}$$

其中,$f(\cdot)$ 为激活函数;$\boldsymbol{W}$、$\boldsymbol{U}$ 和 $\boldsymbol{V}$ 代表权重矩阵。

  LSTM 的记忆单元(block)更加复杂,如图 2-8 所示,正是该复杂精巧的计算机制保证了其解决长期依赖问题的能力。该记忆单元由记忆细胞和三个门组成,即输入门、输出门和遗忘门,三类门是由许多神经元组成的神经网络层,可以分别控制哪些信息将被输入、输出和遗忘。记忆细胞的状态由三类门进行控制,能够记录历史和当前的系统状态。通过给定原始输入 x_t、输入门 i_t、输出门 o_t、遗忘门 f_t、细胞状态 c_t 以及最终的输出 h_t,可通过式(2-17)~式(2-24)执行预测过程、训练网络并输出预测结果。

$$f_t = \sigma(\boldsymbol{W}_f x_t + \boldsymbol{U}_f h_{t-1} + \boldsymbol{V}_f c_{t-1} + b_f) \tag{2-17}$$

$$i_t = \sigma(\boldsymbol{W}_i x_t + \boldsymbol{U}_i h_{t-1} + \boldsymbol{V}_i c_{t-1} + b_i) \tag{2-18}$$

$$\tilde{c}_t = \tanh(\boldsymbol{W}_c x_t + \boldsymbol{U}_c h_{t-1} + b_c) \tag{2-19}$$

$$c_t = f_t \odot c_{t-1} + i_t \odot \tilde{c}_t \tag{2-20}$$

$$o_t = \sigma(\boldsymbol{W}_o x_t + \boldsymbol{U}_o h_{t-1} + \boldsymbol{V}_o c_t + b_o) \tag{2-21}$$

$$h_t = o_t \odot \tanh(c_t) \tag{2-22}$$

$$\sigma(x) = \frac{1}{1 + e^{-x}} \tag{2-23}$$

$$\tanh(x) = \frac{e^x - e^{-x}}{e^x + e^{-x}} \tag{2-24}$$

其中，t 代表时间步；$\odot$ 代表 Hadamard 乘积；初始值 $c_t=0, h_t=0$。此外，$\sigma(x)$ 为 sigmoid 激活函数；$\tanh(x)$ 为双曲正切激活函数；$\boldsymbol{W}$、$\boldsymbol{U}$ 和 $\boldsymbol{V}$ 代表权重矩阵；b 为偏置向量参数。

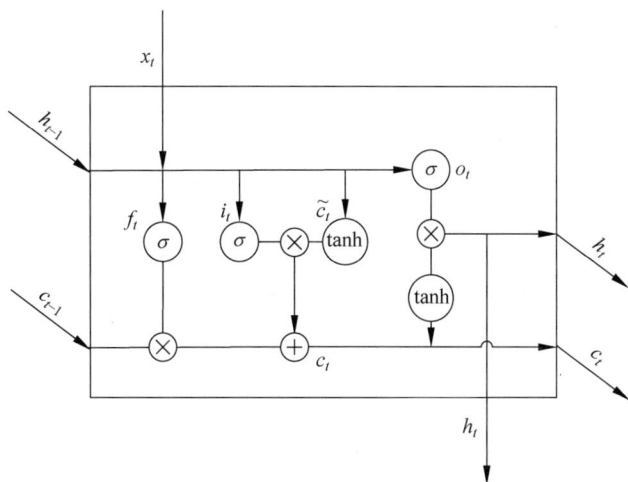

图 2-8　LSTM 记忆单元示意图

上述所有计算过程称为正向传播，但损失函数会随着时间的推移而扩大，因此，反向传播过程中使用随时间的反向传播(back propagation through time，BPTT)算法和各种优化器对权值参数进行优化。与传统的 RNN 不同的是，LSTM 模型可以在反向传播过程中将误差截断，直至误差为零，从而解决梯度消失或梯度爆炸的问题。正是通过数据的不断正向传播和误差的反向传播，确定最终的网络参数。

2. 基于聚类的 LSTM 模型框架

地铁智能卡数据并非公开数据集，且一般科研人员获取的智能卡数据量有限。然而深度学习模型需要大量的训练数据集来训练模型以提高模型的泛化能力和表现效果，因此如何利用有限的数据集提高模型预测精度有待研究。鉴于此，本节提出了一种基于聚类的 LSTM(CB-LSTM)模型框架进行车站级短时进站流预测。首先，当数据量较少时，使用聚类的方法获取更多相似的客流时间序列以增加训练数据集，在机器学习深度学习领域有助于提高模型的泛化能力和预测精度。其次，一个子类中所有车站的客流序列不仅具有相似的客流变化趋势，也具有相似的客流量大小，因此使用同一子类内所有车站前四周的数据训练模型,并对该子类内所有车站未来一周内的短时客流分别进行预测具有可行性。

综上,本节提出的CB-LSTM模型总体思路为:基于2.2.1节提出的两步K-means聚类结果的子类车站,使用同一子类内所有车站前四周的数据训练模型,并对该子类内所有车站未来一周内的短时客流分别进行预测,最终计算子类所有车站的平均预测效果。CB-LSTM模型的总体思路,如图2-9所示。

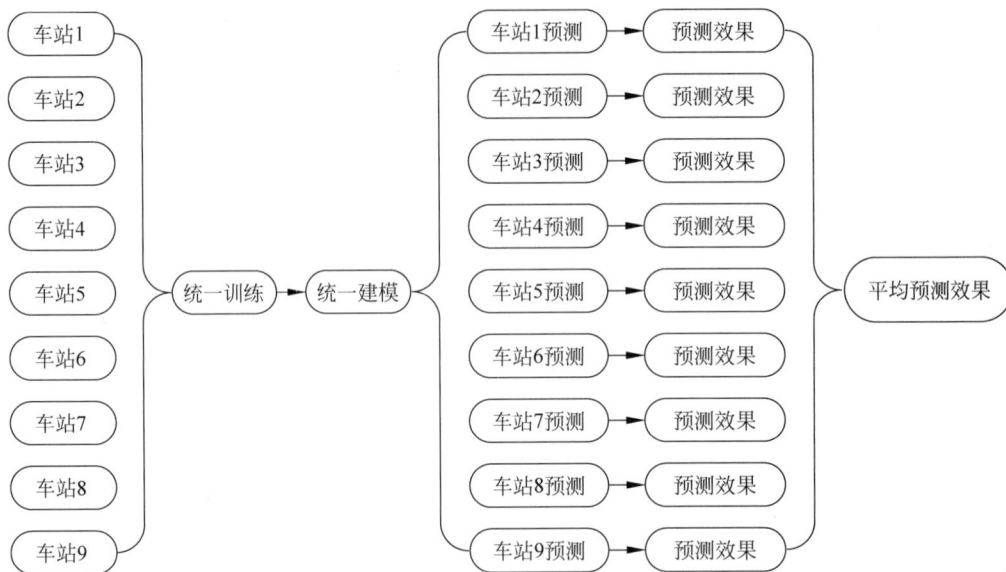

图 2-9　CB-LSTM 模型的总体思路

2.4.3　模型配置

1. 评价指标和损失函数

本节采用均方误差(mean squared error,MSE)作为损失函数,采用根均方误差(root mean squared error,RMSE)、平均绝对误差(mean absolute error,MAE)以及相关系数(R-squared,R^2)作为模型评价指标,它们的表达式分别如下:

$$\mathrm{MSE} = \frac{1}{n} \sum_{i=1}^{n} (y_i - \hat{y}_i)^2 \tag{2-25}$$

$$\mathrm{RMSE} = \sqrt{\frac{1}{n} \sum_{i=1}^{n} (y_i - \hat{y}_i)^2} \tag{2-26}$$

$$\mathrm{MAE} = \frac{1}{n} \sum_{i=1}^{n} | (y_i - \hat{y}_i) | \tag{2-27}$$

$$R^2 = 1 - \frac{\sum_{i=1}^{n} (y_i - \hat{y}_i)^2}{\sum_{i=1}^{n} (y_i - \bar{y})^2} \tag{2-28}$$

其中,$\hat{y}_i$为预测值;y_i为真实值;$\bar{y}$为所有真实值的平均值;n为样本数量。

2. 参数设置和基准模型

基于两步 K-means 聚类的结果以及可预测性评估结果推荐的时间粒度区间,本节以父类类别 2 中第四个子类中的 9 个车站为例进行 1～5min 下的车站级的短时进站流预测,9 个车站的空间分布如图 2-10 所示。

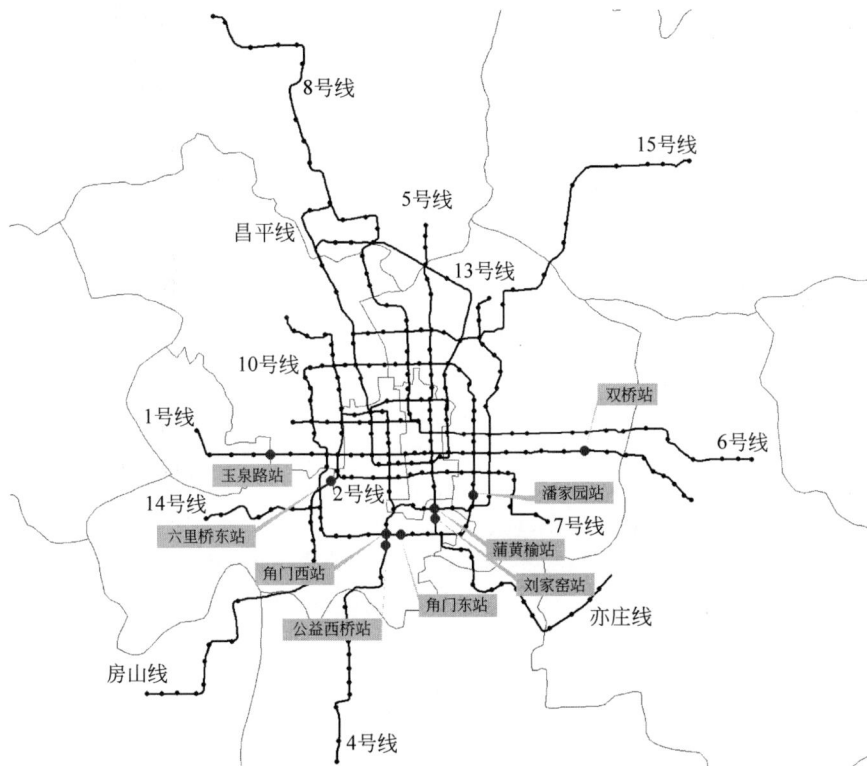

图 2-10 9 个车站的空间分布

本节使用如图 2-11 所示的滑动窗口进行预测,假设一个时间窗口中存在 5 个时间步,则前四个时间步被输入至模型中预测最后一个时间步。窗口随时间前移,新加入时间窗口的数据均为真值,以避免误差的累积。

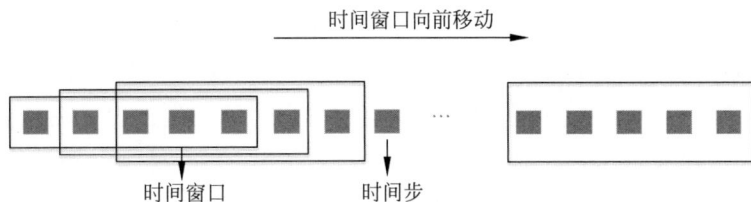

图 2-11 时间窗口示意图

本节使用连续五周工作日的数据,前四周为训练集,最后一周为测试集。9 个车站研究对象连续 5 周 25 个工作日 05:00—23:00 之间的数据共计 115 万条记录,平均日客流量如表 2-4 所示。1～5min 时间粒度下一天内的客流时间序列的观测值个数分别为 1080,540,360,270,216。

表 2-4　9 个车站工作日平均日客流量

站名	玉泉路	双桥	角门西	公益西桥	刘家窑	蒲黄榆	六里桥东	潘家园	角门东
车站编号	1	2	3	4	5	6	7	8	9
平均日客流量	27113	21071	24879	23747	30809	24928	27266	27530	22118

本节提出的 CB-LSTM 模型具有一个数据输入层，一个 LSTM 层以及一个输出层。其中 LSTM 层具有 100 个神经元，时间窗口大小为 30 个时间步，批大小(batch size)为 100，训练次数(epoch)设置为 50 并保存表现最好的模型，采用的优化器为"Adam"，其学习率为0.001，同一时间粒度下的模型运行 10 次以减弱随机因素的影响，使用 Keras 深度学习框架构建本模型。

本节将 CB-LSTM 模型与 ARIMA、支持向量机(support vector machines，SVM)、反向传播神经网络(back propagation neural network，BPNN)、CNN、RNN、GRU 6 个基准模型进行了对比，基准模型也采用 CB-LSTM 的建模思想，使用 9 个车站的数据同时训练同时预测。此外，本节构建了传统 LSTM 模型，即针对 9 个车站分别训练单独的 LSTM 模型，并单独进行预测，最终计算 9 个车站的平均预测效果，并与其他模型进行比较。各个模型的具体配置如下：

ARIMA：使用 SPSS 软件中的专家建模器获取 ARIMA 模型最终预测结果。

SVM：采用 sklearn 中的支持向量机回归模型，核函数为径向基核函数(radial basis function，RBF)，即为径向基核函数支持向量机(radial basis function support vector regression，RBF-SVR)模型。

BPNN、RNN、GRU、LSTM：具有一个输入层，一个隐藏层、一个输出层，其中隐藏层均设置 100 个神经元，基于 Keras 框架构建该四个模型。

CNN：由于输入输出的数据均是一维数据，本章采用一维卷积神经网络(Conv1D)，该模型同样具有一个输入层、一个隐藏层、一个输出层，隐藏层中滤波器(filters)数目、核尺寸(kernel size)、步长(strides)分别设置为 8、5、2。

2.4.4　预测结果分析

所有模型平均预测结果如表 2-5 和图 2-12 所示，CB-LSTM 模型在 5 个时间粒度下均具有良好的表现效果。

表 2-5　不同时间粒度下模型效果

时间粒度	1min			2min			3min			4min			5min		
指标	RMSE	MAE	R^2	RMSE	MAE	R^2	RMSE	MAE	R^2	RMSE	MAE	R^2	RMSE	MAE	R^2
ARIMA	7.010	4.931	0.913	11.889	8.008	0.931	16.831	11.086	0.937	21.220	13.733	0.942	26.105	16.749	0.944
RBF-SVR	7.118	5.278	0.920	11.843	8.426	0.943	16.411	11.537	0.951	21.220	14.598	0.954	25.815	17.857	0.955
BPNN	7.101	4.942	0.920	11.598	7.717	0.945	15.479	10.014	0.956	19.820	12.475	0.959	23.911	14.988	0.961
CNN	6.987	4.987	0.915	11.563	7.940	0.943	16.172	10.495	0.951	20.367	12.977	0.957	24.654	16.038	0.959
RNN	6.939	4.885	0.924	11.941	8.569	0.942	16.095	10.615	0.953	19.498	12.375	0.961	24.306	15.459	0.960
GRU	6.749	**4.728**	0.928	11.575	7.494	0.945	15.451	9.786	0.956	19.157	12.015	0.962	23.062	14.751	0.964
LSTM	6.742	4.738	0.928	11.500	7.483	0.946	15.332	9.786	0.957	19.000	**12.010**	0.962	22.865	14.550	0.965
CB-LSTM	**6.729**	4.751	**0.928**	**11.228**	**7.470**	**0.949**	**15.203**	9.783	**0.958**	**18.682**	12.037	**0.964**	21.236	13.778	**0.969**

注：加黑数字表示最好结果。

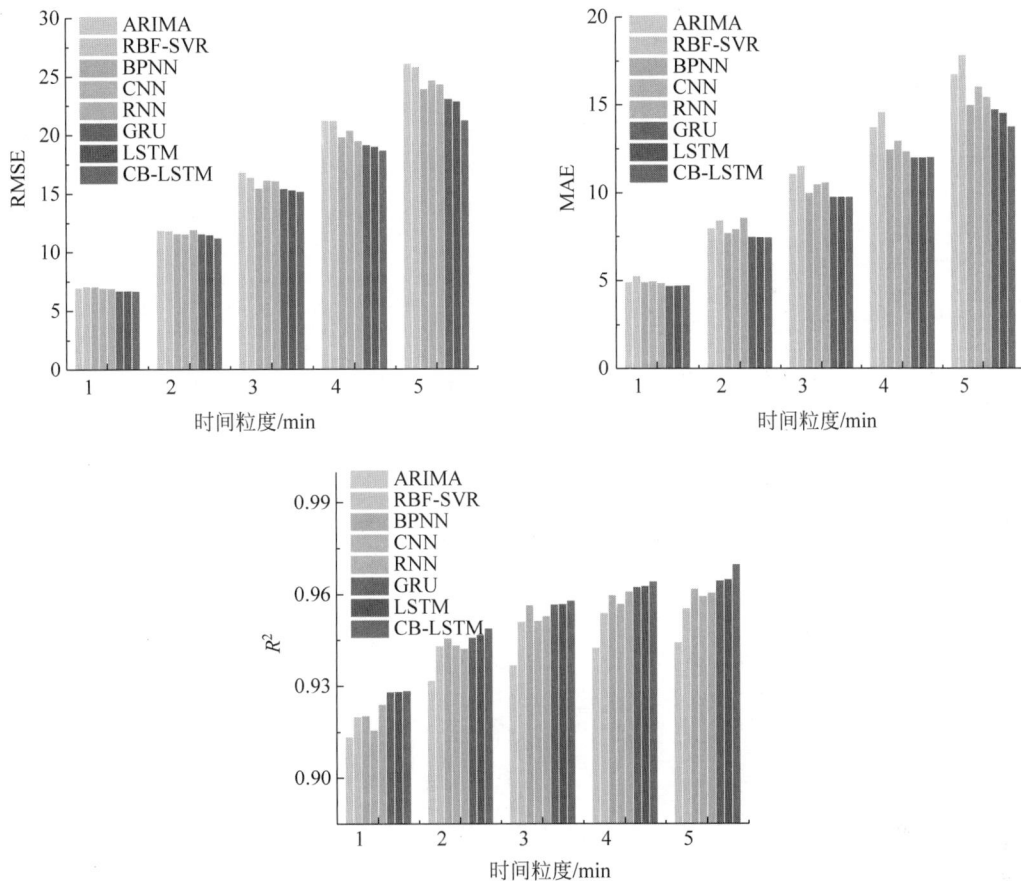

图 2-12　不同时间粒度下模型效果

就均方根误差（RMSE）和平均绝对误差（MAE）而言，CB-LSTM 模型相对于其他模型提升较大，且随着时间粒度增大，提升效果相应扩大；在时间粒度较大的情况下，ARIMA 模型和 RBF-SVR 模型表现较差；（一维）CNN 相对于传统 RNN 和 GRU 表现较差，原因可能在于 CNN 无法记忆历史信息等，LSTM 模型和 GRU 结果较为接近，原因在于两者的内部单元结构较为相似。

就相关系数（R^2）而言，随着时间粒度的增大，相关系数（R^2）也在增加，说明更大的时间粒度会造成更多的客流细节信息被忽略，可预测性也相应增加。此外，对于 CB-LSTM 模型，5min 时间粒度下的相关系数（R^2）能够达到 0.969，即使在时间粒度为 1min 时，相关系数（R^2）也能够达到 0.928，说明了 CB-LSTM 模型在短时客流预测领域具有较好的预测效果。

CB-LSTM 模型在多数情况下比传统 LSTM 模型表现更好，说明聚类思想在提升训练数据集的基础上，有效地提升了模型的泛化能力和预测效果，预测结果侧面验证了本节提出的 CB-LSTM 思想的合理性。

CB-LSTM 模型在 5min 时间粒度下 9 个车站的真实值与预测值对比如图 2-13 所示。由图可知，无论平峰时段抑或高峰时段，CB-LSTM 均能够较好地对短时进站客流量进行较为精准的预测。

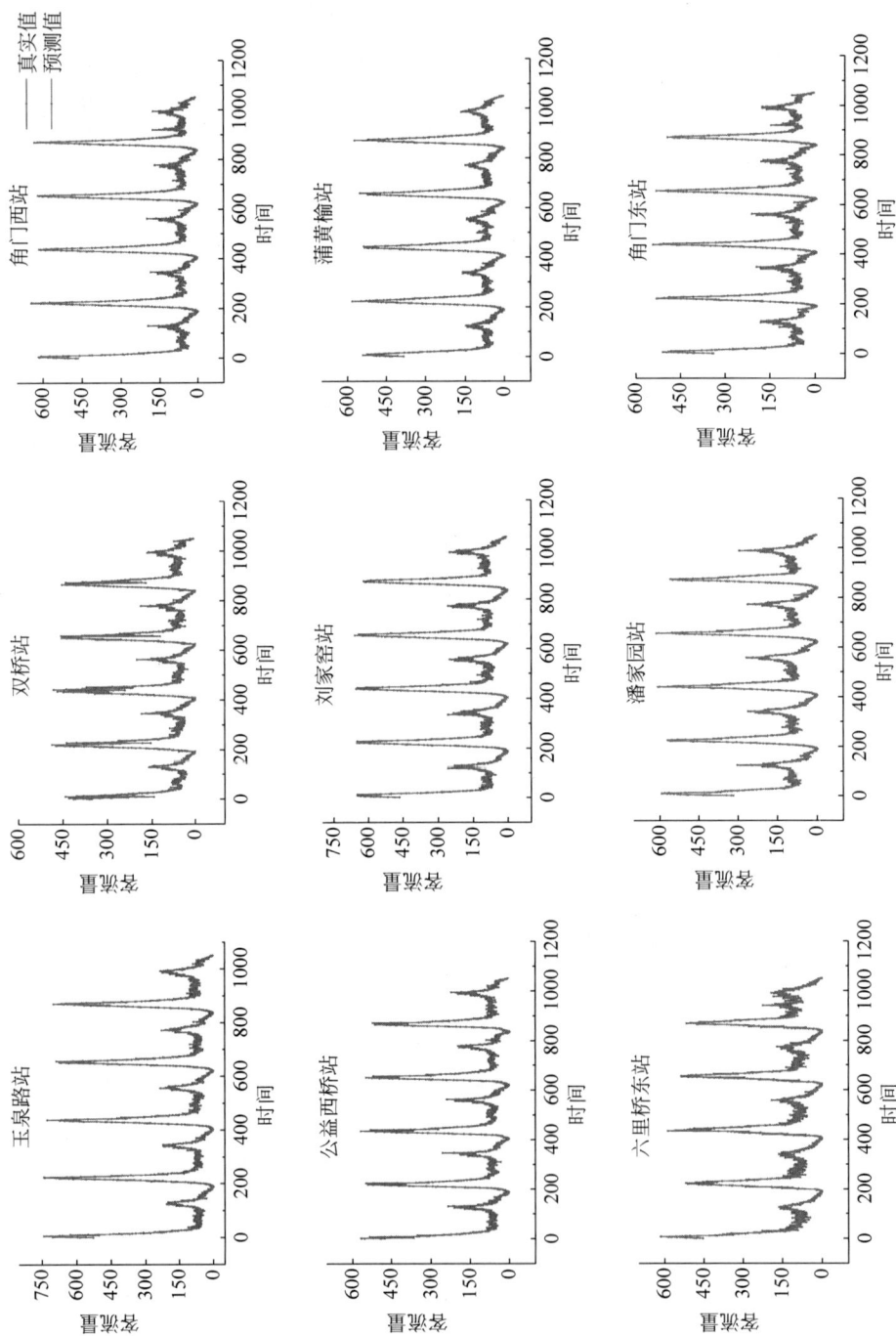

图 2-13　真实值与预测值对比

2.5　基于元学习的新开车站或线路短时进站流预测

2.5.1　问题及数据简介

1. 问题分析

精确的地铁车站短时客流预测,对于合理配置站内资源、缓解拥堵、降低运营风险具有重要意义。然而相比于历史客流数据充足的车站,新开通地铁车站的客流数据有限,这会降低新开车站内的短时客流预测精度,增加车站管理和运营的难度。因此如何精准预测新开通地铁车站的短时客流是一个亟待解决的问题,既有的短时客流预测方法普遍依赖于充足的历史客流数据,难以直接应用于新开通的地铁车站。

目前针对新开地铁车站的短时客流预测总结起来存在以下几个问题:①既有的短时客流预测方法依赖于充足的历史客流数据,难以应对数据缺乏条件下的地铁车站客流预测。②虽然迁移学习方法为数据缺乏条件下的客流预测提供了解决方案,然而既有迁移学习方法考虑单一目标之间的知识迁移,导致迁移学习的效果不稳定,例如迁移对象与被迁移对象之间的特征相似时,迁移效果较好;当两者之间的特征不相似时,迁移效果较差。

基于以上研究缺点,本节旨在构建一种深度学习模型(即 Meta-LSTM 模型),该模型可以从多个数据丰富的地铁站学习客流特征知识,并将知识转移到数据有限的新开地铁车站,从而提高知识迁移的稳定性和新开地铁车站的客流预测精度。

2. 问题定义

首先定义本节所使用的符号,并对新运营地铁站短期客流预测问题进行了定义。

定义 2.1　时空序列。假设有 N 个地铁车站,根据数据采集的粒度,将研究时段分为 t 个时间间隔。那么,i 站的时空序列被表示为一个张量 $\boldsymbol{X}^i = (x_1^i, x_2^i, \cdots, x_t^i)$,其中 $i \in N$。对于一个包含 I 个站点的元学习任务,任务的时空序列被表示为 $\boldsymbol{X}^I = (X^1, X^2, \cdots, X^I)$。

问题定义　给定一组源车站 $S_u = \{s_1, s_2, \cdots, s_u\}$ 和一组目标车站 $S_t = \{s_1, s_2, \cdots, s_t\}$,目标是在 S_t 缺乏数据(即新开通的车站)而 S_u 能够提供充足的数据这一前提下,利用 S_t 中前 τ 个时间步的客流来预测下一个时间步的客流,对其描述如下:

$$\hat{Y}_{\tau+1} = f(X_1^{S_t}, X_2^{S_t}, \cdots, X_\tau^{S_t} \mid f_{\theta_0}^{S_u}) \tag{2-29}$$

其中,$\hat{Y}_{\tau+1}$ 是第 $\tau+1$ 个时间步的客流;f 为客流的预测模型;θ_0 表示从源车站提取后迁移到目标站的初始化参数。

3. 数据简介

从 3 个城市收集了 3 个地铁的 AFC 数据集:①北京地铁数据集(05:00—23:00,2016-02-29—2016-04-03);②杭州地铁数据集(06:00—23:00,2019-01-01—2019-01-25);③南宁地铁数据集(06:30—22:00,2016-06-28—2016-07-17)。截至 2016 年 3 月,北京地铁共有 17 条线路、276 个地铁站(不含机场快线及对应站),分别于 1971—2014 年间开通运营。截至

2016 年 6 月，南宁地铁新开通 1 条线路 10 个地铁站。截至 2019 年 1 月，在杭州地铁共有 3 条线路，80 个地铁站。杭州地铁的 3 条线路在 2012—2015 年期间开通运营。运营中的地铁线路详细信息见表 2-6。其中，数据集只考虑了工作日数据且客流时间间隔为 15min。

表 2-6　运营中的地铁线路的详细信息

城市	时间跨度（年/月/日）	线路	开通运营时间	运营时间/年
北京	2016/02/29—2016/04/03	1	1971-01	45
		2	1971-01	45
		13	2002-09	13～14
		八通	2003-12	12
		5	2007-10	8～9
		10	2008-07	7～8
		8	2008-07	7～8
		4	2009-09	6～7
		15	2010-12	5
		昌平	2010-12	5
		房山	2010-12	5
		亦庄	2010-12	5
		9	2011-12	4
		6	2012-12	3
		14	2013-05	2～3
		7	2014-12	1
杭州	2019/01/01—2019/01/25	1	2012-11	6～7
		2	2014-11	4～5
		4	2015-02	3～4
南宁	2016/06/28—2016/07/17	1	2016-06	新开通

　　虽然杭州地铁三条线路已经运营了一段时间，但相比于北京地铁，其客流分布特征还是缺乏的，南宁地铁站全部新建。因此，以北京地铁站为源车站，南宁地铁和杭州地铁站为目标车站。对于每个源车站，选择 80% 的数据进行训练和验证，其余的数据进行测试。对于每个目标车站，选择 1 天、3 天和 5 天的数据进行训练，其余的数据进行测试。

2.5.2　基于元学习的 LSTM 模型

1. 元学习任务构建

　　元学习任务是一个包含了车站空间位置和客流的时空信息的矩阵。将所有源车站和目标车站按照地铁线路的顺序分别构建成一个一维序列，每个一维序列承载着各站的相对位置信息，根据目标车站的数量来设定元学习任务的大小，即单个元学习任务中的车站数。例如，如图 2-14 所示，目标域中有 10 个站，从源域中选择前 10 个站作为第一个元学习任务，后续 10 个站作为第二个任务，然后对后续多个任务的车站数量进行相应确认，即构建了一个元学习任务。

　　车站的客流具有空间-时间上的相关性。一个车站的当前客流会受到最近时间间隔的

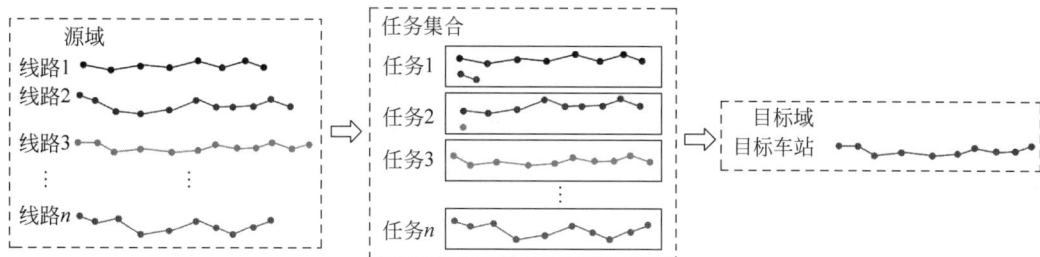

图 2-14 一个元学习任务的构建过程

影响；在相邻的两天，客流可能是相似的；而相同的客流分布可能每周均会出现。此外，不同车站的客流可能相互影响。因此，在获得车站位置的基础上，通过融合不同的客流模式（即实时模式、日模式和周模式）来捕捉长期的空间-时间依赖性，如图 2-15 所示。车站内客流的时间序列如下：

$$\boldsymbol{X}_t = \begin{pmatrix} (x_{t-\tau}^r & x_{t-\tau+1}^r & x_{t-\tau+2}^r & \cdots & x_t^r) \\ (x_{t-\tau}^d & x_{t-\tau+1}^d & x_{t-\tau+2}^d & \cdots & x_t^d) \\ (x_{t-\tau}^w & x_{t-\tau+1}^w & x_{t-\tau+2}^w & \cdots & x_t^w) \end{pmatrix}^{\mathrm{T}} \tag{2-30}$$

其中，t 表示第 t 个时间间隔；τ 是历史时间步数；x_t^r，x_t^d，x_t^w 分别代表实时模式、日模式和周模式下在第 t 个时间间隔的客流。以源车站为例，多个车站的时间序列定义为

$$\boldsymbol{X}_{u,t} = (X_{1,t}, X_{2,t}, X_{3,t}, \cdots, X_{u,t})^{\mathrm{T}} \tag{2-31}$$

其中，u 为车站的索引。

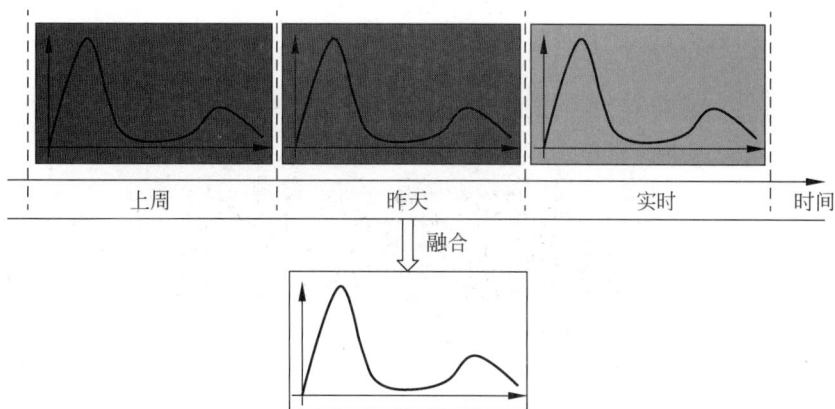

图 2-15 通过融合不同的客流模式来捕获长期的空间-时间依赖性

2. 知识学习与迁移

为了从源车站学习知识并将知识转移到目标车站，本节提出了一种元学习方法，该方法包括三个部分：基础网络、元学习器和将知识应用到目标车站。其中，基础网络被用来学习客流的空间-时间特征；元学习器是一个深度学习框架，其通过多个元学习任务提高基础网络对各种客流特征泛化能力；将知识应用于目标车站，即把学到的知识以参数初始化的形式应用于目标车站的客流预测。例如，在目标车站用于预测的网络即为基础

网络。

（1）基础网络

本节选择长短时记忆网络（LSTM）作为基础网络。LSTM 有一个带有重复神经网络模块的链式形式，重复的神经网络模块（即记忆单元）有相互作用的四层，分别为细胞状态（cell status）、输入门（input gate）、遗忘门（forget gate）和输出门（output gate），如图 2-16 所示，能够有效捕捉较长周期的短时客流特征信息。其中，细胞状态结构提供了一个信息传递的路径，遗忘门控制从上一时刻的细胞状态中获得多少信息，即

$$\Gamma_{\mathrm{f}}^{t} = \sigma(W_{\mathrm{f}}[h^{t-1}, x^{t}] + b_{\mathrm{f}}) \tag{2-32}$$

其中，Γ_{f}^{t} 为当前的遗忘门；σ 为激活函数；W_{f} 和 b_{f} 是遗忘门可学习的权重和偏置；h^{t-1} 是隐藏状态，表示前一序列的信息；x^{t} 是当前输入的数据。

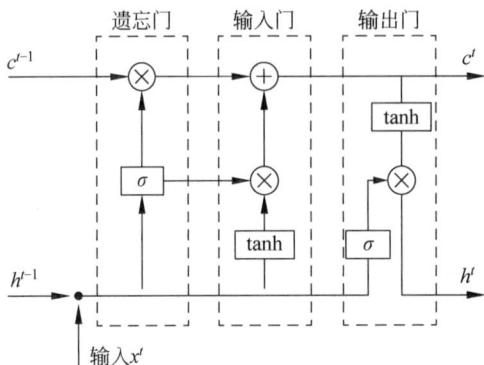

图 2-16　LSTM 的概况

输入门 Γ_{i} 决定了当前时刻可以传递多少信息，其使用激活函数 σ 将选定的信息转换成可以添加到细胞状态的形式，其后使用一个候选的细胞状态向量 $\tilde{c}^{t}$，用于更新细胞状态。整个过程如下：

$$\Gamma_{\mathrm{i}}^{t} = \sigma(W_{\mathrm{i}}[h^{t-1}, x^{t}] + b_{\mathrm{i}}) \tag{2-33}$$

$$\tilde{c}^{t} = \tanh(W_{\mathrm{c}}[h^{t-1}, x^{t}] + b_{\mathrm{c}}) \tag{2-34}$$

式中，W_{i} 和 b_{i} 为输入门可学习的权重和偏置；W_{c} 和 b_{c} 为细胞状态可学习的权重和偏置。

最后，结合遗忘门和输入门来更新当前时刻的细胞状态 c^{t}，并设置一个输出门 Γ_{o} 来控制输出信息，即

$$c^{t} = \Gamma_{\mathrm{f}}^{t} \cdot c^{t-1} + \Gamma_{\mathrm{i}}^{t} \cdot \tilde{c}^{t} \tag{2-35}$$

$$\Gamma_{\mathrm{o}}^{t} = \sigma(W_{\mathrm{o}}[h^{t-1}, x^{t}] + b_{\mathrm{o}}) \tag{2-36}$$

$$h^{t} = \Gamma_{\mathrm{o}}^{t} \cdot \tanh(c^{t}) \tag{2-37}$$

上述三个门的取值范围均在 $[0, 1]$，若某个门的值为 0 或 1，则表示记忆单元不保存任何信息或全部信息，在 $(0, 1)$ 中的其他值意味着只有部分信息可以传递到下一个部分。若 h^{t} 表示某个车站的客流信息，则下一个时间步的客流序列可以通过以下方式预测：

$$y_{\mathrm{pred}}^{t} = \tanh(W_{y} \cdot h^{t} + b_{y}) \tag{2-38}$$

（2）元学习器

元学习器是一个深度学习框架，能通过多个元学习任务提高基础网络对各种客流特征的泛化能力。元学习任务集的构造包含两部分，即训练任务集（train task set）和测试任务集（test task set），如图 2-17 所示。在每个任务集中，支持任务（support task）用于训练，查询任务（query task）用于测试。为了提高基本网络对各种客流特征的泛化能力，本节目标是在源车站的每个任务上用少量的梯度步骤优化模型参数，然后使整个源站的泛化损失的平均值最小，因此数据量受限的新任务上仍然是有效的。元学习器的优化主体如下：

$$\theta_0 = \mathop{\arg\min}_{\theta_i^*} \sum_{T_i \sim p(T_s)} L_{T_i}(\hat{Y}_{T_i}(\theta_i^*), Y_{T_i}) \tag{2-39}$$

其中，θ_0 是将要被迁移到目标车站的参数（即最优的权重和偏置）。考虑从源车站获取的任务分布 $p(T_s)$，任务 T_i 为从 $p(T_s)$ 中采样，参数 θ_i^* 由基础网络在训练任务集上输出，其中 θ_i^* 不一定要最小化训练任务集中单个任务的损失，但需要最小化测试任务集中所有任务的总损失。$\hat{Y}_{T_i}(\theta_i^*)$ 表示当参数为 θ_i^* 时任务 T_i 的预测值，Y_{T_i} 是任务 T_i 的真实值，L_{T_i} 是任务 T_i 的损失函数。

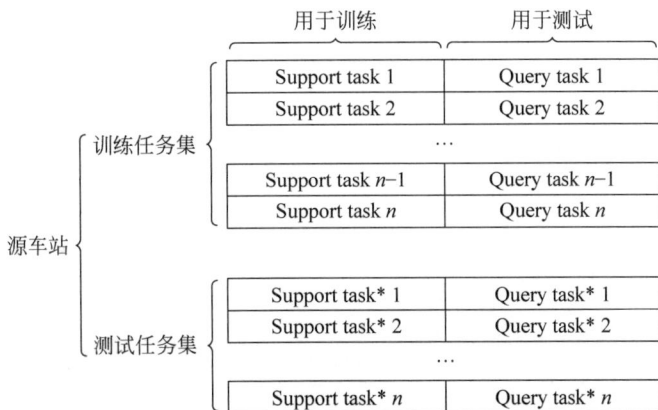

图 2-17　源车站的元学习任务集结构

元学习器由全局学习器（global learner）和局部学习器（local learner）组成，如图 2-18 所示，其中红色虚线以上的部分为全局学习器，红色虚线以下部分为局部学习器。局部学习器用于提高基础网络在单个元学习任务中捕捉客流时空特征的能力。局部学习器首先使用元学习任务 T_i（即训练任务集中的任务）和相应损失的反馈进行训练，然后在新任务（从测试训练集中采样的任务）上进行测试。以一个局部学习器为例，如图 2-19 所示（蓝色虚线框内的结构是基础网络，新的权重和新的偏置由全局学习器提供）。为了进一步解释，假设有一个参数为 θ 的参数化函数 f_θ，将其应用到新任务 T_i 时，将参数 θ 更新为 θ_i^*，如图 2-20(a) 所示。以一次梯度更新为例，局部学习器表示如下：

$$\theta_i^* = \theta - \alpha \nabla_\theta L_{T_i}(f_\theta) \tag{2-40}$$

其中，α 是局部学习器的学习率；∇_θ 代表梯度。

全局学习器可使基础网络能够对多种任务具有优越的泛化性能，其更新过程是通过优化所有采样于 $p(T_s)$ 的任务中 $f_{\theta_i^*}$ 关于 θ 的性能来实现的，如图 2-20(b) 所示。学习过程

以参数迭代更新的形式呈现,即

$$\min_{\theta} \sum_{T_i \sim p(T_s)} L_{T_i}(f_{\theta_i^*}) = \sum_{T_i \sim p(T_s)} L_{T_i}(f_{\theta} - \alpha \nabla_{\theta} L_{T_i}(f_{\theta})) \tag{2-41}$$

$$\theta \leftarrow \theta - \beta \nabla_{\theta} \sum_{T_i \sim p(T_s)} L_{T_i}(f_{\theta_i^*}) \tag{2-42}$$

其中,β 是全局学习器的学习率。

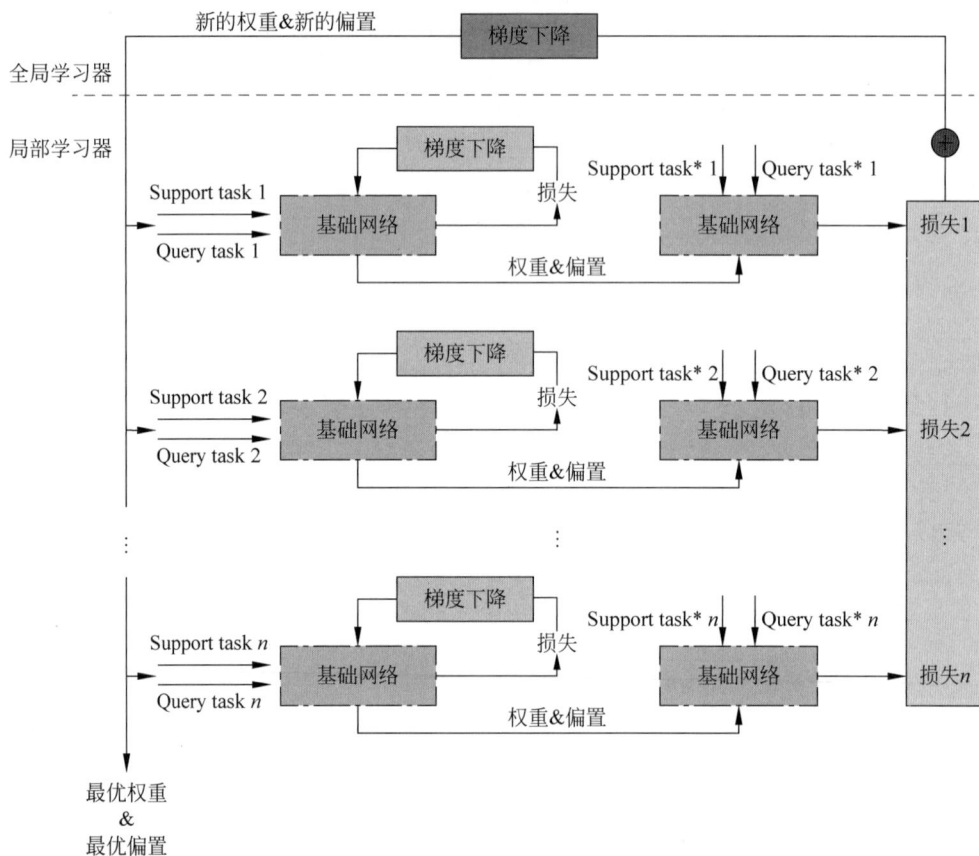

图 2-18　元学习器概况(见文后彩图)

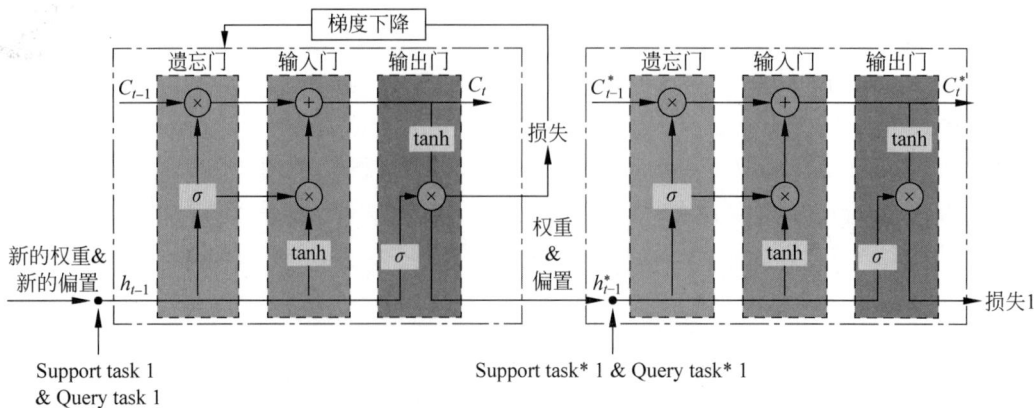

图 2-19　局部学习器的结构(见文后彩图)

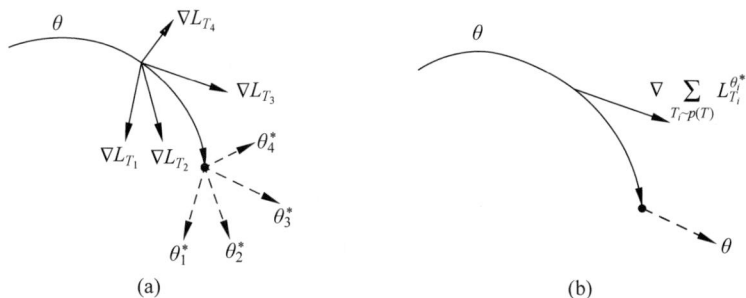

图 2-20　局部学习器和全局学习器的更新过程

(a) 局部学习器；(b) 全局学习器

将式(2-42)右侧的梯度部分展开,可以得到

$$\nabla_\theta \sum_{T_i \sim p(T)} L_{T_i}(f_{\theta_i^*}) = \sum_{T_i \sim p(T)} \frac{\partial L_{T_i}(f_{\theta_i^*})}{\partial \theta_i^*} \frac{\partial \theta_i^*}{\partial \theta} \tag{2-43}$$

将式(2-40)代入式(2-43)可得

$$\sum_{T_i \sim p(T)} \frac{\partial L_{T_i}(f_{\theta_i^*})}{\partial \theta_i^*} \frac{\partial \theta_i^*}{\partial \theta} = \sum_{T_i \sim p(T)} \frac{\partial L_{T_i}(f_{\theta_i^*})}{\partial \theta_i^*} \left[1 - \frac{\alpha \partial \left(\frac{\partial L_{T_i}(f_\theta)}{\partial \theta} \right)}{\partial \theta} \right]$$

$$= \sum_{T_i \sim p(T)} \frac{\partial L_{T_i}(f_{\theta_i^*})}{\partial \theta_i^*} \left[1 - \alpha \left(\frac{\partial^2 L_{T_i}(f_\theta)}{\partial \theta^2} \right) \right] \tag{2-44}$$

式(2-44)中存在一个二阶微分,会增加计算复杂度,降低计算效率。因此,有必要通过以下操作降低微分阶数。在地铁车站内,客流预测是一个多元线性回归问题。因此,局部学习器和全局学习器的损失函数均是多元线性回归问题,这意味着损失函数的二阶偏导数为零,即

$$\left(\frac{\partial^2 L_{T_i}(f_\theta)}{\partial \theta^2} \right) = 0 \tag{2-45}$$

则全局学习器的更新过程将简化为

$$\theta \leftarrow \theta - \beta \nabla_{\theta_i^*} \sum_{T_i \sim p(T)} L_{T_i}(f_{\theta_i^*}) \tag{2-46}$$

经过适当简化后,在参数更新过程中只考虑一阶梯度,同时简化了计算过程。之后将初始化参数 θ_0 迁移到目标车站,目标车站可以在先验知识的基础上学习新的知识,获得更好的泛化性能。

(3) 将知识应用于目标车站

为了提高目标车站的预测精度,本节首先利用先验知识 θ_0 作为目标车站预训练(pre-training)的初始化参数,然后将预训练获得的权重和偏置应用于测试,如图 2-21 所示,参数通过迭代来更新。以一个梯度更新过程为例,则

$$\theta_{t_n} = \theta_0 - \gamma \nabla_{\theta_0} L_{tn}(f_{\theta_0}) \tag{2-47}$$

其中,L_{tn} 是目标车站的损失函数。

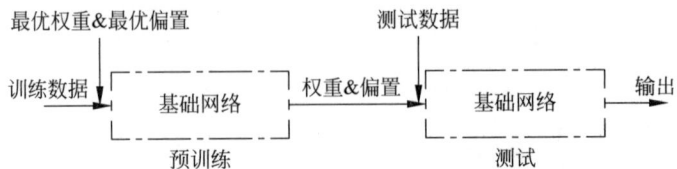

图 2-21　将知识应用到目标车站的过程

2.5.3　模型配置

1. 评价指标

本节使用的评价指标为均方根误差(RMSE)、平均绝对误差(MAE)和加权平均绝对百分比误差(weighted mean absolute percentage error,WMAPE),它们的表达式分别为

$$\text{RMSE} = \sqrt{\frac{1}{n} \sum_{i=1}^{n} (y_i - \hat{y}_i)^2} \tag{2-48}$$

$$\text{MAE} = \frac{1}{n} \sum_{i=1}^{n} |(y_i - \hat{y}_i)| \tag{2-49}$$

$$\text{WMAPE} = \sum_{i=1}^{n} \left(\frac{y_i}{\sum_{j=1}^{n} y_j} \left| \frac{y_i - \hat{y}_i}{y_i} \right| \right) \tag{2-50}$$

其中,y_i 为真实值;$\hat{y}_i$ 为预测值;$\sum_{j=1}^{n} y_j$ 为真实值总和。

2. 损失函数及参数设置

在源车站的训练过程中,每个 LSTM 层由 32 个神经单元组成,LSTM 的输入和输出维度取决于每个元学习任务中的车站数。将局部学习器和全局学习器的学习率设置为0.001,每个元任务的更新次数设置为 5,使用 Adam 作为优化器,每次迭代的批大小(batch size)设置为 16,元学习的最大迭代次数设置为 40000。在目标车站的训练过程中,将学习率设置为 0.01,每次迭代的批大小设置为 16,使用 Adam 作为优化器,使用均方误差(MSE)作为损失函数。

为了平衡模型训练时间和预测性能,对于每个客流模式,使用前 5 个时间步来预测下一个时间步。在训练过程中,使用模型检查点(model checkpoint)和早停止(early stopping)技术来保存最佳模型并避免过度拟合。

3. 基准模型

本节设置了两种基准模型,包括非迁移模型和迁移模型。对于非迁移模型,使用的模型为 ARIMA、HA、LSTM、CNN 和 ST-ResNet,使用目标车站的训练数据进行训练,其余数据用于评估。对于迁移模型,使用 FT(fine-tuning)方法和基于元学习的 CNN(meta-learning based CNN, Meta-CNN)模型, 使用源车站的训练数据来训练, 并将知识应用到目标车站, 基准模型的详细信息如下:

ARIMA: 用于时间序列预测的具有代表性的基于数理统计的模型。

HA: 使用历史客流数据的平均值进行预测。

LSTM: 包括一个隐藏层和两个全连接层。每个 LSTM 层由 32 个神经单元组成。优化器是 Adam, 学习率为 0.01。LSTM 的输入和输出维度取决于每个元学习任务中的车站数。

CNN: CNN 是一种具有深度结构和卷积计算的前馈神经网络, 设置了四个卷积层和一个全连接层。CNN 层的参数分别是输出层数(out channels)＝1、核尺寸(kernel size)＝3、步长(stride)＝1 和填充(padding)＝1。优化器是 Adam, 学习率为 0.01。输入进站与出站客流量, 输出为进站客流量。

ST-ResNet: 该方法基于残差网络考虑了客流数据的时空关系。设置了两个残差块, 每个块由两个卷积层组成。卷积层的参数与 CNN 相同。

FT: 该方法是在源车站中随机选择一个元学习任务, 然后在选定的元学习任务中训练一个基础网络, 将其应用于目标车站并微调。本节设置了两种 FT 方法。

(1) FT-CNN: 选择 CNN 作为基础网络。卷积层的参数与 CNN 相同。

(2) FT-LSTM: 选择 LSTM 作为基础网络。基础网络的参数与上述 LSTM 相同。

Meta-CNN: 该方法使用与 Meta-LSTM 模型相同的框架, 而基础网络由 CNN 代替。元学习器(meta-learner)的参数和 Meta-LSTM 模型相同, 卷积层的参数与 CNN 相同。

2.5.4　预测结果分析

本节评估 Meta-LSTM 模型的性能并将其与两个地铁数据集上的基准模型进行比较。所得到的结果涉及三个部分: ①新开通车站(即南宁地铁站)的客流预测性能, 如表 2-7 和图 2-22 所示; ②运营多年的车站(即杭州地铁站)客流预测性能, 如表 2-8 和图 2-23 所示; ③元学习框架对预测性能的改进。为了便于讨论, 本节将 CNN、FT-CNN、Meta-CNN 和 ST-ResNet 定义为基于 CNN 的模型, 并将 LSTM, FT-LSTM 和 Meta-LSTM 定义为基于 LSTM 的模型。

表 2-7　南宁地铁数据集上客流预测性能对比

| 客流 | 南宁地铁 1 号线 | | | | | | | | |
| | 1d | | | 3d | | | 5d | | |
	RMSE	MAE	WMAPE	RMSE	MAE	WMAPE	RMSE	MAE	WMAPE
ARIMA	80.13	54.13	0.999	63.245	36.19	0.633	36.89	17.93	0.311
HA	60.35	35.30	0.62	29.20	17.23	0.297	24.53	14.34	0.252
FT-CNN	42.748	29.462	0.495	31.181	19.973	0.320	26.261	17.175	0.284
CNN	42.302	30.284	0.492	30.240	19.382	0.311	24.535	16.503	0.272
Meta-CNN	37.880	25.288	0.418	29.005	19.027	0.304	25.100	16.460	0.270
ST-ResNet	32.210	19.932	0.331	29.513	18.624	0.300	24.887	14.494	0.239
FT-LSTM	29.889	17.840	0.292	26.880	15.383	0.258	23.527	13.315	0.223
LSTM	28.638	16.698	0.280	28.134	15.351	0.252	22.312	13.181	0.213
Meta-LSTM	**26.76**	**15.42**	**0.256**	**24.13**	**13.73**	**0.226**	**21.903**	**12.398**	**0.201**

注: 加黑数字表示最好的结果。

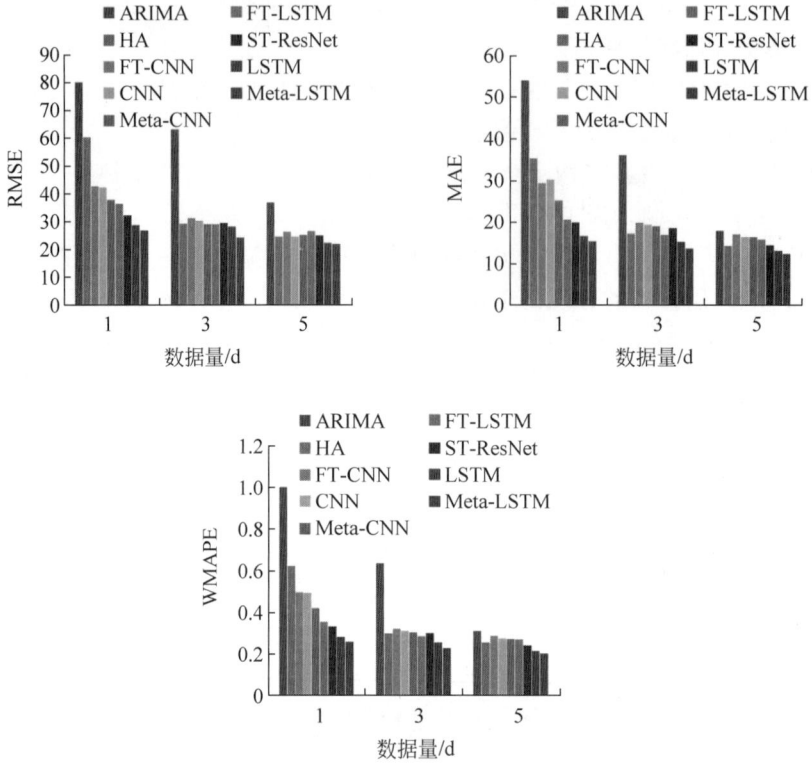

图 2-22

图 2-22 南宁地铁数据集上不同模型和数据量的预测性能比较

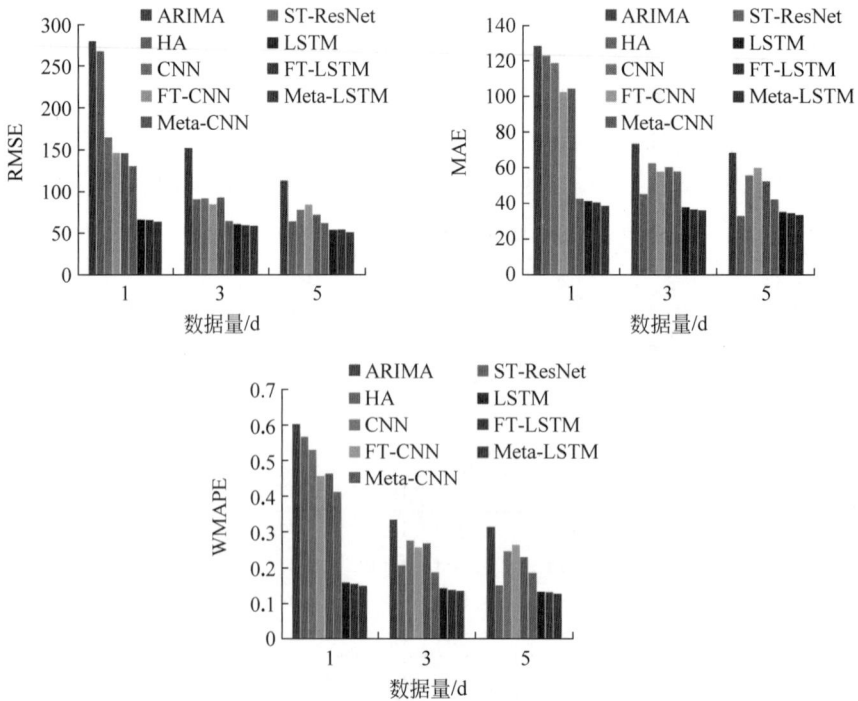

图 2-23

图 2-23 杭州地铁数据集上不同模型和数据量的预测性能比较

表 2-8　杭州地铁数据集上客流预测性能与基线模型的比较

客流	杭州地铁 1 号线 &.2 号线 &.4 号线								
	1d			3d			5d		
	RMSE	MAE	WMAPE	RMSE	MAE	WMAPE	RMSE	MAE	WMAPE
ARIMA	280.12	128.37	0.603	151.94	73.43	0.335	112.92	68.58	0.314
HA	267.64	122.94	0.566	90.11	45.28	0.207	63.99	33.08	0.151
CNN	164.609	118.784	0.530	91.393	62.457	0.277	77.621	55.886	0.246
FT-CNN	146.347	102.357	0.457	84.134	57.834	0.256	83.711	60.063	0.264
Meta-CNN	145.739	104.425	0.464	92.334	60.453	0.268	71.604	52.374	0.230
ST-ResNet	130.151	42.796	0.411	64.487	57.972	0.187	61.566	42.409	0.186
LSTM	65.777	41.401	0.159	60.682	37.759	0.143	53.447	35.064	0.133
FT-LSTM	65.329	40.765	0.155	59.219	36.590	0.138	53.675	34.488	0.131
Meta-LSTM	**63.864**	**38.531**	**0.149**	**58.700**	**35.828**	**0.136**	**49.771**	**31.585**	**0.120**

注：加黑的数字表示最好的结果。

1. 新开通车站的客流预测性能

从模型类别来看，ARIMA 模型和 HA 模型的性能比基于 CNN 的模型差，而基于 CNN 的模型比基于 LSTM 的模型性能差。在数据量为 1 天(1d)的实验中，ARIMA 模型的性能比基于 CNN 的模型和基于 LSTM 的模型差。ARIMA 模型几乎无法给出有利的预测结果。在 3 天(3d)和 5 天(5d)数据的实验中，ARIMA 模型的性能有了显著提升，但仍然比其他模型差。结果表明，新开车站客流不稳定，规律性较差。对于 ARIMA 模型，其根据历史值和历史值的预测误差来预测当前客流。如果数据具有很强的日周期性，模型的预测误差将会降低，可以获得完美的预测性能。但新开通车站的客流日周期性仍未确立。ARIMA 模型很难找到每日的周期性，这降低了 ARIMA 模型的准确性。随着数据量的增加，客流的规律性逐渐显现，性能得到提升。在数据量为 1 天的实验中，HA 模型的性能比基于 CNN 的模型和基于 LSTM 的模型差。在 3 天和 5 天数据的实验中，HA 模型的性能得到了改善。HA 模型优于几乎所有基于 CNN 的模型(ST-ResNet 模型在 5 天数据实验下的性能除外)，但仍比所有基于 LSTM 的模型差。结果表明，与 ARIMA 模型不同，HA 模型的客流预测是基于历史数据的平均值，减少了客流不稳定对预测结果的影响。然而，当 HA 模型使用历史数据的平均值进行预测时，客流信息也有所减少。与 HA 模型相比，基于 LSTM 的模型具有更好的性能，特别是本节提出的旨在捕捉历史客流的全部特征的 Meta-LSTM 模型。

在数据量为 1 天、3 天和 5 天的实验中，基于 CNN 的模型的性能比基于 LSTM 的模型差。基于 CNN 的所有模型中性能最好的是 ST-ResNet 模型。其他三个模型(即 FT-CNN 模型、CNN 模型和 Meta-CNN 模型)的预测性能从差到好。上述结果表明，不灵活地应用迁移学习方法并不一定会提高目标站点客流预测的性能。当源车站和目标车站的客流时空分布存在显著差异时(例如，源车站来自北京地铁，目标车站来自南宁地铁)，迁移学习方法的不灵活应用表现出较差的性能(即 FT-CNN 模型的性能比 CNN 模型差)。使用 CNN 模型作为本节提出的元学习方法的基本模型，称为 Meta-CNN 模型。通过 Meta-CNN 模型将源车站的知识学习应用到目标车站时，可以获得比 CNN 模型更好的性能。与其他基于 CNN 的模型相比，ST-ResNet 模型考虑了时间和空间相关性，这可能是 ST-ResNet 模型的性能优于其他基于 CNN 的模型的原因之一。

基于 LSTM 的模型的性能优于其他模型。本节提出的 Meta-LSTM 模型实现了最佳性能。FT-LSTM 模型的性能不稳定,原因在于源车站和目标车站的客流时空分布不同。当源车站和目标车站的时空分布不匹配时,会降低预测的准确性。与 LSTM 模型相比,本节模型不仅学习了更好的初始化,而且学习了多种元知识,包括长期短期客流信息和来自源车站元任务的空间相对位置信息,其后将知识迁移到目标车站,提高了预测性能。

2. 运营多年的车站客流预测性能

将 Meta-LSTM 模型推广到运营了多年的车站(即杭州地铁网络),并分析了预测性能,所得结果如表 2-8 和图 2-23 所示。从模型类别来看,传统预测模型(即 ARIMA 模型和 HA 模型)的性能比基于 CNN 的模型差,而基于 CNN 的模型比基于 LSTM 的模型性能差。模型预测性能排序与新开车站类似。

在数据量为 1 天的实验中,ARIMA 模型和 HA 模型的性能比其他模型差,而 ARIMA 模型和 HA 模型的性能差别不大。在 3 天和 5 天数据的实验中,ARIMA 模型和 HA 模型的性能有所提高,但准确率差距却有所增加。HA 模型的性能优于所有基于 CNN 的模型,但其性能比基于 LSTM 的模型差。

运行多年的站点的预测性能与新运行站点的结果相似(详见表 2-8)。结果表明,杭州地铁车站(即运营多年的车站)客流存在一定的周期性,而客流量仍不稳定,HA 模型减少的信息量较少,这是因为杭州地铁站客流不稳定的程度较低。然而,HA 模型捕捉时空特征量小于基于 LSTM 的模型,导致 HA 模型的性能比基于 LSTM 的模型差。尽管增加了数据量,但 ARIMA 模型捕捉客流特征的能力仍弱于基于 LSTM 的模型和基于 CNN 的模型。

在数据量为 1 天的实验中,所有基于 CNN 的模型均优于 ARIMA 模型和 HA 模型(即按 1 天数据的性能排序为:CNN＞HA＞ARIMA)。在 3 天和 5 天数据的实验中,基于 CNN 的模型的性能比 HA 模型差,而在 1 天、3 天和 5 天数据的实验中,所有基于 CNN 的模型均比基于 LSTM 的模型表现差(即按 3 天和 5 天数据的性能排序为:HA 模型＞基于 CNN 的模型;对于 1 天、3 天、5 天的数据的性能排序为:基于 LSTM 的模型＞基于 CNN 的模型)。在所有基于 CNN 的模型中,ST-ResNet 模型性能最佳,Meta-CNN 模型和 FT-CNN 模型的性能仅次于 ST-ResNet 模型,CNN 模型的性能最差(即按基于 CNN 的模型的性能排序为:ST-ResNet＞Meta-CNN 和 FT-CNN＞CNN)。当数据量为 1 天和 3 天时,FT-CNN 模型优于 Meta-CNN 模型,而数据量为 5 天时 FT-CNN 模型的性能比 Meta-CNN 模型差。上述结果表明,简单地在单个目标之间迁移知识是不稳定的,而通过从多个源站学习知识,使得 Meta-CNN 模型的性能比 FT-CNN 模型更稳定。对于 ST-ResNet 模型的性能,本节考虑了时间和空间相关性,这显著提高了性能。

在所有实验数据量下,基于 LSTM 的模型均比所有其他模型表现得更好,其中 Meta-LSTM 模型实现了最佳性能,FT-LSTM 模型仅次于 Meta-LSTM 模型,LSTM 模型的性能是所有基于 LSTM 的模型中最差的(即按基于 LSTM 的模型的性能排序为:Meta-LSTM＞FT-LSTM＞LSTM)。上述结果表明,随着车站运营时间的增加,客流具有周期性,因此在客流数据有限的情况下,FT 方法的性能优于非迁移学习方法。Meta-LSTM 模型可以学习多个长期知识,提高了结果的稳定性并获得了更好的性能,尽管源车站和目标车站之间的客流分布不同。

3．元学习框架对预测性能的改进

Meta-LSTM 模型的预测性能是所有目标站的平均值，元学习框架如何提高基础网络的性能并不直观，因此，继续分析元学习框架对基础网络的改进。

选择三个典型的站点作为实例。第一个是南宁地铁一号线会展中心站，位于五路交会处，未来规划为地铁 1 号线、4 号线换乘站，预计每天均会有大量客流进站。另外两个车站，钱江路站和凤起站，是杭州地铁一号线和二号线、二号线和四号线的换乘站。

会展中心站是新开车站，大部分旅客以试探性的态度进站，日客流量呈现逐渐增加的趋势，如图 2-24 所示。使用 LSTM 模型对高峰时段客流的预测性能优于非高峰时段的客流预测性能，Meta-LSTM 模型和 LSTM 模型预测的高峰时段客流性能差异不大，Meta-LSTM 模型提高了非高峰时段的客流预测性能。但是，随着数据量的增加，这种改善并不显著。

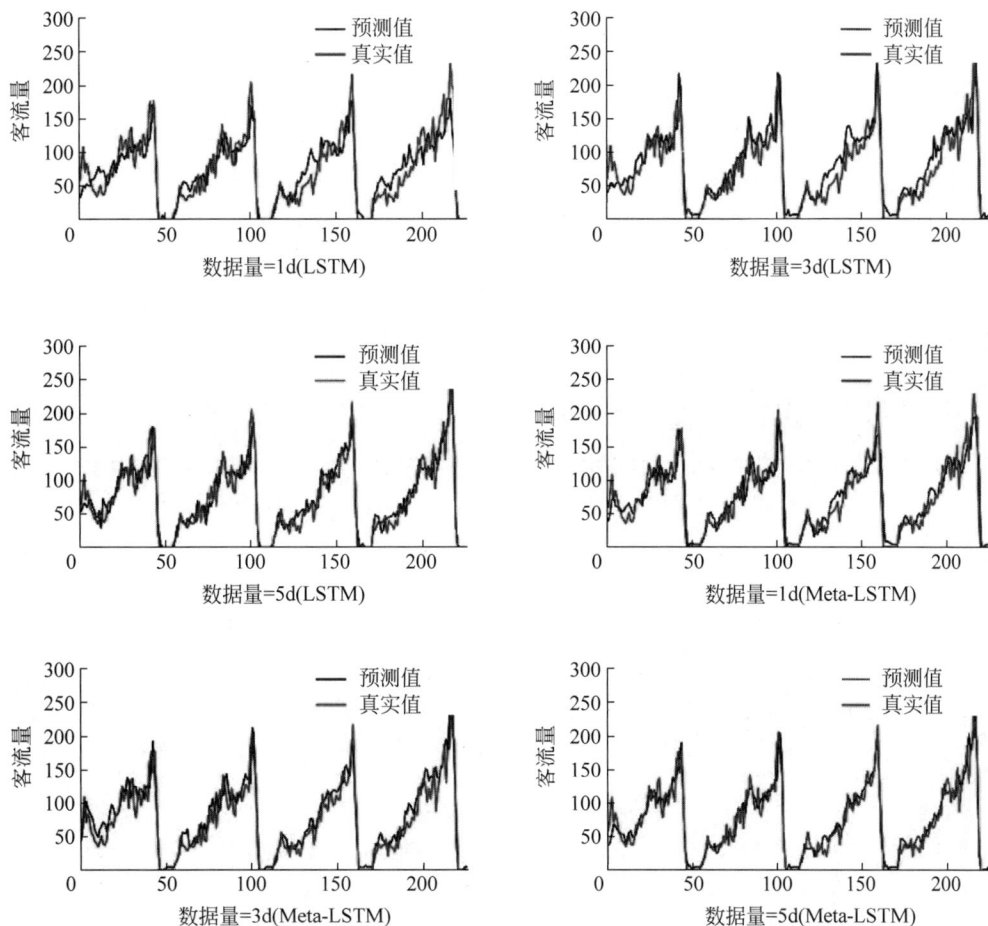

图 2-24 南宁地铁会展中心站实际值与预测值对比

钱江路站和凤起站位于一个以居民为主的社区周围，早上有数千人通勤，导致早高峰的客流量明显高于晚高峰，如图 2-25 和图 2-26 所示。在这两个站点中，Meta-LSTM 模型和

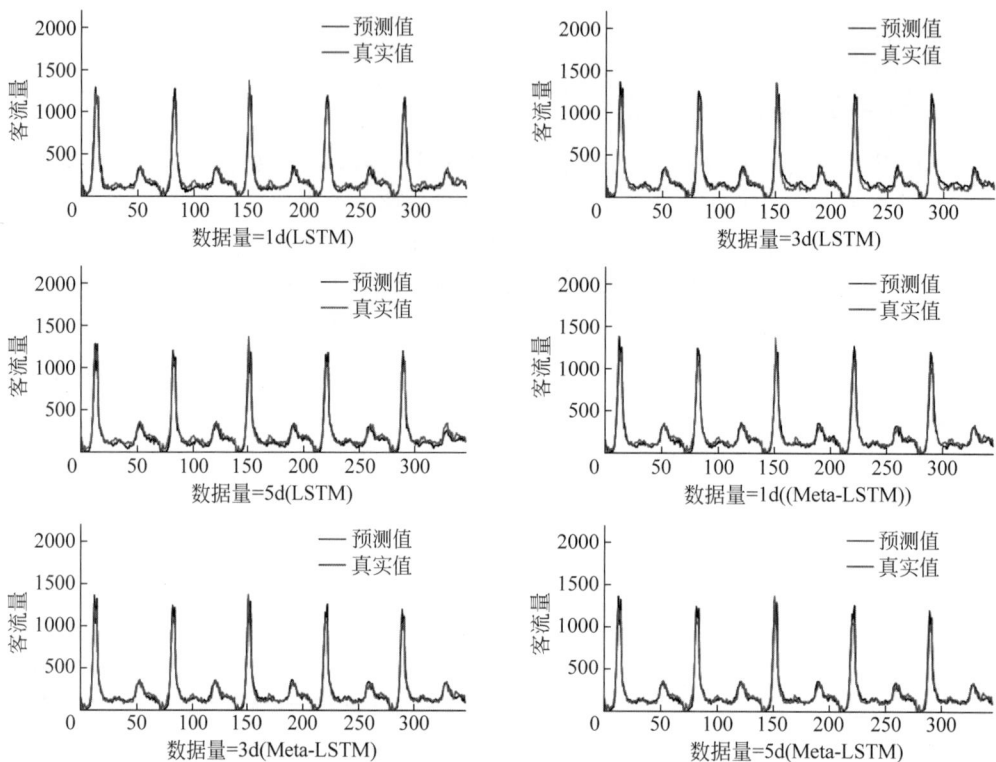

图 2-25   杭州地铁钱江路站实际值与预测值对比

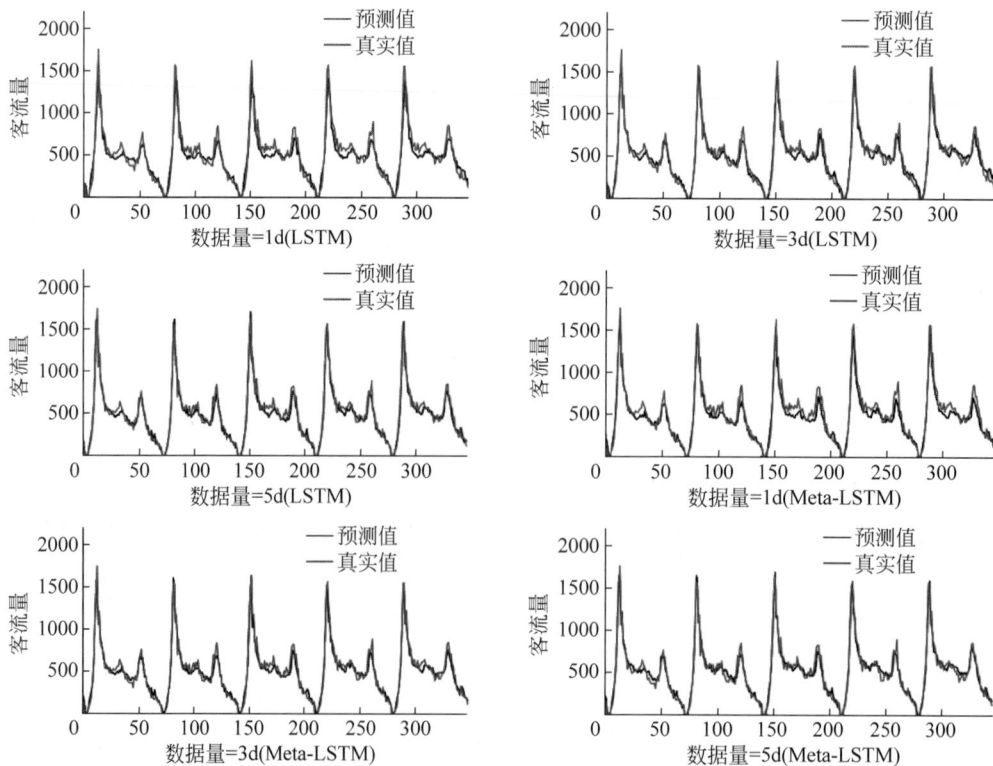

图 2-26   杭州地铁凤起站实际值与预测值对比

LSTM 模型的高峰时段客流预测性能几乎一致。在非高峰时段，Meta-LSTM 模型的表现优于 LSTM 模型。随着数据量的增加，两种模型的性能差距逐渐缩小。

综上所述，对于高峰时段的客流预测性能，Meta-LSTM 模型和 LSTM 模型是没有区别的。元学习框架对预测性能的改进主要体现在非高峰时段，随着数据量的增加，对改进的影响变得不显著。一个可能的原因是高峰时段的客流特征是单一的（即高峰时段的客流量是一个单峰），此两种模式均能很好地应对，非高峰时段客流波动使客流特征复杂化。因此，具有良好泛化能力的 Meta-LSTM 模型的性能优于 LSTM 模型。

2.6　小结

本章介绍了短时进站流预测方法，解决了如何获取轨道交通系统单个车站水平短时期内进站流量的问题。首先，提出了一种两步 K-means 聚类方法，能够将轨道交通车站聚类为父类和子类，子类内的车站不仅具有相似的客流变化趋势，也具有相似的客流量大小。其次，介绍了一种时间序列可预测性评估模型，该模型包括相似性度量模型和平稳性检验模型两个部分，能够从理论上推荐合理的时间粒度区间用于短时进站流预测，但在应用过程中仍需结合运营实际情况选择合理的时间粒度。再次，提出了基于聚类的 LSTM(CB-LSTM)模型进行短时进站流预测，该模型在提升训练数据集的基础上有效提升了模型的泛化能力和预测效果，实验结果证明了模型的可行性和合理性。最后，提出了基于元学习的 LSTM(Meta-LSTM)模型进行新开车站或线路的短时进站流预测，并比较了基于 CNN 的模型和基于 LSTM 的模型的预测性能。本章主要的结论总结如下：

（1）提出的两步 K-means 聚类思想相对于传统 K-means 聚类方法更加精巧，子类所有车站的客流时间序列不仅具有相似的客流变化趋势，也具有相似的客流量大小，聚类效果较好。

（2）进行了时间粒度的可预测性评估相关研究，提出了可预测性评估模型，研究成果能够从理论上推荐合理的时间粒度区间用于短时进站流预测。为保险起见，后续相关研究所选取的时间粒度，将根据研究问题的不同进行适时调整。

（3）由于较大的时间粒度会导致部分客流序列的细节信息被忽略，可预测性提升，较小的时间粒度能够捕捉更加细粒度的客流细节信息，但可预测性相应降低，因此实际应用中，应结合地铁公司的实际运营管理需求，评估客流序列的可预测性，选择合理的时间粒度，进行短时客流预测。

（4）在数据量较少的情况下，本章提出的基于聚类的 LSTM(CB-LSTM)模型能够增加训练集的数量，进而提升模型的泛化能力和预测效果，且预测效果较好，能够满足实际运营的需求。

（5）本章提出的 Meta-LSTM 模型通过构建一个深度学习框架，使得长短时记忆网络(LSTM)能够在多个数据充足的地铁车站学习客流特征，从而提高 LSTM 模型对多种客流特征的泛化能力，然后通过参数初始化的方式将学习到的参数应用于数据缺乏的新开车站。测试结果表明 Meta-LSTM 模型的预测效果优于其他几个具有竞争力的模型，并且对多种客流特性具有良好的泛化能力，可以为缺乏客流数据的车站的客流预测提供参考。

参考文献

CASTRO P S, ZHANG D Q, CHEN C, et al. 2013. From taxi GPS traces to social and community dynamics: A survey[J]. ACM Computing Surveys (CSUR), 46(2): 1-34.

CHEN C, CHEN J, BARRY J. 2009. Diurnal pattern of transit ridership: a case study of the New York City subway system[J]. Journal of Transport Geography, 17(3): 176-186.

CHEN F, ZHANG J L, WANG Z J, et al. 2019. Passenger travel characteristics and bus operational states: A study based on IC card and GPS data in Yinchuan, China [J]. Transportation Planning and Technology, 42(5): 1-23.

GAN Z X, YANG M, FENG T, et al. 2020. Understanding urban mobility patterns from a spatiotemporal perspective: daily ridership profiles of metro stations[J]. Transportation, 47(1): 1-22.

GUO X, SUN H J, WU J J, et al. 2017. Multiperiod-based timetable optimization for metro transit networks [J]. Transportation Research Part B: Methodological, 96: 46-67.

HOCHREITER S, and SCHMIDHUBER J. 1997. Long short-term memory[J]. Neural computation, 9(8): 1735-1780.

HUANG J, LEVINSON D, WANG J E, et al. 2018. Tracking job and housing dynamics with smartcard data [J]. Proceedings of the National Academy of Sciences, 115(50): 12710-12715.

JIN G Y, CUI Y, ZENG L, TANG H B, et al. 2020. Urban ride-hailing demand prediction with multiple spatio-temporal information fusion network [J]. Transportation Research Part C: Emerging Technologies, 117: 102665.

KIM M K, KIM S P, HEO J, et al. 2017. Ridership patterns at subway stations of seoul capital area and characteristics of station influence area[J]. Ksce Journal of Civil Engineering, 21(3): 1-12.

LI J Y, GUO F C, SIVAKUMAR A, et al. 2021. Transferability improvement in short-term traffic prediction using stacked LSTM network [J]. Transportation Research Part C: Emerging Technologies, 124: 102977.

LI T, SUN D Z, JING P, et al. 2018. Smart card data mining of public transport destination: A literature review[J]. Information, 9(1): 18.

LI W, SUI L Y, ZHOU M, et al. 2021. Short-term passenger flow forecast for urban rail transit based on multi-source data[J]. EURASIP Journal on Wireless Communications and Networking, 2021(1): 1-13.

LIU Y, Liu Z Y, JIA R. 2019. DeepPF: A deep learning based architecture for metro passenger flow prediction[J]. Transportation Research Part C: Emerging Technologies, 101: 18-34.

MA X L, LIU C C, WEN H M, et al. 2017. Understanding commuting patterns using transit smart card data [J]. Journal of Transport Geography, 58: 135-145.

MA X L, TAO Z M, WANG Y H et al. 2015. Long short-term memory neural network for traffic speed prediction using remote microwave sensor data [J]. Transportation Research Part C: Emerging Technologies, 54: 187-197.

MA X L, WU Y J, WANG Y H, et al. 2013. Mining smart card data for transit riders' travel patterns[J]. Transportation Research Part C: Emerging Technologies, 36: 1-12.

MAZIMPAKA J D,TIMPF S. 2016. Trajectory data mining：A review of methods and applications[J]. Journal of Spatial Information Science,2016(13)：61-99.

NGUYEN H,KIEU L M,WEN T,et al. 2018. Deep learning methods in transportation domain：A review [J]. IET Intelligent Transport Systems,12(9)：998-1004.

REN Y,CHEN X,WAN S,et al. 2019. Passenger flow prediction in traffic system based on deep neural networks and transfer learning method[C]. 2019 4th International Conference on Intelligent Transportation Engineering(ICITE)：115-120.

SHASHI S,JIANG Z,ALI R Y,et al. 2015. Spatiotemporal data mining：A computational perspective[J]. ISPRS International Journal of Geo-Information,4(4)：2306-2338.

SUN H J,WU J J,Ma H N,et al. 2018. A bi-objective timetable optimization model for urban rail transit based on the time-dependent passenger volume[J]. IEEE Transactions on Intelligent Transportation Systems,20(2)：604-615.

WANG L Y,GENG X,Ma X J,et al. 2019. Cross-city transfer learning for deep spatio-temporal prediction [C]. Proceedings of the 28th International Joint Conference on Artificial Intelligence(IJCAI'19)：1893-1899.

WANG S Z,Cao J N,Yu P S. 2020. Deep learning for spatio-temporal data mining：A survey[J]. IEEE Transactions on Knowledge and Data Engineering.

WANG Y,ZHANG D X,LIU Y,et al. 2019. Enhancing transportation systems via deep learning：A survey [J]. Transportation Research Part C：Emerging Technologies,99：144-163.

WANG Z J,CHEN F,WANG B,et al. 2018. Passengers'response to transit fare change：An ex post appraisal using smart card data[J]. Transportation,45(5)：1559-1578.

WANG Z J,LI X H,CHEN F. 2015. Impact evaluation of a mass transit fare change on demand and revenue utilizing smart card data[J]. Transportation Research Part A：Policy and Practice,77：213-224.

WANG Z J,LIU Y,CHEN F. 2018. Evaluation and improvement of the interchange from bus to metro using smart card data and GIS[J]. Journal of Urban Planning and Development,144(2)：5018004.

WEI Y,ZHENG Y,YANG Q. 2016. Transfer knowledge between cities[C]. Proceedings of the 22nd ACM SIGKDD International Conference on Knowledge Discovery and Data Mining(KDD'16)：1905-1914.

YANG L X,DI Z,DESSOUKY M M,et al. 2020. Collaborative optimization of last-train timetables with accessibility：A space-time network design based approach[J]. Transportation Research Part C：Emerging Technologies,114：572-597.

YU R J,WANG Y Y,ZOU Z H,et al. 2020. Convolutional neural networks with refined loss functions for the real-time crash risk analysis[J]. Transportation Research Part C：Emerging Technologies,119：102740.

ZHANG J L,CHEN F,CUI Z Y,et al. 2020. Deep learning architecture for short-term passenger flow forecasting in urban rail transit[J]. IEEE Transactions on Intelligent Transportation Systems,22(11)：7004-7014.

ZHANG J L,CHEN F,GUO Y N,et al. 2020. Multi-graph convolutional network for short-term passenger flow forecasting in urban rail transit[J]. IET Intelligent Transport Systems.14(10)：1210-1217.

ZHANG J L,CHEN F,SHEN Q. 2019. Cluster-based LSTM network for short-term passenger flow forecasting in urban rail transit[J]. IEEE Access,7：147653-147671.

ZHU Y D,CHEN F,LI M,et al. 2018. Inferring the economic attributes of urban rail transit passengers based on individual mobility using multisource data[J]. Sustainability,10(11)：4178.

韩昊英,于翔,龙瀛. 2016. 基于北京公交刷卡数据和兴趣点的功能区识别[J]. 城市规划,40(6)：52-60.

龙瀛,张宇,崔承印.2012.利用公交刷卡数据分析北京职住关系和通勤出行[J].地理学报,67(10)：
        1339-1352.

王静,刘剑锋,马毅林.2014.城市轨道交通车站客流时空分布特征分析及启示——以北京为例[C].新型城
        镇化与交通发展——2013年中国城市交通规划年会暨第27次学术研讨会：中国北京.

王挺.2018.城市轨道交通短时客流预测时间粒度选择[D].北京：北京交通大学.

张晚笛,陈峰,王子甲,等.2018.基于多时间粒度的地铁出行规律相似性度量[J].铁道学报,40(4),9-17.

第 **3** 章

城市轨道交通网络级常态短时进站流预测

3.1 概述

随着城市轨道交通线网规模的快速扩张和客流量的急剧增加,网络级客流的时空分布日趋复杂,高峰时段供需不平衡问题愈加突出,常态化限流车站逐步增加,系统安全运营和应急管理也面临巨大挑战。因此,研究者需要顺应网络化以及大客流的发展趋势,科学合理地从网络化角度全面分析轨道交通客流状态,并进行相应的运营组织和客流管控。合理的运营组织和客流管控的手段之一是准确预测城市轨道交通的短期客流,并采取相应的管理措施。因此,短期客流预测对城市轨道交通系统的管理具有重要意义。

短时客流预测分类方法众多(Zhang et al,2019),根据其研究对象可分为道路交通短时客流预测、公交短时客流预测、城市轨道交通短时客流预测、铁路交通短时客流预测等;根据样本的总体分布是否已知,可分为参数预测模型和非参数预测模型;根据预测模型线性与否,可分为线性预测模型和非线性预测模型;根据预测过程嵌入的模型数量,可分为单一预测模型和混合预测模型;根据预测模型的发展历程,可分为传统的基于数理统计的预测模型、基于机器学习的预测模型和基于深度学习的预测模型。

关于城市轨道交通短时客流预测,"何谓短时"是首先需要明确定义问题,为此,本节随机选取了 50 篇相关参考文献,统计其用于短时客流预测的时间粒度,统计结果如图 3-1 所示。结果显示,用于预测的时间粒度分布 1min~1h 不等,考虑到实用性、经济性、必要性、可行性等原因,极少研究预测 1min 以内的短时客流,本次统计中也并未发现 1min 以内的短时客流预测。多数短时客流预测相关的研究进行 1~60min 粒度下的预测,其中 1min 和60min 下的短时客流预测研究相对较少,2~30min 内的短时客流预测居多,且本次统计中也并未发现 60min 以上的短时客流预测相关研究。因此,本章将短时客流预测中"短时"定义为 1~60min,本章后续研究也将进行 1~60min 下的短时客流预测,并根据研究问题的不同适时调整选取的时间粒度。

纵观短时客流预测的发展历程,其大致可分为三个阶段。第一个阶段为传统的基于数理统计的模型,第二个阶段为基于机器学习的模型,第三个阶段为基于深度学习的模型。下面分别对该三个阶段的技术背景加以详细说明。

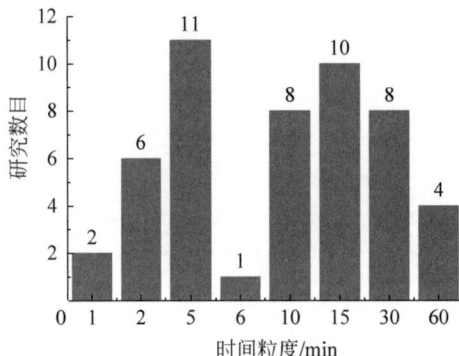

图 3-1　不同时间粒度研究数目汇总

短时客流预测发展的第一个阶段为传统的基于数理统计的模型,例如 HA 模型、最小二乘法、ARIMA 模型、逻辑回归、卡尔曼滤波模型、K 近邻模型等。众多学者对该类模型进行了总结(Vlahogianni et al,2004)。该阶段由于城市轨道交通并未大规模发展,短时客流预测相关研究也多数针对道路交通。因此,城市轨道交通领域相关研究较为匮乏,而在道路交通领域,由于该类模型存在一些不足,例如"实时性"较差,预测精度较低,即无法满足短时客流预测的实时性要求和预测精度要求,因此该阶段开发的模型现在多数已不再应用。

短时客流预测发展的第二个阶段为基于机器学习的模型。随着机器学习的发展,一些机器学习模型和混合预测模型被逐渐应用于短时客流预测领域,例如利用决策树模型、随机森林(random forest,RF)模型(Zarei et al.,2013)、多层感知机(multi-layer perception,MLP)模型(Wang and Liu,2008)、支持向量机(SVM)模型(Su and Yu,2007)等。该阶段,随着城市轨道交通的发展,其短时客流预测问题开始得到研究者的重视,因此基于机器学习的模型逐渐被应用至城市轨道交通领域,模型既包括单一预测模型,也包括一种或多种模型结合使用的混合预测模型。该阶段轨道交通领域的短时客流预测方面,Roos 等(2017)将动态贝叶斯网络和高斯混合模型予以结合,Li 等(2017)构建了多核径向基网络模型,部分研究者将 ARIMA 模型和小波分解、支持向量机、BPNNs 等进行结合(Wang et al,2018;Li et al,2018)。该类基于机器学习的混合预测模型相对传统的基于数理统计的预测模型具有更高的预测精度,但多数该阶段的模型无法考虑车站之间更为复杂的时空相关性,只针对一个或几个车站进行单独预测,对于具有几百个车站的整个轨道交通网络进行同时预测而言,预测精度也受到一定程度的限制。

作为机器学习的一个分支,深度学习近几年得到了快速发展,其良好的预测表现能力极大促进了交通预测领域的革新,例如具有较高的预测精度,能够使用一个模型进行全网所有轨道交通车站的短时客流预测等,短时客流预测也随之进入了第三个发展阶段,即以深度学习模型为代表的发展阶段。该阶段循环神经网络(RNN)、卷积神经网络(CNN)、图卷积神经网络(GCN)等相继被挖掘应用至短时客流预测,大量深度学习框架也随即被开发出来。用于短时客流预测的深度学习模型大致可被分为基于循环神经网络的模型、基于卷积神经网络的模型、基于图卷积神经网络的模型以及各种基于深度学习框架的模型。

3.1.1　基于循环神经网络的模型

深度学习早期阶段涌现出了大量基于 RNN 的模型进行短时客流预测,长短时记忆网络(LSTM)模型和门控循环单元(GRU)模型便是最具代表性的两个 RNN 模型,能够学习并记忆时间序列中的长期依赖,一定程度上解决普通 RNN 模型的梯度消失和梯度爆炸的问题,在自然语言处理、模式识别等领域已有极为成熟的应用。Ma 等(2015)于 2015 年首次将 LSTM 模型应用至短时交通速度预测领域;Fu 等(2016)于 2016 年首次将 GRU 模型引入短时客流预测领域;Zheng 等(2017)构建了一种二维 LSTM 网络进行短时客流预测,借此将空间依赖融入模型中。总体而言,循环神经网络相关的模型虽然能够较好地捕捉客流的时间特征,但无法捕捉车站之间的空间特征,且无法采用并行计算进行训练加速,模型训练时间较长。

3.1.2　基于卷积神经网络的模型

在 RNN 被引入交通预测领域之后,部分学者也发掘了 CNN 在交通预测领域强大的表现能力。Yu 等(2016)于 2016 年首次在一次国际会议中提出使用 CNN 进行短时交通流量预测;随后,Ma 等(2017)于 2017 年详细介绍了将交通数据当作图片处理用于短时交通速度预测取得成功的原因和优势,例如可利用卷积操作较好地捕捉不同区域客流之间的时空特征,该研究推动了 CNN 在短时交通预测领域的应用;Zhang 等(2017)提出的 ST-ResNet 模型便是在 CNN 的基础上构建的较为成功的短时客流预测深度学习框架。尽管 CNN 具有良好的特征学习能力,但其只能应用于欧式数据,所有非欧式的交通数据必须首先被转化为固定格式才可输入至 CNN 模型中。转化过程中,一些交通网络的拓扑结构信息容易被打乱或丢失,因此能够借助邻接矩阵考虑网络拓扑结构的 GCN 相关的模型应运而生。

3.1.3　基于图卷积神经网络的模型

GCN 由于能够借助邻接矩阵将网络结构信息嵌入至模型构建过程中(Kipf and Welling,2016),近年来获得了学者的大量关注。基于 GCN 的模型能够考虑交通网络的时空依赖特性,尤其能够考虑车站、道路、区域间的拓扑结构信息,非欧式交通数据的结构信息也能够被充分利用,且相对于 RNN 和 CNN,GCN 具有更快的训练效率和更少的超参数,因此,大量学者将 GCN 应用至短时客流预测领域。Yu 等(2017)提出的 ST-GCN 模型以及 Zhao 等(2019)提出的时间图卷积网络(temporal graph convolutional network,T-GCN)模型便是其中较为成熟的两个模型。为了考虑不同种类的邻接关系,例如邻近性、连通性、功能相近性等,部分学者构建了多图卷积神经网络进行短时客流预测(Geng et al,2019;Chai et al,2018)。为了考虑构建的网络图中不同连接的重要性程度,图注意力网络(graph attention network,GAT)被应用至短时客流预测研究(Guo and Yuan,2020;Zhang et al,2019)。在城市轨道交通领域,部分学者(Han et al,2019)将 GCN 引入了地铁的短时客流预测领域,并在模型中考虑了客流的实时模式、日模式、周模式等特征,车站之间的邻接关系被有效刻画。但图卷积神经网络一般只能使用浅层网络(一至四层居多),当构建深层次图网络时,模型表现能力就会变差,因此无法像 CNN 使用残差连接构建深度神经网络(Li et al,2019),深层次的高阶空间特征也就无法被有效捕捉。

3.1.4　基于深度学习框架的模型

为了克服使用单一深度学习模型存在的不足,以及更加有效地捕捉网络客流的时空依赖关系,各种复杂的基于 RNN,CNN 和 GCN 等的深度学习框架逐渐被开发出来。例如,部分研究者将 CNN 和 LSTM 予以组合进行交通预测(Xing et al,2015a；Yao et al,2019；Yu et al,2017；Bao et al,2019；部分研究者将 GCN、LSTM、GRU 等予以组合进行短时交通预测(Cui et al,2019；Lin et al,2018；Bogaerts et al,2020；Zhao et al,2019)；部分研究者在 Seq2Seq 框架下嵌入注意力机制进行短时交通预测(Hao et al,2019；Zhang et al,2019)；部分研究者在自编码器(autoencoder)框架下嵌入 LSTM、高斯回归等模型进行短时交通预测(Guo et al,2019；Jia et al,2019)。近期,Transformer 网络(Li and Moura,2019；Xu et al,2020)、胶囊网络(Ma et al,2020)、生成对抗网络(Zhang et al,2020；Zhang et al,2019)也被应用至交通预测领域。各类深度学习框架模型中,Xu 等(2015b)提出的 GE-GAN 模型、Lv 等(2015)提出的堆叠自编码器模型、Yu 等(2017)提出的 ST-GCN 模型以及 Zhao 等(2019)提出的 T-GCN 模型、Zhang 等(2017)提出的 ST-ResNet 模型、Li 等(2017)提出的扩散卷积递归神经网络(diffusion convolutional recurrent neural network,DCRNN)模型等,均是公认的表现较好的短时交通预测深度学习框架。该类模型部分用于以分钟为单位的短期预期,部分用于以小时或天为单位的中长期预测；部分用于单一或几个车站的预测；部分用于网络层级的预测；部分用于常态下的短时预测；部分用于非常态下的短时预测；部分使用了静态相关关系；部分使用了动态相关关系。综上,大量研究已经表明,深度学习框架比单一的 RNN、CNN、GCN 模型在多数情况下具有更好的模型表现能力,但某些深度学习框架模型复杂度较高,导致移植性和复现性较差,且需要消耗大量的计算资源和时间训练模型,实用价值因而相对较弱,因此在构建模型的过程中需要权衡模型复杂度、模型表现效果和应用价值,进行综合考虑。

本章针对网络级进站流的短时预测,构建了三种预测模型,并与多种基线模型进行对比,主要内容包括构建基于 ResLSTM 的网络级短时进站流预测、基于 Conv-GCN 的网络进站流预测以及基于 Graph-GAN 的网络级短时进站流预测。

3.2　基于 ResLSTM 的网络级短时进站流预测

3.2.1　问题及数据简介

1. 问题分析

基于城市轨道交通线网规模快速扩张,以及客流量急剧增多的现状,网络级常态短时客流的预测成为合理运营组织和客流管控的重要环节。短期客流预测对城市轨道交通系统的管理具有重要意义。

进行网络级短时进站流预测,解决如何获取轨道交通系统短时期内全网所有车站进站流量的问题,需要考虑以下几个方面:

(1) 网络级短时客流预测相较于车站级短时客流预测,客流规律性更加复杂,预测难度较大,且更加重视和强调宏观把控,不同于车站级 1~5min 下的短时客流预测,为了兼顾预测精度,进行网络级短时客流预测时,时间粒度的选取可适当调整。

(2) 传统的基于数据统计的模型和机器学习模型较难实现使用一个模型进行全网所有车站的短时预测,且实时性、预测精度等较难满足运营要求。

(3) 基于循环神经网络(RNN)的模型无法同时捕捉网络车站之间的时间和空间依赖,且存在无法采用并行计算加速,训练时间较长等不足。

(4) 基于卷积神经网络(CNN)的模型虽然具有较好的特征学习能力,但其只能应用于欧式数据,非欧式的交通数据必须首先被转化为固定格式才能输入 CNN 模型中,即 CNN 无法考虑网络的拓扑连接关系。

(5) 基于图卷积神经网络(GCN)的模型虽然能够较好地捕捉网络的时空依赖特征以及网络拓扑信息等,模型训练速度也较快,但一般只能使用浅层网络,当构建深层次图网络时,模型表现能力变差,深层次的高阶空间特征无法被有效捕捉。

(6) 既有研究开发了各种深度学习框架,在多数情况下相对于单一模型具有更好的特征学习能力和模型表现效果,但某些深度学习框架模型复杂度较高,导致移植性和复现性较差,且需要消耗大量的计算资源和时间训练模型,实用价值因而相对较弱,因此在构建模型的过程中需要权衡模型复杂度、模型表现效果和应用价值,进行综合考虑。

鉴于以上几点考量,结合实际应用中对模型预测精度、模型复杂度、模型鲁棒性等的要求,本节通过考虑多方面因素,基于 RNN、CNN、GCN 等单一模型构建了两个深度学习模型进行网络级短时进站流预测。需要明确的是,地铁运营不同于理论研究,应结合多方面考虑因素,合理、审慎、适时地选择相关模型用于实际应用中。

2. 数据简介

本节使用的原始数据集为 2016 年 2 月 29 日—4 月 3 日连续 5 周 25 个工作日的北京地铁刷卡数据,采用的时间粒度为 10min、15min 和 30min,且会同时提取进站流时间序列和出站流时间序列,提取的 15min 粒度下的进出站客流时间预测序列如表 3-1 和表 3-2 所示,车站编号根据地铁线路号和车站邻接关系排序。本节使用的天气状况和空气质量数据与卡数据所属日期相同。

表 3-1　进站客流时间预测

车站编号	05:00—05:15	05:15—05:30	05:30—05:45	…	22:45—23:00
1	30	55	77	…	22
2	15	42	58	…	11
3	18	37	49	…	19
⋮	⋮	⋮	⋮	⋮	⋮
276	23	47	62	…	16

表 3-2　出站客流时间预测

车站编号	05：00—05：15	05：15—05：30	05：30—05：45	⋯	22：45—23：00
1	9	18	27	⋯	12
2	19	22	36	⋯	21
3	12	27	35	⋯	32
⋮	⋮	⋮	⋮	⋮	⋮
276	23	37	55	⋯	28

3. 问题定义

本节的目标是利用历史 AFC 卡数据,借用深度学习框架,对城市轨道交通全网所有车站的短时进站流进行同步预测,以解决如何获取轨道交通系统短时期内进站流量的问题。

本节进行网络级短时进站流预测采用的时间粒度为 10min、15min、30min。将城市轨道交通网络定义为一张图 $G=(V,E,A)$,图中存在 V 个地铁车站,车站与车站之间存在 E 条边,$A\in\mathbb{R}^{n\times n}$ 代表该网络的邻接矩阵,只有 0、1 两种元素,0 代表两个车站不相邻,1 代表两个车站相邻。特征矩阵 $F\in\mathbb{R}^{n\times m}=(X_t,X_{t-1},X_{t-2},\cdots,X_{t-m+1})$ 的维度为 $n\times m$,n 为车站数目,根据地铁线路号和车站邻接关系进行排序,m 代表时间间隔,即用历史临近 m 个时间间隔的进站客流或出站客流去预测未来的短时进站客流,特征矩阵 F 中 $X\in\mathbb{R}^{n\times 1}$ 为每个特定时间间隔的客流向量,代表所有车站在该时段的进站客流或出站客流。每一个时间间隔均具有一个相同维度的特征矩阵,特征矩阵随着时间进行推移。

综上,本节要解决的问题便是利用 t 时刻进站客流和出站客流的特征矩阵 F 和邻接矩阵 A 预测未来 $t+1$ 时刻所有车站的进站客流,用公式表示为

$$X_{t+1}=f(A;X_t,X_{t-1},X_{t-2},\cdots,X_{t-m+1}) \tag{3-1}$$

其中,f 代表深度学习框架将要学习的映射函数。

3.2.2　ResLSTM 模型

与式(3-1)描述的问题相同,本节旨在解决如何获取轨道交通系统短时期内进站流量的问题。针对该问题,本节通过组合残差网络(ResNet)、图卷积神经网络(GCN)以及基于注意力机制的长短时记忆网络(attention LSTM)构建 ResLSTM 深度学习框架来进行城市轨道交通网络层级短时进站流预测。该框架不仅能够捕捉地铁车站之间的时间和空间依赖,车站之间的网络拓扑关系以及天气状况和空气质量因素也被考虑在内,该类因素对预测结果的影响程度通过实验结果得以量化。通过将该模型与多个既有的模型对比,展现了该模型良好的表现效果。本框架的主要贡献总结如下:

① ResLSTM 模型不仅能够考虑地铁车站之间的时间和空间依赖,同时考虑了车站之间的网络拓扑关系和天气状况、空气质量因素,实现了实时的网络层级高精度短时进站流预测。

② ResLSTM 模型具有较强的鲁棒性,即删除模型中任何四个分支之一,对模型预测结果的影响较小。

③ 天气状况和空气质量因素对预测结果精度的影响程度通过消融实验得以量化。

④ 实验结果证明随着时间粒度的增大,客流相似性和规律性相应提升,模型预测精度进而提高。

本节剩余部分组织如下：首先对模型使用的基础网络结构残差网络(ResNet)、图卷积神经网络(GCN)以及基于注意力机制的长短时记忆网络(attention LSTM)进行介绍,其次详细介绍本节提出的 ResLSTM 框架,最后进行案例分析,依次介绍案例分析中使用的评价指标和损失函数、模型配置和基准模型以及实验结果分析。

1. 基础模型简介

（1）残差网络(ResNet)

由于处理过后的进出站客流时间序列属于欧式数据,可以将其视为图片并使用 CNN 进行特征提取(Ma et al,2017)。既有研究已经证实,适当的增加网络层数,可以提取更加丰富的特征(Szegedy et al,2015)。然而,由于模型训练过程中存在的梯度消失和梯度爆炸等问题,网络层数并非越深效果越好(Glorot and Bengio,2010)。因此,He 等(2015)于 2015 年提出了残差网络(ResNet)这一深度学习技术,如式(3-2)和图 3-2(a)所示,该技术通过在层与层之间添加残差连接(skip connection),较大程度上解决了梯度消失或梯度爆炸等问题。

$$X_{l+1} = F(X_l) + X_l \qquad (3-2)$$

其中,X_l 和 X_{l+1} 分别代表残差块的输入和输出。

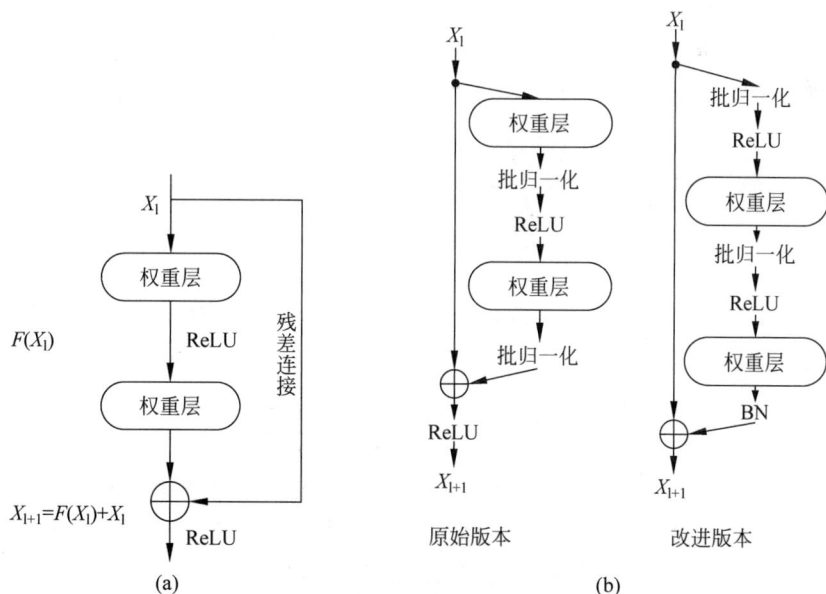

图 3-2　残差块及其原始版本和改进版本对比

（a）残差块；（b）原始版本和改进版本对比

本节采用了一种改进版残差块,如图 3-2(b)所示,在改进版残差块中,梯度可以通过残差连接反向传递至任何浅层网络,从而缓解梯度消失或梯度爆炸问题。本节使用的具有 32 滤波器(filters)的残差块如图 3-3 所示,包含卷积层、批归一化层、ReLU 激活函数层。

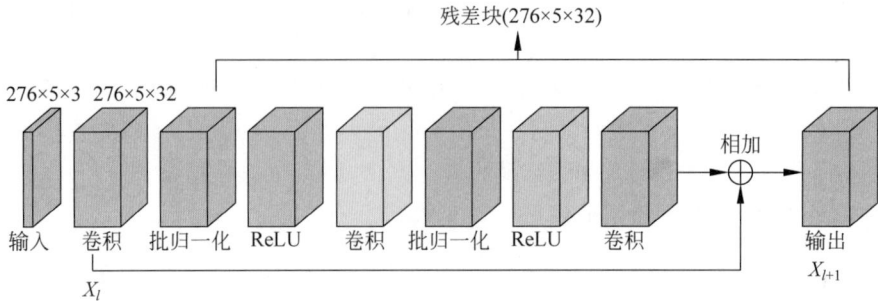

图 3-3　残差块中张量维度变化示意图

（2）图卷积神经网络（GCN）

CNN 相关的模型经常将交通网络视为网格矩阵，然而该处理方式忽略了网络拓扑结构对预测精度的影响。因此本节使用 GCN 刻画地铁网络中车站之间的拓扑依赖关系，其示意图如图 3-4 所示。GCN 层具有强大的提取时空特征和网络拓扑结构信息的能力，近几年得到了快速发展，从谱图卷积滤波器（Bruna et al，2013），到切比雪夫多项式滤波器（Defferrard et al，2016），再到一阶近似滤波器（Kipf and Welling，2016），GCN 的表现能力得到了极大的提升。

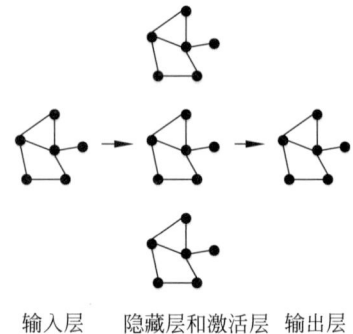

输入层　　隐藏层和激活层　输出层

图 3-4　图卷积神经网络（GCN）示意图

如 3.2.1 节所述，将城市轨道交通网络定义为一张图 $G=(V,E,A)$，图中存在 V 个地铁车站，车站与车站之间存在 E 条边，$A\in\mathbb{R}^{n\times n}$ 代表该网络的邻接矩阵，则 GCN 卷积操作定义如式（3-3）、式（3-4）所示（Kipf and Welling，2016）：

$$H^{l+1}=f(H^l,A)=\sigma(\hat{D}^{-\frac{1}{2}}\hat{A}\hat{D}^{-\frac{1}{2}}H^lW^l)\qquad(3\text{-}3)$$

$$H^{l'}=\hat{D}^{-\frac{1}{2}}\hat{A}\hat{D}^{-\frac{1}{2}}H^l\qquad(3\text{-}4)$$

其中，$\hat{A}=A+I$；$A\in\mathbb{R}^{n\times n}$ 为邻接矩阵；$I\in\mathbb{R}^{n\times n}$ 为单位矩阵；$\hat{D}$ 是 $\hat{A}$ 的对角节点度矩阵；W 为第 l 层的参数矩阵；$H\in\mathbb{R}^{n\times t}$ 为特征矩阵，n 为节点数目，t 为每个节点的特征数目；$H'\in\mathbb{R}^{n\times t}$ 为含有拓扑信息的特征矩阵；$\sigma(\cdot)$ 为激活函数。

然而既有研究证实（Wu et al，2019；Li et al，2019），GCN 随着堆叠层数的增加，模型表现效果将会变差，堆叠较多的 GCN 层不仅在反向传播过程中导致更高的复杂度，也会导致梯度消失等问题，从而降低深层 GCN 的表现效果。此外，严重的"过平滑（oversmoothing）"问题，即随着层数的增加同一顶点的多个特征收敛于相同的值，也是深层 GCN 存在的一个普遍问题（Li et al，2018）。鉴于此，本节将 GCN 扩展为 ResNet-GCN 来减弱 GCN 存在的不足，即将输入矩阵 **In** 作为图信号对待，之后按式（3-5）进行处理。

$$\mathbf{In}'=\hat{D}^{-\frac{1}{2}}\hat{A}\hat{D}^{-\frac{1}{2}}\mathbf{In}\qquad(3\text{-}5)$$

其中，$\hat{D}^{-\frac{1}{2}}\hat{A}\hat{D}^{-\frac{1}{2}}$ 为式（3-4）中的对称归一化拉普拉斯算子（symmetric normalized laplacian）；$\mathbf{In}\in\mathbb{R}^{s\times t}$ 为模型输入，其中 s 为地铁车站数量，t 为每个车站使用的历史时间步

数量。转化后的 $\mathbf{In}'$ 和 $\mathbf{In}$ 具有相同的维度和形状,但 $\mathbf{In}'$ 含有丰富的网络拓扑结构信息,并在后续用于 ResNet 的输入。

值得注意的是,本节使用的 GCN 并非原始图卷积,而是将原始图卷积中刻画网络拓扑信息的部分 $\hat{\boldsymbol{D}}^{-\frac{1}{2}}\hat{\boldsymbol{A}}\hat{\boldsymbol{D}}^{-\frac{1}{2}}$ 引入模型输入中,从而既使模型输入包含了拓扑信息,又能够减弱使用原始深层图卷积存在的不足。

（3）注意力长短时记忆网络(attention LSTM)

一方面,LSTM 在交通流量预测方面已经获得了较为成功的应用。另一方面,注意机制自提出以来已成功地应用于机器翻译领域(Bahdanau et al,2014),许多工作也已将其应用于短时客流预测中(Zhang et al,2019；Liu et al,2018；Wu et al,2018)。因此,为了刻画不同特征的权值,本节在模型中将两者进行结合,引入了 attention LSTM 结构。

传统的 attention LSTM 一般用来捕捉不同时间步的不同权重,通常为临近的时间步分配较高的权重,为较远的时间步分配较低的权重。然而交通预测受进站流、出站流、网络拓扑结构、天气状况等多种因素影响,单纯基于时间步的邻近性分配权重并不合理,因此本节基于 Wu 等(2018)的研究,借助全连接层,对 LSTM 的输出进行注意力加权后再输出,即为本节所述的 attention LSTM。假设矩阵 $\mathbf{Out}\in\mathbb{R}^{n\times n}$ 为 LSTM 的输出,m 和 n 分别表示时间步以及每个时间步的特征数量,则注意力加权后的输出 $\mathbf{Out}'$ 能够通过式(3-6)和式(3-7)计算获得。

$$\boldsymbol{A} = f(\boldsymbol{W}\odot\mathbf{Out} + \boldsymbol{b}) \tag{3-6}$$

$$\mathbf{Out}' = \boldsymbol{A}\odot\mathbf{Out} \tag{3-7}$$

其中,$\boldsymbol{A}$ 为权重矩阵,其形状和维度与 $\mathbf{Out}$ 相同；$\odot$ 表示 Hadamard 乘积；f 表示全连接层,全连接层可以使用不同的激活函数进行激活；$\boldsymbol{W}$ 为 f 的权重矩阵；$\boldsymbol{b}$ 为偏置向量。

2. ResLSTM 模型框架

为了协同考虑进站流、出站流、网络拓扑结构、天气状况和空气质量因素对网络进站流产生的影响,本节提出了包含四个分支的 ResLSTM 模型框架,如图 3-5 所示,4 个分支分别用来处理以上 4 种影响因素。分支 1 使用进站流提取时空特征,分支 2 与分支 1 结构相同,但使用出站流提取时空特征,分支 3 使用进站流提取网络拓扑信息,分支 4 使用天气状况和空气质量数据提取气象信息对预测精度的影响。主干中通过特征加权融合以及注意力长短时记忆网络attention LSTM 提取时间信息并输出预测结果。下面对 4 个分支及主干分别进行详细介绍。

（1）分支 1：进站流

历史进站流信息对于预测网络短时进站流是最为重要的先验信息。因此,分支 1 用来从进站流中提取时空信息。既有研究中,进站流和出站流通常被叠加在一起作为两个通道(channel)进行处理：一个通道为进站流,另一个通道为相同时间段的出站流(Zhang et al,2017；Li et al,2018；Han et al,2019)。然而进行短时客流预测需要同时考虑客流的三个模式,即实时模式、日模式、周模式,因此模型至少应具有三个分支,极大增加了模型的复杂度。为了简化模型,本节对进站流和出站流进行分别处理：首先,对于给定车站,其进站流和出站流通常联系较小,同一时间段具有较大进站流的车站在该时间段不一定具有较大的出站流；其次,对进站流和出站流分别处理会使模型由三个分支降低为两个分支,从而降低模型复杂度。

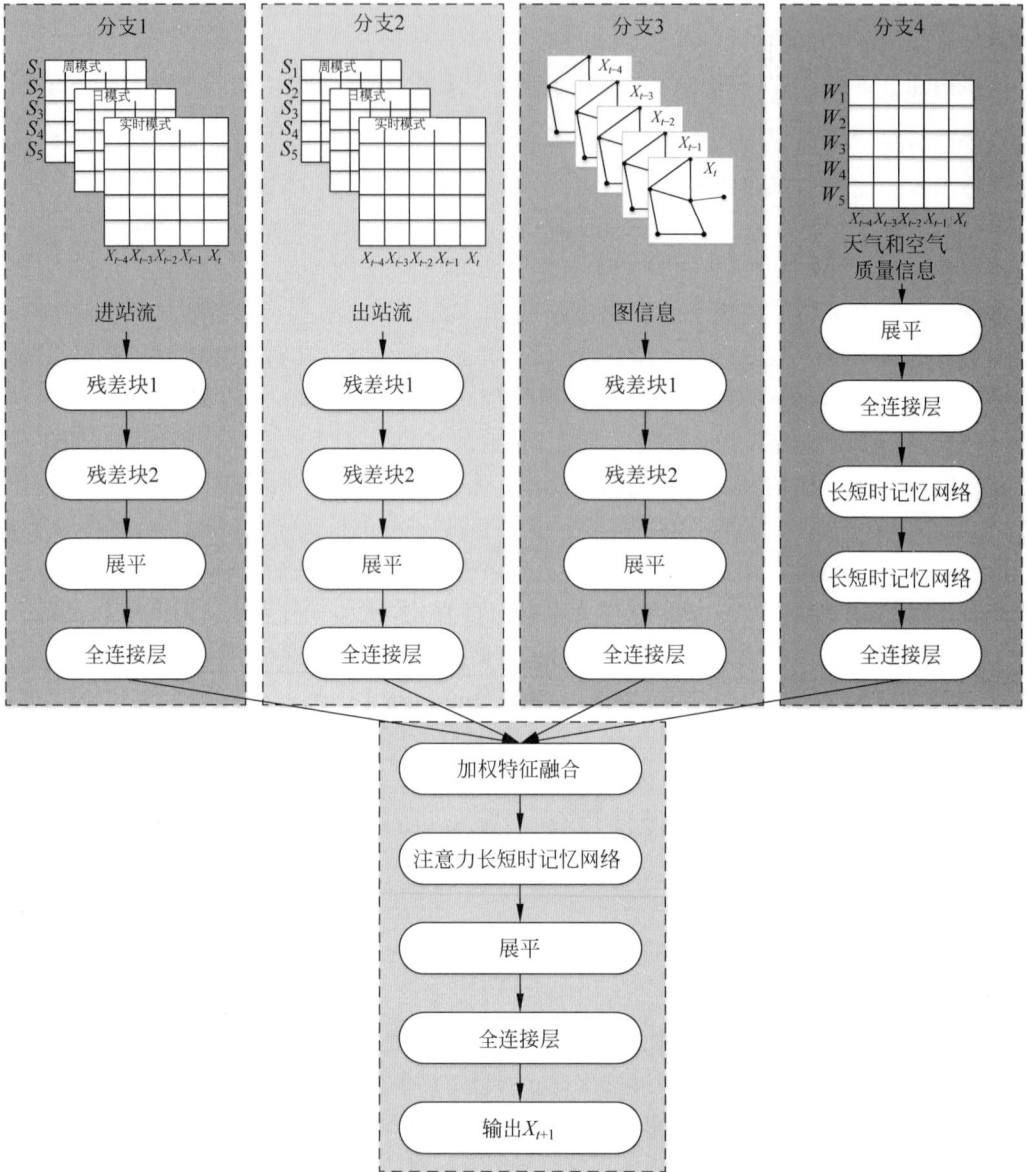

图 3-5 ResLSTM 模型框架（见文后彩图）

根据所示的进站流时间序列，从中提取实时模式、日模式、周模式对应的进站流时间序列，并根据式（3-8）组织如下。

$$
\boldsymbol{X}_{s,t}^{p} = \begin{bmatrix}
x_{1,t-n}^{p} & x_{1,t-n+1}^{p} & x_{1,t-n+2}^{p} & \cdots & x_{1,t}^{p} \\
x_{2,t-n}^{p} & x_{2,t-n+1}^{p} & x_{2,t-n+2}^{p} & \cdots & x_{2,t}^{p} \\
x_{3,t-n}^{p} & x_{3,t-n+1}^{p} & x_{3,t-n+2}^{p} & \cdots & x_{3,t}^{p} \\
\vdots & \vdots & \vdots & \ddots & \vdots \\
x_{s,t-n}^{p} & x_{s,t-n+1}^{p} & x_{s,t-n+2}^{p} & \cdots & x_{s,t}^{p}
\end{bmatrix}
\tag{3-8}
$$

其中,s 为车站编号;t 代表每个车站的历史时间步。车站根据线路编号和邻接关系进行排序,例如一号线、二号线等,每条线路中,根据线路的同一个方向按邻接关系进行车站排序,p 代表不同的客流模式,包括实时模式、日模式和周模式,其中 $\boldsymbol{X}_{s,t}^{r}$,$\boldsymbol{X}_{s,t}^{d}$ 和 $\boldsymbol{X}_{s,t}^{w}$ 分别代表同一天相同时间段、前一天相同时间段、上周同一天相同时间段的进站流时间序列。

如分支 1 中所示,为了预测 $t+1$ 时刻的进站流,本节将历史三个模式 5 个时间段 $t-4$ 至 t 的客流信息组织为具有三个通道(channel)的"图片",即

$$\boldsymbol{I}_1=(\boldsymbol{X}_{s,t}^{r},\boldsymbol{X}_{s,t}^{d},\boldsymbol{X}_{s,t}^{w}) \tag{3-9}$$

其中,$\boldsymbol{X}$ 代表进站流。

$\boldsymbol{I}_1$ 被输入两个残差块中,两个残差块(residual block)分别含有 32 个和 64 个滤波器(filters),第二个残差块的输出被展平(flatten)并输入含有 276 个神经元的全连接层(fully connected layer)进行特征输出,输出的进站流时空特征向量用于后续的特征融合。

(2)分支 2:出站流

出站流的处理方式与进站流完全一致,同样包含实时模式、日模式、周模式三个模式,用作模型输入的出站流时间序列如式(3-10)所示。

$$\boldsymbol{I}_2=(\boldsymbol{X'}_{s,t}^{r},\boldsymbol{X'}_{s,t}^{d},\boldsymbol{X'}_{s,t}^{w}) \tag{3-10}$$

其中,$\boldsymbol{X'}$ 代表出站流。

(3)分支 3:图信号

网络拓扑结构信息在短时客流预测中扮演着重要的角色。为了克服前文所述深层 GCN 存在的不足,如分支 3 所示,本节引入 ResNet GCN 刻画网络拓扑信息的影响。在分支 3 中,由于网络拓扑信息不会发生变化,因此只考虑了实时模式下网络拓扑信息影响,根据式(3-5)、式(3-8)、式(3-9)可得分支 3 的输入为

$$\boldsymbol{I}_3=\hat{\boldsymbol{D}}^{-\frac{1}{2}}\hat{\boldsymbol{A}}\hat{\boldsymbol{D}}^{-\frac{1}{2}}(\boldsymbol{X}_{s,t}^{r}) \tag{3-11}$$

输入数据随后按照分支 1 所描述的方法进行后续的模型处理。

(4)分支 4:天气状况和空气质量

众多既有研究已经对天气状况对短时客流的影响进行了考虑,但较少研究关注空气质量对短时客流的影响。然而,天气状况和空气质量均是居民制定出行计划的重要参考信息,例如,寒冷天气和严重污染天气通常会阻止乘客进行非紧急、非必要的出行。因此,分支 4 重点关注天气状况和空气质量对短时客流的影响。

分支 4 中使用的数据集包含两个数据集:天气状况数据集,例如实时的气温($℃$)、露点温度($℃$)、相对湿度(%)以及风速(m/s),该数据集每个小时记录一次,如表 3-3 所示;空气质量数据集,例如空气质量指数(air quality index,AQI)以及大气颗粒物的浓度(PM 2.5 和 PM 10)、SO_2、NO_2、CO 和 O_3($\mu g/m^3$),该数据集每小时记录一次,如表 3-4 所示。

表 3-3 天气状况数据样例

日期/时间	气温/℃	露点温度/℃	相对湿度/%	风速/(m/s)
2016/2/29 5:00	−6	−17	42	4
2016/2/29 5:30	−6	−17	42	4
2016/2/29 6:00	−5	−17	39	11
2016/2/29 6:30	−5	−18	36	7
2016/2/29 7:00	−6	−18	39	4

表 3-4　空气质量数据样例　　　　　　　　　　　　　　μg/m³

日期/时间	AQI	PM 2.5	PM 10	SO_2	NO_2	CO	O_3
2016/2/29 5:00	18	11	16	5	36	0.5	38
2016/2/29 6:00	21	13	21	6	40	0.5	37
2016/2/29 7:00	20	14	20	5	38	0.5	40
2016/2/29 8:00	20	12	20	5	37	0.5	41
2016/2/29 9:00	24	15	24	6	35	0.5	47

由于获取的天气状况和空气质量数据分别每半小时和一小时记录,当进行 10min 粒度下的短时进站流预测时,05:00—05:10 的天气状况数据和真实的 05:00—05:30 的数据进行共享,即使用同一组数据。类似地,05:00—05:10 的空气质量数据和真实的 05:00—06:00 的数据进行共享,即使用同一组数据,最终获取的分支 4 的模型输入数据如式(3-12)所示:

$$I_4 = X_{w,t} = \begin{pmatrix} x_{1,t-n} & x_{1,t-n+1} & x_{1,t-n+2} & \cdots & x_{1,t} \\ x_{2,t-n} & x_{2,t-n+1} & x_{2,t-n+2} & \cdots & x_{2,t} \\ x_{3,t-n} & x_{3,t-n+1} & x_{3,t-n+2} & \cdots & x_{3,t} \\ \vdots & \vdots & \vdots & \ddots & \vdots \\ x_{w,t-n} & x_{w,t-n+1} & x_{w,t-n+2} & \cdots & x_{w,t} \end{pmatrix} \quad (3-12)$$

其中,w 代表空气状况数据和天气质量数据总计 11 个指标。

在分支 4 中,处理过后的数据 I_4 随后被展平(flatten)并被输入全连接层(fully connected layer)以获取加权后的指标,加权后的指标随后被输入长短时记忆网络模型中以提取时间信息,堆叠的两层长短时记忆网络分别含有 128 个和 276 个神经元,其输出的气象信息时间特征向量用于后续的特征融合。

(5) 主干:特征融合

4 个分支的输出具有相同的数据维度和形状,根据式(3-13)可直接进行特征加权融合。

$$\text{Fusion} = W_1 \odot O_1 + W_2 \odot O_2 + W_3 \odot O_3 + W_4 \odot O_4 \quad (3-13)$$

其中,O_1、O_2、O_3 和 O_4 分别为四个分支的输出;$W = (W_1, W_2, W_3, W_4)^{\mathrm{T}}$ 为用于捕捉不同特征影响程度的权重向量;$\odot$ 代表 Hadamard 乘积,其维度与各个分支输出向量的维度相同,随机初始化 W 并通过反向传播调整其权值。

融合后的加权特征通过注意力长短时记忆网络(attention LSTM)进一步捕捉特征间的时间特征。其输出被展平(flatten)并输入含有 276 个神经元的全连接层(fully connected layer)进行最终预测结果的输出。

3.2.3　模型配置

1. 评价指标和损失函数

本章采用均方误差(MSE)作为损失函数,采用均方根误差(RMSE)、平均绝对误差(MAE)以及加权平均绝对百分比误差(WMAPE)作为模型评价指标,它们的表达式分别为

$$\text{MSE} = \frac{1}{n} \sum_{i=1}^{n} (y_i - \hat{y}_i)^2 \tag{3-14}$$

$$\text{RMSE} = \sqrt{\frac{1}{n} \sum_{i=1}^{n} (y_i - \hat{y}_i)^2} \tag{3-15}$$

$$\text{MAE} = \frac{1}{n} \sum_{i=1}^{n} |(y_i - \hat{y}_i)| \tag{3-16}$$

$$\text{WMAPE} = \sum_{i=1}^{n} \left(\frac{y_i}{\sum\limits_{j=1}^{n} y_j} \left| \frac{y_i - \hat{y}_i}{y_i} \right| \right), \quad y_i > 0 \tag{3-17}$$

其中，$\hat{y}_i$ 为预测值；y_i 为真实值；n 为样本数量；$\sum\limits_{j=1}^{n} y_j$ 为真实值求和。

2. 模型配置和基准模型

本节使用 TensorFlow 深度学习框架构建本模型。使用前四周的数据训练模型，使用最后一周的数据测试模型，前四周数据中训练集和验证集的比例分别为 0.8 和 0.2。经过反复权衡模型训练效率和预测精度，使用全网所有车站临近 5 个时间步的数据预测未来一个时间步的数据。采用的优化器为"Adam"，其学习率为 0.001。在分支 1 中，第一个和第二个残差块分别含有 32 个和 64 个滤波器(filters)，核尺寸(kernel size)为 3×3，全连接层含有 276 个神经元。分支 2 和分支 3 除输入数据不同外，其余配置与分支 1 相同。分支 4 中，全连接层包含 276 个神经元，堆叠的两个长短时记忆网络层含有分别含有 128 和 276 个神经元。主干中，注意力长短时记忆网络含有 128 个神经元，控制最终输出的全连接层含有 276 个神经元。

为了避免随机因素如随机参数初始化等的影响，在超参数确定之前对 ResLSTM 和基准模型训练多次，训练过程中使用回调函数中的模型检查点(model checkpoint)和早停法(early stopping)保存和终止模型以避免模型过拟合。模型终止训练之前，其训练损失和验证损失变化情况如图 3-6 所示。从图中可看出，前 120 次迭代中训练损失和验证损失波动较大，之后持续表现平稳，展现出模型较好的鲁棒性。

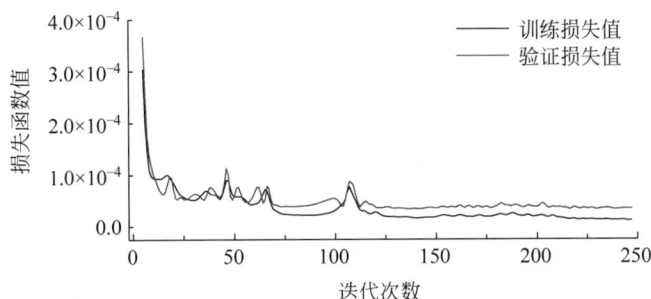

图 3-6　训练损失和验证损失变化情况

本节将 ResLSTM 和既有几个基准模型进行了对比。所有模型均使用一个模型对全网276 个车站分别进行预测。对于 ResLSTM 模型的 5 个变体模型，其基本配置和 ResLSTM

相同。各个模型的具体配置如下。

LSTM 和 GRU：具有两个隐藏层，隐藏层均设置 100 个神经元。

CNN 和 ConvLSTM：具有两个隐藏层，隐藏层分别含有 32 个和 64 个滤波器，核尺寸为 3×3。

ResLSTM-GCN：只保留 ResLSTM 的分支 3，删除其他分支。

ResLSTM-No graph：只删除 ResLSTM 的分支 3，保留其他分支。

ResLSTM-No W&A：只删除 ResLSTM 的分支 4，保留其他分支。

ResLSTM-No A：只删除 ResLSTM 分支 4 中的空气质量数据，保留天气状况数据和其他分支。

ResLSTM-TC：将相同模式下（实时模式、日模式、周模式）的进站流和出站流组织为一个通道，即分支 1 和分支 2 被转化为 3 个分支，每个分支包含一种时间序列模式和两个通道，两个通道分别代表进站流和出站流。

3.2.4　预测结果分析

1. 网络级预测结果表现

网络级预测结果如表 3-5 和图 3-7 所示，其中，LSTM 模型和 GRU 模型结构相似，两者表现较为接近。在多数情况下，与 CNN 相关的模型表现优于与 RNN 相关的模型。由于 ConvLSTM 模型能够捕捉更多的时间信息，其模型表现优于 CNN 模型。

表 3-5　不同时间粒度下模型效果

时间	10min			15min			30min		
指标	RMSE	MAE	WMAPE	RMSE	MAE	WMAPE	RMSE	MAE	WMAPE
LSTM	37.190	21.992	12.710%	53.921	29.534	11.290%	96.353	55.826	10.760%
GRU	44.911	24.735	14.330%	56.655	33.030	12.560%	86.698	52.071	10.030%
CNN	29.812	18.546	10.413%	40.267	25.123	9.375%	64.045	39.686	7.472%
ConvLSTM	28.794	17.478	9.814%	37.092	22.423	8.380%	61.497	36.976	6.962%
ResLSTM-GCN	30.070	17.433	9.775%	36.780	21.661	8.099%	59.728	33.630	6.334%
ResLSTM-No Graph	28.934	17.487	9.827%	36.470	20.900	7.815%	58.711	33.238	6.260%
ResLSTM-No W&A	29.621	17.634	9.911%	38.738	23.000	8.589%	60.134	34.136	6.428%
ResLSTM-No A	30.301	18.216	10.244%	39.320	23.297	8.699%	60.537	34.264	6.451%
ResLSTM-TC	30.655	17.262	9.692%	39.274	23.877	8.901%	70.056	42.734	8.046%
ResLSTM	**28.366**	**16.631**	**9.352%**	**36.044**	**20.878**	**7.805%**	**56.964**	**32.581**	**6.134%**

注：加黑数字表示最好的结果。

在 ResLSTM 及其 5 个变体模型中，完整的 ResLSTM 模型表现最优，主要原因在于其完整刻画了进站流、出站流、网络拓扑信息、天气状况和空气质量等因素对预测结果的影响。此外，尽管 5 个变体模型各自删除了 ResLSTM 模型中的部分分支，但其预测结果与 ResLSTM 模型表现均较为接近，证明了 ResLSTM 模型具有较强的鲁棒性。

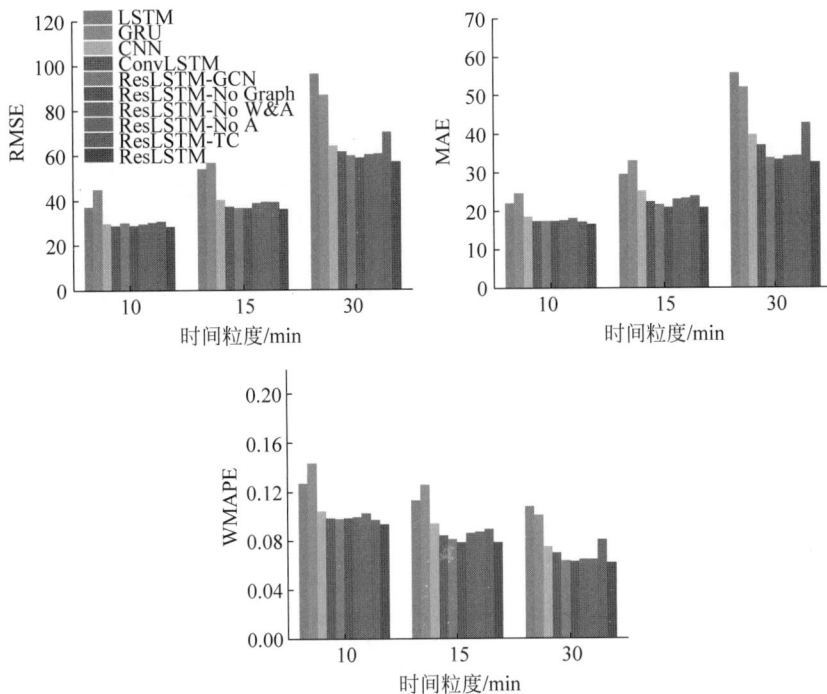

图 3-7　不同时间粒度下模型效果

对于网络拓扑信息,如变体模型 ResLSTM-GCN 所示,其仅使用了分支 3,却产生了与 ResLSTM 较为接近的预测效果,有力证明了该模型的鲁棒性。当时间粒度为 10min 时,所有模型预测结果较为相似,随着时间粒度的增大,ResLSTM 模型开始展现出其优越性,相比其他变体模型的提升逐渐增大。对比 ResLSTM-No Graph 模型与 ResLSTM 模型的表现结果可知,网络拓扑信息对预测精度会产生一定的影响。

对于天气状况和空气质量因素,通过对比 ResLSTM-No W&A 模型、ResLSTM-No A 模型和 ResLSTM 模型可知,引入气象因素一定程度上有助于提升模型的预测效果。当天气较冷或空气污染较为严重时(例如较高的 PM 2.5 和 PM 10),居民一般会减少或取消非紧急、非必要的出行,从而影响客流量大小。此外,该类影响通过对比实验得以量化,当时间粒度为 30min 时,均方根误差(RMSE)、平均绝对误差(MAE)和加权平均绝对百分比误差(WMAPE)分别由 60.134 降低至 56.964、34.136 降低至 32.581、6.428% 降低至 6.134%。

对于通道(channel)设置因素,通过对比 ResLSTM-TC 模型和 ResLSTM 模型可知,将进站流和出站流分别对待不仅能够节省计算资源,而且能够保证预测精度。

2. 车站级预测结果表现

本节选取了 3 个典型车站以分析单个车站的模型预测结果。第一个车站为天通苑地铁站,为大型居住类车站;第二个车站为西直门地铁站,为典型的"普通类车站",属于大型市内交通枢纽,三条线路交汇于此,且周边公交接驳车站较多。第三个车站为北京西地铁站,为典型的"普通类-交通枢纽为主型车站",属于大型城际交通枢纽。3 个典型车站在不同时间粒度下的真实值和预测值对比如图 3-8 所示。

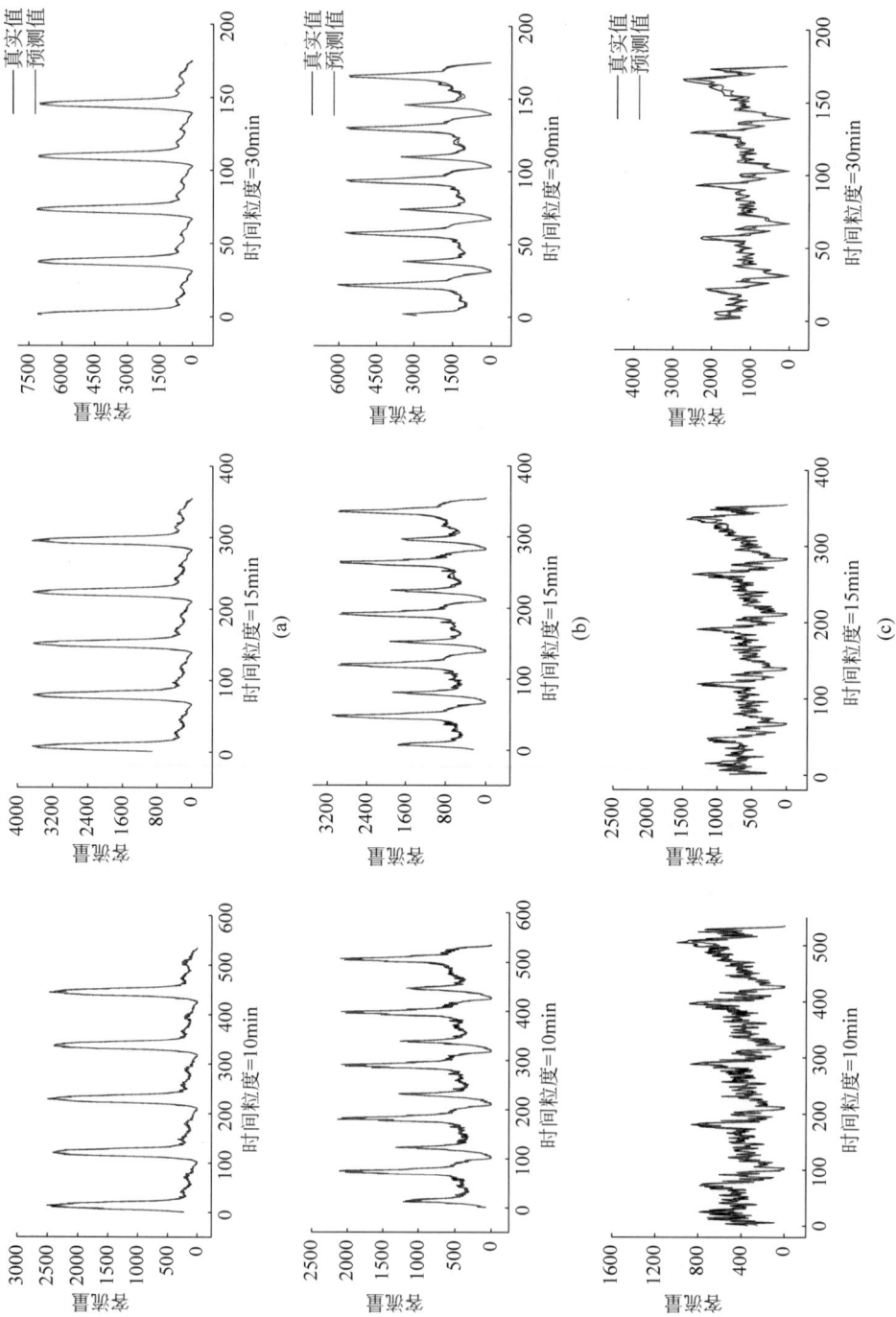

图 3-8 3个典型车站在不同时间粒度下的真实值和预测值对比

(a) 天通苑; (b) 西直门; (c) 北京西

对于天通苑地铁站,无论高峰时期或平峰时期,3个时间粒度下预测值和真实值均保持高度一致,体现了 ResLSTM 模型较强的鲁棒性。由于天通苑坐落于大型居住区,早高峰时期大量居民在此通勤,因此早高峰客流较大,客流规律性较强,模型预测结果较好,与第 2 章所述的"居住类车站"的客流可预测性较高的研究结果一致。作为大型的市内交通枢纽,西直门的进站流呈现双峰状,三个时间粒度下任何时期(尤其高峰时期)模型表现效果依然较好。不同于前两个地铁站,北京西地铁站具有较大的客流波动和较低的客流规律性,在此情况下模型依旧能够较好地捕捉客流变化趋势,且随着时间粒度的增加,真实值和预测值之间的拟合效果逐渐提升。但总体而言,北京西预测效果次于天通苑和西直门,与第 2 章所述的"普通类-交通枢纽为主型车站"的客流可预测性较低的研究结果一致。

综上所述,本节提出的 ResLSTM 模型无论在网络级水平或在个体车站级水平均能表现出较好的预测效果。

3. 不同时间粒度预测结果表现

为了比较不同时间粒度下模型的预测效果,本节将 10min 和 15min 的预测结果集聚至 30min 时间粒度下,并对比相应的评价指标,客流聚合示例如表 3-6 所示,不同时间粒度下模型预测结果对比如表 3-7 所示。

表 3-6　客流聚合示例

时间粒度	08:00—08:10	08:10—08:20	08:20—08:30	聚合后预测值	真实值
10min	10	20	25	55	50
15min	18		33	51	50
30min	50			50	50

表 3-7　不同时间粒度下模型预测结果对比

时间粒度	RMSE	MAE	WMAPE
10×3＝30min	61.545	35.223	6.633%
15×2＝30min	58.082	33.273	6.265%
30min	56.964	32.581	6.134%

随着时间粒度的增大,模型预测效果逐渐提升,从 10×3＝30min 至 30min,RMSE、MAE 和 WMAPE 分别从 61.545 降至 56.964,35.223 降至 32.581,从 6.633% 降至 6.134%。从统计学角度而言,随着时间粒度的增大,客流的相似性和规律性逐渐增加,进而可预测性增加,总体模型表现效果相应提升,与第 2 章所述的可预测性评估模型的结论一致。

综上所述,通过对网络级预测结果表现、车站级预测结果表现以及不同时间粒度下预测结果表现三个维度进行分析可知,本节提出的 ResLSTM 模型具有较为优越的预测效果,且呈现出较强的鲁棒性,对实际运营提供了重要的参考意义。

3.3　基于 Conv-GCN 的网络级短时进站流预测

3.3.1　问题及数据简介

1. 问题分析

本节旨在解决如何获取轨道交通系统短时期内进站流量的问题,针对该问题,本节提出了一种新的深度学习框架 Conv-GCN,该框架借助图卷积神经网络 GCN 以及三维卷积神经网络(3D CNN),有机地将进站流、出站流以及网络拓扑结构予以融合进行城市轨道交通网络级短时进站流预测。通过将该模型与多个公认的模型以及 3.2.2 节提出的 ResLSTM 模型进行对比,展现了该模型良好的表现能力。模型中以图卷积神经网络和三维卷积神经网络为主体,通过并行计算能够降低模型训练时间,节省计算资源。本模型的主要内容总结如下:

(1) Conv-GCN 模型具有相对简单然而更加高效的网络结构,侧面证明了深度学习模型并非越复杂表现效果越好。

(2) Conv-GCN 模型不含有循环神经网络相关的结构,基于图卷积神经网络构建的两个相似的分支结构以及基于三维卷积神经网络构建的主干结构能够借助并行计算降低模型训练时间,提升模型训练效率。

(3) 本节提出的多图卷积结构,即两个图分支,能够捕捉地铁网络客流的时间和空间依赖以及网络拓扑结构信息。多图卷积结构中考虑了实时模式、日模式、周模式三个模式下的进站流和出站流。

(4) 三维卷积神经网络能够通过三维的滤波器有效地整合进站流和出站流三个模式下的高阶时空特征。

本节剩余内容组织如下:首先对模型使用的多图卷积神经网络以及三维卷积神经网络进行详细介绍,其次详细介绍本节提出的 Conv-GCN 深度学习模型,最后进行案例分析,依次介绍案例分析中使用的评价指标和损失函数、模型配置和基准模型以及实验结果分析。

2. 问题定义

本节的问题定义与 3.2 节的问题定义相同,均由式(3-1)描述。

3. 数据简介

本节使用的数据集与 3.2 节相同。

3.3.2　Conv-GCN 模型

1. 基础模型简介

(1) 多图卷积神经网络(multi-graph GCN)

与 3.2.2 节中只是借助图卷积神经网络的思想构建 ResLSTM 分支 3 的模型输入不

同,本节使用的为具有偏置向量的原始图卷积神经网络,并使用两张图分别处理进站流和出站流,所使用的 GCN 如式(3-18)所示(Kipf and Welling,2016)。

$$\boldsymbol{X}^{l+1} = \sigma(\widetilde{\boldsymbol{D}}^{-\frac{1}{2}} \widetilde{\boldsymbol{A}} \widetilde{\boldsymbol{D}}^{-\frac{1}{2}} \boldsymbol{X}^l \boldsymbol{W}^l + \boldsymbol{b}), \quad \widetilde{\boldsymbol{A}} = \boldsymbol{A} + \boldsymbol{I} \tag{3-18}$$

其中,$\boldsymbol{A} \in \mathbb{R}^{n \times n}$ 为邻接矩阵;$\boldsymbol{I} \in \mathbb{R}^{n \times n}$ 为单位矩阵;$\widetilde{\boldsymbol{D}} \in \mathbb{R}^{n \times n}$ 为矩阵 $\widetilde{\boldsymbol{A}}$ 的对角度矩阵;$\boldsymbol{X}^l \in \mathbb{R}^{n \times m}$ 为第 l 层的特征矩阵,n 代表车站数目,m 代表时间步;$\boldsymbol{W}^l \in \mathbb{R}^{m \times k}$ 为第 l 层的特征矩阵,其中 k 为卷积核的数目,即每个节点输出的特征数;$\boldsymbol{b} \in \mathbb{R}^{k \times 1}$ 为偏置向量;σ 为激活函数。

本节所使用的图卷积神经网络层如图 3-9 和图 3-10 所示。以车站 E 为例,如果仅有单条地铁线路(见图 3-9),对于车站 E 的短时客流预测,第一个图卷积神经网络层将会捕捉邻接车站 D 和 F 对车站 E 的影响,在第一个图卷积神经网络层的基础上再叠加一个图卷积神经网络层,车站 C 和 D 的影响也将被应用至车站 E 的预测过程当中。同样地,在整个地铁网络中(见图 3-10),如果车站 E 为两条地铁线路的换乘车站,第一层图卷积神经网络将会捕捉 4 个邻接车站的影响,第二层图卷积神经网络将会捕捉与 4 个邻接车站连接的车站对 E 的预测结果的影响,依次类推。

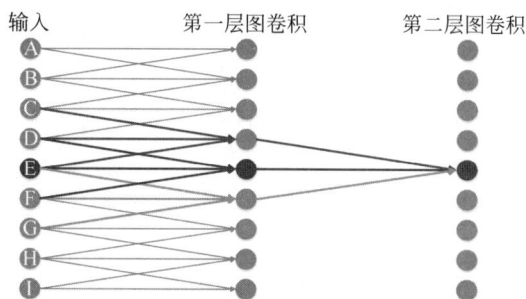

图 3-9　单条地铁线路上的图卷积

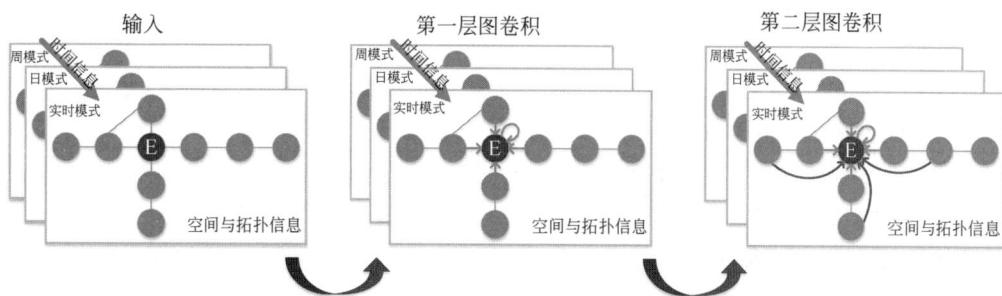

图 3-10　地铁网络上的图卷积(见文后彩图)

(2) 三维卷积神经网络(3D CNN)

本节提出的模型框架使用了三维卷积神经网络(3D CNN)结构而非普通的二维卷积神经网络(2D CNN)结构,如图 3-11 所示。二维卷积神经网络能够从浅层网络的特征图局部邻域中提取高阶特征,其中第 i 层网络第 j 个特征图 (x, y) 处的值 v 按式(3-19)计算(Ji et al,2012)。

$$v_{ij}^{xy} = \text{ReLU}\left(b_{ij} + \sum_m \sum_{p=0}^{P_i-1} \sum_{q=0}^{Q_i-1} w_{ijm}^{pq} v_{(i-1)m}^{(x+p)(y+q)}\right) \tag{3-19}$$

其中，ReLU 为激活函数；m 为第 $i-1$ 层的特征图（feature map）编号；w_{ijm}^{pq} 为第 $i-1$ 层第 m 个特征图的二维滤波器（filters）中 (p,q) 位置的值；(P,Q) 为二维滤波器的维度。

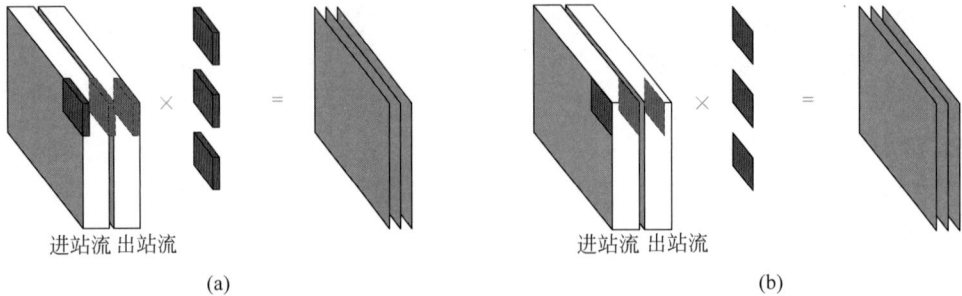

图 3-11　二维卷积神经网络和三维卷积神经网络示意图（见文后彩图）
(a) 二维卷积神经网络；(b) 三维卷积神经网络

二维卷积神经网络和三维卷积神经网络最大的区别在于滤波器的维度。三维卷积神经网络中滤波器的维度是三维的，三维卷积神经网络的卷积操作如式（3-20）所示。

$$\boldsymbol{V}^{l+1} = \text{Conv3D}(\boldsymbol{W} \cdot \boldsymbol{V} + \boldsymbol{b}) \tag{3-20}$$

其中，$\boldsymbol{V}$ 为模型输入；$\boldsymbol{W}$ 为三维滤波器；$\boldsymbol{b}$ 为偏置向量；Conv3D 代表三维卷积操作，$\boldsymbol{V}^{l+1}$ 为高阶输出特征。其中，第 i 层网络第 j 个特征图 (x,y,z) 处的值 v 按式（3-21）计算（Ji et al,2012）。

$$v_{ij}^{xyz} = \text{ReLU}\left(b_{ij} + \sum_m \sum_{p=0}^{P_i-1} \sum_{q=0}^{Q_i-1} \sum_{r=0}^{R_i-1} w_{ijm}^{pqr} v_{(i-1)m}^{(x+p)(y+q)(z+r)}\right) \tag{3-21}$$

其中，ReLU 为激活函数；m 为第 $i-1$ 层的特征图（feature map）编号；w_{ijm}^{pqr} 为第 $i-1$ 层第 m 个特征图的三维滤波器（filters）中 (p,q,r) 位置的值；(P,Q,R) 为三维滤波器的维度。

三维卷积神经网络已被广泛应用至医学影像分析、异常事件检测等领域，展现出强大的时空特征学习能力（Tran et al,2015）。首先，三维的卷积核能够有效地将不同通道的信息予以有机整合；其次，三维卷积是在时间和空间两个维度上进行卷积，而二维卷积只能在空间维度上进行卷积，所以三维卷积具有更强的时空学习能力。因此，本节中使用三维卷积神经网络以深度融合进站流和出站流的信息、提取进出站客流不同模式下的高维时空特征信息以及远近车站之间的高维时空特征信息。

2. Conv-GCN 模型框架

本节提出的模型框架 Conv-GCN 如图 3-12 所示。首先，进站流图（红色方框）和出站流图（蓝色方框）通过图卷积神经网络进行处理，该部分能够有效捕捉网络的拓扑结构信息以及进出站客流各自的时空特征信息。每一张图包含了三种客流模式，即实时模式、日模式和周模式，分别代表所要预测时段邻近的前几个时段的客流，前一天同时段的客流以及上一周同时段的客流。在每一种模式中，应用了相同的时间步数目。该组织方式具有以下优势：首先，其能够捕捉不同客流模式之间的时间依赖关系，其次，其能够捕捉邻近车站和距离较远车站之间的空间依赖关系，最后，相邻车站之间的网络拓扑信息能够被充分利用。

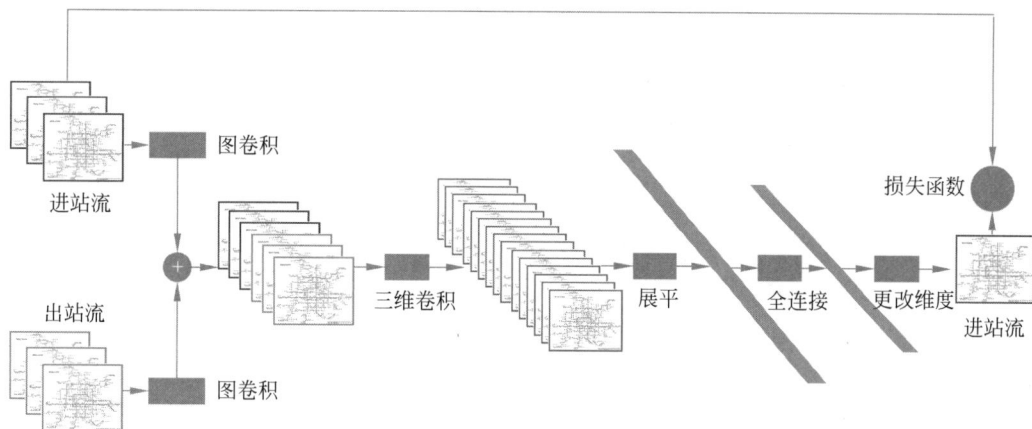

图 3-12   Conv-GCN 示意图（见文后彩图）

随后，两个图卷积神经网络分支的输出被堆叠至一起，输入三维卷积神经网络中，三维卷积神经网络用于将图卷积神经网络层提取的进站流和出站流信息进行深度融合，进而提取更高阶时空特征信息。

最后，三维卷积神经网络的输出被展平（flatten）后输入全连接层（fully connected layer）中，全连接层可用于对高阶特征进行降维，以及刻画高维时空特征信息和预测结果之间的非线性关系。经过反复试验，本节使用了一层全连接层将展平后的高维时空特征信息降至所需要的维度。全连接层的输出即为最终预测输出。

3.3.3   模型配置

1. 评价指标和损失函数

本节使用的评价指标和损失函数与 3.2.3 节完全一致，此处不再赘述。

2. 模型配置和基准模型

本节使用 Keras 和 TensorFlow 搭建模型框架。经过反复试验，该模型两个分支中，每个分支包含一层图卷积神经网络，主干包含一层三维卷积神经网络，一层展平层以及一层全连接层。采用的优化器为"Adam"，其学习率为 0.001。模型中含有几个重要的超参数，包括时间步、批大小、三维卷积神经网络层的滤波器（filter）数目、图卷积神经网络层的核（kernel）数目。为了探索最佳超参数配置，本节使用控制变量法进行调参，即在单个参数的调优过程中，保持其他 3 个参数不变，直至找到 4 个参数的最佳组合。例如，首先随机选择 4 个参数的组合，进行时间步的参数调优，同时保持其他 3 个参数不变。当找到最优时间步时，保持其值不变，并开始依次照此调整其他 3 个参数。超参数微调结果如图 3-13 所示。根据不同超参数下预测结果的 RMSE 和 MAE，时间步、批大小、滤波器数目和核数目最终取值分别为 10,64,16 和 15。在进行 10min,15min 和 30min 的预测过程中时间步取值分别为 30,20 和 10。

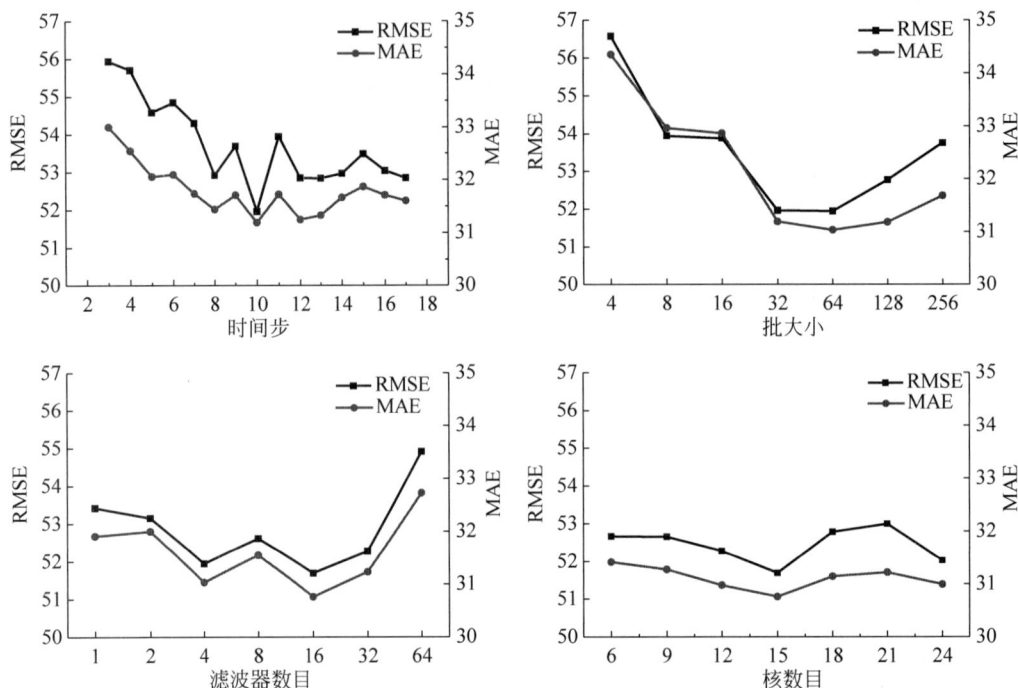

图 3-13　超参数微调结果

将本节所提出的 Conv-GCN 模型和以下几个模型进行对比,以证明模型的有效性。所有模型均使用一个模型对全网 276 个车站分别进行预测。各个模型的具体配置如下。

LSTM:具有两个隐藏层,隐藏层均设置 100 个神经元。

2D CNN:具有两个隐藏层,隐藏层分别含有 32 个和 64 个滤波器,核尺寸为 3×3。

ConvLSTM:具有两个隐藏层,隐藏层分别含有 32 个和 64 个滤波器,核尺寸为 3×3。

ST-ResNet:该模型由张钧波等于 2017 年提出,本节使用其中三个分支,不包含天气数据分支。

ResLSTM:3.2.2 节提出的融合图卷积神经网络、残差网络和注意力长短时记忆网络的深度学习模型。

3D CNN:仅使用 Conv-GCN 的三维卷积部分,不包含多图卷积部分。

ST-GCN:仅使用 Conv-GCN 的两个分支,不包含三维卷积神经网络层。

3.3.4　预测结果分析

不同时间粒度下模型效果如表 3-8 和图 3-14 所示。2D CNN 模型能够捕捉更多的时间和空间信息,相比只能提取时间信息的 LSTM 模型表现效果较好。此外,ConvLSTM、ST-ResNet、ResLSTM 和 ST-GCN 等较为复杂的深度学习框架相比单一的 LSTM 模型和 2D CNN 模型表现较好,主要原因在于深度学习框架能够提取较为丰富的网络客流时空特征。然而,3D CNN 模型的表现优于以上几种深度学习框架,主要得益于其功能强大的三维滤波器,该三维结构也是本模型选取三维卷积神经网络作为 Conv-GCN 重要模型部件之一的重要原因。而本节提出的 Conv-GCN 模型在所有情况下均表现良好,展现出模型良好的鲁棒性和模型表现能力。

表 3-8　不同时间粒度下模型效果

时间粒度	10min			15min			30min		
指标	RMSE	MAE	WMAPE	RMSE	MAE	WMAPE	RMSE	MAE	WMAPE
LSTM	37.190	21.992	12.710%	53.921	29.534	11.290%	96.353	55.826	10.760%
2D CNN	29.812	18.546	10.413%	40.267	25.123	9.375%	64.045	39.686	7.472%
ConvLSTM	28.794	17.478	9.814%	37.092	22.423	8.380%	61.497	36.976	6.962%
ST-ResNet	28.894	17.422	9.812%	37.343	22.857	8.545%	59.368	33.501	6.309%
ResLSTM	28.366	16.631	9.352%	36.044	20.878	7.805%	56.964	32.581	6.134%
3D CNN	27.177	16.923	9.768%	35.079	21.449	8.281%	55.410	33.507	6.494%
ST-GCN	25.963	15.979	9.305%	34.762	20.406	7.890%	56.303	32.816	6.362%
Conv-GCN	**25.699**	**15.518**	**8.983%**	**33.248**	**19.868**	**7.678%**	**51.692**	**30.756**	**5.962%**

注:加黑数字表示最好的结果。

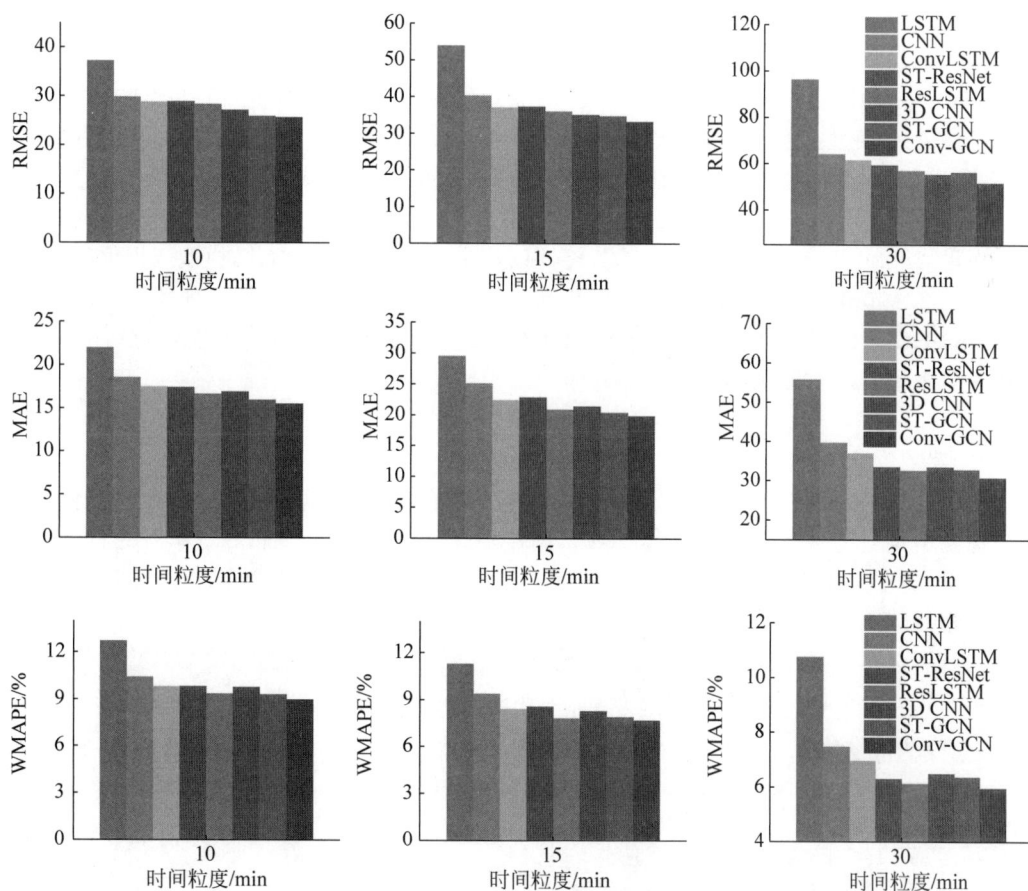

图 3-14　不同时间粒度下模型效果

通过对比 3.2.2 节提出的 ResLSTM 模型和 Conv-GCN 模型：对于 RMSE，10min、15min、30min 时间粒度下模型效果分别提升 9.402%，7.756%，9.256%；对于 MAE，10min、15min、30min 时间粒度下模型效果分别提升 6.692%，4.836%，5.602%；对于 WMAPE，10min、15min、30min 时间粒度下模型效果分别提升 3.946%，1.627%，2.804%。

3.4　基于 Graph-GAN 的网络级短时进站流预测

3.4.1　问题及数据简介

1. 问题分析

近年来，许多深度学习模型，如长短期记忆网络(LSTM)模型、卷积神经网络(CNN)模型、图卷积神经网络(GCN)模型等，由于其捕捉时空信息的强大学习能力，已被成功应用于短期交通预测。然而，一方面，一些深度学习算法只考虑了客流的时间相关性，忽略了地铁站间的拓扑结构；另一方面，近期的预测模型结构日益复杂，只考虑模型精度的提高而忽视模型的复杂性，模型的实际应用性较弱。

综上，从实际应用的角度出发，兼顾模型精度与模型复杂性，本节提出了一种基于图卷积网络和生成对抗网络(generative adversarial network，GAN)的相结合的时空网络(Graph-GAN)模型，用于城市轨道交通系统的短期客流预测。本节还提出了一种简化的 GCN 模型，将站点间的拓扑信息纳入预测模型，从而帮助提取城市轨道交通网络的空间特征。该模型使用由全连接神经网络组成的结构简单的 GAN 并结合对抗性训练来生成更高精度的预测结果，并且该模型拥有较好的鲁棒性以及较少的模型训练参数，模型应用价值较大。

与 3.2.1 节和 3.3.1 节描述的问题相同，针对该问题，本节提出了一种新的深度学习框架 Graph-GCN，该框架借助图卷积神经网络 GCN 以及生成对抗网络 GAN，进行城市轨道交通网络级短时进站流预测。

2. 问题定义

本节的目的是同时预测城市轨道交通全网所有车站某一时段的进站客流量。将城市轨道交通网络定义为一张图 $G=(V,E,A)$，图中有 V 个地铁车站，车站与车站之间有 E 条边，$A \in \mathbb{R}^{n \times n}$ 代表该网络的邻接矩阵，只有 0、1 两种元素，0 代表两个车站不相邻，1 代表两个车站相邻。

将客流量作为城市轨道交通系统中地铁站的属性特征，表示为 $x_{i,t}^k \in \mathbb{R}^{n \cdot m \cdot k}$，即第 i 个车站在第 t 个时间段的第 k 个特征，n 为车站数量，m 为时间步，k 为特征矩阵的数量。在本节中，每个车站有两个特征矩阵：进站客流矩阵和出站客流矩阵，因此，$k=2$。$\boldsymbol{X}_t^k = (x_{1,t}^k, x_{2,t}^k, \cdots, x_{n,t}^k)^T$ 表示在时间 t 时所有车站的所有特征值。$(\boldsymbol{X}_1^k, \boldsymbol{X}_2^k, \cdots, \boldsymbol{X}_T^k) = $

$$\begin{bmatrix} x_{1,1}^k & x_{1,2}^k & \cdots & x_{1,T}^k \\ x_{2,1}^k & x_{2,2}^k & \cdots & x_{2,T}^k \\ \vdots & \vdots & \ddots & \vdots \\ x_{n,1}^k & x_{n,2}^k & \cdots & x_{n,T}^k \end{bmatrix}$$ 表示在时间 T 内所有车站的所有特征值。$\boldsymbol{Y}_{t+1}^k \in \mathbb{R}^{n \times 1 \times k}$ 表示未

来 $t+1$ 时刻所有车站的客流量。

因此要解决的问题便是利用过去所有车站 m 个时间间隔的客流量来预测 $t+1$ 时刻的客流量 $\boldsymbol{Y}_{t+1}^{k}=(\boldsymbol{Y}_{1,t+1}^{k},\boldsymbol{Y}_{2,t+1}^{k},\cdots,\boldsymbol{Y}_{n,t+1}^{k})$，即

$$\boldsymbol{Y}_{t+1}^{k}=f(\boldsymbol{X}_{t}^{k}) \tag{3-22}$$

其中，f 为本节提出的深度学习框架将要学习的映射函数。

3. 数据简介

使用北京地铁的两个数据集，其基本信息如表 3-9 所示。第一个数据集是 MetroBJ2016，包括从 2016 年 2 月 29 日—4 月 3 日连续 5 周工作日的北京地铁刷卡数据，共计 17 条线路和 276 个车站(不包括机场线)。第二个数据集是 MetroBJ2018，包括 2018 年 10 月 8 日—11 月 11 日连续 5 周工作日的北京地铁刷卡数据，共计 22 条线路和 308 个车站(不包括机场线)。为了提取进站客流与出站客流，将进站时间和出站时间转换为分钟，从 0～1080min，代表 05：00—23：00。从数据中提取出 15min 时间粒度的进站客流时间序列。MetroBJ2016 的客流维度为 276×1800，MetroBJ2018 的客流维度为 308×1800。此外，为所有地铁站提供一个唯一的车站编号。

表 3-9　数据集的基本信息

数据集描述	MetroBJ2016	MetroBJ2018
日期	2016.02.29—04.03	2018.10.08—11.11
每天的时间段	05：00—23：00	05：00—23：00
线路数量	17	22
车站数量	276	308
时间粒度	15	15
数据量	1.3×10^{10}	1.1×10^{10}
周数	5	5
天数	25	25
每天的时间步个数	72	72
总的时间步个数	1800	1800

3.4.2　Graph-GAN 模型

本节提出的 Graph-GAN 的模型框架如图 3-15 所示。模型框架主要包括两部分：GCN 模型和 GAN 模型，其中 GAN 包含了生成器 G 和判别器 D。将客流数据分为三个模式：实时模式、日模式和周模式，首先应用 GCN 模型获取各模式客流时空相关性，然后将三个模式的输出合并作为 GAN 中的生成器的输入。对于生成器 G，讨论一个全连接网络模型，以合并后的数据作为输入，生成城市轨道交通网络中所有地铁站未来的交通流量。判别器 D 用于区分真实数据与生成数据，其输入为历史客流数据和生成数据。G 和 D 经过不断地迭代训练，使得生成器生成的数据与真实数据非常相似，以至于判别器 D 无法区分它们。训练后的生成器可以作为预测模型。下面对两部分分别进行详述。

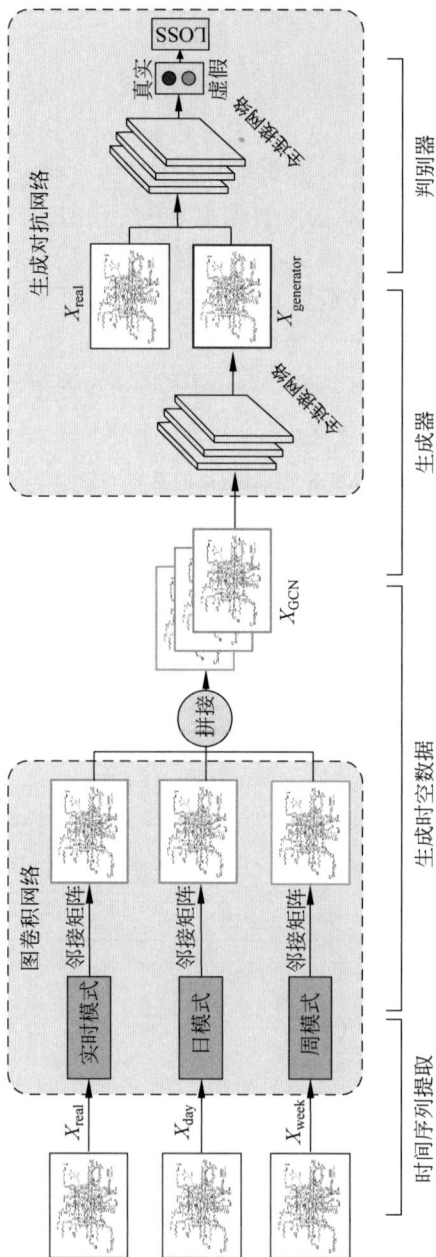

图 3-15 Graph-GAN 模型框架（见文后彩图）

1. 图卷积神经网络简介

使用 GCN 模型来捕获城市轨道交通网络中站点之间的拓扑关系。传统的交通预测模型往往将交通网络视为网格矩阵,忽略了网络拓扑结构对预测精度的影响。GCN 模型对时空特征和网络拓扑信息具有较强的提取能力。从谱图卷积滤波器到切比雪夫多项式滤波器,再到一阶近似滤波器,GCN 的性能得到了很大的提高。因此,使用 GCN 模型来获得地铁车站之间的内部拓扑关系。图 3-16 显示了 GCN 模型的一般结构。

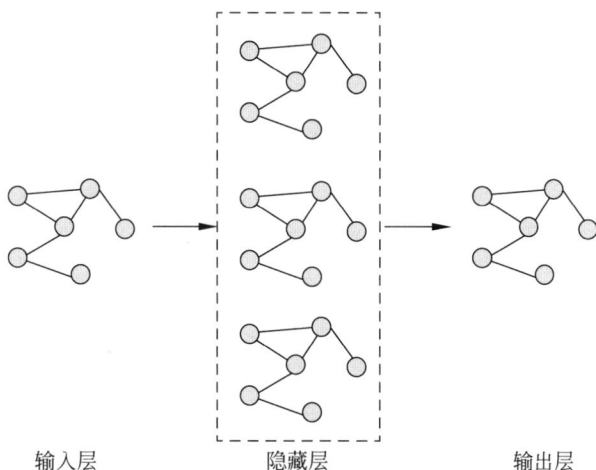

输入层　　　　　　隐藏层　　　　　　输出层

图 3-16　GCN 模型的一般结构

假设在一个静态图中有 N 个具有 M 维特征的节点。拓扑结构和节点特征可以分别用邻接矩阵 $\boldsymbol{A}$ 和特征矩阵 $\boldsymbol{Z}$ 表示。本节所使用的 GCN 滤波器是 Kipf 等(2016)在 2016 年提出的,其表达式为

$$\boldsymbol{X} = \mathrm{GCN}(\boldsymbol{Z}, \boldsymbol{A}) = f(\hat{\boldsymbol{D}}^{-\frac{1}{2}} \hat{\boldsymbol{A}} \hat{\boldsymbol{D}}^{-\frac{1}{2}} \boldsymbol{Z} \boldsymbol{W}) \tag{3-23}$$

其中,$\hat{\boldsymbol{A}} = \boldsymbol{A} + \boldsymbol{I}_N$,$\boldsymbol{A}$ 为邻接矩阵,$\boldsymbol{I}_N$ 为 N 维单位矩阵;$\hat{\boldsymbol{D}}$ 为矩阵 $\hat{\boldsymbol{A}}$ 的对角度矩阵;$\boldsymbol{W}$ 为特征矩阵;$\boldsymbol{Z}$ 为特征矩阵;$f(\cdot)$ 激活函数;$\boldsymbol{X}$ 为最终的输出。

然而,已有研究证实,随着 GCN 层堆叠数量的增加,GCN 模型的性能会变得越来越差。更多的 GCN 层堆叠不仅会导致反向传播过程的复杂性增加,还会导致梯度消失等问题,从而降低 GCN 的性能。此外,深层 GCN 中存在严重的"过平滑"问题,即随着层数的增加顶点的几个特征收敛到相同的值。鉴于此,可将一般 GCN 扩展为更简单的 GCN,以减少式(3-23)中的 GCN 模型的不足,其表达式为

$$\mathbf{In}' = \hat{\boldsymbol{D}}^{-\frac{1}{2}} \hat{\boldsymbol{A}} \hat{\boldsymbol{D}}^{-\frac{1}{2}} \mathbf{In} \tag{3-24}$$

其中,$\hat{\boldsymbol{D}}^{-\frac{1}{2}} \hat{\boldsymbol{A}} \hat{\boldsymbol{D}}^{-\frac{1}{2}}$ 为归一化的拉普拉斯矩阵;$\mathbf{In} \in \mathbb{R}^{n \cdot m \cdot k}$ 为模型的输入;$\mathbf{In}'$ 与 $\mathbf{In}$ 具有相同的维度,但是 $\mathbf{In}'$ 包含丰富的网络拓扑信息,后续作为 GAN 的输入。

由于进站客流和出站客流受相邻时段、日时段和周时段的客流影响,因此在本节中利用三种模式下的客流:实时模式、日模式和周模式。假设时间粒度为 ti,时间步为 ts,当前时间段为 t,预测 $t+1$ 时刻的客流量。三种模式的详细情况如下:

（1）实时模式

$$X_{\text{real}} = (X_{t-\text{ts}+1}, X_{t-\text{ts}+2}, \cdots, X_t)$$

其表示临近预测时间段的历史时间序列。相邻时段的客流量会影响下一时段客流量的增减。例如，在突发事件下，进出地铁站的乘客数量会发生相应的变化。

（2）日模式

$$X_{\text{day}} = \left(X_{t-\frac{1440}{\text{ti}}-\text{ts}+1}, X_{t-\frac{1440}{\text{ti}}-\text{ts}+2}, \cdots, X_{t-\frac{1440}{\text{ti}}} \right)$$

其表示预测时间段前一天同一时间的历史时间序列。在 X_{day} 中，当前时刻为 t，前一天的同一时刻为 $t - \dfrac{60}{\text{ti}} \times 24$，即 $t - \dfrac{1140}{\text{ti}}$。由于早晚高峰，每天的客流都会呈现一定的趋势。因此，有必要根据前一天的客流量来预测当前的客流量。

（3）周模式

$$X_{\text{week}} = \left(X_{t-7\times\frac{1440}{\text{ti}}-\text{ts}+1}, X_{t-7\times\frac{1440}{\text{ti}}-\text{ts}+2}, \cdots, X_{t-7\times\frac{1440}{\text{ti}}} \right)$$

其表示预测时间段前一周同一时间的历史时间序列。在 X_{week} 中，当前时刻为 t，前一周的同一时刻为 $t - 7 \times \dfrac{60}{\text{ti}} \times 24$，即 $t - 7 \times \dfrac{1140}{\text{ti}}$。由于通勤人数众多，每周的客流也呈现一定的规律性。例如，本周一和上周一的交通模式有相似之处。因此，有必要根据上周的客流量来预测当前的客流量。

这三种模式共享相同的网络结构。三种模式的输出 $(X_1^{\text{cat}}, X_2^{\text{cat}}, \cdots, X_T^{\text{cat}})$ 合并后输入 GAN 的生成器中。

2. 生成对抗网络简介

本节描述用于生成预测结果的具有对抗性过程的 GAN 模型。在短期客流预测领域，许多深度学习模型只考虑提高模型精度，而忽略了模型的复杂性。在本节中，从应用目的出发，充分考虑了模型复杂性和模型性能，不以增加模型复杂性来换取模型预测精度。因此，采用一种更简单的深度学习模型，即全连接层，再结合一种更先进的模型训练方法，即 GAN，以达到平衡模型复杂性和模型性能的目的。

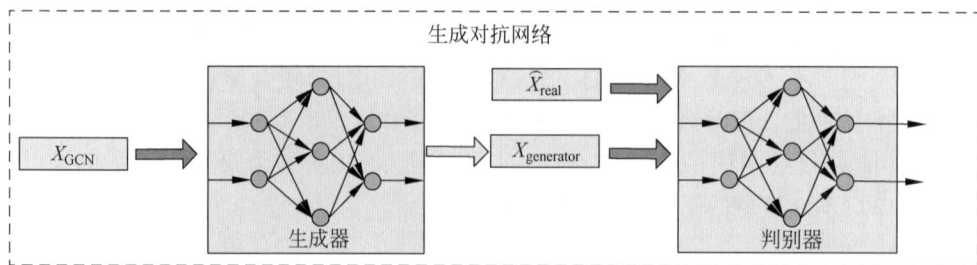

图 3-17　GAN 的框架图

GAN 是一种具有对抗性过程的生成模型，广泛应用于图像生成、视频预测、文本分类等领域。如图 3-17 所示，GAN 由生成模型（generator，G）和判别模型（discriminator，D）两部分组成。G 捕捉真实数据的分布，并从该分布生成新数据；D 是一个二分类器，它区分输入是真实数据还是生成数据。优化过程类似于极小极大博弈过程。G 和 D 用来迭代训练。

通过反向传播算法,最终的目标可以达到纳什均衡,即生成器完全得到真实数据的分布。因此,生成器可以用来生成最终的预测结果。目标函数如式(3-25)所示。

$$\min_{G} \max_{D} \mathcal{L}(G,D) = \mathbb{E}_{\mathcal{X} \sim P_{\text{data}}(\mathcal{X})} \left[\log D(\mathcal{X}) \right] + \mathbb{E}_{\mathcal{Z} \sim P_{\mathcal{Z}}(\mathcal{Z})} \left[\log(1 - D(G(\mathcal{Z}))) \right]$$

(3-25)

其中,$\mathcal{X}$ 为真实数据;$P_{\text{data}}(\mathcal{X})$ 为真实数据的分布;$D(\mathcal{X})$ 为 $\mathcal{X}$ 来自真实数据分布的概率;$\mathcal{Z}$ 为随机噪声;$P_{\mathcal{Z}}(\mathcal{Z})$ 为随机噪声 $\mathcal{Z}$ 的分布;$G(\mathcal{Z})$ 为生成器生成的数据;$D(G(\mathcal{Z}))$ 为生成的数据来自于生成数据分布的概率。目标函数是最大化真实数据和来自 G 的生成样本分配正确标签的概率。

本节的目标是使用历史的进站客流和出站客流 $\boldsymbol{X} = (X_1, X_2, \cdots, X_T)$ 来预测未来的客流 Y_{t+1}。利用一个简单的全连接神经网络作为生成器 G 来生成预测结果,同样,利用一个简单的全连接神经网络作为判别器 D 来区分真实数据与生成器生成的数据。

首先,介绍利用生成器生成样本的过程。本节利用一个全连接神经网络构成生成器 G,该神经网络有两个隐藏层和一个输出层。生成器的输入为 GCN 模型的输出(X_1^{cat}, $X_2^{\text{cat}}, \cdots, X_T^{\text{cat}}$),生成器的输出数据为($X_1', X_2', \cdots, X_T'$)。

对于判别器 D,其用来区分真实数据和生成器生成的数据。同样,利用一个全连接神经网络构成判别器 D,该神经网络具有两个隐藏层和一个输出层。在训练过程中,真实数据 X 和生成的数据 X' 交替输入判别器 D 中,然后将判别器 D 的误差反向传播到生成器 G,使生成的数据与真实数据之间的误差最小。

本节使用 WGAN(Wasserstein GAN)而不是初始 GAN 进行训练。WGAN 与初始 GAN 的主要区别在于,WGAN 引入了瓦瑟斯坦距离(Wasserstein distance)作为优化目标,而初始 GAN 以 JS 散度(Jensen-shannon divergence)和 KL 散度(kullback-leibler divergence)作为优化目标。由于与 KL 散度和 JS 散度相比,WGAN 具有更平滑的瓦瑟斯坦距离,从根本上解决了初始 GAN 的梯度消失问题。具体来说,WGAN 具有以下两个优点:首先,WGAN 更容易训练,因为训练过程更稳定,对模型结构和超参数的敏感性更低,而且不需要仔细平衡生成器和鉴别器的训练,可以通过训练一个简单的全连接网络而达到精度更高的预测结果;其次,WGAN 解决了模型坍塌问题,保证了生成样本的多样性,从而加速生成器 G 的训练。WGAN 的目标函数为

$$\min_{\theta} \max_{\omega} \mathcal{L}(G,D) \{ \mathbb{E}_{\mathcal{X} \sim P_{\text{data}}(\mathcal{X})} [f_{\omega}(\mathcal{X})] + \mathbb{E}_{\mathcal{Z} \sim P_{\mathcal{Z}}(\mathcal{Z})} [\log(1 - f_{\omega}(g_{\theta}(\mathcal{Z})))] \}$$

(3-26)

其中,ω 为临界参数;θ 为生成器的参数;$f_{\omega}(\mathcal{X})$ 为带有参数的函数;$\{f_{\omega}\}_{\omega \in \mathcal{W}}$ 都是 Lipschitz 连续的函数。

根据经验,总结了 WGAN 的训练技巧,这对实践者来说非常重要,并为今后的研究提供了以下几点提示:

(1) 在 WGAN 训练过程中,将判别器 D 最后一层的 Sigmoid 激活函数层去掉;

(2) 生成器和判别器的损失函数不取对数;

(3) 每次更新判别器的参数后,将其绝对值截断为不超过固定常数 c;

(4) 在选择优化器时,不要使用基于动量的优化器算法,如 Adam,推荐使用 RMSProp 和 SGD 优化器;

（5）在对判别器和生成器进行交替训练时,在每个训练次数(epoch)中建议判别器比生成器多训练几次,这样更容易地达到判别器和生成器之间的平衡状态。

3.4.3　模型配置

1. 模型参数设置

对于两个数据集,GAN 的参数相同:生成器 G 和判别器 D 是有两个隐藏层和一个输出层的全连接神经网络。生成器 G 和判别器 D 中隐藏层的单元数分别为(1024,512)和(512,256)。生成器 G 和判别器 D 中隐藏层的激活函数分别为 ReLU 函数和 LeakyReLU 函数。由于使用 WGAN 进行训练,所以生成器输出层的激活函数为 Tanh 函数,判别器的输出层中没有激活函数。选择 80% 的数据作为训练数据和验证数据,剩下的 20% 作为测试数据。批大小(batch size)为 32,优化器是 RMSprop,学习率为 0.00005。所有的模型在一台带有 Intel® Core™ i9-10900X 处理器,32GB 运行内存,以及 NVIDIA GeForce RTX3080 GPU 的台式计算机上进行运算。

2. 数据预处理

在训练前,使用 Min-Max Scaler 归一化方法将数据缩放到(0,1)内。在训练后,将预测值重新调整到原始的尺度,用于与真实数据进行比较。

3. 评价标准

本节使用的评价指标为均方根误差(RMSE)、平均绝对误差(MAE)和加权平均绝对百分比误差(WMAPE),它们的表达式分别为

$$\text{MAE} = \frac{1}{N}\sum_{i=1}^{N} |(y_i - \hat{y}_i)| \tag{3-27}$$

$$\text{RMSE} = \sqrt{\frac{1}{N}\sum_{i=1}^{N}(y_i - \hat{y}_i)^2} \tag{3-28}$$

$$\text{WMAPE} = \sum_{i=1}^{N}\left\{\frac{y_i}{\sum_{j=1}^{N} y_i}\left|\frac{y_i - \hat{y}_i}{y_i}\right|\right\} \tag{3-29}$$

其中,N 为样本数量;y_i 为真实值;$\hat{y}_i$ 为预测值;$\sum_{j=1}^{N} y_j$ 为真实值总和。

4. 基线模型

本节使用如下几种基线模型,它们的具体配置如下。

ARIMA:将相同的 ARIMA 模型应用于所有城市轨道交通站点的客流。模型中的三个参数,即滞后阶数、差异程度、移动平均阶数,经过微调后分别设为 9,1,0。

LSTM:LSTM 模型在 2015 年被首次应用到交通领域,使用的 LSTM 模型具有两个 LSTM 层和三个全连接层。优化器是 Adam,学习率为 0.001,批大小(batch size)为 32。输

入是 10 个时间步的进站客流序列，输出是下一个时间步的进站客流序列。

CNN：使用的 CNN 模型具有两个 CNN 层和三个全连接层。内核大小为 3×3，优化器是 Adam，学习率为 0.001。批大小(batch size)是 32，输入和输出与 LSTM 模型相同。

ST-ResNet：该模型是由张钧波等 2017 年提出来的，本节使用其中的三个分支，不包含天气数据分支。

ConvLSTM：ConvLSTM 模型是由施行健等人于 2015 年提出并被应用到降雨量预测中，后被应用到交通预测领域。本节使用的 ConvLSTM 模型具有两个 ConvLSTM 层和三个全连接层。其他参数与 CNN 模型相同。

ResLSTM：一种融合了 GCN、ResNet 和注意力机制的 LSTM 模型的深度学习框架。

GAN：GAN 模型是由 Ian Goodfellow 等在 2014 年提出的。本节使用的 GAN 模型除了 GCN 模块外，GAN 模型的参数与 Graph-GAN 模型相同。

Conv-GCN：结合图卷积网络(GCN)和三维卷积神经网络(3D CNN)的深度学习体系结构。

3.4.4　预测结果分析

1. 网络范围内的预测性能

表 3-10 显示了 Graph-GAN 模型与其他基线模型在 MetroBJ2016 和 MetroBJ2018 数据集上的性能对比。从表 3-10 中可以看出，深度学习模型的性能显著优于基于数理统计的模型。在 MetroBJ2016 和 MetroBJ2018 数据集中，ARIMA 模型是性能最差的模型，两个数据集的 RMSE 分别为 81.4562 和 69.4250，MSE 分别为 42.8006 和 33.9540，这是因为 ARIMA 模型无法捕捉客流的综合非线性特征。

为进一步说明 Graph-GAN 模型的性能，将 Graph-GAN 模型与 LSTM 和 CNN 等深度学习方法进行了比较。在深度学习模型中，LSTM 模型不能捕获数据之间的空间相关性，而 CNN 模型不能捕捉数据之间的时间相关性。因此，这两种模型比同时考虑空间和时间信息的 Graph-GAN 模型表现得差。

ST-ResNet、Conv-GCN 和 Conv-LSTM 是兼顾空间相关性和时间动态的客流预测方法。这些方法比 LSTM 模型和 CNN 模型的精度有所提高。然而，这些模型在结构上相对复杂。因此，提出了一个更简单的模型，以实现更好的预测性能。

3.4.2 节已经介绍到 GAN 具有巨大的潜力，并得到了广泛的应用。利用对抗性训练过程，生成器模型可以显著提高其预测能力，获得更准确的预测结果。因此，此处使用两个叠加的全连接神经网络构成的生成器和判别器进行训练，从而利用简单神经网络获得更好的预测结果。结果表明，GAN 模型的性能优于 LSTM 模型和 CNN 模型，但由于拓扑信息没有得到充分利用，无法充分捕获空间和时间信息。

考虑了结合 GCN 和 GAN 的 Graph-GAN 模型，以更好地捕捉高维数据中的空间和时间关系。从表 3-10 可以看出，与传统和深度学习模型相比，Graph-GAN 模型的预测精度最高，两个数据集的 RMSE 最低，分别为 34.6653 和 32.9536，MAE 最低，分别为 20.3786 和 16.6860，WMAPE 最低，分别为 7.693% 和 8.549%。

表 3-10　不同模型性能的比较

模型	MetroBJ2016			MetroBJ2018		
	RMSE	MAE	WMAPE	RMSE	MAE	WMAPE
ARIMA	81.4562	42.8006	16.159%	69.4250	33.9540	17.431%
LSTM	41.5995	23.8519	8.991%	35.9800	17.9691	9.203%
CNN	39.6387	23.2622	8.765%	34.5978	17.9192	9.193%
ST-ResNet	38.8923	22.4507	8.468%	35.1211	17.8985	9.162%
ConvLSTM	36.0977	20.9608	7.910%	34.7646	17.2812	8.863%
Conv-GCN	35.2723	20.7382	7.747%	34.1104	17.0581	8.652%
GAN	35.8525	20.8074	7.857%	33.7604	17.1859	8.816%
Graph-GAN	34.6653	20.3786	7.693%	32.9536	16.6860	8.549%

2. 模型在单个车站预测性能的比较

本节选择了三个具有不同客流特征的站点来展示 Graph-GAN 模型在单个车站的预测性能。第一个车站是回龙观站,该站是一个有数百万人居住的大社区。第二个车站是东直门站,该站是一个典型的交通枢纽,三条地铁线在此交汇。第三个车站是北京南站,该站是一个靠近大型火车站的地铁站。三个站点的实际客流量和预测客流量比较如图 3-18 所示。

回龙观站的实际客流量和预测客流量的对比如图 3-18(a)所示。从图中可以看出,无论是在高峰时段还是非高峰时段,预测值始终与实际值一致,说明 Graph-GAN 模型具有较强的鲁棒性。此外,由于回龙观地铁站位于较大的居民区附近,平日乘客通勤极为频繁,且存在较强的早高峰和晚高峰特征,这有助于提高预测性能。

东直门站的实际客流量和预测客流量的对比如图 3-18(b)所示。从图中可以看出,东直门地铁站客流呈现明显的晚峰特征。无论在高峰期还是非高峰期,预测效果都很好,说明该模型可以应用于换乘站。

北京南站的实际客流量和预测客流量的对比如图 3-18(c)所示。从图中可以看出,北京南站客流波动较大,没有明显的早晚高峰。在这种情况下,所提出的模型仍然能够很好地捕捉客流变化,说明该模型在不同条件下表现良好。

综上所述,Graph-GAN 模型不仅对整个城市轨道交通网络,而且在每个站点都能取得良好的预测结果。

3. 模型在不同时间段预测性能的比较

为了评估不同时间段的预测效果,本文计算了 MetroBJ2016 和 MetroBJ2018 在每个时间段 05:00—23:00 的平均预测精度。图 3-19 显示了 Graph-GAN 模型与基线模型在不同时间段下的性能比较。

首先分析模型在不同时间段的预测性能与整体预测性能的关系。从表 3-10 和图 3-19 中可以看出,不同模型在不同时间段的性能与总体性能表现出相同的规律。例如,ARIMA 模型在高峰期和非高峰期的表现最差。此外,ARIMA 模型的预测误差波动最大,说明基于统计的模型不适合大规模数据的预测。在高峰时期和非高峰时期,Graph-GAN 模型通常比基线模型表现得更好。这些结果表明了 Graph-GAN 模型的稳定性。

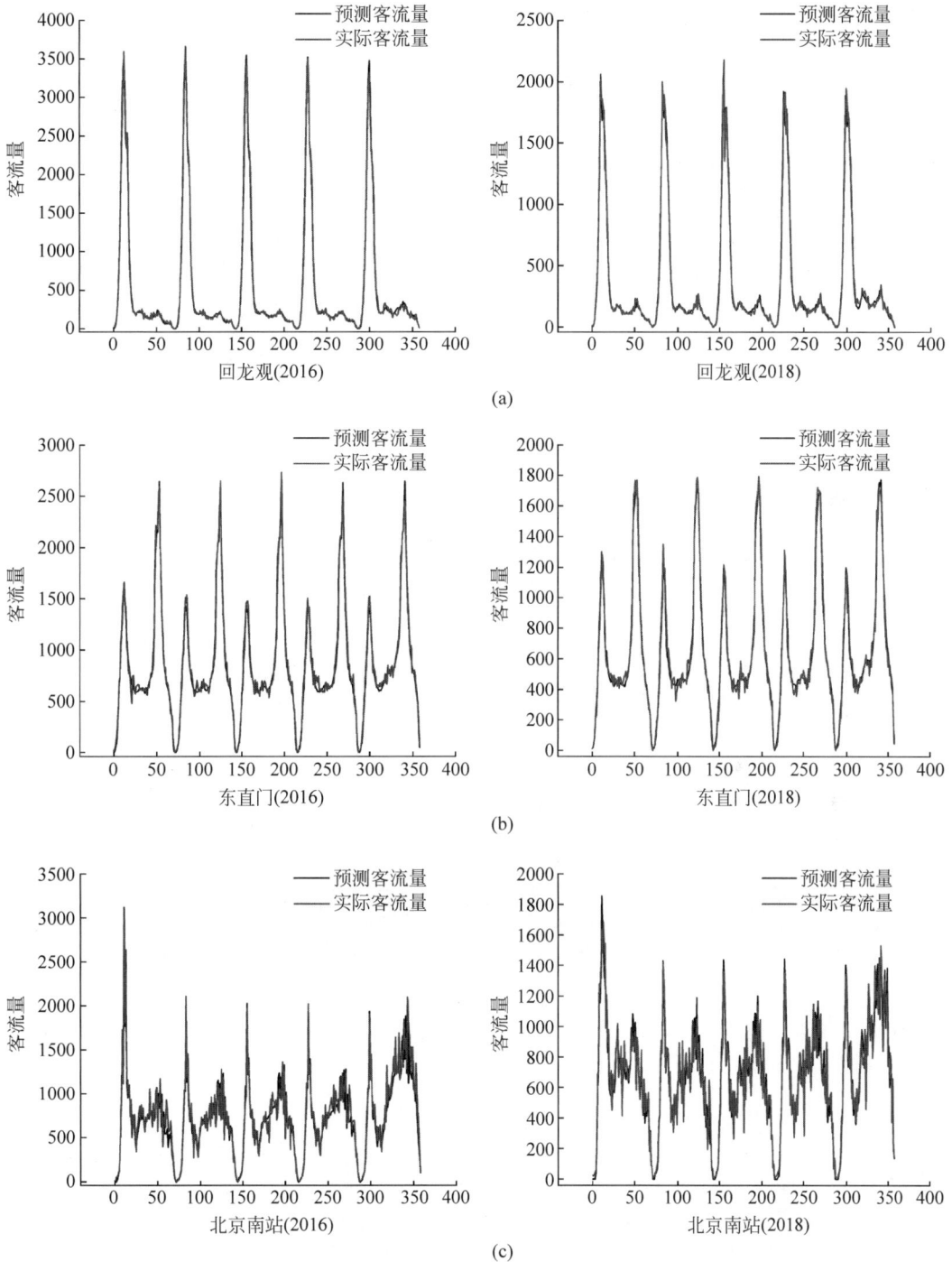

图 3-18　MetroBJ2016 和 MetroBJ2018 中选取的三个站点的实际客流量和预测客流量比较
（a）回龙观站；（b）东直门站；（c）北京南站

其次分析同一模型在不同时间段下的预测性能。以 Graph-GAN 模型为例，在非高峰时段，Graph-GAN 模型的性能优于高峰时段。其他模型在不同时间段的预测性能与 Graph-GAN 模型类似，这表明，当城市轨道交通客流波动较大时，模型预测效果下降。但与其他基线模型相比，Graph-GAN 模型的预测误差在峰值时段的波动为最小。

最后分析各模型在不同数据集上的预测性能。从图 3-19 可以看出，模型在 MetroBJ2016 和 MetroBJ2018 数据集上的预测结果都有相似的规律，证明了模型具有很好的泛化能力。

图 3-19

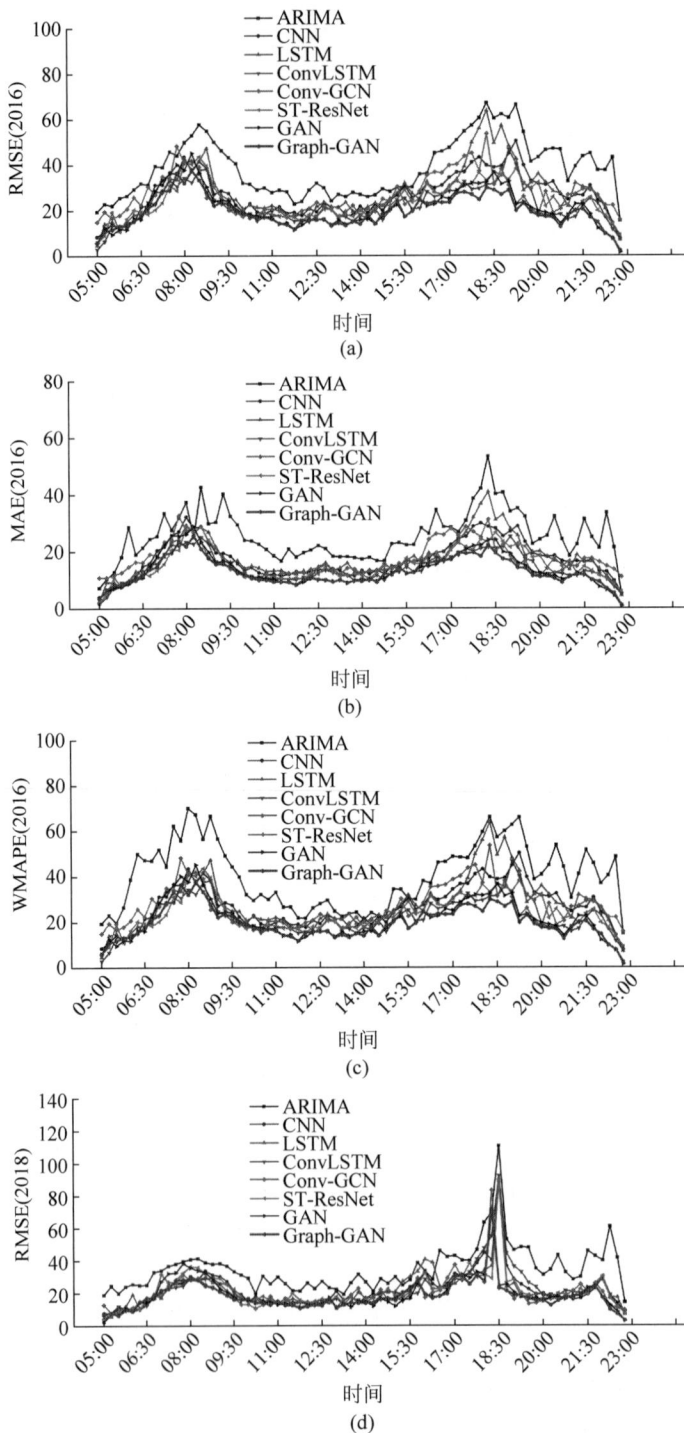

图 3-19　模型在 MetroBJ2016 和 MetroBJ2018 不同时间段的预测性能比较

(a) RMSE(2016)；(b) MAE(2016)；(c) WMAPE(2016)；(d) RMSE(2018)；(e) MAE(2018)；(f) WMAPE(2018)

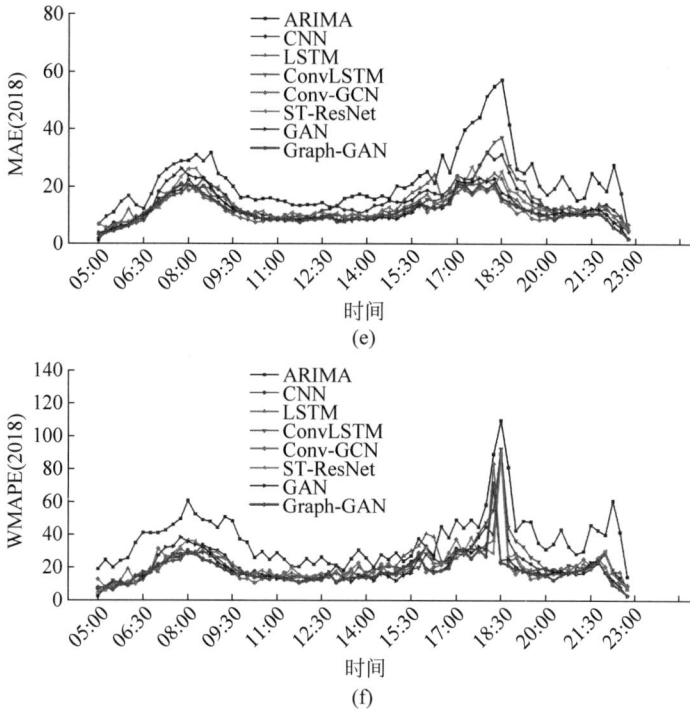

图 3-19　（续）

　　综上所述,所提出的模型无论在全天还是在不同时间段都能取得良好的预测结果,具有显著的鲁棒性。

4. 模型参数的比较

　　本节将 Graph-GAN 模型的可训练模型参数数量与能够捕获时空相关性的基线模型的参数数量在 MetroBJ2016 和 MetroBJ2018 两个数据集上进行了比较,如表 3-11 所示。从表中可以看到,本文提出的 Graph-GAN 模型具有最少的模型参数。虽然 Graph-GAN 模型的参数个数与 GAN 模型的个数相同,但是 Graph-GAN 模型精度得到了提高,这证明了 GCN 模块的有效性。通过对模型参数的比较,证明了本文的思想,即不以增加模型复杂性为代价来提高模型的预测精度,而是从应用的角度充分考虑了模型复杂性和模型性能之间的权衡。仅将简单的全连接神经网络与一种更先进的模型训练方法结合使用,获得了更好的预测精度。

表 3-11　模型参数数量

模　　型	可训练参数数量	
	MetroBJ2016	MetroBJ2018
ST-ResNet	23.28M	25.92M
Conv-GCN	18.28M	22.77M
Conv-LSTM	26.11M	29.07M
GAN	9.15M	10.15M
Graph-GAN	9.15M	10.15M

3.5　小结

本章介绍了网络级进站客流的短时预测方法。针对不同预测方法,建立了进站流短时预测模型,刻画了进站流的变化趋势。对于 ResLSTM 模型,协同考虑进站流、出站流、网络拓扑结构、天气状况和空气质量因素对网络进站流产生的影响,提出了包含四个分支的 ResLSTM 框架;对于 Conv-GCN 模型,首先能够捕捉不同客流模式之间的时间依赖关系,其次,其能够捕捉邻近车站和距离较远车站之间的空间依赖关系,最后,相邻车站之间的网络拓扑信息能够被充分利用;针对 Graph-GAN 模型,利用三种模式下的客流:实时模式、日模式和周模式,采用对抗训练的方法,并利用 GCN 捕获空间依赖关系。三种模型对网络级客流的短时预测进行了充分的分析,为后续客流管控提供了基础。

(1) 构建的深度学习模型框架能够使用一个模型对全网所有车站进行同步实时预测,且能满足实际运营"高精度""实时性"的要求。

(2) 构建的 ResLSTM、Conv-GCN 和 Graph-GAN 网络级短时进站流预测深度学习模型框架能够捕捉网络客流之间复杂的时空依赖关系和网络的拓扑信息,兼具可接受的模型复杂度、良好的模型表现效果和较大的实际应用价值等优势。

(3) 实验结果表明,考虑天气状况和空气质量因素一定程度上能够提升模型预测效果,地铁运营管理过程中,可引入天气状况或空气质量等因素用于短时客流预测。

参考文献

BAHDANAU D,CHO K,BENGIO Y. 2014. Neural machine translation by jointly learning to align and translate[J]. arXiv preprint arXiv:1409.0473.

BAO J,YU H,WU J M. 2019. Short-term FFBS demand prediction with multi-source data in a hybrid deep learning framework[J]. IET Intelligent Transport Systems,13(9):1340-1347.

BOGAERTS T,MASEGOSA A D,ANGARITA-ZAPATA J S,et al. 2020. A graph CNN-LSTM neural network for short and long-term traffic forecasting based on trajectory data[J]. Transportation Research Part C:Emerging Technologies,112:62-77.

BRUNA J,ZAREMBA W,SZLAM A,et al. 2013. Spectral networks and locally connected networks on graphs[J]. arXiv preprint arXiv:1312.6203.

CHAI D,WANG L Y,YANG Q. 2018. Bike flow prediction with multi-graph convolutional networks[C]. Proceedings of the 26th ACM SIGSPATIAL International Conference on Advances in Geographic Information Systems,ACM,397-400.

CUI Z Y,HENRICKSON K,KE R,et al. 2019. Traffic graph convolutional recurrent neural network:A deep learning framework for network-scale traffic learning and forecasting[C]. IEEE Transactions on Intelligent Transportation Systems.

DEFFERRARD M,BRESSON X,VANDERGHEYNST P. 2016. Convolutional neural networks on graphs with fast localized spectral filtering[J]. Advances in neural information processing systems,3844-3852.

FU R,ZHANG Z,LI L. 2016. Using LSTM and GRU neural network methods for traffic flow prediction [C]. in Chinese Association of Automation (YAC),Youth Academic Annual Conference of,IEEE,324-328.

GENG X,LI Y G,WANG L Y,et al. 2019. Spatiotemporal multi-graph convolution network for ride-hailing demand forecasting[C]. 2019 AAAI Conference on Artificial Intelligence(AAAI'19),33(1)：3656-3663.

GLOROT X,BENGIO Y. 2010. Understanding the difficulty of training deep feedforward neural networks [C]. Proceedings of the thirteenth international conference on artificial intelligence and statistics，249-256.

GUO G, YUAN W. 2020. Short-term traffic speed forecasting based on graph attention temporal convolutional networks[J]. Neurocomputing,410：387-393.

GUO Z Q,ZHAO X,CHEN Y X,et al. 2019. Short-term passenger flow forecast of urban rail transit based on GPR and KRR[J]. IET Intelligent Transport Systems,13(9)：1374-1382.

HAN Y,WANG S K,REN Y B,et al. 2019. Predicting station-level short-term passenger flow in a citywide metro network using spatiotemporal graph convolutional ceural cetworks[J]. International Journal of Geo-Information,8(6)：243.

HAO S Y,LEE D H,ZHAO D. 2019. Sequence to sequence learning with attention mechanism for short-term passenger flow prediction in large-scale metro system[J]. Transportation Research Part C：Emerging Technologies,107：287-300.

HE K M,ZHANG X Y,Ren S Q,et al. 2015. Deep residual learning for image recognition[C]. Proceedings of the IEEE conference on computer vision and pattern recognition,770-778.

JI S W,XU W,YANG M,et al. 2012. 3D convolutional neural networks for human action recognition[J]. IEEE transactions on pattern analysis and machine intelligence,35(1)：221-231.

JIA F F,LI H Y,JIANG X,et al. 2019. Deep learning-based hybrid model for short-term subway passenger flow prediction using automatic fare collection data[J]. IET Intelligent Transport Systems,13(11)：1708-1716.

KIPF T N,WELLING M. 2016. Semi-supervised classification with graph convolutional networks[J]. arXiv preprint arXiv：1609.02907.

LI G H,MÜLLER M,THABET A,et al. 2019. Can GCNs go as deep as CNNs?[J]. arXiv preprint arXiv：1904.03751.

ZHANG J L,LI H,YANG L X,et al. 2022. Graph-GAN：A spatial-temporal neural network for short-term passenger flow prediction in urban rail transit systems[J]. arXiv preprint arXiv：2202.06727,2022.

LI J,PENG H,LIU L,et al. 2018. Graph CNNs for urban traffic passenger flows prediction[C]. 2018 IEEE SmartWorld,Ubiquitous Intelligence & Computing,Advanced & Trusted Computing,Scalable Computing & Communications,Cloud & Big Data Computing,Internet of People and Smart City Innovation(SmartWorld/SCALCOM/UIC/ATC/CBDCom/IOP/SCI),IEEE,29-36.

LI L C,WANG Y G,ZHONG G,et al. 2018. Short-to-medium term passenger flow forecasting for metro stations using a hybrid model[J]. KSCE Journal of Civil Engineering,22(5)：1937-1945.

LI Q, HAN Z,WU X M. 2018. Deeper insights into graph convolutional networks for semi-supervised learning[C]. Thirty-Second AAAI Conference on Artificial Intelligence.

LI Y,MOURA J M. 2019. Forecaster：A Graph Transformer for forecasting spatial and time-dependent data [J]. arXiv preprint arXiv：1909.04019.

LI Y,WANG X,SUN S,et al. 2017. Forecasting short-term subway passenger flow under special events scenarios using multiscale radial basis function networks[J]. Transportation Research Part C：Emerging Technologies,77：306-328.

LI Y,YU R,SHAHABI C,et al. 2017. Diffusion convolutional recurrent neural network：Data-driven traffic forecasting[J]. arXiv preprint arXiv：1707.01926.

LIN L, HE Z B, PEETA S. 2018. Predicting station-level hourly demand in a large-scale bike-sharing network：A graph convolutional neural network approach［J］. Transportation Research Part C：Emerging Technologies,97：258-276.

LIU Q C,WANG B C,ZHU Y Q. 2018. Short-term traffic speed forecasting based on attention convolutional neural network for arterials［J］. Computer-Aided Civil and Infrastructure Engineering,33（11）：999-1016.

LV Y S,DUAN Y J,KANG W W,et al. 2015. Traffic flow prediction with big data：A deep learning approach［J］. IEEE Transactions on Intelligent Transportation Systems,16(2)：865-873.

MA X L,DAI Z,HE Z B,et al. 2017. Learning traffic as images：A deep convolutional neural network for large-scale transportation network speed prediction［J］. Sensors,17(4)：818.

MA X,L TAO Z M,WANG Y H,et al. 2015. Long short-term memory neural network for traffic speed prediction using remote microwave sensor data［J］. Transportation Research Part C：Emerging Technologies,54：187-197.

MA X L,ZHONG H Y,LI Y,et al. 2020. Forecasting transportation network speed using deep capsule networks with nested lstm models［J］. IEEE Transactions on Intelligent Transportation Systems,22(8)：4813-4824.

ROOS J,BONNEVAY S,GAVIN G. 2017. Dynamic Bayesian networks with Gaussian mixture models for short-term passenger flow forecasting［C］. International Conference on Intelligent Systems and Knowledge Engineering,1-8.

SU H W,YU S. 2007. Hybrid GA based online support vector machine model for short-term traffic flow forecasting［C］. International Workshop on Advanced Parallel Processing Technologies,Springer,743-752.

SZEGEDY C,LIU W,Jia Y,et al. 2015. Going deeper with convolutions［C］. Proceedings of the IEEE conference on computer vision and pattern recognition,1-9.

TRAN D,BOURDEV L,FERGUS R,et al. 2015. Learning spatiotemporal features with 3D convolutional networks［C］. Proceedings of the IEEE international conference on computer vision,4489-4497.

VLAHOGIANNI E I,GOLIAS J C,KARLAFTIS M G. 2004. Short-term traffic forecasting：Overview of objectives and methods［J］. Transport reviews,24(5)：533-557.

WANG P,LIU Y. 2008. Network traffic prediction based on improved BP wavelet neural network［C］. 2008 4th International Conference on Wireless Communications,Networking and Mobile Computing,IEEE,1-5.

WANG X,ZHANG N,CHEN Y,et al. 2018. Short-term forecasting of urban rail transit ridership based on ARIMA and wavelet decomposition［C］. AIP Conference Proceedings,AIP Publishing,Vol. 1967 No. 1,040025.

WANG X M,ZHANG N,ZHANG Y L,et al. 2018. Forecasting of short-term metroridership with support vector machine online model［J］. Journal of Advanced Transportation,2018.

WU Y,TAN H,QIN L,et al. 2018. A hybrid deep learning based traffic flow prediction method and its understanding［J］. Transportation Research Part C：Emerging Technologies,90：166-180.

WU Z,PAN S,CHEN F,et al. 2019. A comprehensive survey on graph neural networks［J］. arXiv preprint arXiv：1901.00596.

SHI X J,CHEN Z R,WANG H,et al. 2015a. Convolutional LSTM network：A machine learning approach for precipitation nowcasting［C］. Advances in neural information processing systems,802-810.

SHI X J,CHEN Z R,WANG H,et al. 2015b. Convolutional LSTM network：A machine learning approach for precipitation nowcasting［C］. Advances in neural information processing systems,802-810.

XU M M,DAI W R,LIU C M,et al. 2020. Spatial-temporal Transformer networks for traffic flow forecasting［J］. arXiv preprint arXiv：2001.02908.

YAO H X，TANG X F，WEI H，et al. 2019. Revisiting spatial-temporal similarity：A deep learning framework for traffic prediction[C]. 2019 AAAI Conference on Artificial Intelligence（AAAI'19），33(1)：5668-5675.

YU B，YIN H F，ZHU Z X. 2017. Spatio-temporal graph convolutional networks：A deep learning framework for traffic forecasting[J]. arXiv preprint arXiv：1709.04875.

YU D H，LIU Y，YU X H. 2016. A data grouping CNN algorithm for short-term traffic flow forecasting [C]. Asia-Pacific Web Conference，Springer International Publishing，Cham，92-103.

YU H Y，WU Z H，WANG S Q，et al. 2017. Spatiotemporal recurrent convolutional networks for traffic prediction in transportation networks[J]. Sensors，17(7)：1501.

ZAREI N，GHAYOUR M A，HASHEMI S. 2013. Road traffic prediction using context-aware random forest based on volatility nature of traffic flows[C]. Asian Conference on Intelligent Information and Database Systems，Springer，196-205.

ZHANG C H，JAMES J，LIU Y. 2019. Spatial-temporal graph attention networks：A deep learning approach for traffic forecasting[J]. IEEE Access，7：166246-166256.

ZHANG J L，CHEN F，SHEN Q. 2019. Cluster-based LSTM network for short-term passenger flow forecasting in urban rail transit[J]. IEEE Access，7147653-147671.

ZHANG J，ZHENG Y，QI D. 2017. Deep spatio-temporal residual networks for citywide crowd flows prediction[C]. Thirty-First AAAI Conference on Artificial Intelligence，01-15.

ZHANG J L，CHEN F，GUO Y N，et al. 2020. Multi-graph convolutional network for short-term passenger flow forecasting in urban rail transit[J]. IET Intelligent Transport Systems，14(10)：1210-1217.

ZHANG J L，CHEN F，CUI Z Y，et al. 2020. Deep learning architecture for short-term passenger flow forecasting in urban rail transit[J]. IEEE Transactions on Intelligent Transportation Systems，22(11)：7004-7014.

ZHANG K P，HE Z B，ZHENG L，et al. 2020. A generative adversarial network for travel times imputation using trajectory data[J]. Computer-Aided Civil and Infrastructure Engineering，36(2)：197-212.

ZHANG K P，JIA N，ZHENG L，et al. 2019. A novel generative adversarial network for estimation of trip travel time distribution with trajectory data [J]. Transportation Research Part C：Emerging Technologies，108：223-244.

ZHANG Z C，LI M，LIN X，et al. 2019. Multistep speed prediction on traffic networks：A deep learning approach considering spatio-temporal dependencies[J]. Transportation Research Part C：Emerging Technologies，105：297-322.

ZHAO L，SONG Y J，ZHANG C，et al. 2019. T-GCN：A temporal graph convolutional network for traffic prediction[J]. IEEE Transactions on Intelligent Transportation Systems，21(9)：3848-3858.

ZHAO Z，CHEN W H，WU X M，et al. 2017. LSTM network：a deep learning approach for short-term traffic forecast[J]. IET Intelligent Transport Systems，11(2)：68-75.

第 **4** 章

城市轨道交通车站级与网络级非常态短时进站流预测

4.1 概述

短时客流预测作为智能轨道交通系统的重要组成部分,近年来受到广泛关注。精确的客流预测结果有利于运营管理部门制定合理的运营计划,提高服务水平、降低运营成本;有利于乘客提前规划出行方案,提高出行效率。在短时客流预测中,根据运行环境可以将预测任务分为常态客流预测以及非常态客流预测。常态客流预测主要是指一般工作日或者周末期间的客流预测,此类预测可以刻画常规客流规律,把握常态化的运行状态和时空分布趋势,便于一般情况下的客流诱导、管理与控制,从而提高服务水平和运营效率。非常态客流预测主要是指节假日期间、大型公共突发事件期间或者大型活动期间等非常规情况下的客流预测。由于非常态客流具有随机性和突发性,一旦发生突发事件,不仅会直接影响轨道交通系统的运营,还会严重影响乘客的安全出行。因此此类预测旨在为轨道交通运营管理部门提供实时精确的预测结果,便于及时动态调整客运组织及运营管理,避免拥挤事故,最大程度实现供需平衡。现有短时客流预测研究绝大多数都是针对常态客流展开,对于非常态客流的研究甚少。一方面非常态客流的规律性弱,随机性和突发性强,模型算法难以充分捕捉客流特征;另一方面非常态客流数据样本量小,模型无法进行充分的训练学习。因此,如何准确预测非常态客流是轨道交通运营商有待解决的难题之一。分析国内外学者们对非常态客流预测的研究现状可知,目前针对非常态客流的预测主要包括节假日期间短时进站流预测、疫情等大型公共突发事件下的短时进站流预测以及大型活动下的短时进站流预测。

在节假日期间的客流预测方面,Chen 和 Liang 等(2015)提出了一种基于机器学习的预测模型,模型整合了支持向量机(SVR)、自适应遗传算法(adaptive genetic algorithm, AGA)以及季节性调整指数,实现了假期客流的精确预测。Liu 和 Yao 等(2017)以广州地铁国庆客流数据为研究对象,提出了一种基于改进的最小二乘支持向量机(least squares support vector machine, LSSVM)的预测模型,模型通过粒子群优化(particle swarm optimization,PSO)算法对 LSSVM 模型的参数进行优化,结果表明改进的 LSSVM 模型可以有效预测国庆期间客流。Zhou 和 Tang(2020)分析了假期车站客流特征,进一步构建了基于支持向量机(SVR)的城市轨道交通节假日客流预测模型,并在成都地铁客流数据集上对模型的预测效果进行评价。Xie 和 Sun(2020)以珠三角城市间的穿梭客流为研究对象,分析其在节假日期间的时空特征,并提出采用遗传算法进行优化的反向传播神经网络(improved genetic algorithm coupling a back-propagation neural network,IGA-BPNN)模型预测假期客流。Wen 和 Zhao 等(2022)提出了一种时间序列分解的迁移学习方法对高铁假期短时客流进行预测,将时间序列分解为线性和非线性序列分别处理,利用季节性差分自回归滑动平均(seasonal auto-regressive integrated moving average,SARIMA)模型对线性时间序列进行预测,利用迁移学习处理非线性时间序列的特征,最后利用改进的 Adaboost模型实现了高铁假期短时客流精确预测。

在疫情等大型公共突发事件期间的客流预测研究方面,Jiao 和 Huang(2021)以新冠疫情期间北京市工作日客流作为研究对象,提出了一种改进的 STL-LSTM 模型(ISTL-LSTM)预测客流。模型首先利用局部加权回归(STL)将原始时间序列分解为趋势序列、季节序列以及残差序列,其次分别与疫情特征进行融合,最后采用 LSTM 分别预测三种序列并进行整合得到最终预测结果。Lv 和 Li 等(2021)以新冠疫情期间国内主要城市的交通振兴指数(traffic revitalization index,TRI)为研究对象,提出了城市交通振兴指数深度预测模型(DeepTRI)用于交通振兴指数预测。模型中的图数据融合模块增强了数据的空间相关性,同时利用因果卷积充分挖掘数据的时间历史信息,解决了边缘欠拟合(under-fitting of edge values)和局部峰值欠拟合(under-fitting of local peaks)的两大欠拟合问题。Liapis 和 Christantonis(2021)考虑了气象条件、交通流数据的季节性、时间间隔以及新冠疫情对交通流的影响限制等因素,提出一种基于多特征分类的交通流预测算法。Ghanim 和 Muley(2022)评估了新冠疫情期间政府采取的强制应对措施对城市交通流产生的影响,在此基础上提出一种人工神经网络(artificial neural network,ANN)对疫情期间的交通流展开预测。模型可以较好地映射交通流与强制措施之间的复杂关系,从而提高预测精度,同时还可以推广应用于大型事件期间的交通管理。另外,Roy 和 Hasan(2021)对飓风来临时居民疏散的交通需求预测展开研究,提出了基于长短时记忆网络的需求预测模型(LSTM-NN)。该模型不仅考虑了交通传感器数据,还加入相关社交媒体数据,通过社交媒体数据源进一步反映飓风疏散时的交通需求变化趋势。这种考虑社交媒体数据辅助交通流预测的尝试为突发事件下的客流预测提供了一种可靠的研究思路。

在体育赛事、演唱会等大型公共事件期间的客流预测研究方面,目前大型活动期间的短时客流预测相关文章按照预测对象的不同,可以分为两类。第一类为对大型活动开始前的周边地铁站的出站客流进行预测,例如 Xue 等(2022)、Ni 等(2016)、Roy 等(2021)、钱慧敏等(2019;2020)、付宇等(2020)。第二类为大型活动散场后,对周边地铁站的进站客流进行预测,例如杨静等(2021)。梁强升(2020)提出了灰色预测理论,重点剖析大型活动期间城轨客流组成和分布特征,并以广交会期间客流为研究对象,构建了广交会期间进出站及 OD 分布客流预测模型,该模型适用的活动为持续性大型活动,且只针对持续五天的广交会活动,利用的模型为传统模型,并非深度学习模型。曹夏玲(2020)对城市轨道交通节假日短时客流预测模型进行研究,针对不同时间粒度的历史输入数据,对其进行相似性和平稳性检验,以判断数据是否能输入模型以及时间粒度是否合理,并构建 ARIMA-SVR 模型以 2018 年西安城市轨道交通网为例进行模型有效性的验证。郑云霄(2019)对大型活动下城市轨道交通进出站客流短时预测进行了研究,对大型活动的概念、特性及分类进行了说明,分析了大型活动下城市轨道交通客流的变化范围和变化特性,选取集中爆发型活动作为后续研究对象,从常规和活动客流入手,构建了梯度提升回归树和随机森林相结合的 RF-GBRT 客流组合预测模型,最后以北京地铁东四十条站为例进行了实例研究,对所构建的模型进行了有效性的验证。王兴川等(2018)基于 AFC 数据对大型活动期间城市轨道交通客流进行了预测,在分析大型活动期间城市轨道交通历史客流的基础上,针对活动期间的客流成分,分别构建了活动客流与背景客流预测模型,针对活动客流,构建了基于小波分解与重构的 GM-ARIMA 的客流预测模型,采用 ARIMA 与底特律法进行预测。白丽(2017)对城市轨道交通常态与非常态短期客流预测方法进行了研究,对于非常态短期客流预测,其将城市轨道交通随时间固有不变的客流性质用时间序列描述,通过引入虚拟变量对一些自变量(如节假日标识)是定性变量的做数量化处理,并以节假日因素为例进行模型的验证。李晓峰(2017)对城市轨道交通车站突发客流进行了预测研究,首先针对日常客流从工作日和周末两个角度进行了分析,进站客流和出站客流规律,并将轨道交通站点进行分类,利用 Granger 因果关系对其时间序列进行关系判断,证明利用突发出站客流有利于预测突发进站客流,选取东四十条站 2014 年 50 场活动的数据,以进站客流和出站客流的关系为例进行验证,最后应用遗传算法优化的小波神经网络对东四十条站的突发客流数据进行实例分析。王海洋(2019)基于响应预测模式对轨道交通突发客流预测峰值进行预测,针对不规律的突发客流用拟合预测模式的模型预测能力有限的不足,设计了一种新的预测模式——响应预测模式,基于此模式,提出了一种混合预测框架:拟合模型和响应算法,拟合模型用来预测常规客流量,而突发部分则使用响应算法来实现,最后使用物理模型——牛顿冷却定律作为响应算法预测突发客流峰值的客流量。仇建华等(2019)基于相关向量机对城市轨道交通突发大客流进行了预测,以重庆某条轨道交通客流量数据为基础,模型输入数据为进站人数与出站人数的差值,模型输出为下一时刻进出站人数差值。Xie 等(2021)以北京东四十条站为例,基于双因素对地铁突发客流进行了预测,由于目前大多数的客流预测仅依靠进站客流,不能描述突发客流的整体影响,为了提高突发客流预测的准确性,其提出了一种含有两个因素的突发客流预测模型,即进站客流量与出站客流量,采用小波神经网络模型对突发客流预测,最后利用东四十条站 2014—2016 年突发客流事件对预测模型进行了训练和验证。上述研究对节假日、突发事件或大型活动下的城市轨道交通进行了预测,但是利用深度学习模型对大型活动下的城市轨道交通预测的研究还比较缺乏,并且大型活动下客流预测模型的建模细节描述不够细致。

下面将针对非常规情况下的轨道交通短时客流预测展开详细阐述,主要包括节假日期间短时进站客流预测、疫情期间短时进站流预测以及大型活动期间短时进站流预测。研究主要通过搭建基于深度学习的客流预测模型,挖掘非常规情况下客流数据的时空特征,实现精确的地铁短时客流预测。

4.2　基于 Graph-Transformer 的节假日短时进站流预测

4.2.1　问题及数据简介

1. 问题分析

随着城市化进程加快,城市轨道交通客流日益增加。然而,轨道交通系统的运能有限,难以适应急速增长的运能需求。特别是在节假日期间,人们出行需求旺盛,客流具有与平日明显不同的随机性和突发性,大多时候车站无法应对突增的客流,导致车厢车站过于拥挤,服务水平下降。为避免大客流对线路或线网造成过大压力,城市轨道交通运营部门需要精确预测地铁网络的实时客流,从而提前制定合理的客流控制措施,保证列车的平稳运行和乘客的乘降安全。因此,如何精确地预测节假日期间轨道交通客流,是制定合理客流管控措施的一个重要前提,更是提高地铁运营效率的一个重要研究课题。现有大部分研究针对常规客流展开预测,模型和算法并不适用与假期客流预测;同时受限于假期客流数据样本有限,模型预测精度往往不高。针对以上问题,本书提出了基于深度学习的地铁全网站点假期客流预测模型,除利用假期客流数据以外,模型同时考虑与假期相关的社交媒体数据,以充分捕捉假期客流的变化趋势,提高预测精度。

在对地铁节假日客流进行预测时,需要考虑以下几个方面的问题:

(1) 传统的数理统计模型(如 ARIMA 模型等)或机器学习模型(如支持向量机等)通常针对单个站点进行预测,不适用于网络级的地铁短时客流预测,且实时性、预测精度有待提高。

(2) 假期客流数据样本量往往有限,不足以使模型充分训练并学习假期客流的特征,导致假期客流预测精度不高。

(3) 现有大多数模型在预测客流时仅使用客流数据,忽略了其他因素(如天气、突发事件等)对客流的潜在影响,使模型无法全面捕捉客流特征。

(4) 既有研究提出了各种深度学习框架,在多数情况下相对于单一模型具有更好的特征学习能力和模型表现效果,但部分深度学习框架模型复杂度较高,导致模型需要消耗大量的计算资源和时间成本,实用价值相对较弱,因此构建模型需要综合考虑模型的复杂度、计算成本、表现效果以及实用价值。

鉴于以上几点考量,本节基于 GCN 和 Transformer 等深度学习模型搭建了适用于地铁网络级的假期短时客流预测模型,并通过实际案例研究验证模型精度。具体内容如下:首先对本问题进行明确定义并介绍本节内容使用的数据集以预处理过程,其次介绍构建的 GCN-Transformer 模型以及使用的基础深度学习模型,最后进行案例研究分析。

2. 问题定义

本节的目标是利用历史 AFC 数据,借助深度学习模型,预测城市轨道交通全网车站的短时进站流。在此之前,我们先给出以下几个定义。

定义 4.1   客流矩阵。AFC 数据主要包括以下信息：乘客 ID 卡卡号、乘客到达时间、乘客到达站点、乘客离开时间、乘客离开站点。已知车站 n 在时刻 $t-1$ 到时刻 t 的所有乘客出行信息，共包含 q 个时间段（时间步），$p_n(t)$ 表示车站 n 在第 t 个时间段（10min、30min 等）内统计的客流量，则客流矩阵定义如下：

$$\boldsymbol{P}^{t-1} = \begin{pmatrix} p_1(t-q) & p_1(t-q+1) & \cdots & p_1(t-1) \\ p_2(t-q) & p_2(t-q+1) & \cdots & p_2(t-1) \\ \vdots & \vdots & \ddots & \vdots \\ p_n(t-q) & p_n(t-q+1) & \cdots & p_n(t-1) \end{pmatrix} \tag{4-1}$$

其中，$\boldsymbol{P}^{t-1} \in \mathbb{R}^{s \times q}$ 表示在时段 $t-1$ 到时段 t 内城市轨道交通网络各个车站的进站客流矩阵；n 表示城市轨道交通网络站点个数；q 表示使用的时间步数目。本节以历史 12 个时间步的客流数据预测下一时间步的客流 $\boldsymbol{Y}_t$。

定义 4.2   社交媒体数据矩阵。为捕捉假期客流的潜在趋势，将社交媒体数据矩阵定义如下：

$$\boldsymbol{S}^{t-1} = \begin{pmatrix} s_1(t-q) & s_1(t-q+1) & \cdots & s_1(t-1) \\ s_2(t-q) & s_2(t-q+1) & \cdots & s_2(t-1) \\ \vdots & \vdots & \ddots & \vdots \\ s_n(t-q) & s_n(t-q+1) & \cdots & s_n(t-1) \end{pmatrix} \tag{4-2}$$

其中，$\boldsymbol{S}^{t-1} \in \mathbb{R}^{s \times q}$ 表示在时刻 $t-1$ 到时刻 t 内与假期相关社交媒体数据的统计量；其他参数的含义与客流矩阵一致。此处社交媒体数据对不同站点客流影响一致，所以不同行的数据相同。

定义 4.3   轨道站点图网络。为表示轨道交通各站点间的拓扑关系，本节定义了图结构 $G = (\boldsymbol{S}, E, \boldsymbol{A})$。其中，$\boldsymbol{S} = \{s_1, s_2, \cdots, s_n\}$ 表示车站的集合，n 为城市轨道交通网络站点个数，E 表示相邻站点间的边。通过连接地铁线网上两个相邻的站点构造图结构表示空间信息，邻接矩阵的表达式如下：

$$\boldsymbol{A}^{|i,j|} = \begin{cases} 1, & \text{车站 } i \text{ 和车站 } j \text{ 相邻} \\ 0, & \text{其他} \end{cases} \tag{4-3}$$

问题定义   在时刻 $t-1$，给定 AFC 数据，地铁线网图以及特定假期的相关微博数据，提取历史客流矩阵 $\boldsymbol{P}^{t-1}$、社交媒体数据矩阵 $\boldsymbol{S}^{t-1}$ 以及地铁站点图网络 G，预测下一时间步 t 的客流数据 $\boldsymbol{Y}_t$。因此，问题可以表示为

$$\boldsymbol{Y}_t = f(\boldsymbol{P}^{t-1}, G, \boldsymbol{S}^{t-1}) \tag{4-4}$$

其中，f 表示训练过程中要学习的模型。

3. 数据简介

本节使用的数据集为广西壮族自治区南宁市城市轨道交通 AFC 数据集，该数据集主要包括 2019—2021 年元旦前后五周地铁 06:00—23:00 的 AFC 数据，原始数据形式如表 4-1 所示。本节采用 10min 时间粒度来提取各站点进站流时间序列，车站编号根据地铁线路和

车站邻接关系排序,最终客流序列数据如表 4-2 所示。该客流序列数据使用 Min-Max Scaler 归一化至(0,1)区间,结果评估时再反归一化至数据原始量级。为更好地捕捉假期客流数据的特征以提高预测精度,本研究使用连续两年的元旦客流数据进行训练和学习。以 2019 年和 2020 年客流数据为例,共包含 10 个星期的客流数据。取前九个星期的客流数据(包含了 2019 年元旦期间客流数据)对模型进行训练和验证;剩余一个星期的客流数据(2020 年元旦期间客流数据)则用于测试模型的预测效果。为保证模型预测效果的稳定性,本研究仅考虑不同年份中一致的车站。实验中使用的两个数据集具体信息如表 4-3 所示。

表 4-1　原始 AFC 数据

卡号	进站时间	进站站点	出站时间	出站站点
3099＊＊＊＊	2018/12/31 06:26:18	Xiuxiang	2018/12/31 06:40:35	Chaoyang Square
3093＊＊＊＊	2018/12/31 19:45:17	Xinmin Road	2018/12/31 20:00:30	Macun
3150＊＊＊＊	2018/12/31 07:26:33	Baicanglin	2018/12/31 07:43:55	Jinhu Square
⋮	⋮	⋮	⋮	⋮

表 4-2　客流进站数据统计

车站编号	06:00—06:10	06:10—06:20	06:20—06:30	⋯	22:50—23:00
1	0	12	29	⋯	0
2	0	7	16	⋯	2
3	0	10	16	⋯	1
⋮	⋮	⋮	⋮	⋮	⋮
76	1	2	34	⋯	0

表 4-3　数据集描述

描述	2019 年和 2020 年元旦	2020 年和 2021 年元旦
日期	2018 年 12 月 3 日—2019 年 1 月 6 日 2019 年 12 月 2 日—2020 年 1 月 5 日	2019 年 12 月 2 日—2020 年 1 月 5 日 2020 年 11 月 30 日—2021 年 1 月 3 日
研究时段	06:00—23:00	06:00—23:00
地铁线路数	2	3
车站数量	41	61
时间粒度	10	10
数据量	55 万	73 万
周数	5	5
天数	35	35
时段数	102	102
总时段数	3570	3570

另外,本研究从微博上爬取了与 AFC 数据相同统计时段内带有关键词"元旦假期"以及"南宁市"的微博。由于爬取的微博数量不足,本研究对微博数据进行扩样处理,最终得到与客流序列数据一致的社交媒体序列数据。

为证明假期社交媒体数据可以作为客流预测的可靠数据补充,本研究对客流数据和微博数据的相关性进行简单分析。图 4-1 展示南宁地铁鹏飞路站 2021 年元旦期间的客流数据与社交媒体数量数据变化情况。由图 4-1 可知,城市轨道交通客流在工作日期间存在明显的早晚高峰特征,然而在元旦假期期间,客流没有明显早晚高峰特征但客流量骤增,与常规客流存在明显的差异。至于社交媒体数据,随着元旦假期到来,其数据量骤增,与客流在元旦期间的总体变化趋势相似,表明社交媒体上人们对假期的关注度在一定程度上可以反映人们在假期的出行意愿。因此,城市轨道交通假期客流与相关社交媒体数据可能具有某种潜在的相关性。

图 4-1

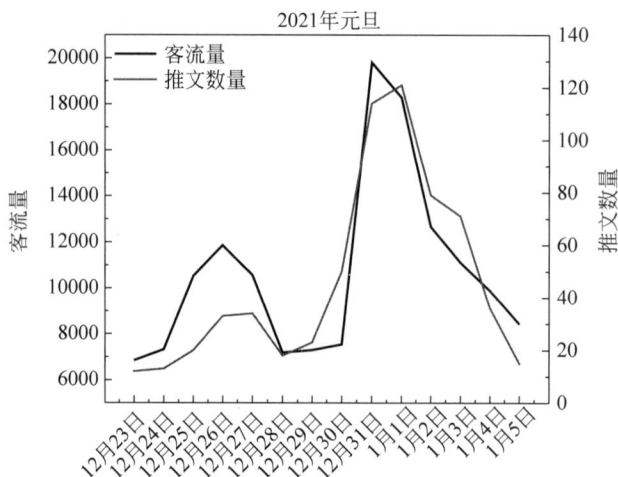

图 4-1　客流数据与微博数据量比较

4.2.2　Graph-Transformer 模型

本节旨在解决如何精确预测城市轨道交通系统假期短时进站客流的问题,针对该问题,本节提出深度学习模型 GCN-Transformer 预测假期客流,该模型由传统的图卷积神经网络(GCN)和优化后的 Transformer 组成,其中 GCN 用于提取客流的空间特性,优化后的 Transformer 用于提取客流的时间特征。除常规历史客流数据之外,社交媒体数据同样能够有效反映事件下客流波动,因此也被应用于客流预测。通过将该模型与多个既有的模型对比,验证模型的预测效果。

GCN-Transformer 模型的框架如图 4-2 所示,主要由两个部分构成。第一部分,进站客流和站点邻接矩阵经过 GCN 处理以提取客流的空间拓扑信息。得到 GCN 的输出后,输入至优化的 Transformer 进一步提取客流的时间特征,并将 Transformer 层的处理结果输入 2D 单位卷积网络以聚合深度时空特征。该过程中,采用残差连接将输出与初始客流数据相结合,防止过拟合和梯度消失便于模型优化。随后应用全连接网络捕捉客流数据的非线性关系,并将输出维度降低至期望水平。第二部分,使用多层全连接网络处理社交媒体数据矩阵,以捕捉客流在假期的非线性特征。最后,第一部分的结果与第二部分的结果通过加权求和得到时刻 t 的客流预测数据 Y^t。下面对模型的主要组成部分——网络图卷积神经网络和优化后的 Transformer 分别进行详述。

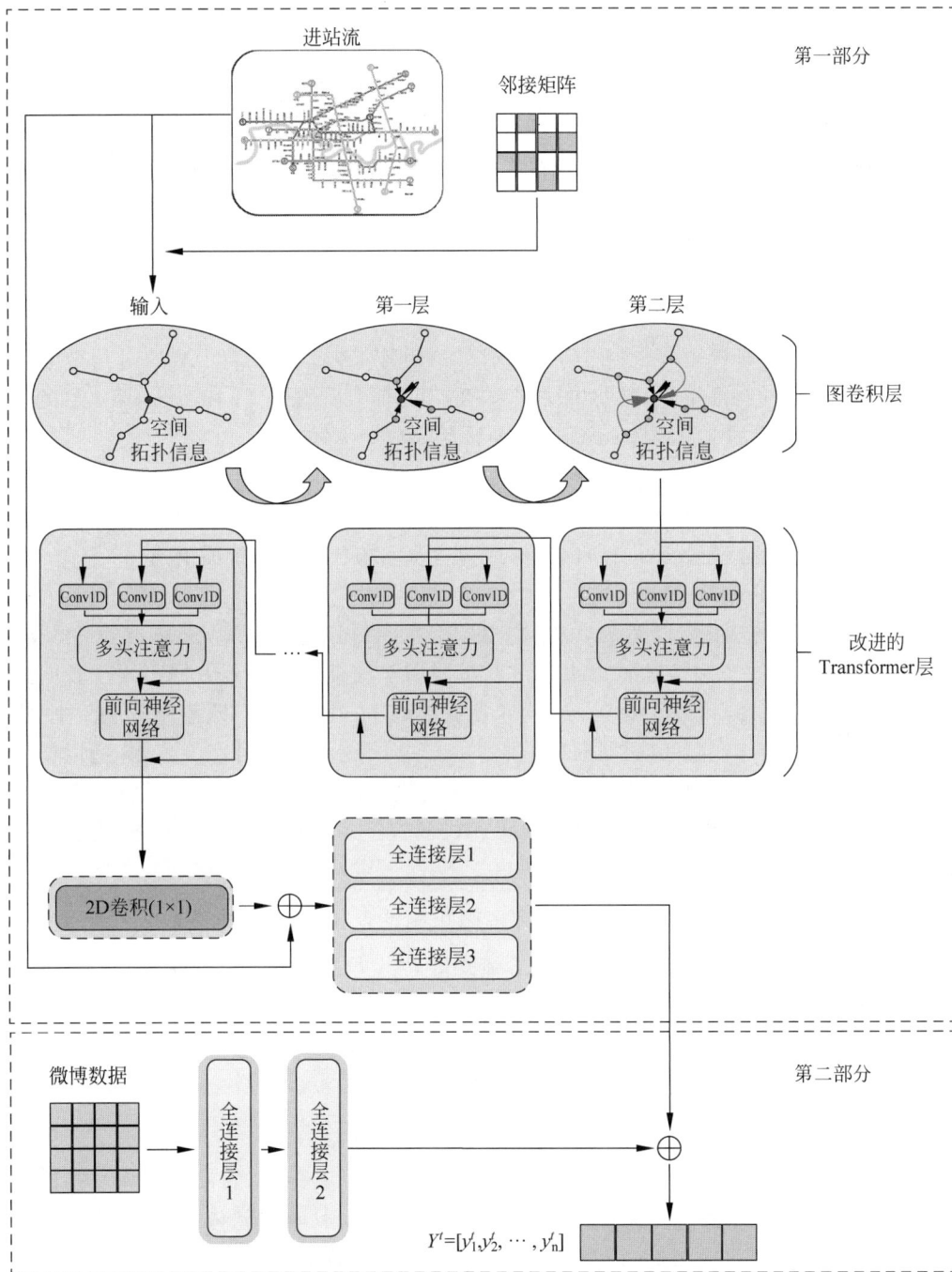

图 4-2　GCN-Transformer 模型框架（见文后彩图）

（1）图卷积神经网络（GCN）

图卷积网络对图结构的空间相关性和拓扑信息具有强大的挖掘能力，近年来受到越来越多关注，其计算过程如图 4-3 所示。然而，现有的交通预测模型大多将交通网络视为网格矩阵而非图结构，因此无法使用 GCN 提取客流的空间依赖性。为更好挖掘地铁网络相邻站点的内在空间依赖关系，本研究将地铁网络视为图结构，使用 GCN 处理客流矩阵和地铁站点邻接矩阵。目前 GCN 的计算公式具有多种形式，考虑到由 Kipf 等（2016）提出的基于一阶滤波器的 GCN 的表现性能良好，因此本研究使用该版本的 GCN 进行计算，表达式如下：

$$P^{l+1} = f(H^l, A) = \sigma(\hat{D}^{-\frac{1}{2}} \widetilde{A} \hat{D}^{-\frac{1}{2}} P^l W^l + b^l) \tag{4-5}$$

$$\widetilde{A} = A + I \tag{4-6}$$

其中，$A \in \mathbb{R}^{n \times n}$ 表示邻接矩阵；$I \in \mathbb{R}^{n \times n}$ 表示单位矩阵；$\hat{D} \in \mathbb{R}^{n \times n}$ 表示 $\widetilde{A}$ 的对角节点度矩阵；P^l 表示第 l 层的特征矩阵，其初始输入为客流矩阵 $P^{t-1} \in \mathbb{R}^{n \times q}$；$W^l$ 表示第 l 层的权值矩阵；b^l 表示第 l 层的偏置矩阵；$\sigma(\cdot)$ 则为激活函数。

GCN 的主要计算过程如图 4-3 所示。给定地铁网络图结构 $G = (S, E, A)$ 以及客流矩阵 P^{t-1}，首先，根据站点邻接信息提取目标站点的邻接站点；然后，基于一阶滤波运算，将邻接站点和目标站点的特征数据进行聚合，形成包含空间拓扑关系的特征矩阵。

（2）优化后的 Transformer

Transformer 最初用于自然语言处理（NLP）并取得良好效果（Vaswani and Shazeer et al, 2017），其模型中的多头注意力机制可以扩展用于捕捉时间序列数据不同位置间的相关性，因此本研究尝试将 Transformer 应用于城市轨道交通假期客流预测。原始的 Transformer 主要由编码器-解码器框架组成。由于本研究针对短时客流预测，所以模型仅采用 Transformer 中的编码器结构并对其进行优化改进，使用 1D CNN 单元替代全连接网络单元用以处理输入。改进后的编码器结构有利于捕捉客流的局部短时趋势，更适合处理时间序列。

实际上，注意力机制可以视为一个函数。与预测任务相关的查询向量 $Q \in \mathbb{R}^{s \times d_q}$，键值向量 $K \in \mathbb{R}^{s \times d_k}$ 以及值向量 $V \in \mathbb{R}^{s \times d_v}$ 均由客流矩阵 $P^{t-1} \in \mathbb{R}^{s \times q}$ 经过 1D 卷积操作得到。在本模型中，Q，K 和 V 保持一致。Q，K 和 V 的计算公式分别为

$$Q = \text{Conv1D}(W_q \cdot P^{t-1}) \tag{4-7}$$

$$K = \text{Conv1D}(W_k \cdot P^{t-1}) \tag{4-8}$$

$$V = \text{Conv1D}(W_v \cdot P^{t-1}) \tag{4-9}$$

式中，Conv1D 表示 1D 卷积操作；W_q，W_k，W_v 分别表示 Q、K 和 V 的权重矩阵。在计算得到 Q、K 和 V 之后，本节通过点乘操作（Scaled Dot-Product）计算时间依赖性 Z，即

$$\text{Attention}(Q, K, V) = Z = \text{softmax}\left(\frac{QK^\mathrm{T}}{\sqrt{d_k}}\right) V \tag{4-10}$$

式中，softmax$(\cdot)$ 表示激活函数，对输入进行非线性转换，使时间依赖性 Z 的取值为 0~1；d_k 表示矩阵 Q、K 的列数，用于避免模型训练时出现梯度消失。

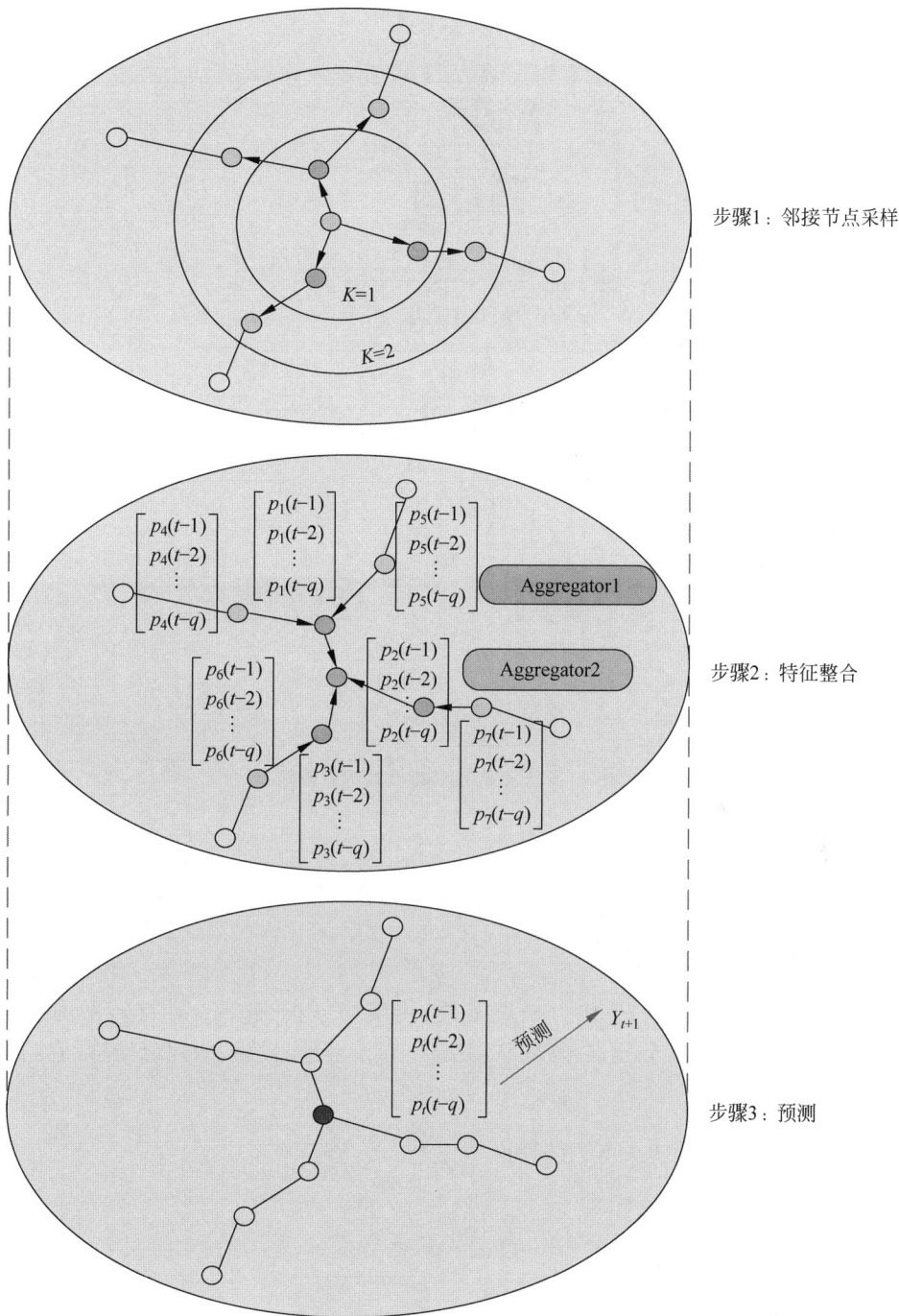

图 4-3

步骤1：邻接节点采样

步骤2：特征整合

步骤3：预测

图 4-3　图卷积网络的主要计算过程

模型使用多头注意力机制捕捉客流的多重时间特征以提高预测精度。多头注意力机制函数的计算过程如图 4-4 所示。首先,将客流矩阵分别输入 h 个自注意力机制中计算 h 个时间特征矩阵；然后,对 h 个时间特征矩阵进行拼接并输入全连接层,最终获得时间特征矩阵 Z_h。

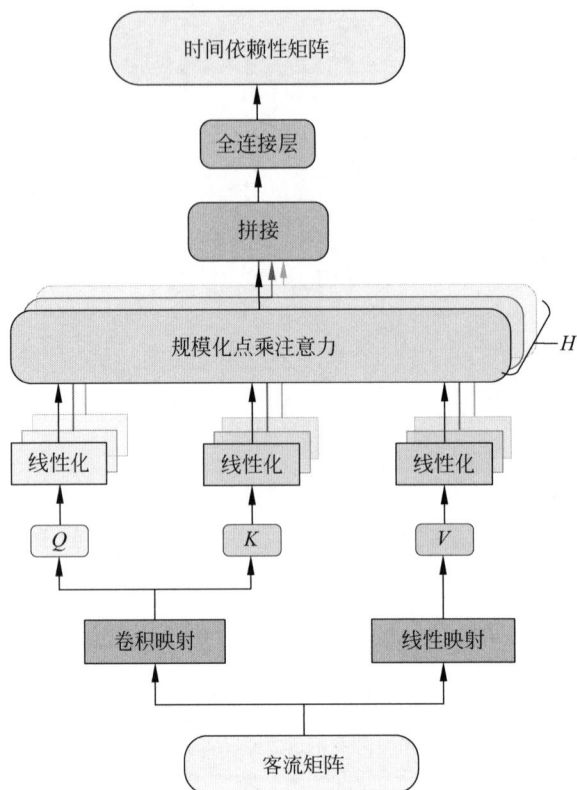

图 4-4

图 4-4　多头注意力机制函数的计算过程

4.2.3　模型配置

1. 评价指标与损失函数

本节使用均方误差（MSE）作为损失函数，使用均方根误差（RMSE）、平均绝对误差（MAE）和加权平均绝对百分比误差（WMAPE）作为模型预测效果的评价指标，它们的表达式分别为

$$\mathrm{LOSS} = \mathrm{MSE} = \frac{1}{N}\sum_{i=1}^{N}(\widetilde{X}_i - X_i)^2 \tag{4-11}$$

$$\mathrm{RMSE} = \sqrt{\frac{1}{N}\sum_{i=1}^{N}(\widetilde{X}_i - X_i)^2} \tag{4-12}$$

$$\mathrm{MAE} = \frac{1}{N}\sum_{i=1}^{N}|\widetilde{X}_i - X_i| \tag{4-13}$$

$$\mathrm{WMAPE} = \sum_{i=1}^{N}\left(\frac{X_i}{\sum_{j=1}^{N}X_j}\left|\frac{\widetilde{X}_i - X_i}{X_i}\right|\right) \tag{4-14}$$

其中，$\tilde{X}_i$ 为预测值；X_i 为真实值；N 为所有预测值的数目。

2. 模型配置

本节使用 PyTorch 深度学习框架构建 GCN-Transformer，并使用前九周的数据训练模型，使用最后一周的数据测试模型，前九周数据中训练集和验证集的比例为 8∶2。经过反复权衡模型训练效率和预测精度，使用历史 12 个时间步的数据预测未来一个时间步的数据。为准确评估模型的预测性能，GCN-Transformer 在两个数据集上的参数保持一致。模型采用"Adam"优化器，学习率为 0.0001，批大小（batch size）为 64。该模型由两部分组成，其中，第一部分，GCN 的输入和输出数据的维度保持一致，均为（batch size，number of stations，time steps）。优化后的 Transformer 结构由 8 个编码器单位组成，每个编码器单位主要由 3 个自注意力机制单元构成。2D 单位卷积神经网络的参数分别为：in channels＝out channels＝1，kernel size＝3，stride＝1，padding＝1。全连接层由两个隐藏层和一个输出层构成，神经元单位的数量分别是[2048，1024，number of stations * 1]，激活函数为 ReLU 函数。第二部分，全连接网络由一个隐藏层和输出层组成，其神经元单位数量分别是[2048，number of stations * 1]。

为了避免随机因素如随机参数初始化等影响，在超参数确定之前对 GCN-Transformer 和基准模型进行多次训练，训练过程中使用回调函数中的模型检查点（model checkpoint）和早停法（early stopping）保存和终止模型以避免模型过拟合。

3. 基准模型

本研究将在南宁地铁元旦客流数据集上比较 GCN-Transformer 与基准模型的预测效果。基准模型的细节描述如下。

ARIMA：ARIMA 模型是一种常见的时间序列处理模型，广泛应用于客流预测。本实验中 ARIMA 的三个参数：滞后阶数、差度以及移动平均阶数经过调整后分别设定为 2,1 和 0。

BPNN：BPNN 模型作为最基本的神经网络模型之一，可用于交通预测领域。本研究搭建的 BPNN 由两层全连接层组成，每层有 512 个神经单元。模型的优化器是 Adgrad，学习率为 0.0001，输入为最近 12 个时间步的进站客流，输出是下一个时间步的进站客流。

CNN：CNN 模型捕捉数据空间相关性的性能良好，近年来广泛应用于时间序列数据处理。该研究搭建了一个常规的 2D 卷积神经网络，由一个 CNN 层和两个全连接层组成。CNN 层的参数分别为：out channels＝8，in channels＝1，kernel size＝3，stride＝1，padding＝1。模型优化器为 Adam，学习率为 0.0001。全连接层的神经元单位数量分别为[2048，number of stations * 1]。模型的输入输出与 BPNN 模型一致。

LSTM：LSTM 模型作为一种处理时间序列数据的深度学习模型，广泛应用于客流预测。该研究搭建了一个常规的 LSTM 模型，由两个隐藏层和两个全连接层组成。每个隐藏层包含 128 个神经单元，而全连接层的神经元单位数量分别为[2048，number of stations * 1]。模型的优化器为 Adam，学习率为 0.0001。LSTM 模型的输入与输出与 BPNN 模型一致。

ST-GCN：该模型由 Yan 等(2018)提出，能够充分学习客流的时空特征。该研究采用三个 ST-GCN 的分支搭建模型，参数设置与原文保持一致。

GCN-CNN：该模型由 Zhang 等(2020)提出，主要由图卷积神经网络和 2D 的卷积神经网络组成，参数的设置与原文保持一致。

ST-ResNet：该模型由 Zhang 等(2017)提出，在城市交通拥堵预测中的性能效果良好。该研究使用三个残差卷积单位搭建模型。模型的其他参数设置与原文保持一致。

ConvLSTM：该模型由 Shi 等(2015)提出，可以充分捕捉客流的时空特性。该研究搭建一个包含三层隐藏层和两层全连接层的 ConvLSTM 模型。模型其他参数设置与原文保持一致。

4.2.4　预测结果分析

1. 线网级预测性能分析

本节首先从线网级比较 GCN-Transformer 和其他基准模型的预测性能，所得结果见表 4-4 和图 4-5。从图表中可以看出，由于 ARIMA 模型只能捕捉有限的时间特性，其预测性能明显不如深度学习模型。在所有深度学习模型中，复合的深度学习模型，例如 ST-GCN、GCN-CNN、ST-ResNet 以及 ConvLSTM 等同时考虑了客流的时空特性，提升了预测精度。然而，上述模型大多针对常规工作日或周末的客流预测，不适用于假期客流预测。

表 4-4　不同模型预测性能比较

模　型	南宁地铁 2020 年元旦			南宁地铁 2021 年元旦		
	RMSE	MAE	WMAPE	RMSE	MAE	WMAPE
ARIMA	63.291	38.929	0.287	64.452	34.678	0.337
BPNN	46.915	25.454	0.195	43.895	21.834	0.220
CNN	30.030	17.562	0.134	33.587	17.410	0.175
LSTM	29.928	17.786	0.136	32.104	17.151	0.172
ST-GCN	29.593	17.378	0.133	32.040	16.990	0.170
GCN-CNN	29.352	17.720	0.134	32.019	16.733	0.168
ST-ResNet	28.364	17.272	0.132	31.884	17.129	0.170
ConvLSTM	28.247	17.155	0.131	30.968	16.872	0.169
GCN-Transformer	**26.606**	**16.306**	**0.124**	**28.912**	**15.826**	**0.158**

注：加黑数字表示最好的结果。

考虑到 GCN 具有较强的捕捉客流空间相关性和拓扑信息的能力，且优化后的 Transformer 在捕捉客流时间特性方面具有较大潜力，因此该研究基于 GCN 和优化后的 Transformer 提出 GCN-Transformer 模型预测假期客流。同时，现有研究表明突发事件下的轨道交通客流与相关社交媒体数据量之间存在显著相关性，因此该研究还考虑了假期相关社交媒体数据量对客流的影响以便捕捉节假日客流的假期特征。该研究提出的模型取得了精确的预测效果，在两个数据集上的评估指标均为最优，其中 RMSE 分别为 26.860 和 29.882，MAE 分别为 16.232 和 15.850，WMAPE 分别为 0.124 和 0.158。

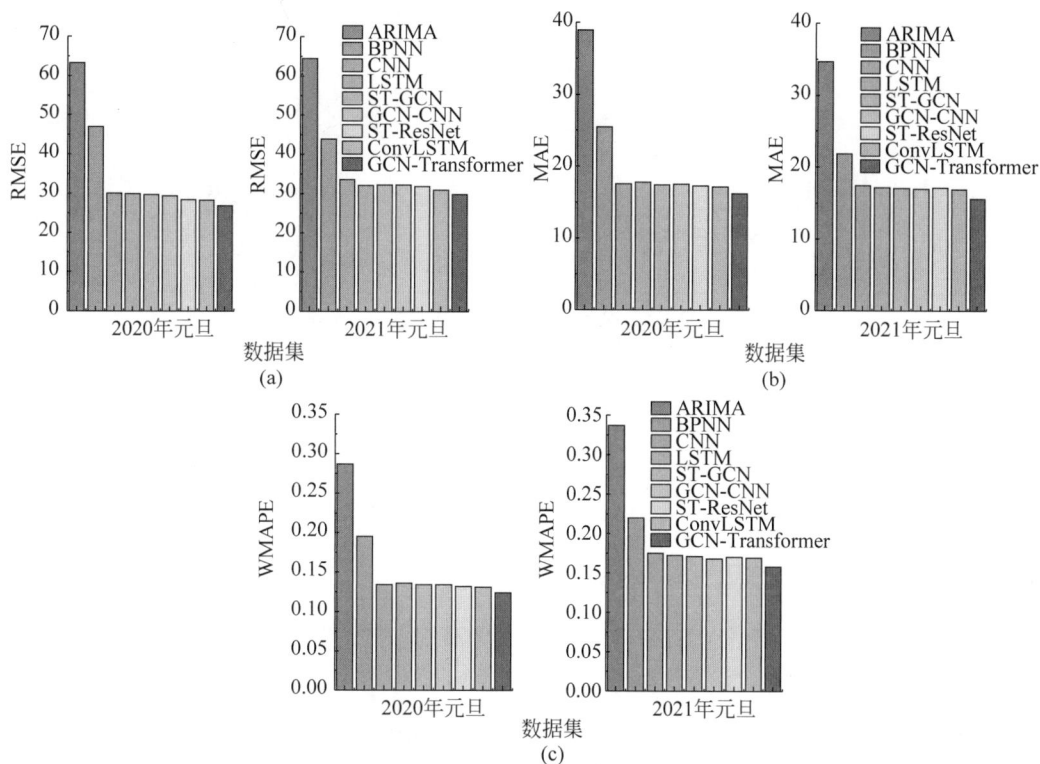

图 4-5　模型预测性能比较

2．站点级预测性能分析

　　节假日期间，并非所有地铁车站客流具有明显的假期特征（客流量骤增，且无明显双峰形态）。毗邻商业区的车站具有娱乐放松功能，其客流可能具有明显的假日特征；而承担日常通勤或换乘的站点则不具有明显的假期特征。该研究选择三个不同客流模式的车站以研究 GCN-Transformer 模型的站点级预测性能。第一个车站是亭洪路站，该车站毗邻主要商业区，居民会在假期期间前往商业区游玩；第二个车站是广西大学站，该车站是一个典型的通勤站点，许多乘客居住在附近以便通勤；最后一个站点是南宁火车站，该站点是一个大型的换乘枢纽。三个站点元旦期间假期客流预测效果如图 4-6 所示。

　　亭洪路站的预测结果如图 4-6(a)所示。从图中可以看出，元旦假期间客流量呈现明显的节假日特征，即客流骤增，高峰比平时更高、更明显。该研究提出的模型能够充分捕捉客流的节假日特征，尤其是客流的局部峰值，因此取得良好预测效果，表明模型适用于单个站点的假期客流预测。广西大学站的预测结果如图 4-6(b)所示，该站点客流在工作日具有显著的通勤特征，包含明显的早晚高峰特征。元旦期间，乘客通勤需求减少，客流明显减少，不具有早晚高峰特征。从预测效果图可知，本研究提出的模型可以捕捉工作日通勤客流的早晚高峰特性，无论是在节假日还是工作日，模型预测效果良好。南宁火车站的预测结果如图 4-6(c)所示。作为换乘枢纽，客流高峰时段分布与其他车站不一致，该站点上午不存在明显的高峰时段，下午和晚上存在两个高峰时段。研究提出的模型可以学习枢纽客流的时空特性，尤其是客流的局部峰值和趋势，因此其预测值与真实值接近。总体而言，GCN-Transformer 模型能够捕捉不同类型车站客流的时空特征，适用于站点级假期客流预测。

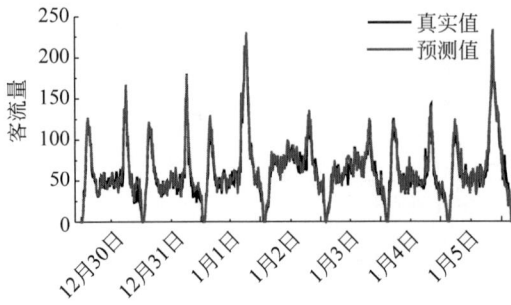

亭洪路站 (2020)   亭洪路站 (2021)

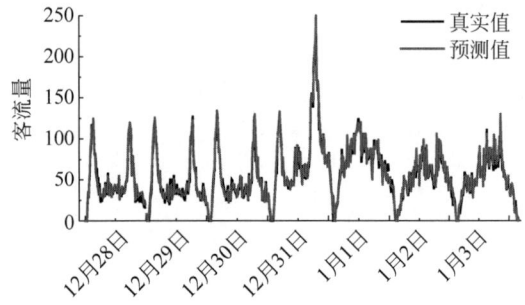

(a)

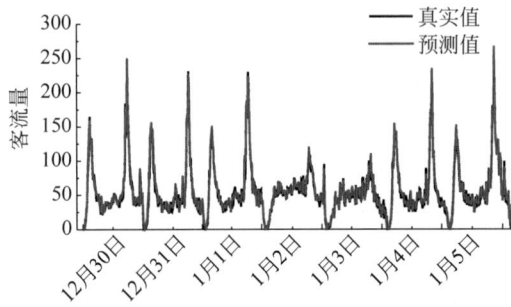

广西大学站(2020)   广西大学站 (2021)

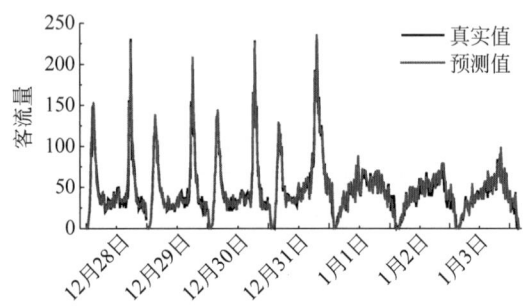

(b)

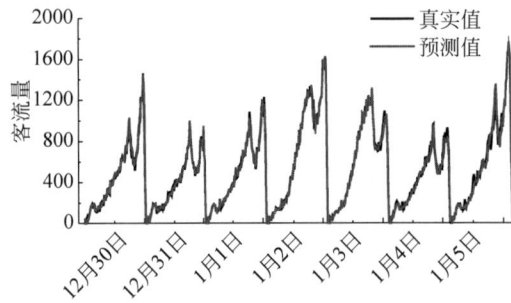

南宁火车站 (2020)   南宁火车站(2021)

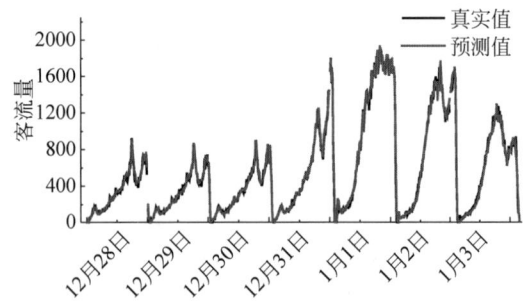

(c)

图 4-6 南宁地铁站点客流预测效果

（a）亭洪路站；（b）广西大学站；（c）南宁火车站

3. 不同时刻预测性能分析

为进一步研究 GCN-Transformer 模型在一天不同时刻的预测性能,该实验分析研究了车站由 06:00—23:00 每个时刻的平均误差。GCN-Transformer 和其他基准模型在不同时刻的预测性能指标变化情况如图 4-7 所示。

首先,讨论模型在不同时刻的预测性能与总体预测性能的相关性。如图 4-5 和图 4-7 所示,模型的整体预测性能与不同时段的预测性能具有相似性。无论从单一时刻角度还是总体角度分析,ARIMA 模型的预测效果最差,且预测指标随时间的波动最为剧烈,这表明数理统计模型不适用于大规模城市轨道交通线网站点客流预测。研究提出的 GCN-Transformer 模型总体预测效果以及一天内各个时刻的预测效果都优于其他基准模型,评估指标最优,这表明 GCN-Transformer 模型不仅适用于线网级别全站点的短时客流预测,还适用于单一时刻客流预测。

其次,分析同一模型在一天不同时刻的预测效果。如图 4-7 所示,模型评价指标的变化趋势与客流变化趋势相符,均存在明显的早晚高峰,当客流骤增时评价指标会相应增大。由预测指标效果图可知,ARIMA 模型的评价指标峰值特征最为明显,该模型的预测性能受客流早晚高峰波动影响较大,表明数理统计模型适合处理平稳时间序列的特性,对于波动性较大的客流时间序列预测效果较差;而 GCN-Transformer 模型的评价指标变化最为平缓,受客流早晚高峰波动影响较小,这表明 GCN-Transformer 模型在平稳序列或波动序列下有良好的预测效果,具有预测稳定性和鲁棒性。

最后,对模型在不同数据集上的预测效果进行讨论。无论是 2020 年元旦数据集或者 2021 年元旦数据集,模型的预测效果大体保持一致,其中 GCN-Transformer 模型的预测效果均为最优,再一次证明讨论的模型在不同数据集上具有良好的鲁棒性。

4. 消融实验

为进一步探讨模型结构和数据结构对预测精度的影响,将开展详细的消融实验。首先对模型结构进行消融实验,实验采用控制变量法,保持模型部分结构不变,研究不同结构对预测性能的影响;然后研究数据结构对模型预测性能的影响,如使用当年或当年以及前一年的客流数据进行训练,使用微博数据或不使用微博数据进行训练。实验设置如下:

(1) 移除 ResNet 结构:从 GCN-Transformer 模型中移除 ResNet 结构;

(2) 移除 CNN 结构:从 GCN-Transformer 模型中移除 CNN 结构;

(3) 移除 GCN 结构:从 GCN-Transformer 模型中移除 GCN 结构;

(4) 移除 Transformer 结构:从 GCN-Transformer 模型中移除 Transformer 结构;

(5) 使用当年数据:仅使用当年数据,不使用连续两年数据;

(6) 不使用微博量数据:仅使用客流数据,不使用微博量数据。

表 4-5 和图 4-8 表示开展消融实验后得到的实验结果。考虑微博数据的 GCN-Transformer 模型在两个数据集上的预测性能优于其他情况,评价指标达到最优。移除 ResNet 结构后,GCN-Transformer 模型的预测性能显著下降,这是由于模型中的 ResNet 结构可以避免模型训练时梯度爆炸或梯度消失,移除后模型的训练稳定性下降,导致预测精

图 4-7

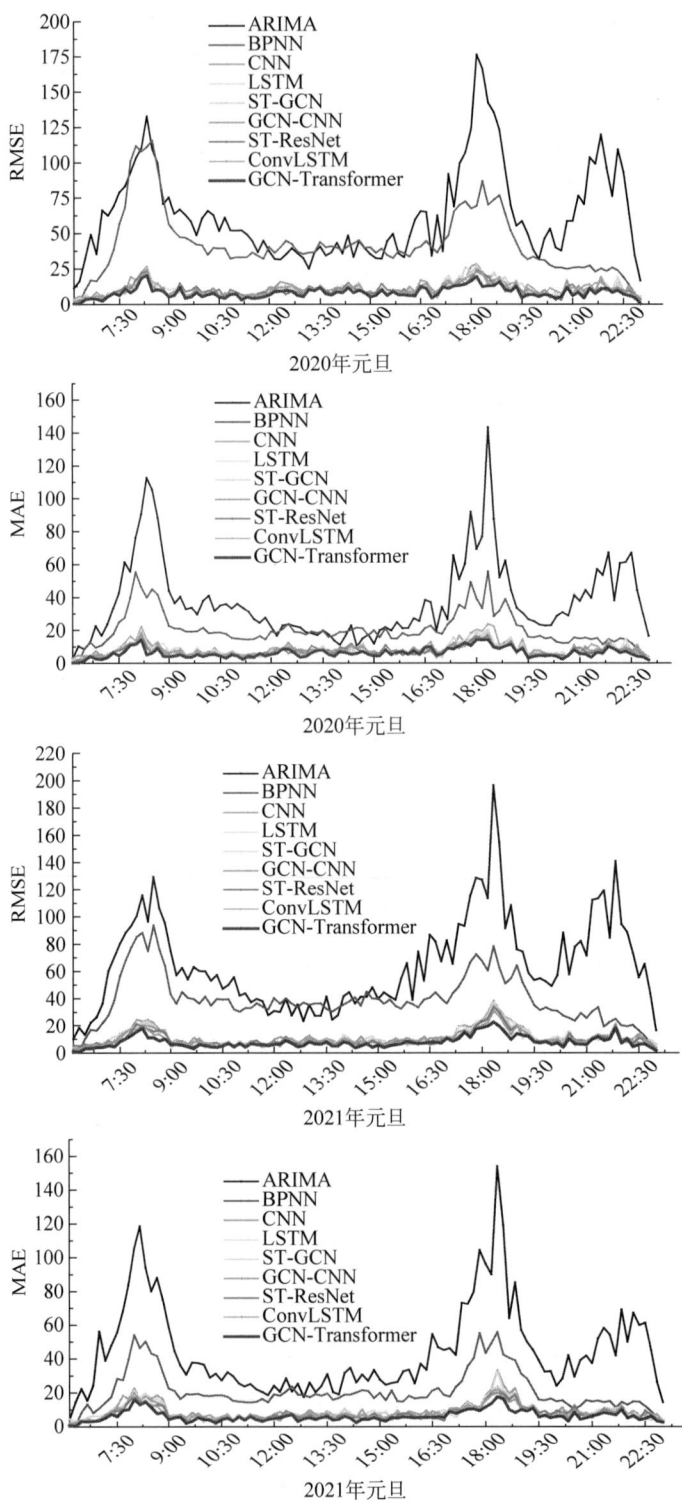

图 **4-7**　不同时刻模型预测效果比较

度大幅降低。当模型移除优化后的 Transformer 结构后,模型的预测精度下降,这是由于改进的 Transformer 结构增强了模型捕捉长短期时间特征的能力,移除后模型捕捉时间特性的能力下降,导致预测精度降低。此外,由表 4-5 和图 4-8 可知,仅使用当年数据预测时,其预测精度在所有情况中是第二差的;与之相反,使用连续两年的数据进行预测时,模型预测效果得到显著提升,这表明使用连续两年客流数据训练模型时可以更好捕捉节假日客流的假期特征,克服由于假期客流训练数据样本有限导致模型无法充分训练的缺陷。比较加入微博数据和没有加入微博数据时模型的预测精度,结果显示加入与假期相关的微博数据量信息后,模型的预测精度得到提升,说明与假期相关的微博数据量信息能够在一定程度上反映客流的假期趋势特征,加入模型后可以有效提升预测效果。

表 4-5　消融实验预测性能比较

模　型	2020 年元旦			2021 年元旦		
	RMSE	MAE	WMAPE	RMSE	MAE	WMAPE
(1) 移除 ResNet 结构	37.013	22.007	0.167	42.866	20.468	0.205
(2) 移除 CNN 结构	30.873	18.869	0.143	32.544	17.912	0.179
(3) 移除 GCN 结构	30.131	18.451	0.141	31.503	17.141	0.170
(4) 移除 Transformer 结构	28.228	17.498	0.134	30.336	16.049	0.160
(5) 使用当年数据	36.224	20.336	0.202	33.846	18.242	0.216
(6) 不使用微博量数据	27.568	16.783	0.128	32.144	16.901	0.169
GCN-Transformer	26.606	16.306	0.124	29.912	15.826	0.158

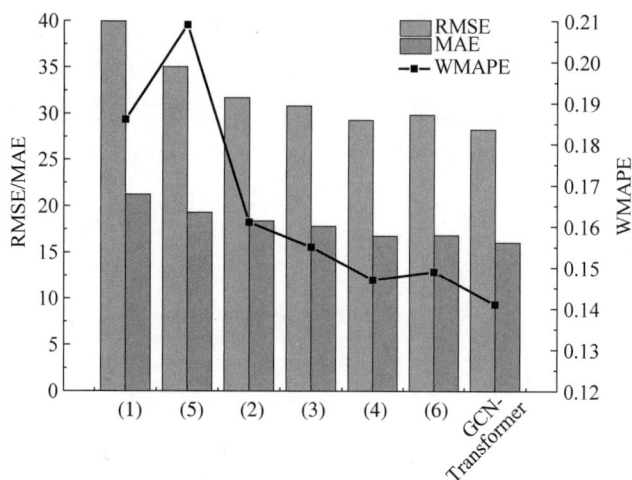

图 4-8　消融实验预测效果比较

消融实验的实验结果表明,GCN-Transformer 模型可以充分捕捉假期客流的时空特征,且加入相关假期社交媒体数据可以帮助模型更好学习假期客流的变化趋势,提高假期客流预测精度。

4.3　基于 ST-former 的疫情期间短时进站流预测

4.3.1　问题及数据简介

1. 问题分析

城市轨道交通凭借其运量大、速度快、准点率高、安全性高等优势,近十几年迎来了爆发式发展,已成为大中城市中不可或缺的公共交通工具。伴随着城市轨道交通线网规模的飞速扩张和客流量的急剧增长,其运营管理日趋复杂,系统的安全运营和优化管理面临巨大挑战。如何对列车运营管理进行优化,提高列车服务水平已然成为城市轨道交通运营管理部门亟待解决的问题。正如前文所言,城市轨道交通的短时客流预测为其运营管理提供了现代化、智能化、精准化决策支持,是城市轨道交通运营优化的重要前提。在既有研究中,绝大部分研究是针对常态客流展开预测的,挖掘常规运行环境下地铁客流的时空分布特征,为常态化的运营组织和客流管控提供基础数据支撑。

自 2019 年年底以来,新型冠状肺炎疫情在全球蔓延,严重影响了人们的生活,给人们的出行带来极大不便。疫情初期,政府和城市公共交通运营部门为防止疫情传播,暂停了包括城市轨道交通在内的多种城市公共交通的运营,人们无法选择公共交通出行,轨道交通客流量骤降至零;伴随疫情好转,城市轨道交通逐步恢复运营,但由于轨道交通密闭的车厢环境等原因,多数乘客仍然因为担心存在传播风险而抗拒选择公共交通出行,因此客流量处于较低水平;随着国内疫情得到控制,人们的生活基本恢复,城市轨道交通客运量逐步回升至原来水平。与常态客流特征不同,疫情期间城市轨道交通客流受疫情管控影响,存在很大的偶然性和突发性,且客流量远低于常规客流水平,属于非常态客流。如果运营管理部门不根据疫情期间客流的变化趋势及时调整运营管理策略,可能会因为客流的骤降或骤增导致运力浪费或运力不足,因此如何分析疫情防控等诸多因素对客流变化的影响,准确预测疫情期间客流,是城市轨道交通运营管理部门疫情期间必须克服的难题。本节内容以疫情期间的客流数据为研究对象,结合疫情指标数据和社交媒体数据,提出了基于深度学习的疫情期间短时客流预测模型,从而实现疫情期间客流的精确预测。

伴随着新冠疫情在全国的蔓延,疫情的突发性和反复性使疫情期间的城市轨道交通客流预测成为极具挑战性的任务。具体来讲,对城市轨道交通疫情期间客流进行预测时,需要考虑以下几个方面的问题:

(1) 客流在疫情不同阶段呈现不同的时空规律。例如疫情初期,为避免疫情飞速传播,城市公共交通暂停运营,导致客流骤降为零;随着疫情得到控制,城市公共交通恢复运营,由于市民对疫情存在恐惧心理,对公共交通持有犹豫态度,因此客流缓慢增长。由此可见,在疫情发展过程中,客流变化并非是满足单一规律的,如何建模疫情对客流时空规律的影响,精准刻画客流的时空特征,是疫情期间客流预测的一项重大难题。

(2) 常见的数理统计模型(如 ARIMA 模型等)或机器学习模型(如支持向量机等)通常针对站点级短时客流进行预测,并不适用于城市轨道交通网络级的短时客流预测,且预测实时性和预测精度有待提高。另外,现有大多数的深度学习模型在预测客流时仅考虑历史客流数据,事实上影响客流变化的因素很多,利用相关数据捕捉不同因素对客流的影响有利于提高预测的准确性,值得进一步研究。

(3) 近年来,多头注意力机制得到学术界广泛关注,部分学者将其应用于时间序列预测问题中,取得较为良好的预测效果(Guo and Lin,2021;Yan and Ma,2021;Ye and Fang,2022),但受限于计算内存无法处理大规模时间序列问题,需要对其改进(Zhou et al,2020);同时,传统图卷积具有捕捉节点间的空间关系的能力,但难以捕捉动态变化的客流空间依赖性,如何根据输入建模动态复杂的空间依赖性是一个值得探讨的问题。

鉴于以上几点考量,本节对传统的多头注意力机制和图卷积神经网络进行优化,搭建了基于编码器-解码器框架的地铁网络级的疫情短时客流预测模型 ST-former,模型考虑了疫情确诊病例和疫情相关社交媒体数据对城市轨道交通客流的影响,提高了预测的准确性,并通过实际案例研究验证了模型的有效性。具体内容如下:首先介绍疫情期间客流预测的问题定义以及本节内容使用的数据集,其次介绍深度学习相关知识、构建的 ST-former 模型框架以及模型的重要组成部分,最后进行案例研究分析。

2. 问题定义

本章的目标是利用历史 AFC 数据及其他可靠数据源,借助深度学习模型,预测疫情期间城市轨道交通全网车站的短时进站流。首先给出如下几个定义。

定义 4.4　客流矩阵。AFC 数据主要包括以下信息:乘客 ID 卡卡号、乘客到达时间、乘客到达站点、乘客离开时间、乘客离开站点。历史客流数据可以被提取并整合为不同时间粒度下的客流特征矩阵,例如 10min、15min 以及 60min。已知车站 n 历史所有乘客的出行信息 $p_n(t)$ 表示车站 n 在时段 t 内的进站客流,假设当前时段为 t,选用过去 ts 个时段的进站流构成客流矩阵预测未来 $t+1$ 时段的进站流 Y_{t+1}。

$$P^T = \begin{pmatrix} p_1(t-ts+1) & p_1(t-ts+2) & \cdots & p_1(t) \\ p_2(t-ts+1) & p_2(t-ts+2) & \cdots & p_2(t) \\ \vdots & \vdots & \ddots & \vdots \\ p_n(t-ts+1) & p_n(t-ts+2) & \cdots & p_n(t) \end{pmatrix} \quad (4-15)$$

其中,$P^T \in \mathbb{R}^{n \times ts}$ 表示在第 T 个时段城市轨道交通网络各个车站观察到的进站流,N 表示城市轨道交通网络站点个数,ts 表示用于预测客流的历史时间步。本研究以历史 12 个时间步的客流数据预测下一时间步的客流 Y_{t+1}。

定义 4.5　额外特征矩阵。给定新冠疫情期间相关社交媒体数据和确诊病例数据,$s_n(t)$ 和 $c_n(t)$ 可以定义为车站 n 在时段 t 的统计量(即相关社交媒体数据量以及确诊病例数)。需要注意的是,本研究假设社交媒体数据和确诊病例数据对每个地铁站点的影响一致,且社交媒体数据和确诊病例数据的观测时段与客流数据的时段保持一致,社交媒体数据矩阵 S^t、疫情确诊数据矩阵 C^t 与客流特征矩阵 P^t 形状相同。

定义 4.6　多重图。本研究基于特定的领域知识(拓扑、相似度等),构造多个图来表示地铁站点间的各种空间关系。这些图被定义为 $\{G_b=(S,E,A_b)\}_{b=1}^B$,其中 $S=\{s_1,s_2,\cdots,s_n\}$ 表示站点集合,n 是地铁站点数量,$e_{ij} \in E$ 表示站点的虚拟边。为表示地铁网络不同空间特征,本研究定义了权重矩阵 A_b,B 表示图结构的数量。本节考虑了三种空间关系,分别为物理连接性、功能相似性以及 OD 关联性。

邻接矩阵(adjacent matrix)　为了表示整个城市轨道交通网络的物理连接性,构建了一个邻接矩阵 $\boldsymbol{A} \in \mathbb{R}^{N \times N}$,由 0-1 变量组成。邻接矩阵的表达式为

$$\boldsymbol{A}_{\text{adj}}(i,j) = \begin{cases} 1, & \text{车站 } i \text{ 和车站 } j \text{ 相邻} \\ 0, & \text{其他} \end{cases} \tag{4-16}$$

功能相似性矩阵(functional similarity matrix)　除了城市轨道交通网络的物理特性,功能相似性也是空间特征的重要组成部分。一些节点(站点)在线网中没有连接或者距离很远,但它们承担着相似的功能(商业中心、通勤或换乘枢纽),因此具备相似的客流模式。定义 $x_i^t \in \mathbb{R}^{C \times \text{TS}}$ 为站点 s_i 的历史客流特征数据,其中 C 表示客流特征的数量,TS 表示在时段 t 内的时间步,则站点 s_i 和站点 s_j 的相似性权重定义如下:

$$W_{\text{sim}}(i,j) = \frac{\sum_{t=1}^{T} (x_i^t - \bar{x}_i)(x_j^t - \bar{x}_j)}{\sqrt{\sum_{t=1}^{T} (x_i^t - \bar{x}_i)^2} \sqrt{\sum_{t=1}^{T} (x_j^t - \bar{x}_j)^2}} \tag{4-17}$$

为了关注功能显著相似的站点客流关系,给定一个阈值权重 $\hat{W}_{\text{sim}}$,通过比较计算得到的权重与阈值权重构建功能相似性矩阵,计算如下:

$$\boldsymbol{A}_{\text{sim}}(i,j) = \begin{cases} W_{\text{sim}}(i,j), & W_{\text{sim}}(i,j) > \hat{W}_{\text{sim}} \\ 0, & \text{其他} \end{cases} \tag{4-18}$$

OD 关联矩阵(OD-correlation matrix)　考虑到目标站点的 OD 信息可以反映目标站点与其他站点的连接紧密程度,本研究从原始 AFC 数据中提取不同节点之间的 OD 特征,构建 OD 关联矩阵。站点 s_i 和站点 s_j 间的 OD 关联性定义如下:

$$W_{\text{OD}}(i,j) = \frac{\text{count}(i,j)}{\sum_{k=1}^{N} \text{count}(i,k)} \tag{4-19}$$

其中,$\text{count}(i,j)$ 表示由 i 到 j 的乘客总数。最终 OD 关联矩阵 $\boldsymbol{A}_{\text{OD}}$ 是通过选择权值大于阈值 $\hat{W}_{\text{OD}}$ 的边或选择 top-k 值的边来定义的,定义如下:

$$\boldsymbol{A}_{\text{OD}}(i,j) = \begin{cases} W_{\text{OD}}(i,j), & W_{\text{OD}}(i,j) > \hat{W}_{\text{OD}} \\ 0, & \text{其他} \end{cases} \tag{4-20}$$

为了方便计算,本节对所有矩阵采用行归一化处理。为保证自信息的传递,矩阵中加入自环(即将对角线元素设置为 1)。行归一化的矩阵可以通过如下公式计算:

$$\bar{\boldsymbol{A}}_b(i,j) = \frac{\boldsymbol{A}_b(i,j)}{\sum_{k=1}^{N} \boldsymbol{A}_b(i,k)}, \quad i,j = 1,2,\cdots,N \tag{4-21}$$

问题定义　假设当前时段为 $t-1$,给定该时段下的历史客流矩阵 $\boldsymbol{P}^{t-1}$,社交媒体特征矩阵 $\boldsymbol{S}^{t-1}$,新冠肺炎疫情确诊病例矩阵 $\boldsymbol{C}^{t-1}$ 以及城市轨道交通多重图网络 $\{\boldsymbol{G}_b\}_{b=1}^{B}$,学习映射函数 f 并预测下一个时间步 t 的客流。因此,问题可以表示为

第4章　城市轨道交通车站级与网络级非常态短时进站流预测

$$y_t = f(\boldsymbol{P}^{t-1}, \boldsymbol{S}^{t-1}, \boldsymbol{C}^{t-1}, \boldsymbol{G}_b) \tag{4-22}$$

其中，f 表示训练过程中要学习的模型。

3. 数据简介

本节使用的数据集为广西壮族自治区南宁市城市轨道交通 AFC 数据集，该数据集主要包括 2020 年 1 月 6 日—5 月 31 日南宁地铁 06:00—23:00 的 AFC 数据，涵盖疫情暴发、控制以及稳定阶段，具体数据集描述如表 4-6 所示。本节采用 10min、15min 等多个时间粒度分别提取各站点的进站客流数据，车站编号根据地铁线路和车站邻接关系排序。

本研究还从新浪微博爬取了特定时期（与客流数据的时段一致）内包含"新冠肺炎疫情""南宁"等关键词的相关博客。由于爬取的微博数量不足，本研究对微博数据进行扩样处理，最终得到与客流序列数据一致的社交媒体序列数据。另外，本研究从中国卫健委网站收集了南宁市 2020 年 1 月 6 日—5 月 31 日的新冠疫情每日确诊病例，整理得到与客流序列数据一致的疫情确诊病例数据。

表 4-6　数据集描述

数据集	NNMetro		
日期	2020 年 1 月 6 日—2020 年 5 月 31 日		
研究时段	06:00—23:00		
车站数量	61		
时间间隔	10min	15min	60min
周数	21	21	21
天数	147	147	147
一天的时间片	102	68	17
总时间片	14994	9996	2499

4. 相关性分析

图 4-9(a)、(b)分别为疫情期间的客流数据与社交媒体数据以及疫情确诊病例数据的比较。为研究疫情期间客流数据与疫情确诊数据以及疫情相关社交媒体数据是否存在潜在联系，本研究利用 SPSS 计算三者间的相关性系数，所得结果如表 4-7 所示。从表中可以看出在相关性分析结果中，三者的皮尔逊系数的绝对值均大于 0.55，具有显著相关性。其中，疫情期间客流数据与疫情相关社交媒体数据的皮尔逊系数为 -0.814，表明二者存在显著的负相关性；而疫情期间客流数据和疫情确诊病例数据的皮尔逊系数为 -0.585，表明二者具有适中的负相关性。因此有理由相信除历史客流数据，与疫情相关的数据源也可用于疫情期间城市轨道交通客流预测。

表 4-7　客流数据与疫情数据相关性分析

数　据　类　型	皮尔逊系数
疫情确诊病例数据	-0.585^{**}
疫情社交媒体数据	-0.814^{**}

注：** 表示 $p < 0.01$。

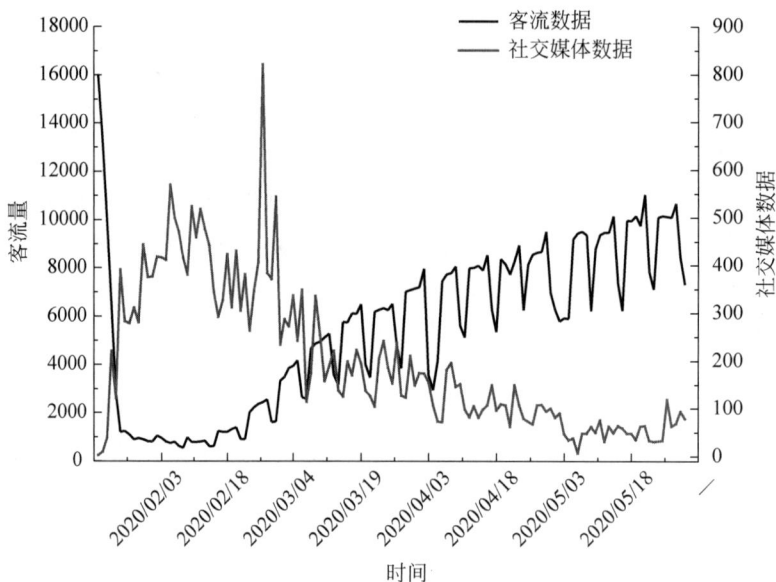

(a)

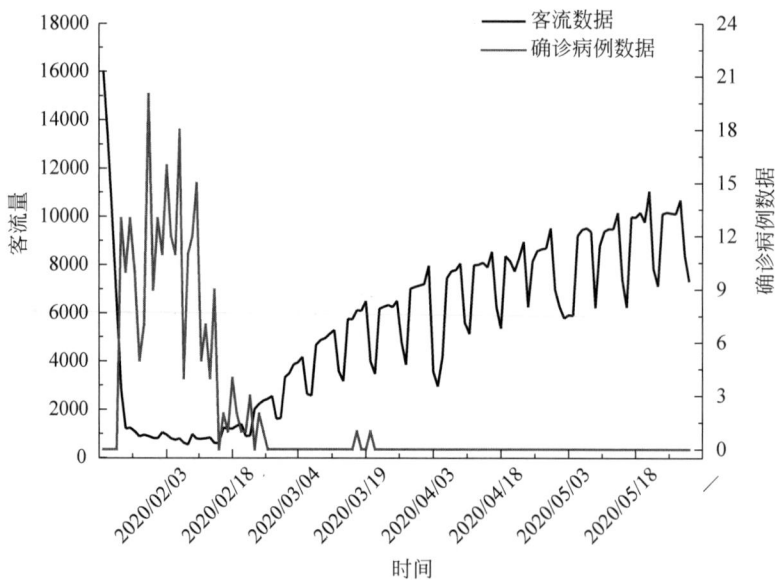

(b)

图 4-9   客流数据与疫情相关数据比较

4.3.2   ST-former 模型

    本节旨在解决如何精确预测城市轨道交通疫情期间短时进站流的问题。针对该问题,提出深度学习模型 ST-former 预测疫情期间客流,该模型对传统的多头注意力机制和图卷积神经网络进行改进,提出了因果卷积概率稀疏自注意力(casual-convolution probsparse self-attention,CPSA)和自适应多图卷积网络(adaptive multi-graph convolution network,AMGCN),并基于编码器-解码器框架提出 ST-former 模型用于捕捉动态复杂的客流时空依赖性;另外利用疫情确诊数据和相关社交媒体数据捕捉疫情对客流波动的影响和客流变化趋势,最终实现疫情期间短时客流的精准预测。通过在南宁地铁数据集上与多个先进模型进行比较,验证模型的预测效果。接下来,首先介绍模型所需要的预备知识,再详细介绍模型的各组成部分。

1. 概率稀疏注意力(probsparse attention)

注意力机制最初提出用于自然语言处理(Vaswani and Shazeer et al,2017),它提供了一种通用方法对查询(query)下的值集合(value)和键值(key)之间的相关性建模。分配给每个值(value)的相关权重由查询(query)的兼容性函数和与该值相关的相应键(key)计算。注意力机制可以看作一个将查询(query)和一组键值(key-value)对映射到输出的函数,其中查询、键和值都是向量,输出的计算结果是该值的加权和。

Transformer 提出基于点乘操作(scaled dot-product)的注意力机制,该机制通过查询(query)和值(value)之间的点积计算每个值的相关权值。具体来说,给定列数为 d_k 的查询(query)和键(key)(此处假定查询和键具有相同的列数)以及列数为 d_v 的值(value),注意力机制可以定义为

$$\text{Attention}(\boldsymbol{Q},\boldsymbol{K},\boldsymbol{V}) = \text{softmax}\left(\frac{\boldsymbol{Q}\boldsymbol{K}^T}{\sqrt{d_k}}\right)\boldsymbol{V} \tag{4-23}$$

然而,最近的研究(Child,2019;Li,2019)发现值(value)之间的注意力权值的分布具有潜在稀疏性,在进行查询(query)和键值(key)之间的计算时采用一些"选择"计数策略(只选择部分主要的查询与键值计算)可以在保持计算效果的前提下降低计算消耗和内存占用。从而解决长时预测中长序列输入输出导致内存不足的问题。本模型中,采用概率稀疏注意力机制(Zhou et al,2020)关注主要的查询(query),为了区分重要的查询,第 i 个查询的稀疏度定义如下:

$$M(q_i,\boldsymbol{K}) = \ln \sum_{j=1}^{L_K} e^{\frac{q_i k_j^T}{\sqrt{d}}} - \frac{1}{L_K}\sum_{j=1}^{L_K}\frac{q_i k_j^T}{\sqrt{d}} \tag{4-24}$$

其中,第一项是 q_i 对所有键值的 LSE(Log-Sum-Exp);第二项是它们的算术平均值。如果第 i 个查询(query)获得到一个更大的 $M(q_i,\boldsymbol{K})$,其"重要性"系数就更高,即在稀疏分布中具有较高的优势。基于查询(query)的稀疏度,概率稀疏自注意力可以仅关注 top-u 个主要的查询,其定义如下:

$$\text{ProbSparse Attention}(\boldsymbol{Q},\boldsymbol{K},\boldsymbol{V}) = \text{softmax}\left(\frac{\overline{\boldsymbol{Q}}\boldsymbol{K}^T}{\sqrt{d_k}}\right)\boldsymbol{V} \tag{4-25}$$

其中,$\overline{\boldsymbol{Q}}$ 表示与 $\boldsymbol{Q}$ 大小相同的稀疏矩阵,仅包含 top-u 个主要的查询(query),u 由恒定的采样因子 c 根据公式 $u = c \cdot \ln L_Q$ 所控制。

为联合处理来自不同表示子空间的信息,需要考虑多头注意机制。给定查询 $\boldsymbol{Q} \in \mathbb{R}^{L_Q \times d_{\text{model}}}$、键 $\boldsymbol{K} \in \mathbb{R}^{L_K \times d_{\text{model}}}$,以及值 $\boldsymbol{V} \in \mathbb{R}^{L_V \times d_{\text{model}}}$,其中 d_{model} 表示输入的特征大小,多头注意力机制首先将查询(query)、键(key)以及值(value)线性变换至不同子空间,然后并行计算注意力,多头注意力机制可以定义为

$$\text{MultiHead}(\boldsymbol{Q},\boldsymbol{K},\boldsymbol{V}) = \text{Concat}(\text{Head}_1,\text{Head}_2,\cdots,\text{Head}_H)\boldsymbol{W}^o \tag{4-26}$$

$$\text{Head}_h = \text{Attention}(\boldsymbol{Q}\boldsymbol{W}_h^Q,\boldsymbol{K}\boldsymbol{W}_h^K,\boldsymbol{V}\boldsymbol{W}_h^V) \tag{4-27}$$

其中,H 表示多头数;$\boldsymbol{W}_h^Q \in \mathbb{R}^{d_{\text{model}} \times d_k}$,$\boldsymbol{W}_h^K \in \mathbb{R}^{d_{\text{model}} \times d_k}$,$\boldsymbol{W}_h^V \in \mathbb{R}^{d_{\text{model}} \times d_v}$ 分别为 $\boldsymbol{Q}$、$\boldsymbol{K}$、$\boldsymbol{V}$ 的投影权重矩阵;$\boldsymbol{W}^o \in \mathbb{R}^{H \cdot d_v \times d_{\text{model}}}$ 表示最后输出的投影矩阵。在本节中,我们默认 $d_k = d_v = d_{\text{model}}/H$。

2. 图卷积神经网络(GCN)

交通网络通常以图的形式组织,因此用图的数学形式表示交通流网络是合理的。最初的研究却忽略了交通流网络的空间信息(Yu and Yin,2017),无论是基于卷积神经网络(CNN)还是循环神经网络(RNN)的交通流模型,均把交通流网络视为一个网格结构,导致无法有效提取隐藏的空间属性。由于图卷积网络(GCN)具有捕捉图结构中节点间的空间相关性的强大能力,越来越多的研究将其应用于交通预测领域,其基本思想是利用相邻节点的拓扑信息集成特征,以学习目标节点表示。具体来说,给定一个节点,GCN 首先整合其邻接特征以生成中间表示,接着通过线性投影和非线性激活函数处理该表示,从而推导出目标节点的表示。由 Kipf 等(2016)提出的基于一阶滤波器的图卷积神经网络具有良好表现性能,因此本节内容将以该版本的 GCN 进行研究,其定义如下:

$$Z^l = \mathrm{GCN}(Z^{(l-1)}) = \sigma(AZ^{(l-1)}W^{(l-1)}) \tag{4-28}$$

其中,$Z^{(l-1)} \in \mathbb{R}^{N \times d_{\mathrm{model}}}$ 表示第 $l-1$ 层的输入特征矩阵;W^{l-1} 表示第 $l-1$ 层的权重矩阵;$\sigma(\cdot)$ 表示非线性激活函数;$A \in \mathbb{R}^{N \times N}$ 表示带有自环的归一化邻接矩阵,定义如下:

$$A = \begin{cases} \hat{D}^{-\frac{1}{2}} \widetilde{A} \hat{D}^{-\frac{1}{2}}, & \text{无向图} \\ \hat{D}^{-1} \widetilde{A}, & \text{有向图} \end{cases} \tag{4-29}$$

其中,$\widetilde{A} \in \mathbb{R}^{N \times N}$ 表示带有自环的邻接矩阵;$\hat{D} \in \mathbb{R}^{N \times N}$ 表示邻接矩阵 $\widetilde{A}$ 的对角度矩阵。

3. 模型结构

1) 总体框架

ST-former 框架如图 4-10 所示,其主要思想是学习疫情期间城市轨道交通进站流的复杂动态时空依赖性,以便准确预测疫情期间地铁的进站流。本节提出的模型基于编码器-解码器框架,编码器和解码器均由多个相同的子层堆叠而成以实现深度建模,每个子层间采用残差连接以此优化训练过程。在将客流数据输入至模型以前,需要对其采取嵌入操作(embedding),本节提出标量注意力嵌入(scalar attention embedding)模块实现嵌入操作,一方面实现客流数据特征映射满足模型输入需求,另一方面强化重点特征便于刻画客流演变趋势。在编码器中,每个子层由 CPSA,AMGCN 以及特征提取(feature extract,FE)模块组成。CPSAs 可以以较低的计算量和内存对动态时间依赖性进行建模;AMGCN 以自适应的方式动态学习多图的空间依赖性;FE 模块则用于强化由 CPSAs 和 AMGCN 捕捉到的时空特征,以便下一层映射重点特征,因此其输入是 CPSAs 和 AMGCN 输出的融合矩阵。在解码器中,每个子层由带有掩码的 CPSA,规范化的自注意力机制以及时域卷积(temporal convolution)组成。与 CPSA 的功能相似,带有掩码的 CPSA 用于对解码器输入序列的时间依赖性进行建模,同时确保左侧每个位置无法学习到后面位置的信息特征;规范化的自注意力机制将编码器的输出与解码器的输入进行融合,确保解码器序列中每个位置上的信息都处理原始输入序列所有位置的信息;时域卷积用于捕捉客流动态长时的全局时间依赖性。为细化疫情期间的地铁客流演变趋势特征,刻画疫情对客流变化的影响,提出额外数据融合(extra data fusion)以整合疫情确诊病例数据和相关社交媒体数据。最后,全连接网络将客流数据特征映射至样本空间以获取预测值。

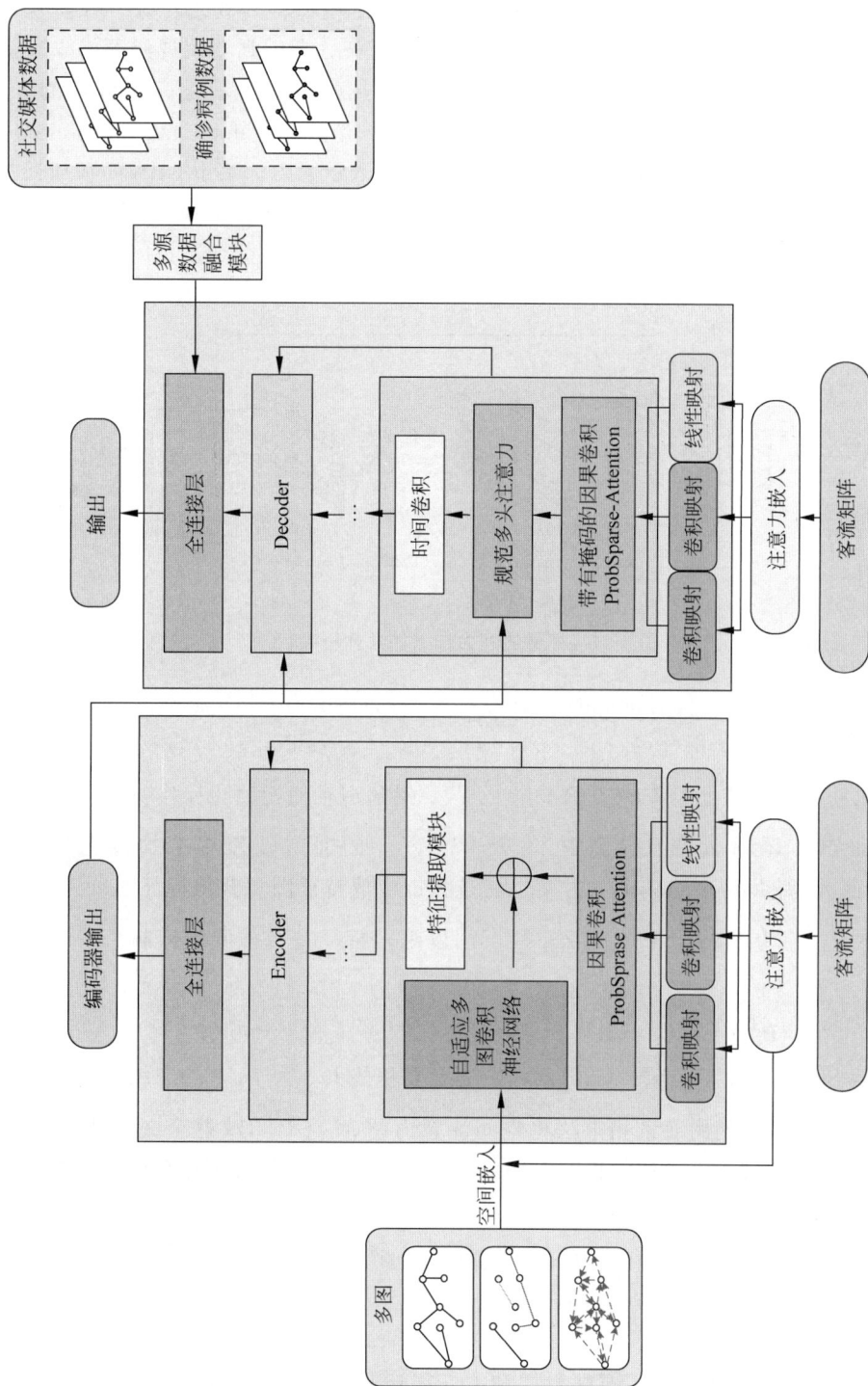

图 4-10 ST-former 框架（见文后彩图）

2）标量注意力嵌入（scalar attention embedding）

由于客流特征具有稀疏性（除局部特征峰值和边缘特征值外,其他特征值不突出）,因此本模型提出标量注意力嵌入,一方面实现特征映射,满足模型输入要求;另一方面强化特征,关注突出特征。图 4-11 为标量注意力嵌入的总体框架。考虑到卷积神经网络丰富的表示能力可以显著提升特征学习的性能,使用卷积操作加强特征表示是一个可行的方法。Woo 和 Park（2018）提出了卷积注意力模块（convolutional block attention module, CBAM）,通过学习特征增强或抑制,从而增强 CNNs 的表示能力。鉴于 CBAM 在捕捉特征方面的良好性能,该模块应用其组件之一的空间注意力（spatial attention）模块增强特征表示。需要注意的是,此处"空间"指的是图像的通道轴,与城市轨道交通客流的"空间"特性并不相同。

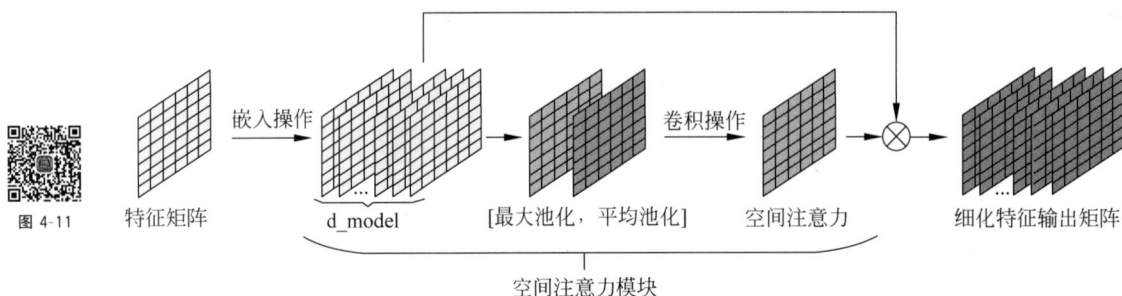

图 4-11 标量注意力嵌入的总体框架

空间注意力模块旨在利用特征的空间关系来强化特征。由于客流特征矩阵是二维矩阵,因此首先利用 2D 卷积核（kernel size＝3,stride＝1,padding＝1）将特征矩阵映射至 d_{model} 维,以获得嵌入特征矩阵 $\widetilde{\boldsymbol{P}}^T \in \mathbb{R}^{d_{model} \times N \times TS}$。沿通道轴使用池化操作可以有效关注重点部分,因此我们沿嵌入特征矩阵 $\widetilde{\boldsymbol{P}}^T \in \mathbb{R}^{d_{model} \times N \times TS}$ 的通道轴使用平均池化（average-pooling）和最大池化（max-pooling）,并将二者连接以生成特征图。获得特征图以后,使用卷积层生成空间注意力图 $M_S(\widetilde{\boldsymbol{P}}^T) \in \mathbb{R}^{1 \times N \times TS}$ 用以编码特征是否强调或抑制。空间注意力图定义如下：

$$M_S(\widetilde{\boldsymbol{P}}^T) = \sigma(\text{Conv2D}^{7\times7}([\text{AvgPool}(\widetilde{\boldsymbol{P}}^T)];[\text{MaxPool}(\widetilde{\boldsymbol{P}}^T)])) \tag{4-30}$$

其中,σ 表示 Sigmoid 激活函数;$\text{Conv2D}^{7\times7}$ 表示卷积核大小为 7×7 的二维卷积。

为细化客流特征,使用元素相乘法将空间注意力图 $M_S(\widetilde{\boldsymbol{P}}^T)$ 映射至嵌入特征矩阵 $\widetilde{\boldsymbol{P}}^T$ 中,该过程利用广播机制沿通道轴扩展空间注意力图的维度以实现同元素相乘。整体计算过程如下：

$$P' = M_S(\widetilde{\boldsymbol{P}}^T) \otimes \widetilde{\boldsymbol{P}}^T \tag{4-31}$$

其中,$\otimes$ 表示元素相乘,P' 表示细化的特征输出。

3）编码器

模型的编码器部分由输入一层映射层和 L_{en} 层相同的且带有残差连接的编码层组成。每个编码层由三部分组成,分别是 CPSA 机制,AMGCN 以及 FE 模块。CPSA 可以动态建模客流的局部时间依赖性;AMGCN 旨在捕捉除显示空间相关性之外的多种不同类型的隐藏空间相关性；FE 模块则用于对注意力权重较高的特征进行提炼，并在下一层进行聚焦特征映射。

（1）CPSA

正如前文所提到的，多头注意力机制能够联合关注来自不同表示子空间的信息。在许多研究中（Guo，2021；Zhang，2021），多头注意力机制将查询（query）、键（key）和值（value）视为相同符号表示序列，从而关注同一序列不同表示子空间中的信息。该机制可以在不考虑时间距离的条件下捕捉全局复杂的相关动态，实现精确的长期预测。然而，多头注意力机制最初提出是用于自然语言处理，主要针对离散数据（比如单词等），无法考虑连续数据的局部趋势特征。以图 4-12 的客流局部特征示意图为例，A、B、C 分别表示不同时刻下的数据点，其中 A 和 B 的客流量相同。在这种情况下如果采用最初的多头注意力处理客流数据，数据点 A 和 B 将会因为具有相同客流量而被赋予更高的相关性，事实上二者的局部趋势显著不同，具有不同的客流模式。相反，数据点 A 和 C 虽然客流数据不同，但存在相似的局部特征，具有相近的客流模式，应当赋予更高的相关性。由此可见，使用初始的多头注意力机制处理连续时间序列数据可能导致相关性权重分配错误。

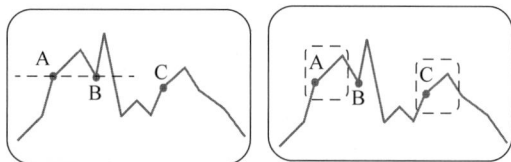

图 4-12　客流局部特征示意图

由于卷积运算可以考虑局部上下文计算特征表示，因此我们提出基于因果卷积（causal convolution）的自注意力机制——CPSA，该机制可以考虑客流局部演化趋势，以解决传统多头自注意力机制造成的相关性权重分配错误问题。与原先的多头注意力机制相比，CPSA 在计算注意力分数之前，将查询（query）和键值（key）的线性投影替换为因果卷积操作，在不考虑未来客流特征的情况下建模客流的局部演变趋势。因果卷积操作通过"扩张"操作获得更大的感受野以处理局部时间趋势捕捉的问题，同时仅考虑当前位置左边的历史客流数据避免提前学习到未来特征，图 4-13 扩散因果卷积为扩散因果卷积的具体操作。

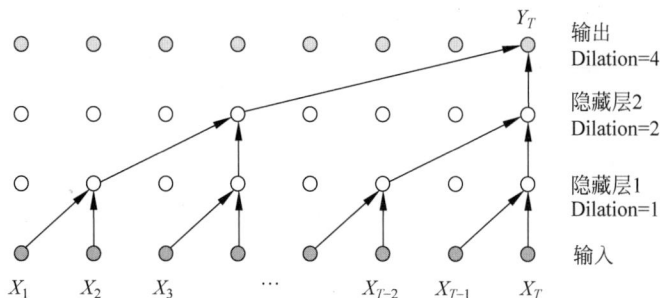

图 4-13　扩散因果卷积

除此之外，我们使用概率稀疏自注意力机制替换最初的自注意力机制，关注具有更高注意力权重的优势表示以减少时间复杂度和内存占用，从而解决大规模时序处理中长序列输入导致内存不足问题。总的来说，CPSA 可以定义为

$$\text{MultiHead}(\boldsymbol{Q},\boldsymbol{K},\boldsymbol{V}) = \text{Concat}(\text{ConvHead}_1,\text{ConvHead}_2,\cdots,\text{ConvHead}_h)\boldsymbol{W}^o \quad (4\text{-}32)$$

$$\text{ConvHead}_h = \text{ProbSparse Attention}(\boldsymbol{Q}*\mathbb{C}_h^q,\boldsymbol{K}*\mathbb{C}_h^k,\boldsymbol{V}\cdot\boldsymbol{W}_h^v) \quad (4\text{-}33)$$

其中，$\mathbb{C}_h^q$ 和 $\mathbb{C}_h^k$ 表示 $\boldsymbol{Q}$ 和 $\boldsymbol{K}$ 的卷积核；$\boldsymbol{W}_h^v$ 表示投影权重矩阵；"$*$"表示因果卷积操作；"$\cdot$"表示线性投影，并且所有的节点共享权重。

（2）AMGCN

传统的 GCN 模型依靠单一的预定义邻接矩阵构造图结构，且邻接节点间的权重在学习过程中通常保持不变。然而，节点间的空间依赖性通常随时间变化而变化，仅依靠单一静止的邻接矩阵无法充分捕捉多重的动态空间依赖性。例如，实际中没有相邻的两个节点可能具有相同的客流特征，而实际中相邻的两个节点可能没有联系。因此，将传统的图卷积模型应用于动态复杂的客流预测并不合适。

受到 Graph Transformer（Dwivedi and Bresson，2020）和 Graph WaveNet（Wu and Pan，2019）的启发，我们提出一个基于自适应邻接矩阵 $\widetilde{\boldsymbol{A}}_{\text{adp}}$ 的自适应多图卷积网络（AMGCN）。具体来说，自适应矩阵并不需要任何先验知识，并且通过随机梯度下降实现端到端学习。首先随机初始化两个含有可学习参数的节点嵌入（node embedding）$N_i,N_j\in\mathbb{R}^{N\times d_{\text{model}}}$，然后通过以下公式生成自适应邻接矩阵：

$$\widetilde{\boldsymbol{A}}_{\text{adp}} = \text{Softmax}(\text{ReLU}(N_i\cdot N_j^T))\in\mathbb{R}^{N\times N} \quad (4\text{-}34)$$

通过 N_i 与 N_j 相乘，可以求出节点 i 和节点 j 之间的空间依赖权值。使用 ReLU 激活函数可以忽略节点间较弱的相关性，使用 Softmax 激活函数可以归一化自适应邻接矩阵。本质上讲，自适应邻接矩阵是对节点之间不确定关系的补充，但仅仅使用自适应邻接矩阵无法充分反映复杂多重的空间依赖性，同时缺乏可解释性。因此，增加其他先验知识也许可以充分挖掘隐藏的空间依赖性并增加可解释性。

下面，我们构建了三种类型的图 $\{G_b=(\boldsymbol{S},\boldsymbol{E},\boldsymbol{A}_b)\}_{b=1}^3$ 分别表示不同类型的空间关系，分别是邻接矩阵、功能相似矩阵以及 OD 权值矩阵。这些图结构首先通过一种经典的图嵌入技术，即特征映射转换为空间嵌入（spatial embedding）$\{Z_b^i\}_{b=1}^3\in\mathbb{R}^{N\times d_{\text{model}}}$。计算得到空间嵌入后，模型采用一种可学习的近似自注意机制来生成空间相关权值矩阵 $\{\boldsymbol{S}_b\}_{b=1}^3$，其中 $S_b^{ij}\in\boldsymbol{S}_b$ 表示节点 i 与节点 j 的第 b 个空间相关性，其表达式为

$$S_b^{ij} = \text{Softmax}\left(\frac{Z_b^i\cdot Z_b^{j^T}}{\sqrt{d_{\text{model}}}}\right)\in\mathbb{R}^{N\times N} \quad (4\text{-}35)$$

给定自适应邻接矩阵 $\widetilde{\boldsymbol{A}}_{\text{adp}}$ 和空间相关性权值矩阵 $\{\boldsymbol{S}_b\}_{b=1}^3$，AMGCN 首先进行图卷积操作，然后将聚合的表示通过线性投影转化为最终的空间信息输出 Z^l，计算过程表示如下：

$$\boldsymbol{Z}_b^l = \text{GCN}(\boldsymbol{Z}_b^{(l-1)}) = \sigma((\widetilde{\boldsymbol{A}}_{\text{adp}}\oplus\boldsymbol{S}_b)\boldsymbol{Z}_b^{(l-1)}\boldsymbol{W}^{(l-1)}) \quad (4\text{-}36)$$

$$\boldsymbol{Z}^l = \text{Linear}(\text{Concat}(\boldsymbol{Z}_1^l,\boldsymbol{Z}_2^l,\cdots,\boldsymbol{Z}_b^l)) \quad (4\text{-}37)$$

其中，$Z_b^{(l-1)} \in \mathbb{R}^{N \times d_{\text{model}}}$ 表示第 $l-1$ 层的第 b 个输入特征矩阵；$W^{(l-1)}$ 表示第 $l-1$ 层的权值矩阵；$\sigma(\cdot)$ 表示非线性激活函数；$\oplus$ 表示元素相加操作。

（3）FE 模块

考虑到由自注意力计算得到的注意力权值具有稀疏性（仅有少数节点具有较高的注意力权值，其他节点对全局序列影响较小），我们提出 FE 模块用于专注具有较高注意力权值的特征便于下一层进行更为集中的特征自注意力映射。受 Informer 中的自注意蒸馏机制（self-attention distilling）的启发（Zhou and Zhang et al,2020），模型第 j 层到第 $j+1$ 层的特征提取操作可以定义如下：

$$X_{j+1}^t = \text{MaxPool}(\text{ReLU}(\text{Attention Conv}([X_j^t]_{\text{SA}}))) \tag{4-38}$$

其中，$[\cdot]_{\text{SA}}$ 表示自注意力机制模块 CPSA，Attention Conv($\cdot$) 表示通道注意力模块和空间注意力模块，二者是 CBAM 的重要组成部分，通过将跨通道注意力和空间注意力结合起来，专注于具有高注意力权值的特征。在 Attention Conv($\cdot$) 模块，我们依次使用带有 RELU 激活函数的通道注意力和空间注意力模块以便每个分支均可以学习要强调的信息。然后使用 MaxPool 操作对特征进行下采样，以便关注主要特征并在下一层进行更为集中的特征注意力映射。

4）解码器

模型的解码器由一层输出层和 L_{de} 层相同的且带有残差连接的解码层堆叠而成。每个解码层由三部分组成，分别是带有掩码（masking）的 CPSA，规范化的自注意力机制以及时间卷积模块（temporal convolution block）。

（1）带有掩码的 CPSA：该模块旨在捕捉解码器序列，其工作原理与 CPSA 基本相似。唯一不同是采用掩码操作避免每个位置学习到后面位置的特征。掩码设置为一个 $T \times T$ 矩阵，其对角线上方元素设置为 $-\infty$，其他位置均为 0，因此带有掩码的 CPSA 可以定义为

$$\text{ProbSparse Attention}(Q,K,V) = \text{Softmax}\left(\frac{\overline{Q}K^T}{\sqrt{d_k}} + \text{mask}\right)V \tag{4-39}$$

（2）规范自注意力模块：该模块将编码器的输出与每一个解码层相连接，将编码器的输出视为键（key）和值（value），将带有掩码的 CPSA 的输出视为查询（query）进行注意力计算，使解码器可以沿时间维度自适应地参与编码特征。至于时间卷积模块则用于捕捉长时历史客流的全局时间依赖性。

（3）时间卷积模块：为进一步捕捉客流的动态长时时间依赖性，我们在规范注意力机制后加入时间卷积模块，该模块主要由扩散因果卷积（Lea and Flynn,2017）以及时间注意力组成。由于传统的卷积运算通过叠加卷积层实现对时间序列数据长期时间依赖性的学习，计算成本较大，因此本节采用"扩散"操作增大卷积过程中的感受野，以较低的计算成本捕捉长期历史时间特征。另外，为避免提前学习到未来的时间特征信息，该模块同时运用了因果卷积，仅考虑当前位置左侧的历史信息。为关注客流数据的主要时间特征，本节还使用时间注意力沿时间维度提取重要的时间特征。与 CBAM 相似，我们沿时间维度使用 MaxPool 和 AvgPool 以获取时间注意力权值，根据该注意力权值通过元素相乘获取重要的时间特征。另外，使用残差连接优化训练过程

并加速模型的收敛。

5）额外数据融合（extra data fusion）模块

特征数据融合通过将疫情数据、疫情相关社交媒体数据与客流数据相融合，以强化客流随时间演变的趋势特征，刻画疫情对客流变化的影响，图 4-14 为额外数据融合模块的主要框架。本节实验中，没有额外数据融合模块的 ST-former 的预测性能下降，表明该模块对于 ST-former 不可或缺。

为合理地融合特征数据，我们在建模过程中根据特征数据相关性分析的结果按比例分配疫情确诊数据和疫情相关社交媒体数据的动态相关性。具体来说，首先将社交媒体数据和疫情确诊数据映射为 4 维特征矩阵（batch-size，channels，station-number，time steps），接着将通道维度线性化为 5 个通道，社交媒体数据与疫情数据占比为 3∶2。在按比例分配后，使用卷积核大小为 3×3 的 2D 卷积处理特征矩阵，以捕捉时间特性并使特征矩阵的维度与客流矩阵保持一致。另外，我们沿时间维度采用池化操作以进一步提炼时间趋势特征，最后将特征数据矩阵与客流矩阵进行相乘从而完成数据融合。

6）多重周期性（multiple periodicity）

客流数据往往具有明显的周期性，因此本节进一步考虑了隐藏在客流数据中的两类周期性模式，分别是周周期（weekly periodicity）性和日周期（daily periodicity）性。每周周期性是指每周同一时段客流的相似特征，主要由规律性的出行活动造成，比如通勤上下班或者上学放学。每日周期性是指相邻两天同一时段的客流特征，例如相邻两个工作日的客流具有相似的高峰趋势。为准确描述客流的周期特性，除历史 TS 个时间步的客流数据外，本节引入了另外两类数据类型。

周周期张量　为捕捉周周期性，我们考虑了上周同一时段步长为 TS 的客流数据，可以表示为 $\boldsymbol{P}_w^T \in \mathbb{R}^{N \times \text{TS}}$。本节内容研究的时间段是 06:00—23:00 共 17h，假设时间间隔（例如 10min，30min 等）为 tl，时间步为 ts，当前时间片为 t，每周周期可以定义为：

$$
\begin{aligned}
\boldsymbol{P}_w^T = \Bigg(& p_N\left(t - \left(\frac{17 \times 60}{\text{tl}} \times 7\right) - \text{ts} + 1\right), \\
& p_N\left(t - \left(\frac{17 \times 60}{\text{tl}} \times 7\right) - \text{ts} + 2\right), \cdots, p_N\left(t - \left(\frac{17 \times 60}{\text{tl}} \times 7\right) - 1\right)\Bigg)
\end{aligned}
\tag{4-40}
$$

日周期张量　类似地，为捕捉日周期性，我们考虑了昨天同一时间段时间步长为 TS 的客流，得到每日周期张量 $\boldsymbol{P}_d^T \in \mathbb{R}^{N \times \text{TS}}$，其定义如下：

$$
\begin{aligned}
\boldsymbol{P}_d^T = \Bigg(& p_N\left(t - \left(\frac{17 \times 60}{\text{tl}}\right) - \text{ts} + 1\right), \\
& p_N\left(t - \left(\frac{17 \times 60}{\text{tl}}\right) - \text{ts} + 2\right), \cdots, p_N\left(t - \left(\frac{17 \times 60}{\text{tl}}\right) - 1\right)\Bigg)
\end{aligned}
\tag{4-41}
$$

在获取每周周期张量 $\boldsymbol{P}_w^T$ 和每日周期张量 $\boldsymbol{P}_d^T$ 后，我们将历史 TS 个时间步的客流张量 $\boldsymbol{P}_c^T$ 与之拼接，得到一个新的客流张量 $\boldsymbol{P}^T \in \mathbb{R}^{N \times (3 \times \text{TS})}$ 作为模型的输入。图 4-15 展示了三种不同客流周期张量在时间轴上的表示。

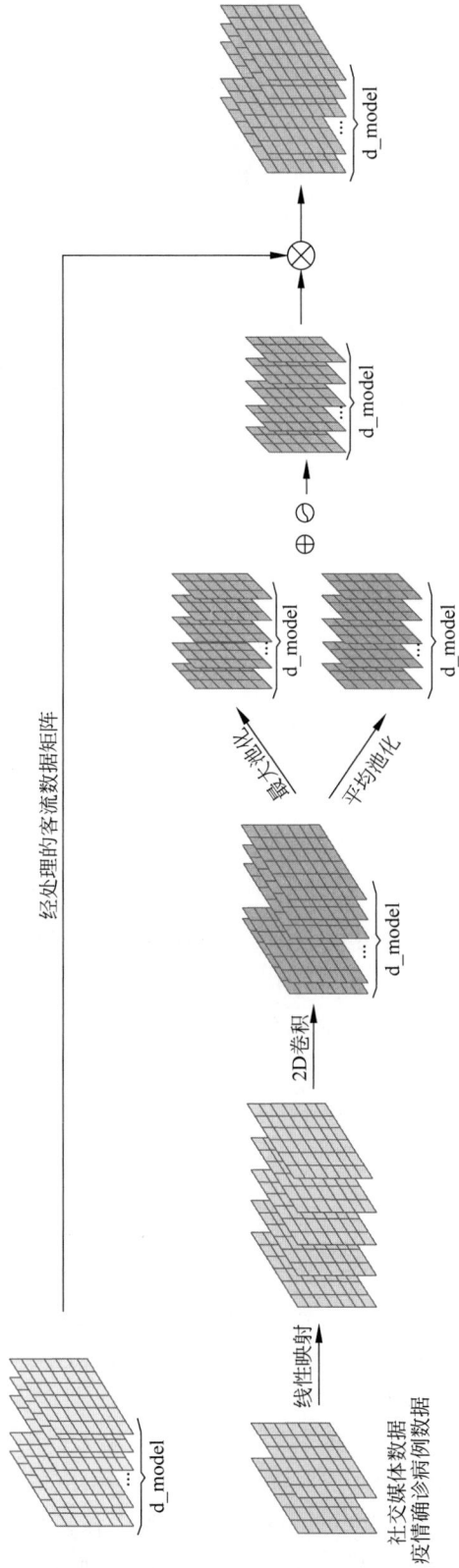

图 4-14　额外数据融合模块

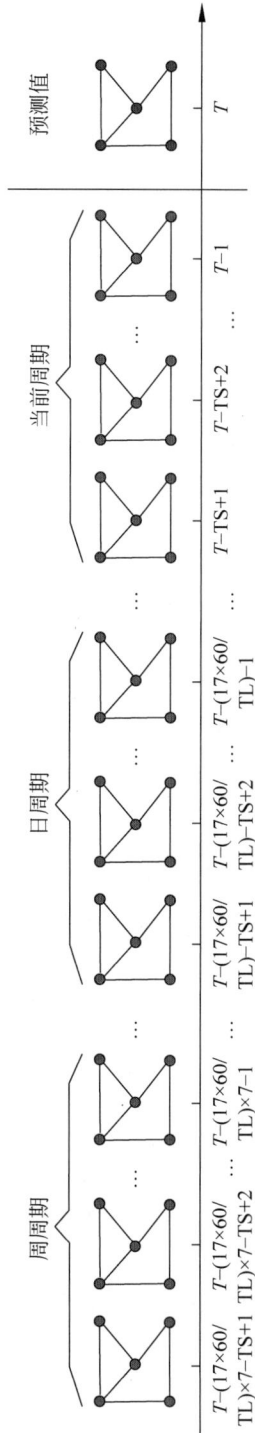

图 4-15　客流周期性表示

4.3.3　模型配置

1. 评价指标与损失函数

本节使用均方误差（MSE）作为损失函数，使用均方根误差（RMSE）、平均绝对误差（MAE）和加权平均绝对百分比误差（WMAPE）作为模型预测效果的评价指标，它们的表达式分别为

$$LOSS = MSE = \frac{1}{N}\sum_{i=1}^{N}(\widetilde{X}_i - X_i)^2 \tag{4-42}$$

$$RMSE = \sqrt{\frac{1}{N}\sum_{i=1}^{N}(\widetilde{X}_i - X_i)^2} \tag{4-43}$$

$$MAE = \frac{1}{N}\sum_{i=1}^{N}|\widetilde{X}_i - X_i| \tag{4-44}$$

$$WMAPE = \sum_{i=1}^{N}\left(\frac{X_i}{\sum_{j=1}^{N}X_j}\left|\frac{\widetilde{X}_i - X_i}{X_i}\right|\right) \tag{4-45}$$

其中，$\widetilde{X}_i$ 为预测值；X_i 为真实值；N 为所有预测值的样本数目。

2. 模型配置

本实验中，我们以 12∶4∶5 的比例将南宁地铁客流数据集按时间划分训练集、验证集和测试集。所有数据使用 Min-Max Scaler 归一化方法归一化至 [0,1] 的范围内并输入模型中。本节使用 PyTorch 框架搭建 ST-former，该模型分别由三层编码层和三层解码层堆叠而成。经过微调（fine-tuning）后，模型的特征大小 d_{model} 为 24，多头数 H 为 3，历史时间步 TS 为 12，批大小（batch size）为 32。为提升训练效果避免过拟合，每个编码层和解码层加入概率为 0.1 的 dropout 层。模型的优化器为 Adam，其学习率为 0.0005。同时采用早停法（early stopping）进行迭代，其参数 patience 设置为 100。

3. 基准模型

为了全面评价 ST-former 的预测性能，将在南宁地铁疫情客流数据集上比较 ST-former 与其余 11 个基准模型的预测效果。基准模型的细节描述如下：

ARIMA：作为一种经典的数理统计模型，ARIMA 模型在时间序列处理领域得到了广泛的应用。ARIMA 模型的滞后阶数、差值程度和移动平均线阶数三个参数经过微调后分别为 2、1 和 1。

LSTM：作为循环神经网络（RNN）的变体，LSTM 模型最早在 2015 年应用于交通流预测领域（Ma' and Tao et al，2015）。本节使用由两层隐藏层和一层全连接层组成的 LSTM 模型。每个 LSTM 隐藏层含有 64 个神经元，全连接层含有 128 个神经元。该模型同样使用 Adam 作为模型优化器，其学习率为 0.0005。实验利用新冠疫情期间南宁地铁的客流对

模型进行训练,模型输入是地铁全网 61 个地铁站点历史 12 个时间步的进站流序列;输出是地铁全网 61 个地铁站点下一个时间步的进站客流。

2D CNN:本节使用由一层 CNN 层和一层全连接层组成的 2D CNN 模型。CNN 层含有 8 个大小为 3×3 的卷积核,填充(padding)为 1,步长(stride)为 1;全连接层含有 128 个神经元。其余参数设置与 LSTM 模型保持一致。

T-GCN:该模型由 Zhao(2020)等提出,结合了 GCN 和 GRU 以捕捉交通流的时空相关性。本节提出一个由三层 T-GCN 层和一层全连接层组成的 T-GCN 模型。全连接层含有 128 个神经元,T-GCN 子层的设定与原模型保持相同。其余参数设置与 LSTM 模型保持一致。

ST-ResNet:该模型(Zhang and Zheng et al,2017)使用了残差卷积单元建模时间依赖性。本节仅使用三个残差卷积单元分支搭建模型,没有考虑额外因素(天气、日期属性等)对预测效果影响。模型的参数与原模型保持一致。

ConvLSTM:该模型由 Shi(2015)提出,最初应用于降雨量预测。本实验对模型进行修改以满足客流预测的输入维度。我们使用由三层隐藏层和两层全连接层组成的 ConvLSTM 模型。每个全连接层包含 128 个神经元,而每个 ConvLSTM 子层的参数与原模型保持一致。

DCRNN:该模型(Li and Yu,2017)通过使用双向随机游走捕捉空间相关性,将交通流建模为有向图中的扩散过程;同时利用编码器-解码器框架捕捉时间依赖性。通过 github 上的代码实现该模型,其余参数设置与 LSTM 模型保持一致。

Graph WaveNet:该模型(Wu and Pan,2019)提出了一种自适应依赖性矩阵捕捉动态空间关联性,并使用扩散的 1D 卷积神经网络建模时间特征。通过 github 上的代码实现该模型,其余参数设置与 LSTM 模型保持一致。

Transformer:该模型于 2017 年(Vaswani and Shazeer et al)提出并被用于自然语言处理(NLP),随后逐渐用于时间序列处理。本节搭建了包含三层编码层和三层解码层的 Transformer 框架。其中,多头数设置为 8,特征大小 d_{model} 为 512。Transformer 的输出将输入到两层全连接层进行预测,每层全连接层包含 128 个神经元。其余参数设置与 LSTM 模型保持一致。

MGT(Meta Graph Transformer):该模型(Ye and Fang,2022)是原始 Transformer 的一个变体,包含了三种类型的注意力机制,分别是时间自注意力(temporal self-attention)机制、空间自注意力(spatialself-attention)机制以及时间编码器-解码器注意力(temporal encoder-decoder attention)机制,通过三种注意力机制充分捕捉客流时空特征。我们通过 github 上的代码实现了 MGT,其余参数设置与 LSTM 模型保持一致。

Informer:该模型(Zhou and Zhang et al,2020)作为 Transformer 的变体在长时间序列预测问题上表现更好,且保持较低的计算成本和内存占比。本节搭建了含有三层编码层和三层解码层的 Informer 框架,其中多头数为 8,特征大小 d_{model} 为 512,其余参数设置与 LSTM 模型保持一致。

4.3.4　预测结果分析

1. 总体预测效果分析

所有模型在南宁地铁客流数据集上的预测效果如表 4-8 所示。从表中可知,ST-former

模型在不同时间粒度的预测效果均优于其他基准模型。在 10min 时间粒度下,ST-former 模型相较于基准模型中表现最好的模型预测指标 MAE、RMSE 和 WMAPE 分别提升了 3.95%、2.95% 和 3.04%。在 15min、60min 时间粒度下 ST-former 均取得了类似的预测效果,其中 MAE 分别提升了 3.84% 和 5.20%,RMSE 分别提升了 3.52% 和 5.21%,WMAPE 分别提升了 3.17% 和 5.22%。

表 4-8　模型预测效果评价指标

模　　型	10min			15min			60min		
	RMSE	MAE	WMAPE	RMSE	MAE	WMAPE	RMSE	MAE	WMAPE
ARIMA	31.355	16.325	28.47%	46.279	23.881	27.92%	179.352	95.291	28.71%
LSTM	19.051	10.376	17.89%	26.959	14.980	17.34%	113.782	61.716	17.75%
CNN	19.323	10.597	18.24%	25.391	13.885	16.08%	91.921	50.066	14.40%
T-GCN	18.804	10.496	18.01%	25.381	14.029	16.22%	98.932	53.705	15.45%
DCRNN	18.769	10.309	17.78%	26.589	14.279	16.45%	90.747	49.675	14.29%
ConvLSTM	18.246	9.962	17.15%	24.902	13.534	15.56%	91.453	51.021	14.82%
Graph WaveNet	18.074$^+$	10.013	17.27%	26.444	14.158	16.30%	111.806	64.656	18.60%
ST-ResNet	18.095	9.920$^+$	17.10%$^+$	24.725$^+$	14.009	16.08%	88.424	50.462	14.52%
Transformer	18.770	10.258	17.35%	25.777	14.283	16.30%	138.327	84.783	24.39%
MGT	18.892	10.475	18.03%	27.174	14.822	17.01%	105.146	57.853	16.64%
Informer	18.142	10.172	17.52%	24.738	13.520$^+$	15.46%$^+$	79.128$^+$	43.273$^+$	12.45%$^+$
ST-fomer	**17.543**	**9.789**	**16.83%**	**23.910**	**13.066**	**14.95%**	**74.655**	**41.032**	**11.75%**

注:加黑数字表示最好的结果。(预测效果最好的模型其评价指标加粗表示,预测效果其次的模型评价指标附上"+")

具体来说,数理统计模型 ARIMA 在所有情况下表现最差,这是由于这类模型仅适用于处理平稳时间序列数据,且只能捕捉有限的线性相关性。与数理统计模型相比,表 4-8 中的深度学习模型由于其复杂的函数形式和强大的特征建模能力,展现出更优秀的预测性能。然而基于深度学习的预测模型也会因为其结构而影响特征建模的能力。传统深度学习模型 CNN 考虑了空间特征,LSTM 考虑了时间特征,均没有同时考虑时空关系,因此在表中的预测效果仅优于 ARIMA 模型。

近年的研究发现,组合化的深度学习模型具有更强的预测能力。T-GCN 模型作为一种典型的基于 GCN 的时空图数据预测模型,利用 GCN 和 GRU 获取客流数据的时空相关性,但受限于 GCN 在捕捉动态空间依赖性的能力以及 GRU 无法并行计算的缺陷,该模型在预测性能上远差于 ST-former 模型。DCRNN 模型利用 RNN 的优势建模时间相关性,同时基于双向随机游走的图卷积提取空间相关性,但模型仅依靠一个预定义的邻接矩阵并不足以捕捉交通流网络中的动态空间相关性,导致预测效果有限。ConvLSTM 模型将卷积结构集成至 LSTM 模型中,以同时捕获时间相关性和空间相关性,但缺乏对图结构的建模,限制了模型捕获复杂空间相关性的能力。ST-ResNet 模型利用基于卷积的残差网络对空间相关性进行建模,并利用三种残差网络对序列的实时性、周期性和趋势特性进行建模。同样,该模型没有考虑交通流网络的图结构,无法充分捕捉动态空间依赖关系。Graph WaveNet 模型针对 GCN 只能捕捉静态空间相关性的问题,开发了自适应图卷积以捕捉隐藏的空间属性,同时模型利用一维扩张卷积捕获长期时间依赖性,但建模长时时间依赖性需要叠加多层

CNN 网络,计算成本高。

由于多头注意力机制可以克服长程依赖问题,并行计算时间序列中各位置的相关性权重,近年来被广泛应用于时间序列处理方面。基于 Transformer 的预测模型(如 Transformer 和 Informer)使用多头注意力机制建模多重时间依赖性。然而过长的时间序列输入会导致 Transformer 模型在运算过程中存在内存瓶颈,因此初始 Transformer 模型并不适合长时间序列预测;而 Informer 模型克服了计算过程中内存瓶颈的问题,以较低的计算成本和内存保持着较高的预测容量,这也是 Informer 模型在本实验 60min 粒度情况下取得第二好预测效果的原因。但这两个模型忽略了城市轨道交通的空间相关性,导致在部分时间粒度下的预测效果不好。另外一个基于 Transformer 的模型 MGT 将图结构集成到模型中,通过元学习向注意力层注入相关信息以引导注意力机制建模空间和时间异质性,该模型最初提出时是用于道路交通流预测,而地铁客流的时空特性与道路交通流的时空特性明显不同,导致模型在南宁地铁数据集上预测效果不佳。

与上述模型相比较,ST-former 模型在三个时间粒度下的预测误差均达到最小。该模型提出 CPSA 建模复杂的时间依赖性,同时考虑当前的实时周期性、日周期性和周周期性以全面捕捉全局时间依赖性。此外,该模型提出了一个全新的自适应多图卷积网络(AMGCN),以考虑具有多种隐藏空间模式(物理连通性、功能相似性、OD 关联性)的动态空间依赖性。该模型进一步将疫情确诊数据与相关社交媒体数据与客流数据进行融合,研究疫情对客流波动的影响,以强化客流随时间演变的趋势特征。最终的实验结果验证了该模型的优越性。

2. 单站点预测效果分析

不同地铁站点具有不同的客流模式,会影响模型在不同地铁站点的预测效果。本节选择了三个不同类型的车站验证 ST-former 模型的鲁棒性,图 4-16 为不同车站的客流预测结果(选取了 5 月 25 日—5 月 31 日共计一周的预测效果进行可视化)。第一个车站是亭洪路站,毗邻商业中心,具有明显的商业中心性质;第二个车站是广西大学站,该车站是一个典型的通勤车站,大量乘客上下班都会经过该站;第三个车站是南宁火车站,该车站是一个大型的换乘枢纽,可以实现多种交通方式的换乘,车站客流以换乘客流为主。

总体而言,虽然三个车站的客流模式不尽相同,但三者在疫情期间均出现了客流骤减的情况,说明疫情影响了乘客的出行。下面具体分析该模型三个车站的客流预测情况。图 4-16(a)为亭洪路站的预测效果图,从图中可以看出 ST-former 模型对该站点客流的总体趋势预测效果良好。工作日该站台客流呈现明显的早晚高峰特征,且晚高峰客流明显高于早高峰,ST-former 模型提出的 CPSA 机制可以充分捕捉客流的局部趋势特征,克服了客流预测局部峰值预测欠拟合问题。至于周末,乘客无需上班,客流自然有所减少,但该站点位于主要商业中心附近,人们会选择周末来此休闲放松,因此周末从下午开始客流呈上升趋势,直至晚上的客流高峰。ST-former 模型提出了时间卷积模块以拟合周末客流总体变化趋势,同时 CPSA 机制可以精确刻画客流的局部峰值,但模型对客流波动的刻画效果有待加强。

图 4-16(b)为广西大学站的客流预测效果图,从图中可以看出无论总体客流趋势还是局部客流波动,模型均表现出良好的预测性能。工作日期间该站点呈现明显的早晚高峰客流特征,但与亭洪路站不同,站点的早高峰客流显著高于晚高峰;至于周末时段,由于周六

可能存在加班情况，因此周六客流仍具备早晚高峰特征，周日人们一般选择休息因此客流无明显通勤特征。ST-former 模型中的特征提取模块可以提取客流的重要特征(局部峰值、边缘值等)，显著提高了模型的预测能力。

图 4-16(c)为南宁火车站的客流预测效果图。与前两个车站不同，南宁火车站作为典型的换乘车站，客流不具备明显的通勤特征(早晚高峰特征)，其客流量明显大于其他两个车站，另外该站点在下午和晚上客流存在两个高峰，且周末客流量大于工作日客流量，符合人们倾向选择周末远行的一般规律。本节提出的模型 ST-former 可以捕捉客流的总体变化趋势，因此在南宁火车站的客流预测效果良好。

图 4-16

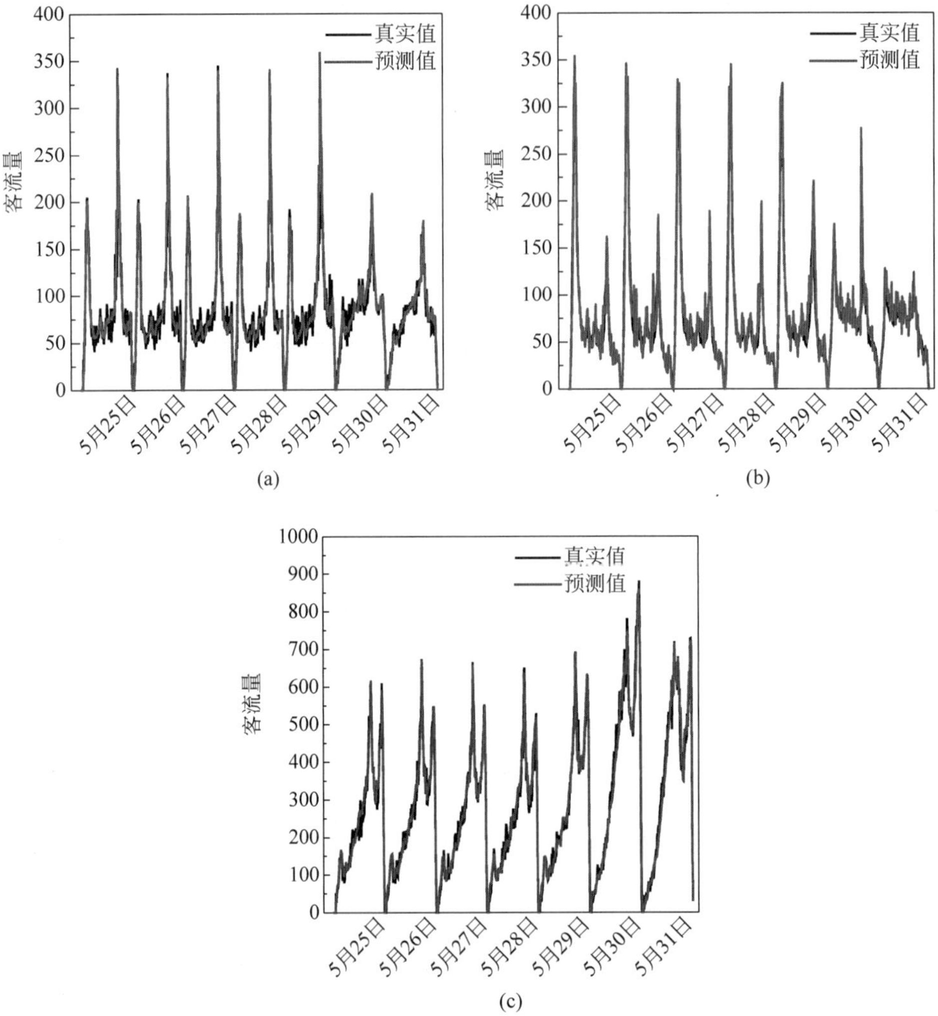

图 4-16 单站点预测效果图

(a) 亭洪路站；(b) 广西大学站；(c) 南宁火车站

总的来说，ST-former 模型使用 CPSA 机制捕捉客流的局部依赖性，使用特征提取模块强化客流的主要特征，最后利用时间卷积模块刻画客流的全局变化趋势，从而实现站点级的精确客流预测。该模型在三个不同类型车站的客流预测效果良好，表明模型适用于站点级的客流预测，且不同类型站点下的预测效果良好。

3. 消融实验

为进一步分析 ST-former 模型不同组成部分对模型预测性能的影响,本节在南宁地铁数据集上进行消融实验,选择以 60min 为时间粒度的数据形式进行验证。

1) AMGCN

为验证自适应多图卷积网络(AMGCN)模块的效果,本节考虑了如下三种 ST-former 的变体形式。

(1) 变体 1(ST-former with single graph):仅考虑邻接矩阵以建模客流的空间依赖性,其目的是证明使用多重图有利于充分捕捉复杂的空间依赖性。

(2) 变体 2(ST-former with general GCN):模型中所有的自适应多图卷积网络模块替换为 GCN 模块以研究自适应多图卷积网络的有效性。需要注意的是此处仅使用邻接矩阵建模客流的空间依赖性,因为其他图不满足 GCN 的输入。

(3) 变体 3(ST-former without AMGCN):移除 ST-former 中所有的自适应多图卷积网络模块以研究多重空间依赖性对客流预测的重要性。

上述模型除了所研究的模块设置不同,采用与 ST-former 模型一致的参数设置,模型的预测效果指标如表 4-9 所示。从表中可以发现,变体 3 的预测效果最差,表明在客流预测中考虑复杂多重的空间依赖性是非常有必要的;变体 1 的预测效果要优于变体 2,验证了 AMGCN 在捕捉动态空间依赖性方面的能力要优于传统的 GCN 模型;当同时考虑所有图结构(邻接矩阵、功能相似性矩阵以及 OD 关联性矩阵)时,模型的预测效果达到最优,验证了 AMGCN 在动态建模客流的复杂空间依赖性的可靠性和有效性。

表 4-9　AMGCN 的消融实验结果

模　　　型	RMSE	MAE	WMAPE
变体 1	76.739	42.373	12.19%
变体 2	77.878	42.498	12.23%
变体 3	79.401	43.242	12.42%
ST-former	**74.655**	**41.032**	**11.75%**

注:加黑数字表示最好的结果。

2) CPSA

为验证 CPSA 的有效性,本节提出了 ST-former 的两种变体进行消融实验。

(1) 变体 1(ST-former with canonical self-attention):将模型编码器和解码器中所有的 CPSA 模块替换为规范化的多头自注意力模块,以验证概率稀疏自注意力机制的有效性。需要注意的是,因果卷积操作(causal-convolution operation)依然保留。

(2) 变体 2(ST-former with probsparse self-attention):CPSA 模块中所有的因果卷积操作均替换为线性映射(linear projection),其目的在于研究因果卷积操作对于注意力机制的提升效果。

上述模型除了研究的自注意机制以外,采用与 ST-former 一致的模型设置。模型的预测效果指标如表 4-10 所示,从表中可以看出变体 1 的预测结果在所有模型中是最差的,这是因为规范化的自注意力机制在处理长序列时序预测问题时会造成高计算费用和内存瓶颈,无法直接应用于长时客流预测。由于 CPSA 可以通过因果卷积操作挖掘客流的局部时间趋势,从而使 ST-former 模型具备建模局部时间依赖性的能力。因此,ST-former 模型比变体 2 的预测效果更好,这也充分证明了 CPSA 在处理长时客流预测的有效性。

表 4-10　CPSA 的消融实验结果

模　型	RMSE	MAE	WMAPE
变体 1	101.440	57.573	16.56%
变体 2	77.382	42.508	12.23%
ST-former	**74.655**	**41.032**	**11.75%**

注:加黑数字表示最好的结果。

3) 额外数据融合模块(extra data fusion)

为研究 CONVID-19 对客流的影响,本节对客流数据、疫情确诊病例数据以及相关社交媒体数据的所有可能的数据组合类型的预测效果进行研究。需要注意的是,由于实验对地铁客流进行预测,所以在所有可能的数据组合中,客流数据均是必不可少的,因此一共存在以下四种可能的数据组合类型。

除了输入的数据组合以外,所有模型参数设置与 ST-former 保持一致。表 4-11 展示了不同数据组合下 ST-former 模型的预测指标,从表中可以看出当 ST-former 模型仅考虑客流数据而不考虑其他疫情相关数据时预测效果最差;而当模型考虑其他疫情相关数据时,预测误差相应减少。仅考虑确诊病例数据时,ST-former 模型的预测效果差于仅考虑疫情相关社交媒体数据,这是由于疫情相关社交媒体数据与客流数据的相关性要高于疫情确诊数据与客流数据的相关性。当 ST-former 模型考虑了所有疫情相关数据后,其预测效果最佳,这说明疫情相关数据可以反映疫情对地铁客流数据造成的扰动从而提高疫情客流预测的准确性。

表 4-11　不同数据组合的消融实验

数据类型			南宁地铁数据集		
客流数据	确诊病例数据	社交媒体数据	RMSE	MAE	WMAPE
√			76.065	41.654	12.00%
√	√		75.589	41.225	11.90%
√		√	75.129	41.336	11.89%
√	√	√	**74.655**	**41.032**	**11.75%**

注:加黑数字表示最好的结果。

4) 特征提取模块(feature extract block)和周期性建模(periodicity modeling)

为了解释特征提取模块在 ST-former 模型中的有效性,本节进行了控制变量实验。为了进一步研究客流周期性对预测效果的影响,本节比较分析单一周期性和多周期性下 ST-former 模型的预测效果。

上述两个实验的结果如表 4-12 所示,从表中可以看出单一周期性下(仅考虑过去 TS 时间步的历史客流数据)ST-former 模型的评价指标最差,表明多周期性有利于 ST-former 模型从多维度(远期、中期和短期)捕捉客流的时间演变趋势特征,掌握客流固有的周期性规律从而提高模型的预测精度。移除特征提取模块的 ST-former 模型表现性能同样不如 ST-former 模型,表明该模块可以专注于主要的注意力点从而增强客流的时空特征。上述的实验结果很好阐述了多周期性以及特征提取模块对于 ST-former 模型的不可替代性。

表 4-12　多重周期性和特征提取模块的消融实验

模　　型	RMSE	MAE	WMAPE
移除特征提取模块	77.867	43.612	12.55%
移除多重周期性	78.371	44.418	12.78%
ST-former	**74.655**	**41.032**	**11.755**

注：加黑数字表示最好的结果。

4.4　基于 ST-BiLSTM-Attention 的大型活动期间短时进站流预测

4.4.1　问题及数据简介

1. 问题分析

近些年来,大型活动如演唱会、体育赛事等活动下的乘客出行对于城市轨道交通的影响越来越明显,分析大型活动下客流规律,掌握其客流特征并对大型活动下的客流进行短时预测对于城市轨道交通规划、运营均具有重要意义。进行轨道交通车站大型活动期间的短时进站流预测,需要着重考虑以下几个方面的问题:

(1) 大型体育场馆或大型活动场馆在举办体育赛事或演唱会等大型活动时,会吸引大量观众,导致客流短时间内大规模聚集在毗邻轨道交通车站附近,形成客流激增。如何刻画大型活动对客流的影响是进行大型活动期间短时进站流预测的重要考虑因素之一。

(2) 大型活动的发生对轨道交通车站进出站客流的影响主要集中在大型活动场所毗邻车站,而非整个轨道交通网络,因此更为重要的是对单个或几个车站的进出站客流进行分析预测。

(3) 大量既有研究证明深度学习模型(例如,循环神经网络(RNN)、卷积神经网络(CNN)等)的预测效果在多数情况下要优于传统的数理统计模型(例如,自回归移动平均(ARIMA)模型、历史平均(HA)模型等)和机器学习模型(例如,支持向量机(SVM)、随机森林(RF)等),因此如何合理选择并构建深度学习模型,也是进行大型活动期间短时进站流预测的重要考虑因素之一。

(4) 大型活动数据集以及对应的车站客流数据集属于非常态数据集,相比于常态下的客流数据,数据样本量极少,如何在少量数据样本情况下构建深度学习模型获取较高的预测精度,是该研究需要考虑的另一个主要因素。

考虑到上述因素,提出了一种基于 BiLSTM 的时空网络模型——ST-BiLSTM-Attention,用于大型活动下城市轨道交通系统的短期客流预测。具体内容如下:首先对本问题进行明确定义并介绍本节内容使用的数据集及其预处理过程,其次介绍构建的 ST-BiLSTM-Attention 模型以及使用的基础深度学习模型,最后进行案例研究分析。

2. 问题定义

要解决的问题是利用 n 个大型活动附近车站 T 个时间步的历史进站客流量

$$\begin{bmatrix} X_{1,1} & X_{1,2} & \cdots & X_{1,T} \\ X_{2,1} & X_{2,2} & \cdots & X_{2,T} \\ \vdots & \vdots & \ddots & \vdots \\ X_{n,1} & X_{n,2} & \cdots & X_{n,T} \end{bmatrix}$$ 以及大型活动的举办日期信息来预测大型活动附近车站未来

$t+1$ 时刻的进站客流量 $Y_{t+1}=(Y_{1,t+1},Y_{2,t+2},\cdots,Y_{n,t+1})$，即

$$Y_{t+1}=f\begin{bmatrix} X_{1,1} & X_{1,2} & \cdots & X_{1,T} \\ X_{2,1} & X_{2,2} & \cdots & X_{2,T} \\ \vdots & \vdots & \ddots & \vdots \\ X_{n,1} & X_{n,2} & \cdots & X_{n,T} \end{bmatrix} \tag{4-46}$$

其中 f 为本章提出的深度学习框架中要学习的映射函数。

3. 数据简介

实验使用了北京地铁的 2018 年 10 月 8 日—11 月 11 日连续 5 周的城市轨道交通刷卡数据，其基本信息如表 4-13 所示。为了提取进站客流，将进站时间转换为分钟，从 0~1080，代表 05:00—23:00。此外，为所有地铁站提供一个唯一的车站编号，并从数据中提取出 15min 时间粒度的进站客流时间序列。

表 4-13   数据集描述

数据集描述	MetroBJ2018
日期	2018.10.08—2018.11.11
每天的时间段	05:00—23:00
时间粒度	15
周数	5
天数	35
每天的时间步个数	72
总的时间步个数	1800

由于本章是对大型活动下的客流进行分析和预测，因此选取已知的、适合举办大型活动的凯迪拉克中心、北京工人体育馆和北京工人体育场为研究对象，并基于距离凯迪拉克中心最近的五棵松站与距离北京工人体育馆以及北京工人体育场最近的东四十条站的轨道交通刷卡数据对大型活动下的客流进行分析与预测。

选取这三个场馆的原因有以下三点：

（1）东四十条站与北京工人体育馆和北京工人体育场两个场馆相邻，北京工人体育场是北京国安足球俱乐部的主场，北京工人体育馆和凯迪拉克中心每年也会举办多次大型演唱会和运动会。

（2）大型的体育活动和演唱会通常会吸引公众的注意，从而使得观看人数会更多。

（3）由于这些场馆能够容纳大量的观众，在一场大型活动临近发生前，道路交通可能会严重拥堵，从而导致地铁站出站客流激增，并通过刷卡数据呈现出来，在该活动结束后，会导致地铁站进站客流激增，同样可通过刷卡数据呈现出来。

4．大型活动的描述

本研究需要对大型活动附近车站的客流进行预测。为了明确研究对象,首先需对大型活动的定义进行描述,并对所分析数据范围内的大型活动进行汇总,为客流分析与预测做准备。

（1）大型活动的定义

我国国内《大型群众性活动安全管理条例》中规定的大型活动的定义为法人或者其他组织面向社会公众举办的每场次预计参加人数达到 1000 人以上的活动,主要包括演唱会与音乐会等文艺演出活动、体育比赛活动、展览与展销等活动等。按照大型活动的客流聚集和疏散特性,可以将大型活动分成两类:集中暴发型活动和持续集散型活动。集中爆发型活动对于活动开始时间和结束时间有明确的规定,比如演唱会、体育赛事等。持续集散型活动没有固定的开始和结束时间,如广交会(冯诚,2020)。本章所研究的大型活动指的是集中暴发型活动。

一般地,集中暴发型的大型活动具有以下 3 个特点:

① 大型活动举办时间的特定性和任意性。举办时间的特定性是指其举办时间一般会在活动策划方案中预先确定,任意性是指其举办时间不限定于某一范围,可以在工作日或是周末、白天或晚上。

② 大型活动举办地点的特定性。举办地点的任意性是指其举办地点一般会在活动策划方案中预先确定,且发生地点一般聚集在特定的适合大型活动举办的地点,如北京的凯迪拉克中心、北京工人体育馆等。

③ 大型活动举办时的人群聚集性。大型活动会在短时间内吸引大量的人群,在活动开始前和结束后的一段时间会造成周围交通流量的急剧增加,同时,轨道交通也会承受巨大的压力。

（2）大型活动汇总

通过搜集网上资料,汇总了北京 2018 年 10 月 8 日—11 月 11 日连续 5 周时间内在凯迪拉克中心、北京工人体育馆和北京工人体育场举办的大型活动,所得数据见表 4-14。

表 4-14　大型活动汇总

日　　　期	日　　　期	地　　点	邻近车站	活　　　动
2018.10.13	第一周周六	工人体育馆	东四十条	毛不易"像我这样的人"全国巡回演唱会
2018.10.19	第二周周五	工人体育馆	东四十条	2018"ONE NIGHT 给小孩"公益演唱会
2018.10.20	第二周周六	工人体育场	东四十条	2018 中国平安中国足球协会超级联赛第 29 轮　河南建业 VS 上海上港
2018.10.21	第二周周日	工人体育场	东四十条	2018 中国平安中国足球协会超级联赛第 26 轮　中国中赫国安 VS 长春亚泰
2018.11.2—11.4	第四周周五至周日	工人体育馆	东四十条	惊天魔盗团(Now You See Me)Live 世界巡演
2018.11.7	第五周周三	工人体育场	东四十条	2018 中国平安中国足球协会超级联赛第 29 轮　中国中赫国安 VS 上海绿地申花

续表

日 期	日 期	地 点	邻近车站	活 动
2018.11.10—11.11	第五周周六至周日	工人体育馆	东四十条	冰上迪士尼 2018 巡演北京站
2018.10.13—10.14	第一周周六至周日	凯迪拉克中心	五棵松	2018 张信哲巡回演唱会北京站
2018.10.21	第二周周日	凯迪拉克中心	五棵松	2018—2019 中国男子篮球职业联赛
2018.10.25	第三周周四	凯迪拉克中心	五棵松	山姆·史密斯"痛快感受"北京演唱会
2018.10.31	第四周周三	凯迪拉克中心	五棵松	2018—2019 中国男子篮球职业联赛　北京首钢 VS 浙江广夏控股
2018.11.2	第四周周五	凯迪拉克中心	五棵松	2018—2019 中国男子篮球职业联赛　北京首钢 VS 上海哔哩哔哩
2018.11.4	第四周周日	凯迪拉克中心	五棵松	2018—2019 中国男子篮球职业联赛　北京首钢 VS 南京同曦大圣
2018.11.10	第五周周六	凯迪拉克中心	五棵松	钟汉良乐作人生巡回演唱会

4.4.2　大型活动期间的客流数据分析

1. 大型活动期间的客流规律分析

以 2018 年 10 月 13 日张信哲全国巡回演唱会为例,该活动在北京凯迪拉克中心举办,举办当天时间为周六,我们选取了 10 月 10 日(周三)、10 月 11 日(周四)、10 月 12 日(周五)10 月 13 日(周六)、10 月 14 日(周日)五天的城市轨道交通刷卡数据进行分析。首先给定的数据为一周的刷卡数据,为了方便处理,将一周的数据提取每天的刷卡数据并分文件保存,并将原始刷卡数据进行数据预处理,同时按 15min 时间粒度统计以上日期内的每个地铁站的进站及出站人数。选取距离凯迪拉克中心最近的地铁站——五棵松站的 15min 粒度的客流量进行可视化分析,所得结果见图 4-17,其中黑色曲线代表进站客流量,红色曲线代表出站客流量。从图 4-17 可以看出,活动当天的活动开始前的出站客流量与活动结束后进站客流量均有明显变化。从进站客流量来看,与其他日期对比,进站客流量从 16:00 点开始有明显上升趋势,并在 18:15 之间进站客流达到峰值 694 人/15min,到 19:00 左右进站客流量恢复日常水平,此时间段内的客流量既有日常客流,又有因大型活动而增加的客流。从出站客流量来看,从 21:30 进站客流量与往常相比开始有增加趋势,直到 22:30 这段时间内进站客流量不断增加,并且在 22:00 达到峰值 1060 人/15min。此外,周六日的进站与出站客流的高峰期与其他三天工作日相比不是很明显。

2. 大型活动期间的客流可预测性分析

对北京的五棵松站以及东四十条站的进站客流进行相似性度量。在刻画每个车站进站客流的相似性时,以天为单位计算相似性系数,即将计算同比相似性系数得到的结果绘制热力图。对五棵松站与东四十条站进行同比相似性分析的结果如图 4-18 和图 4-19 所示。从图

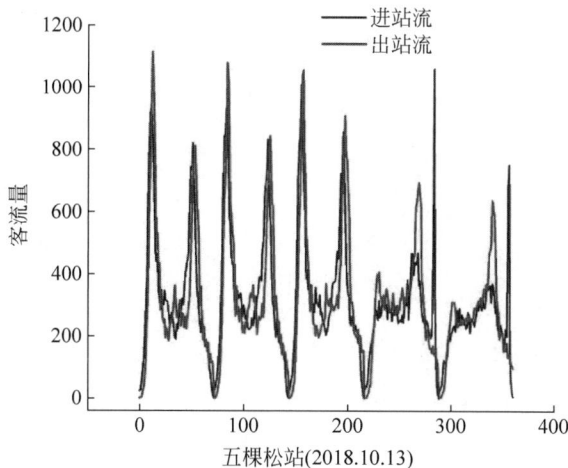

图 4-17　演唱会下客流规律分析

中可以看出在大型活动举办时,该日期的同比相似性较低,在热力图中呈现的颜色较浅。如五棵松站附近的凯迪拉克中心在第四周周三举办 2018—2019 中国男子篮球职业联赛(北京首钢 VS 浙江广厦控股),从图 4-18 中可以明显看出周三的同比相似性要低于其他日期。此外,大部分大型活动都在周末举办,从热力图中可以看出五棵松站与东四十条站周六的相似性热力图颜色要比工作日的相似性热力图颜色浅。因此,可以得出结论:大型活动引起的进站客流的激增会降低客流的相似性。

此外,分别对两个车站的相似性分析结果绘制箱型图,如图 4-20 和图 4-21 所示。从图中可以看出,受到多次大型活动举办的影响,五棵松站与东四十条站周六的相似性系数与工作日相比较低。此外,从表 4-14 中可以得出五棵松站在工作日中周三、周四和周五均有举办大型活动,在箱型图中可以看出该日期的数据较为分散,说明大型活动的举办降低了客流的相似性。

从上述对不同类型车站的进站客流的分析中可以得出,不同时间段的客流的相似性差别较大,由此会导致客流预测的精度差异较大。综合不同时间段的进站客流的相似性的大小,将不同时间段的进站客流的可预测性分为五个等级,划分标准如下:

等级一:可预测性最强,PC≥1.0;

等级二:可预测性强,0.8≤PC<1.0;

等级三:可预测性较强,0.6≤PC<0.8;

等级四:可预测性较差,0.4≤PC<0.6;

等级五:可预测性差,PC<0.4。

将每天的时间分为五个时间段:05:00—07:00,07:00—09:00,09:00—17:00,17:00—20:00,20:00—23:00,分别计算各车站在不同时间段的可预测性系数,并绘制雷达图,如图 4-22 所示。从雷达图中可以看出大型活动附近车站的客流在 20:00—23:00 的可预测性明显低于其他时间段,这是因为受到大型活动的影响,车站客流出现不规律波动,导致客流可预测性下降。

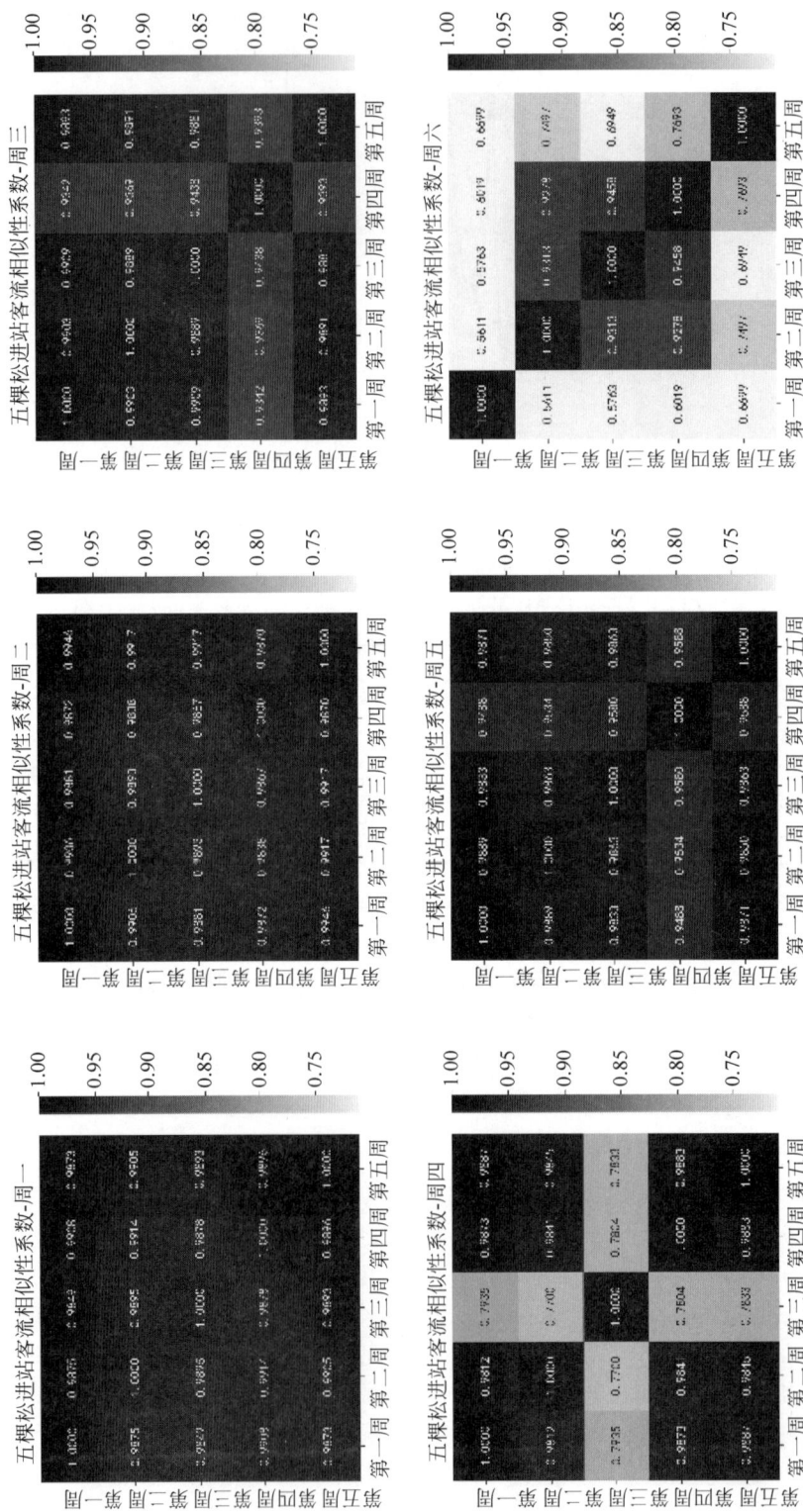

图 4-18　五棵松进站客流相似性矩阵热力图

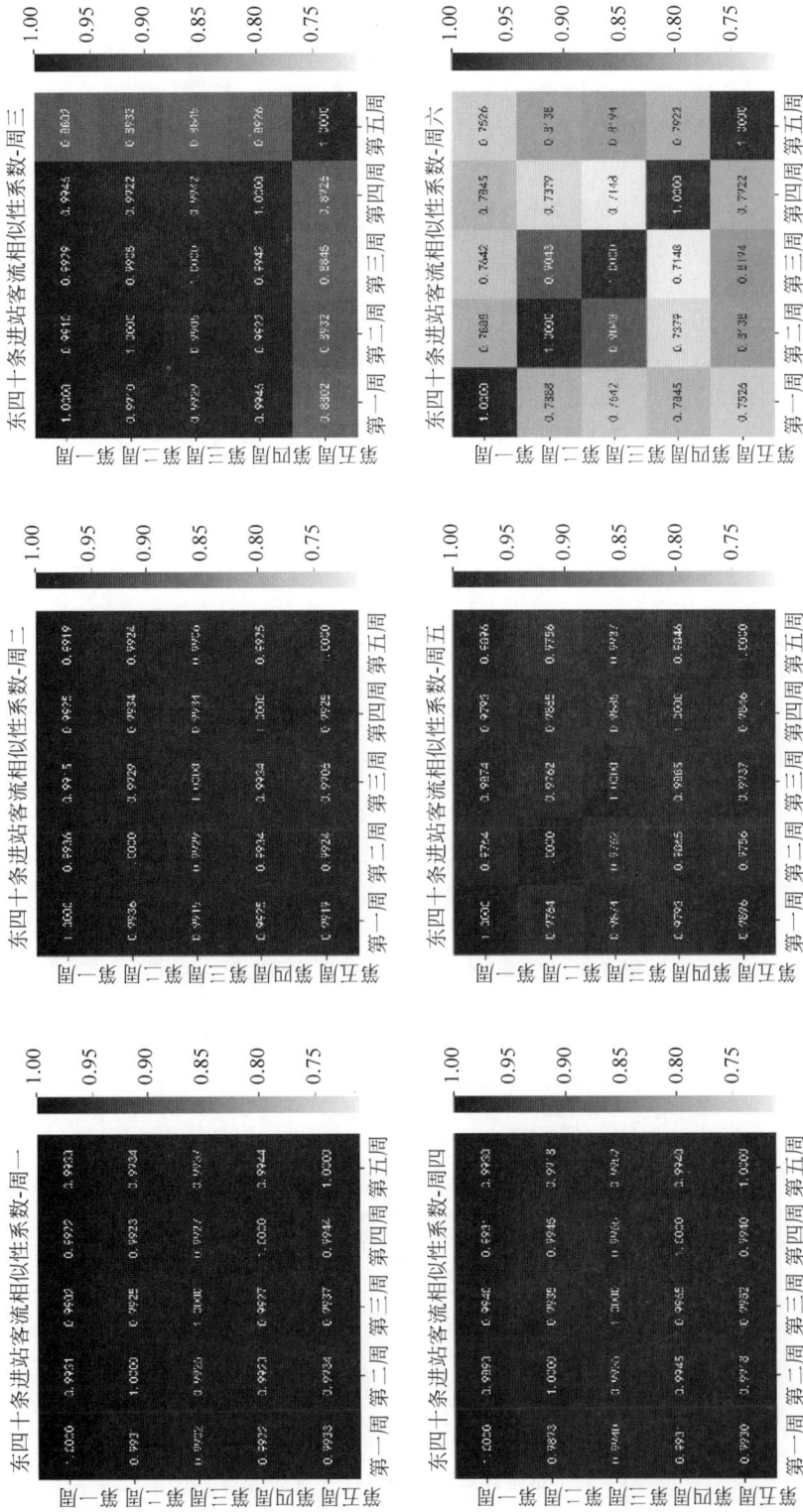

图 4-19　东四十条进站客流相似性矩阵热力图

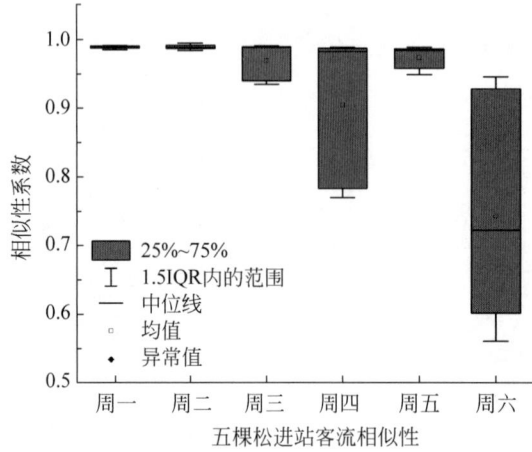

图 4-20

图 4-20　五棵松进站客流相似性箱型图

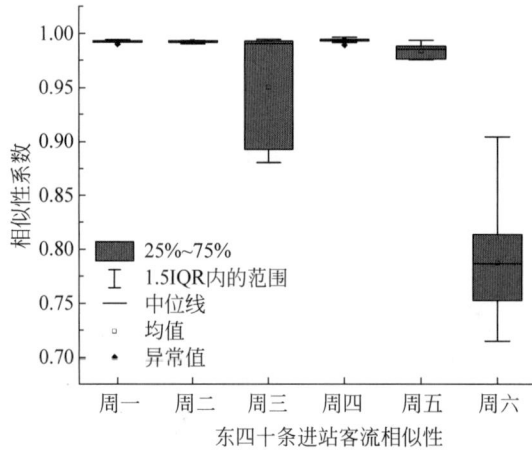

图 4-21

图 4-21　东四十条进站客流相似性箱型图

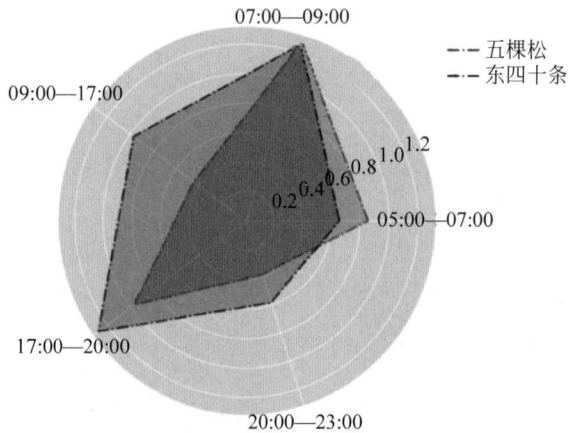

图 4-22

图 4-22　不同时间段可预测性系数雷达图

4.4.3　ST-BiLSTM-Attention 模型

1. ST-BiLSTM-ATTENTION 模型

本章提出的模型框架 ST-BiLSTM-ATTENTION 如图 4-23 所示。模型框架主要包括两部分：数据处理部分和模型部分，其中数据处理部分包括提取数据与拼接数据，模型部分包括 BiLSTM 模型、CNN 模型和注意力(attention)机制。首先在数据处理阶段，输入数据为历史客流数据以及演唱会信息，针对演唱会的日期信息，对整体的客流数据进行提取，生成大型活动下的客流数据以及与大型活动举办日期对应客流的 onehot 编码，并将大型活动下客流数据与相应的 onehot 编码进行拼接与扩充，扩充数据采用对数据添加白噪声的方式进行扩充。在模型阶段，输入数据为扩充后客流数据，经过 BiLSTM 模型、CNN 模型以及注意力(attention)机制的处理，模型最终的输出为预测客流值。图中的数据处理部分以及模型部分会在下文详细介绍。

2. 数据处理

在数据处理部分主要描述数据提取、onehot 编码的生成、数据的拼接以及数据的扩充。

首先输入整体时间段的历史客流数据，即北京地铁 2018 年 10 月 8 日—11 月 11 日客流数据，结合大型活动的时间信息，对大型活动附近车站的客流数据进行提取。每一场大型活动下提取的客流数据为活动举办当天的所有时间段的客流数据，并将不同大型活动下的客流数据进行拼接，形成图 4-23 中所示数据处理部分大型活动下客流数据。其次对提取的大型活动数据进行编码，由于大型活动举办的时间段可能因为活动的场地、人数等因素而不同，对数据进行 onehot 编码更有利于模型学习到相应的特征。对大型活动的 onehot 编码方式为将大型活动举办时间段的客流编码为 1，其余时间段的客流编码为 0。例如，某一天大型活动举办时间段为 19:00—22:00，所以将该天该时间段客流编码为 1，其余时间段客流编码为 0。再次将大型活动下的客流数据和相应的 onehot 数据进行拼接。最后对数据添加均值为 0 方差为 1 的高斯白噪声，用于数据扩充。

此外，在模型训练前，使用 Min-Max Scaler 归一化方法将数据缩放到(0,1)范围内。在模型训练后进行模型测试时，将预测值重新映射到原始的尺度，用于与真实数据进行比较。

3. CNN 模型

CNN 模型最早是由 LeCun 等人(LeCun and Bengio,1995)提出的，它可以提取空间数据之间的关系。CNN 模型广泛应用于各种领域，并在诸如图像识别、面部识别和手写数字识别等任务中表现出优异的性能。CNN 通过建立卷积层、池化层以及全连接层等实现对图像的精确处理。卷积层负责提取图像中的局部特征，再利用池化层大幅降低参数数量从而提高训练效率，最后通过全连接层进行线性转换，输出结果。由于 CNN 在结构上具有局部连接、权值共享以及池化三个特性，使得网络具有一定程度上的平移、缩放和旋转不变性，大大减少了模型参数的数量，从而加快了训练速度。权重共享的好处是在卷积运算期间特征提取的参数与位置无关，其计算公式如下：

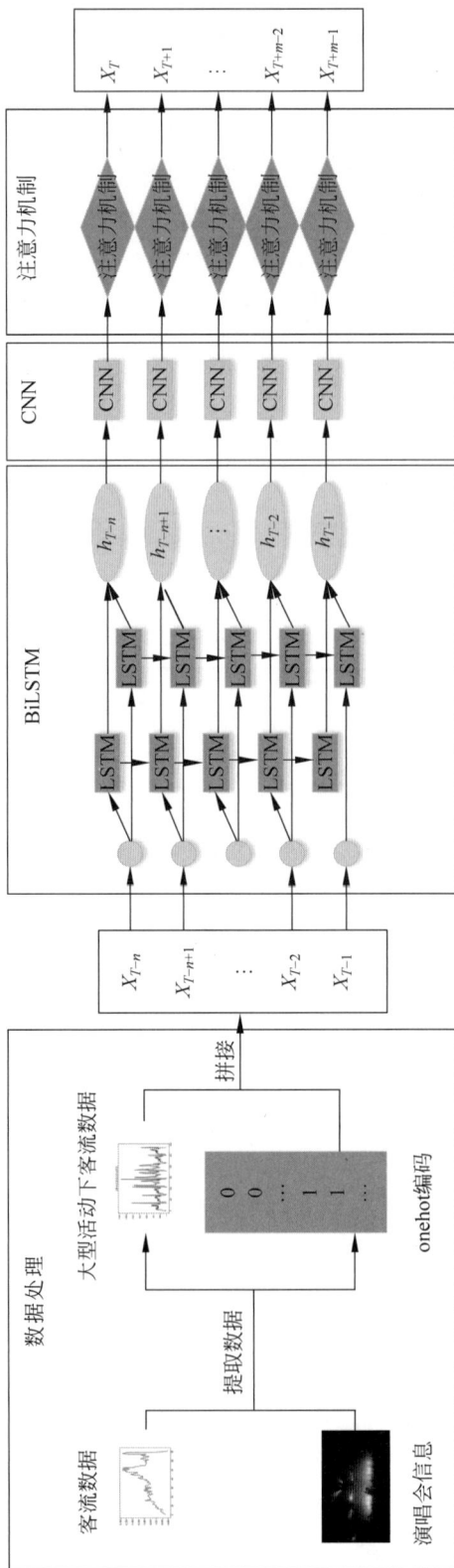

图 4-23　模型框架图（见文后彩图）

$$h_{ij}^k = \tanh((\boldsymbol{W}^k \times x)_{ij} + b_k) \tag{4-47}$$

其中，h_{ij}^k 是指坐标 i,j 的 2D 矩阵上的第 k 层卷积的值；tanh 是激活函数；$\boldsymbol{W}^k$ 是第 k 层的权重值；b_k 是指对应的偏置值。

本章针对时间序列数据进行预测，使用一维卷积神经网络（1D CNN）。在结构上，1D CNN 和 CNN 几乎一样，同样包括一系列卷积层和池化层，最后通过一个全连接层输出结果。1D CNN 虽然只有一维，其卷积核在数据上只能沿一维（水平）方向滑动，通常输入的是一个向量，输出的也是一个向量，但也具有 CNN 平移不变性用于特征识别的优势。在 1D CNN 中，由于卷积核是一维的，大的卷积核不会带来太多的参数和计算。为了获得更大的感受野，模型可以使用更大宽度的卷积核，从而更全面地获得序列的特征值。如果要从整体数据集的较短片段中获取重要的特征，且该特征与空间位置不相关时，使用 1D CNN 的效果将会非常显著。

4. BiLSTM 模型

传统的多层感知机神经网络利用先前事件推断后续事件的能力不足，因此在处理较长的顺序数据时效率不高。与普通的神经网络相比，循环神经网络（RNN）可记忆历史数据中的信息，因此在处理较长的顺序数据时效果更好。RNN 的结构如图 4-24 所示，如果去掉有 $\boldsymbol{W}$ 的带箭头的连接线，即为普通的全连接神经网络。其中，$\boldsymbol{X}$ 是一个向量，代表输入层的值；$\boldsymbol{S}$ 是一个向量，表示隐藏层的值，其不仅仅取决于当前的输入 $\boldsymbol{X}$，还取决于上一时刻隐藏层的值；$\boldsymbol{O}$ 也是一个向量，它表示输出层的值；$\boldsymbol{U}$ 是输入层到隐藏层的权重矩阵；$\boldsymbol{V}$ 是隐藏层到输出层的权重矩阵；$\boldsymbol{W}$ 是隐藏层上一时刻的值作为当前时刻输入的权重矩阵。

把此结构按照时间线展开，可得到展开的 RNN 结构。按时间线展开的 RNN 结构，如图 4-25 所示。网络在 t 时刻接收到输入 $\boldsymbol{X}_t$ 之后，隐藏层的值是 $\boldsymbol{S}_t$，输出值是 $\boldsymbol{O}_t$，$\boldsymbol{S}_t$ 的值不仅仅取决于 $\boldsymbol{X}_t$，还取决于 $\boldsymbol{S}_{t-1}$。因此，在 RNN 结构下，当前时刻的信息在下一时刻也会被输入到网络中，网络中的信息形成时间相关性，解决了处理时间序列的问题。神经网络模型"学"到的东西隐含在权值 $\boldsymbol{W}$ 中。基础的神经网络只在层与层之间建立全连接，而 RNN 与它们最大的不同之处在于同一层内的神经元在不同时刻也建立了全连接，即 $\boldsymbol{W}$ 与时间有关。

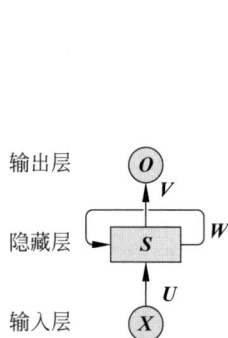

图 4-24　RNN 的结构　　　　图 4-25　RNN 结构展开图

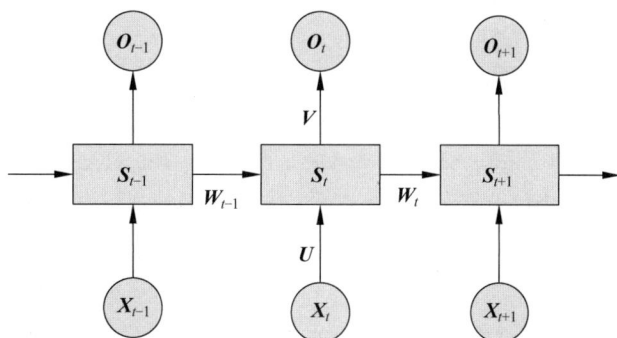

LSTM 模型属于循环神经网络（RNN）的一种，至今已有 20 多年的发展历史。传统 RNN 取得巨大成功的原因在于其能够将历史信息进行记忆存储并通过前馈神经网络（例如多层感知机）向前传递，当经历长期的信息传递之后，由于梯度消失和梯度爆炸等原因，会存

在有用信息丢失,导致无法记忆长期信息。不同于传统RNN,LSTM模型由于其独特的记忆单元,能在一定程度上解决长期依赖问题,因此在自然语言处理(NLP)、模式识别、短时交通预测等领域其表现均超越了传统RNN,取得了巨大的成功。

RNN和LSTM最大区别在于分布在隐藏层的神经元结构,传统RNN的神经元结构简单,例如仅包含一个激活函数层。LSTM模型的记忆单元更加复杂,LSTM模型中增加了状态c,称为单元状态(cell state),用来保存长期的状态,而LSTM模型的关键,就是怎样控制长期状态c,LSTM模型使用三个控制开关,第一个开关负责控制如何继续保存长期状态c,第二个开关负责控制把即时状态输入到长期状态c,第三个开关负责控制是否把长期状态c作为当前的LSTM模型的输入。

LSTM用两个门来控制单元状态c的内容,一是遗忘门(forget gate),遗忘门决定了上一时刻的单元状态c_{t-1}有多少保留到当前时刻的单元状态c_t,二是输入门(input gate),输入门决定了当前时刻网络的输入x_t有多少保存到单元状态c_t。LSTM模型用输出门(output gate)来控制单元状态c_t有多少输出到LSTM模型的当前输出值h_t。LSTM的框架图如图4-26所示。

计算LSTM中每个存储单元中的三个门和单元存储器的详细过程如下:

$$i_t = \sigma(\boldsymbol{W}_i x_t + \boldsymbol{U}_i h_{t-1} + \boldsymbol{b}_i) \tag{4-48}$$

$$f_t = \sigma(\boldsymbol{W}_f x_t + \boldsymbol{U}_f h_{t-1} + \boldsymbol{b}_f) \tag{4-49}$$

$$o_t = \sigma(\boldsymbol{W}_o x_t + \boldsymbol{U}_o h_{t-1} + \boldsymbol{b}_o) \tag{4-50}$$

$$\tilde{c}_t = \tanh(\boldsymbol{W}_c x_t + \boldsymbol{U}_c h_{t-1} + \boldsymbol{b}_c) \tag{4-51}$$

其中,$\boldsymbol{W}_i$、$\boldsymbol{W}_f$、$\boldsymbol{W}_o$和$\boldsymbol{W}_c$是加权矩阵;$\boldsymbol{b}_i$、$\boldsymbol{b}_f$、$\boldsymbol{b}_o$和$\boldsymbol{b}_c$是在训练期间要学习的LSTM的偏差向量;σ是门激活函数,通常表示sigmoid函数。基于这三个门,当前单元的输出状态c_t和隐藏层输出h_t可以生成如下:

$$c_t = f_t \odot c_{t-1} + i_t \odot \tilde{c}_t \tag{4-52}$$

$$h_t = o_t \odot \tanh(c_t) \tag{4-53}$$

其中,$\odot$代表元素级乘法;$\tanh$是双曲正切函数。

虽然LSTM模型能够解决长时间依赖的问题,但是该模型存在一个问题,即无法编码从后向前的信息,在更细粒度的分类时,如在自然语言处理中,对于强程度的褒义、弱程度的褒义、中性、弱程度的贬义、强程度的贬义的五分类任务需要注意情感词、程度词、否定词之间的交互。举一个例子,"这个餐厅脏得不行,没有隔壁好",这里的"不行"是对"脏"的程度的一种修饰,无法获取后向的信息,而BiLSTM模型解决了此问题。BiLSTM模型由两个单向LSTM模型前后叠加而成,可以在当前节点获得正反两个方向的数据特征信息。它不仅能捕捉未来数据的信息特征,还能捕捉历史数据的信息特征。BiLSTM模型通过一个输入,能够得到一个前向编码向量和一个后向编码向量,然后将前向编码向量与后向编码向量进行拼接,拼接后的向量包含前向和后向所有信息。比如在自然语言处理中,对"我爱中国"这句话进行编码,前向的LSTM依次输入"我""爱""中国"得到三个向量,后向的LSTM依次输入"中国""爱""我"得到三个向量,最后将前向和后向的六个向量进行拼接,得到包含前向与后向的所有信息的向量。因此,本章利用BiLSTM模型有效地提取了历史和未来的信息,使得预测结果更加准确(Ma et al,2021)。双向LSTM网络在两个传播方向上均包含平行的LSTM层,如图4-27所示。

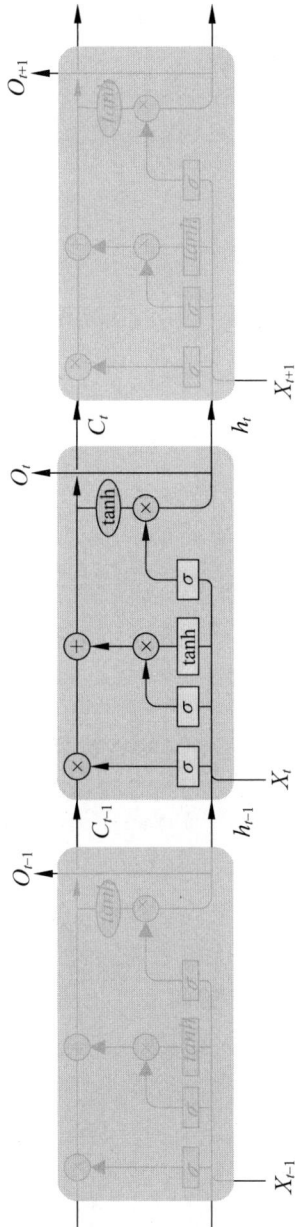

图 4-26　LSTM 模型的框架图

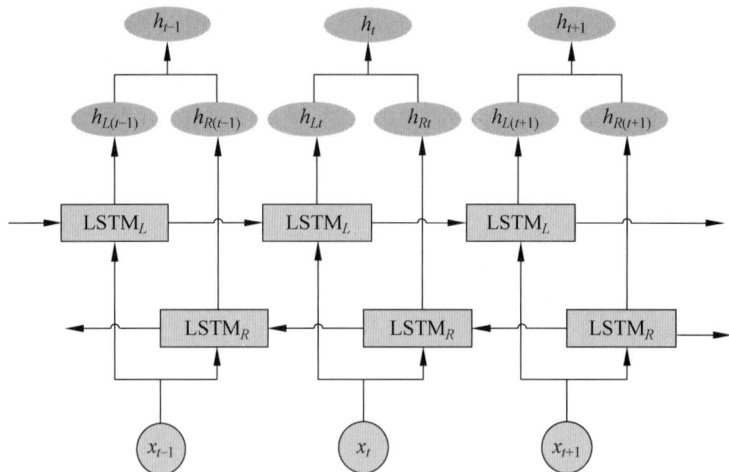

图 4-27

图 4-27   BiLSTM 结构图

BiLSTM 模型的表达式如下所示：

$$\overrightarrow{h_t} = \mathrm{LSTM}_L(x_t, \overrightarrow{h_{t-1}}) \tag{4-54}$$

$$\overleftarrow{h_t} = \mathrm{LSTM}_R(x_t, \overleftarrow{h_{t-1}}) \tag{4-55}$$

其中，LSTM_L 和 LSTM_R 分别记录向前和向后的 LSTM；$\overrightarrow{h_{t-1}}$ 和 $\overleftarrow{h_{t-1}}$ 是从双向 LSTM 学习的输入时间特征 x_t 的隐藏状态。每个输入 x_t 的双向隐藏状态 h_t 是通过连接生成的前向和后向隐藏状态获得的。

5. 注意力机制

不同时间步长的客流量对预测结果有不同的显著影响。为了解决这一问题，利用注意力机制来增强输入序列中的关键信息，以便通过基于分配不同重要性过程更好地提取内部特征，这意味着在不同的时间步长为输入变量分配不同的权重，用于长时间序列预测。

注意力机制是一种模拟人脑注意力的资源分配机制。在某一时刻，人脑会把注意力集中在需要集中的区域，会减少甚至忽略对其他区域的注意，从而获得更详细的需要注意的信息，抑制其他无用信息，忽略无关信息，放大需要注意的信息(Ran et al,2019)。在本章模型中，注意力机制对 BiLSTM 模型输出的隐层向量表达式进行加权求和计算，其中权重的大小表示该特征在每个时间点的重要性。注意力机制可以有效改善 BiLSTM 模型因序列过长而丢失信息的情况，同时通过分配概率来代替原来随机分配权重的方法。

本章采用 SENet(squeeze-and-excitation networks)机制，该机制是 Momenta 公司胡杰团队(Hu et al,2018)提出的新的网络结构，SENet 的核心思想在于通过网络 loss 去学习特征权重，使得有效的特征图(feature map)权重大，无效或效果小的特征图(feature map)权重小的方式训练模型达到更好的结果。SE 模块的结构图如图 4-28 所示。

在图 4-28 中，F_{tr} 为传统的映射操作，X 和 U 分别为输入和输出。对于将输入 X 映射到任何给定变换的映射 U，都可以再构造相应的 SE 模块来完成特征重要度的重新校准。特征 U 首先通过挤压(squeeze)操作，该操作通过聚集空间维度($H \times W$)的特征来产生通道相关性。聚合之后是激励(excitation)操作，它采用简单的自门控机制的形式，产生每个通道调制权重的集合。这些权重被应用于特征映射 U，以生成 SE 模块的输出，该输出可以被直接馈送到网络的后续层。

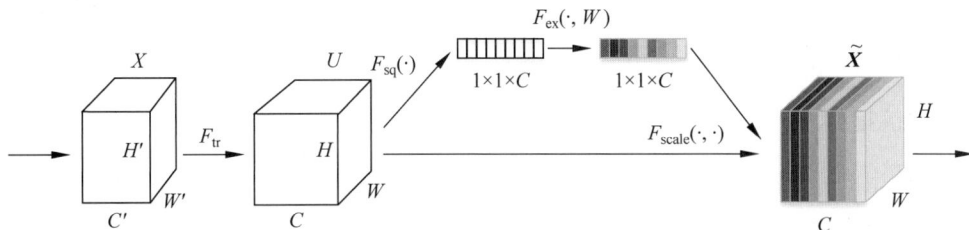

图 4-28　SE 模块的结构图

SE 模块并不是一个完整的网络结构，而是一个子结构，可以嵌到其他分类或检测模型中，图 4-29 介绍了 SE 模块如何运用到具体的网络之中。图 4-29 中左侧部分为原始模型，输入为 X，经过初始模型后输出为 $\tilde{X}$。图 4-29 中右侧部分为嵌入 SE 模块后的模型，输入为 X，首先经过初始模型，初始模型的输出分为两个分支，其中一个分支经过 SE 模块，即经过一个全局池化(global pooling)层、一个全连接层、一个激活函数 ReLU、一个全连接层以及一个 Sigmoid 函数，得到注意力矩阵，另一个分支与注意力矩阵相乘，得到最后的输出结果 $\tilde{X}$。

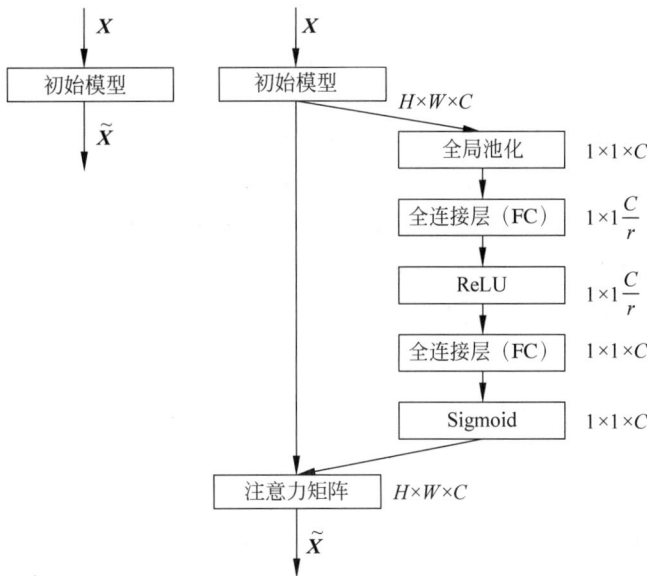

图 4-29　SE 模块使用示意图

4.4.4　模型配置

1. 模型参数设置

ST-BiLSTM-Attentionm 模型由两个 BiLSTM 层、一个 CNN 层以及 Attention 机制组

成。本章选择 80％的数据作为训练数据，10％的数据作为验证数据，剩下的 10％作为测试数据。批尺寸(batch size)为 6，优化器为 RMSprop，学习率为 0.005。所有的模型在一台带有 Intel®Core™i9-10900X 处理器，32GB 运行内存，以及 NVIDIA GeForce RTX3080 GPU 的台式机进行运算。

2. 评价指标

本章使用的评价指标为平均绝对误差(MAE)、均方根误差(RMSE)和相关系数 R^2，它们的表达式分别为

$$MAE = \frac{1}{N}\sum_{i=1}^{N}|(y_i - \hat{y}_i)| \tag{4-56}$$

$$RMSE = \sqrt{\frac{1}{N}\sum_{i=1}^{N}(y_i - \hat{y}_i)^2} \tag{4-57}$$

$$R^2 = 1 - \frac{\sum_{i=1}^{N}(y_i - \hat{y}_i)^2}{\sum_{i=1}^{N}(\bar{y} - y_i)^2} \tag{4-58}$$

其中，N 为样本数量；y_i 为真实值；$\hat{y}_i$ 为预测值；$\bar{y}$ 为样本平均值。

3. 基线模型

将本章所提出的 ST-BiLSTM-Attention 模型和以下几个基线模型进行对比，以证明模型的有效性。各个模型的配置如下。

LSTM：LSTM 模型(Ma et al,2015b)于 2015 年被首次应用到交通领域，本章使用的 LSTM 模型具有一个 LSTM 层和一个全连接层，学习率为 0.001。输入是 6 个时间步的进站客流序列和客流对应的 onehot 编码，输出是下一个时间步的进站客流序列。

CNN：本章使用的 CNN 模型(LeCun and Bengio,1995)具有一个 CNN 层和一个全连接层。内核大小为 3×3，学习率为 0.001，输入和输出与 LSTM 模型相同。

ConvLSTM：ConvLSTM 被 Shi 等(2015c)于 2015 年提出并被应用到降雨量预测中，后被应用到交通预测领域。本章使用的 ConvLSTM 模型具有两个 ConvLSTM 层和三个全连接层，其他参数与 CNN 模型相同。

GAN：GAN 是由 Goodfellow 等(2014)在 2014 年提出的。本章使用的 GAN 的生成器和判别器均由三层全连接层组成，其中生成器隐藏层的单元数分别为[12,1024]、[1024,256]和[256,1]，判别器隐藏层的单元数分别为[1,256]、[256,256]和[256,1]。

BiLSTM：双向长短时记忆网络模型(Zhang et al,2015)。本章使用的 BiLSTM 模型具有一个 BiLSTM 层和一个全连接层，学习率为 0.001，输入和输出与 LSTM 模型相同。

ST-BiLSTM：时空双向长短时记忆网络模型。ST-BiLSTM 模型由 CNN 和 BiLSTM 模型构成，其参数以及模型的输入和输出与本章所提模型一致，作为消融实验中的第一个

模型。

ST-Attention：时空注意力网络模型。ST-Attention 模型由 CNN 和 Attention 机制构成，其参数以及模型的输入和输入与本章所提模型一致，作为消融实验中的第二个模型。

BiLSTM-Attention：双向长短时记忆网络注意力模型。BiLSTM-Attention 模型由 BiLSTM 模型和 Attention 机制构成，其参数以及模型的输入和输入与本章所提模型一致，作为消融实验中的第三个模型。

4.4.5　预测结果分析

表 4-15 展示了本章所提出的模型 ST-BiLSTM-Attention 与其他基线模型在 2018 年北京地铁数据集上的性能对比。如表所示，在深度学习模型 CNN、LSTM、ConvLSTM、GAN 和 BiLSTM 中，CNN 为表现性能最差的模型，RMSE、R^2 和 MAE 分别为 104.1402、0.7747 和 51.7026，可能原因在于单一的 CNN 模型难以有效提取突变的时序信息，表现为在大型活动下的时序数据特征提取能力不足。BiLSTM 模型为表现性能最好的模型，RMSE、R^2 和 MAE 分别为 35.2576、0.9742 和 16.8848，可以看出，BiLSTM 模型相较于 LSTM、ConvLSTM 模型的效果有很大的提升，所以 BiLSTM 模型不仅能够对时间序列数据进行前向学习，也能进行反向学习，与 LSTM 模型仅能够捕捉到前向学习得到的时间序列特征而言，BiLSTM 模型能够通过反向学习与前向学习相结合，捕获更多的信息，因此能很好预测大型活动下的城市轨道交通客流。

表 4-15　不同模型性能的比较

模　　型	RMSE	R^2	MAE
CNN	104.1402	0.7747	51.7026
LSTM	93.4461	0.8187	46.1059
ConvLSTM	87.4385	0.8412	44.6602
GAN	87.4262	0.8413	43.6043
BiLSTM	35.2576	0.9742	16.8848
ST-BiLSTM	23.5727	0.9884	12.7269
ST-Attention	83.6531	0.8547	45.0544
BiLSTM-Attention	8.1441	0.9986	4.4595
ST-BiLSTM-Attention	7.5692	0.9988	4.2637

本节所提出的模型 ST-BiLSTM-Attention 在所有模型中表现最好，主要原因在于 CNN 能够通过局部连接提取局部特征，通过权值共享减少参数数量、降低训练难度，通过池化与卷积进行降维，从而进行特征提取与特征映射。BiLSTM 模块能够对时间序列进行前向与反向学习，捕获更为丰富的特征。此外采用 Attention 机制使得模型更专注于找到输入数据中显著的与当前输出相关的有用信息，帮助模型更好地训练，从而提高输出的质量，因此该模型对于大型活动下客流的预测更加准确。

此外,为了验证所提出模型各个模块的效果,我们进一步开展了消融实验进行验证。首先为了验证 Attention 机制的有效性,对 ST-BiLSTM 模型进行训练,从表 4-15 中结果可以看到该模型效果不如 ST-BiLSTM-Attention 模型效果好,所以可以证明 Attention 机制在模型训练过程中能够辅助模型对重要信息重点关注并充分学习吸收,使得模型更好的捕获重点信息,帮助模型训练。然后,为了验证 CNN 模块的作用,对 BiLSTM-Attention 模型进行训练,从表 4-15 中结果可以看出,该模型不如 ST-BiLSTM-Attention 模型效果好,所以可以证明 CNN 模块通过使用卷积核进行特征提取和特征映射,通过降低模型复杂度辅助模型更好的学习。最后为了验证 BiLSTM 模块的效果,对 ST-Attention 模型进行训练,同样可以看出,该模型不如 ST-BiLSTM-Attention 模型效果好,并且模型效果有了大幅度的下降,所以可以证明 BiLSTM 模块能够通过对时间序列数据的反向学习捕获更加有效的特征,提高模型的输出质量。

图 4-30 绘制了不同模型的训练效果,其中蓝色线表示真实客流值,黄色线表示模型预测客流值。结果显示本章所提出的模型 ST-BiLSTM-Attention 在大型活动下对城市轨道交通客流的预测效果最好,真实值与预测值更加拟合。

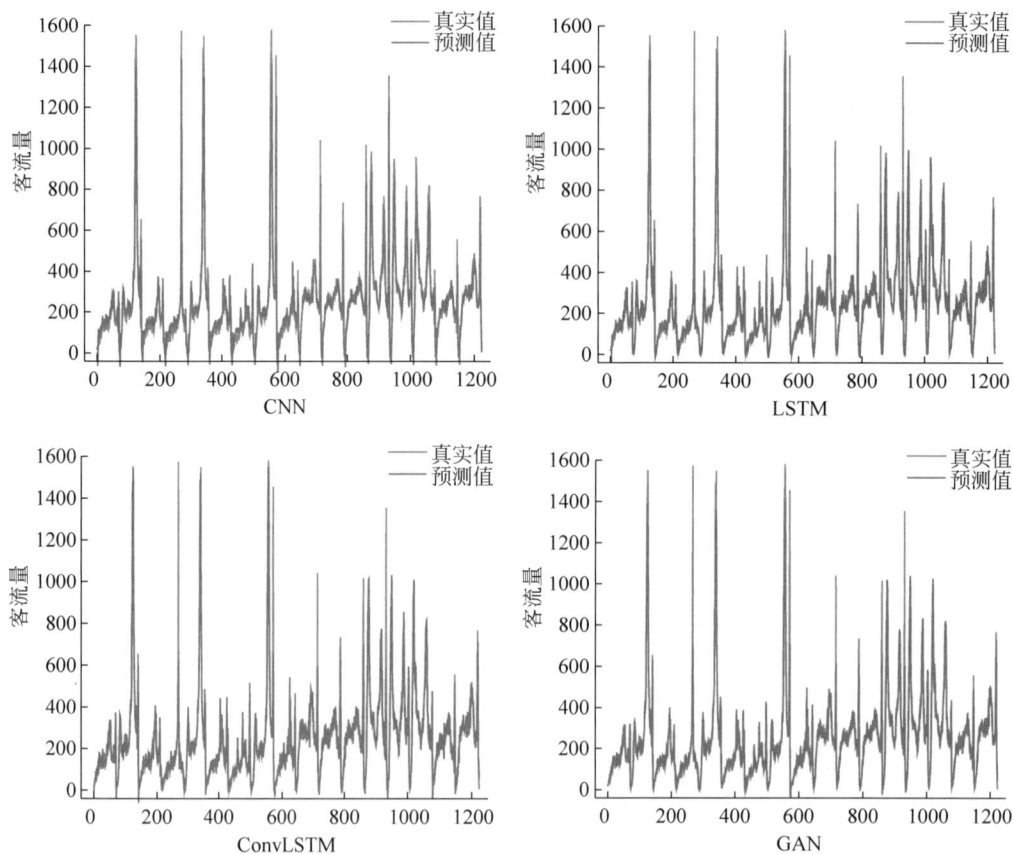

图 4-30　不同模型预测效果图

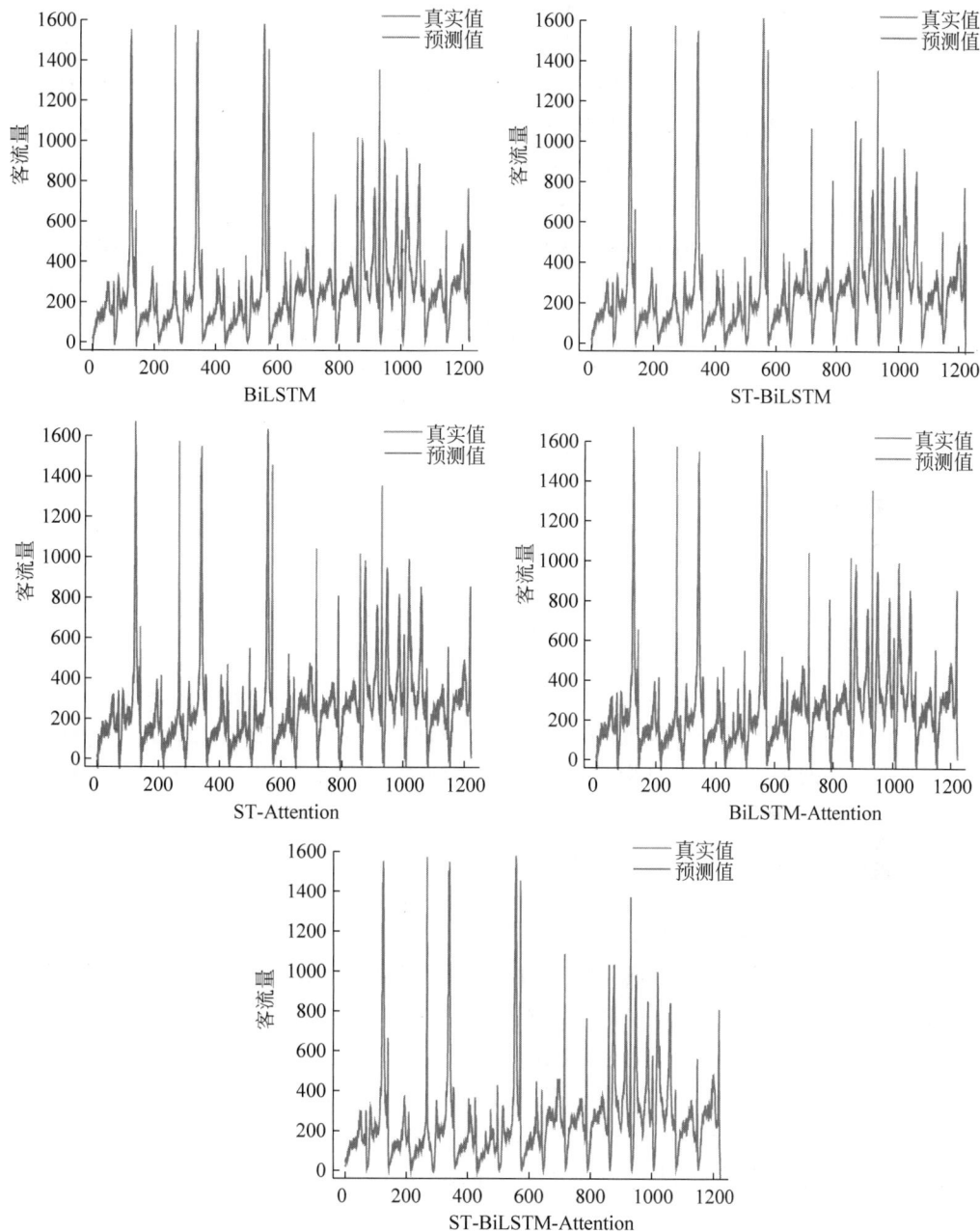

图 4-30　（续）

4.5　小结

本章对非常态下的地铁短时客流预测展开研究,分别包括节假日地铁短时进站流预测、新冠疫情期间地铁短时进站流预测以及大型活动期间地铁短时进站流预测,解决了三种非常态场景下地铁网络级和站点级的进站流预测问题。首先,对节假日地铁进站流预测展开研究,提出了一种新颖的深度学习模型 Graph-Transformer,能够充分捕捉节假日期间客流的时空特征,同时引入相关社交媒体数据源刻画节假日对客流变化的影响,以此提高模型预测精度。该模型在两个元旦地铁数据集上的实验结果表明,与其他基准模型相比,模型 Graph-Transformer 能够精确预测节假日期间线网级地铁进站流,具有良好的预测性能和鲁棒性。然后,对疫情期间地铁短时进站流预测展开研究,提出一种全新的深度学习模型 ST-former,能够动态捕捉疫情期间客流复杂多层的时空依赖性,学习客流的全局/局部演化趋势。与节假日客流预测模型相似,该模型同样融合了疫情确诊病例数据和相关社交媒体数据源以学习疫情对地铁客流变化的影响并进一步刻画客流的变化趋势。模型在南宁地铁疫情期间客流数据集上进行实验,与其他基准模型相比,模型 ST-former 获得最优预测效果,证明了模型预测的可靠性和有效性。最后,对大型活动期间地铁进站流预测进行研究,提出了一种 ST-BiLSTM-Attention 的深度学习框架,包括数据处理与模型两部分。数据处理部分包括提取数据与拼接数据,输入数据为历史客流数据以及演唱会信息,针对演唱会的日期信息,对整体的客流数据进行提取,并将大型活动下客流数据与相应的 onehot 编码进行拼接与扩充。模型部分将 CNN 模型、BiLSTM 模型和 Attention 机制结合起来,输入数据为扩充后客流数据,经过 BiLSTM 模型、CNN 模型以及 Attention 机制的处理,输出预测客流值。在北京地铁数据集上的实验表明该框架可用于准确预测大型活动下的城市轨道交通进站客流。本章主要的结论总结如下:

(1) 在对节假日客流预测展开研究时,提出了 Graph-Transformer 模型,模型结合 GCN 和 Transformer 模型,可以同时捕捉客流的时间特性和空间特性;同时社交媒体数据作为一种可靠数据源,整合至模型中以学习外界因素对客流变化的影响,利于提高预测精度。

(2) 在对疫情期间客流预测展开研究时,提出了自适应多图卷积网络(AMGCN),该网络可以根据输入动态捕捉客流的空间依赖性,同时采用多图刻画不同类型的空间关系,最终实现动态复杂的空间依赖性建模。

(3) 在对疫情期间客流预测展开研究时,提出了因果卷积概率稀疏自注意力(CPSA)机制,该机制是对 Informer 中的概率稀疏注意力机制的改进,通过加入因果卷积操作捕捉客流的局部演化特征,从而准确分配客流在时间节点上的相关性权重;另外该注意力机制通过概率计算得到"主导"的时间特征并计算其注意力分数,其余时间特征的注意力分数则赋予均值表示,这大大降低计算费用和内存占比,有利于解决传统多头注意力机制在计算注意力权重时因内存占比过高无法捕捉长时特征的问题。

(4) 在对大型活动期间客流预测展开研究时,首先进行大型活动期间客流数据分析,包括客流规律分析、客流可预测性分析,证明大型活动下客流预测的可行性;然后,提出 ST-BiLSTM-Attention 模型,通过整合双向 LSTM 模型和 Attention 机制,充分捕捉大型活动期间客流的时空特性,实现客流精准预测。

参考文献

CHEN R,LIANG C Y,Hong W C,et al. 2015. Forecasting holiday daily tourist flow based on seasonal support vector regression with adaptive genetic algorithm[J]. Applied Soft Computing,26:435-443.

CHILD R,GRAY S,RADFORD A,et al. 2019. Generating long sequences with sparse Transformer[J]. arXiv e-prints：arXiv：1904.10509.

DWIVEDI V P,BRESSON X. 2020. A generalization of Transformer networks to graphs[J]. arXiv e-prints 2020：arXiv：2012.09699.

GHANIM M S, MULEY D, KHARBECHE M. 2022. ANN-based traffic volume prediction models in response to COVID-19 imposed measures[J]. Sustainable Cities and Society,2022(81)：103830.

GUO S,LIN Y,WAN H,et al. 2021. Learning dynamics and heterogeneity of spatial-temporal graph data for traffic forecasting[J]. IEEE Transactions on Knowledge and Data Engineering,34(11)：5415-5428.

GOODFELLOW I, & POUGET-ABADIE J, MIRZA M, et al. 2014. Generative adversarial nets[J]. Advances in neural information processing systems,27.

HU J,SHEN L,Sun G. 2018. Squeeze-and-excitation networks[C]. In Proceedings of the IEEE conference on computer vision and pattern recognition,7132-7141.

JIAO F,HUANG L,SONG R,et al. 2021. An improved STL-LSTM model for daily bus passenger flow prediction during the COVIN-19 pandemic[J]. Sensors,17(21)：5950.

KIPF T N,WELLING M. 2016. Semi-supervised classification with graph convolutional networks[J]. arXiv preprint arXiv：1609.02907.

LEA C,FLYNN M D,VIDAL R,et al. 2017. Temporal convolutional networks foraction segmentation and detection[C]. Proceedings of the IEEE Conference on Computer Vision and Pattern Recognition, 156-165.

LECUN Y,BRNGIO Y. 1995. Convolutional networks for images,speech,and time series[J]. The handbook of brain theory and neural networks,3361(10)：1995.

LI S, JIN X, XUAN Y, et al. 2019. Enhancing the locality and breaking the memory bottleneck of Transformer on time series forecasting[J]. Advances in Neural Information Processing Systems,32.

LI Y,YU R,SHAHABI C,et al. 2017. Diffusion convolutional recurrent neural network：data-driven traffic forecasting[J]. arXiv preprint：arXiv：1707.01926.

LIAPIS S,CHIRISTANTONIS K,CHAZAN-PANTZALIS V. 2021. A methodology using classification for traffic prediction：Featuring the impact of COVID-19[J]. Integrated Computer-Aided Engineering,28 (4)：417-435.

LIU S,YAO E. 2017. Holiday passenger flow forecasting based on the modified least-square support vector machine for the metro system [J]. Journal of Transportation Engineering Part A-Systems, 143(2)：04016005.

LV Z,LI J,DONG C,et al. 2021. Deef learning in the COVID-19 epidemic：A deep model for urban traffic revitalization index[J]. Data & Knowledge Engineering,135：101912.

MA X,TAO Z,WANG Y,et al. 2015. Long short-term memory neural network for traffic speed prediction using remote microwave sensor data[J]. Transportation Research Part C：Emerging Technologies,54： 187-197.

MA D,GUO Y,MA S. 2021. Short-term subway passenger flow prediction based on GCN-BiLSTM[C]. In IOP Conference Series：Earth and Environmental Science,693(1)：012005.

NI M,HE Q,GAO, J. 2016. Forecasting the subway passenger flow under event occurrences with social media[J]. IEEE Transactions on Intelligent Transportation Systems,18(6)：1623-1632.

RAN X,SHAN Z,FANG Y,et al. 2019. An LSTM-based method with attention mechanism for travel time prediction[J]. Sensors,19(4)：861.

ROY K C, HASAN S, CULOTTA A, et al. 2021. Predicting traffic demand during hurricane evacuation using real-time data from transportation systems and social media[J]. Transportation Research Part C： Emerging Technologies,131：103339.

SHI X,CHEN Z,WANG H,et al. 2015. Convolutional LSTM network a machine learning approach for precipitation nowcasting[J]. Advances in neural information Processing Systems,28.

VASWANI A,SHAZEER N,PARMAR N,et al. 2017. Attention is all you need[J]. Advances in neural information processing systems,30.

WEN K,ZHAO G,HE B,et al. 2022. A decomposition-based forecasting method with transfer learning for railway short-term passenger flow in holidays[J]. Expert Systems with Applications,189:116102.

WOO S,PARK J,LEE J Y,et al. 2018. Cbam: Convolutional block attention module[C]. Proceedings of the European conference on computer vision (ECCV),3-19.

WU Z,PAN S,LONG G,et al. 2019. Graph wavenet for deep spatial-temporal graph modeling[J]. arXiv e-prints(2019): arXiv: 1906.00121.

XIE B,SUN Y,HUANG X,et al. 2020. Travel characteristics analysis and passenger flow prediction of intercity shuttles in the Pearl River Delta on holidays[J]. Sustainability,12(18):7249.

XIE C,LI X,CHEN B,et al. 2021. Subway sudden passenger flow prediction method based on two factors: Case study of the Dongsishitiao station in Beijing[J]. Journal of Advanced Transportation,1-8.

XUE G,LIU S,REN L,et al. 2022. Forecasting the subway passenger flow under event occurrences with multivariate disturbances[J]. Expert Systems with Applications,188:116057.

YAN H,MA X,PU Z. 2021. Learning dynamic and hierarchical traffic spatiotemporal features with Transformer[J]. IEEE Transactions on Intelligent Transportation Systems,23(11):22386-22399.

YAN S,XIONG Y,LIN D. 2018. Spatial-temporal graph convolutional networks for skeleton-26 based action recognition[C]. Thirty-second AAAI conference on artificial intelligence.

YE X,FANG S,SUN F,et al. 2022. Meta graph transformer a novel framework for spatial-temporal traffic prediction[J]. Neurocomputing,491:544-563.

ZHANG J L,CHEN F,GUO Y,et al. 2020. Multi-graph convolutional network for short-term passenger flow forecasting in urban rail transit[J]. IET Intelligent Transport Systems,14(10):1210-1217.

Zhang J B,ZHENG Y,QI D K. 2017. Deep spatial temporal residual networks for citywide crowd flows prediction[C]. Thirty-first AAAI conference on artificial intelligence.

ZHANG W Q,ZHANG C,TSUNG F. 2021. Transformer based spatial-temporal fusion network for metro passenger flow forecasting[C]. IEEE 17th International Conference on Automation Science and Engineering (CASE),1515-1520.

ZHANG S,ZHENG D,HU X,et al. 2015. Bidirectional long short-term memory networks for relation classification[C]. In Proceedings of the 29th Pacific Asia conference on language, information and computation,73-78.

ZHANG S X,ZHANG J L,Yang L X,et al. 2022. GCN-Transformer for short-term passenger flow prediction on holidays in urban rail transit systems[J]. arXiv preprint arXiv:2203.00007,2022.

ZHAO L,SONG Y,ZHANG C,et al. 2020. T-GCN: a temporal graph convolutional network for traffic prediction[J]. IEEE Transactions on Intelligent Transportation Systems,21(9):3848-3858.

ZHOU H,ZHANG S,PENG J,et al. 2020. Informer: Beyond efficient Transformer for long sequence time-series forecasting[C]. Proceedings of the AAAI Conference on Artificial Intelligence,35(12):11106-11115.

ZHOU G,TANG J. 2020. Forecast of urban rail transit passenger flow in holidays based on support vector machine model[C]. IEEE 5th International Conference on Electromechanical Control Technology and Transportation (ICECTT),585-589.

白丽. 2017. 城市轨道交通常态与非常态短期客流预测方法研究[J]. 交通运输系统工程与信息,17(1):127-135.

曹夏玲. 2020. 城市轨道交通节假日短时客流预测模型研究[D]. 西安：长安大学.

仇建华,尚凯,张亚岐,等.2019.基于相关向量机的城市轨道交通突发大客流预测[J].大连交通大学学报,40(1):13-17.

冯诚.2020.大型活动散场时段地铁车站客流分布预测与控制[D].北京:北京建筑大学.

付宇,翁剑成,钱慧敏,等.2020.基于XGBoost算法的大型活动期间轨道进出站量预测[J].武汉理工大学学报(交通科学与工程版),44(5):832-836.

李晓峰.2017.基于数据挖掘的城市轨道交通车站突发客流预测研究[D].北京:北京交通大学.

梁强升.2020.城市轨道交通大型活动客流预测方法研究[D].北京:北京交通大学.

钱慧敏.2019.短时性大型活动对周边轨道站点客流的影响分析及预测[D].昆明:昆明理工大学.

钱慧敏,徐海辉.2020.基于AFC数据的体育赛事周边轨道站点短时客流预测[J].交通工程,20(6):30-36.

王海洋.2019.城市轨道交通系统突发客流的分析与预测预警研究[D].上海:上海交通大学.

王兴川,刘莎莎.2018.基于AFC数据的大型活动期间城市轨道交通客流预测[J].北京交通大学学报,42(1):87-93.

杨静,代盛旭 2021.大型活动散场期间地铁车站短时进站客流预测[J].科学技术与工程,21(5):2042-2048.

郑云霄.2019.大型活动下城市轨道交通进出站客流短时预测研究[D].北京:北京交通大学.

第 5 章

城市轨道交通车站级与网络级短时OD流预测

5.1 概述

城市轨道交通短时进站流预测旨在获得某一出行起点车站在一段时间内的乘客数量,解决的是如何获取轨道交通系统短时期内 OD 流量的问题。当获得进站的乘客数量后,需要预测乘客的目的地,即进行城市轨道交通短时 OD 流预测,以解决如何获取轨道交通系统短时期内 OD 流量的问题。通过短时 OD 流预测,可以获取网络的 OD 矩阵,该矩阵可以作为客流分配的重要输入用于短时断面流预测。因此短时 OD 流预测是短时进站流预测和短时断面流预测的桥梁,在智能城市轨道交通短时客流预测体系中扮演着重要的角色。精准的短时 OD 流预测模型能够提供车站之间的时空出行分布,有助于理解乘客出行行为。

OD 预测是指利用历史的 OD 矩阵信息等预测未来的 OD 矩阵信息,OD 估计是指利用道路交通路段流量计数信息或轨道交通进出站流量信息估计路网的 OD 信息,两者存在本质差异。根据预测方法以及研究对象的不同,相关的研究总结如下。

根据研究方法的不同,OD 预测或 OD 估计可以被分为三类。第一类为传统的基于数理统计或仿真的方法,例如姚向明等(2016)提出的最小二乘估计模型、Wang 等(2011)提出的概率分析估计模型、周玮腾等(2015)提出的多主体仿真模型等。第二类为基于机器学习的方法,例如姚向明等(2015)、Lin 等(2007)以及陈志杰等(2017)使用的状态空间模型、Zhou 等(2016)使用的 BPNNs、Yang 等(2017)使用的主成分分析和奇异值分解、Ma 等(2013)使用的分层贝叶斯模型等。针对短时 OD 预测或 OD 估计,以上两类模型在实时性和实用性方面表现稍弱,例如,当模型应用于大规模网络时,最小二乘法和状态空间模型会消耗大量的计算资源,此外,该类模型也存在估计精度有待提升、无法在建模过程中考虑 OD 需求间的时空依赖关系等不足。为了弥补以上不足,近年来,以深度学习模型为代表的第三类模型被广泛应用。蒋熙等(2018)使用 LSTM 模型进行 OD 矩阵预测,每个车站被单独训练一个 LSTM 模型进行预测,借助并行计算技术,进行全网络所有车站的 OD 预测,但该模型无法考虑不同 OD 对间的空间依赖关系。Liu 等(2019)和 Wang 等(2019)使用 CNN 和 GCN 进行道路交通的 OD 矩阵预测,该类研究中将路网划分为不同的区域,每个区域作为节点,区域间的邻接关系作为边,与轨道交通网络存在较大差异。类似地,Xiong 等

（2019）借助 GCN 进行道路交通的 OD 矩阵估计,研究中路段作为节点,路段之间的连接作为边。Jiang 等(2019)结合 LSTM 和 CNN 进行共享单车系统中基于个体的目的地预测,对于无桩共享单车系统则需要大量的数据预处理工作,例如需事先确定出行的起点和潜在的目的地等。总之,既有研究的研究背景与轨道交通 OD 预测存在一定差异,但可为轨道交通短时 OD 流预测提供一定的借鉴意义。

根据研究对象的不同,短时 OD 预测或 OD 估计可划分为 Lin 等(2007)提出的道路交通 OD 估计,Ou 等(2019)、Liu 等(2019)以及 Wang 等(2019)提出的出租车 OD 矩阵预测,Zhang 等(2017)提出的公交车 OD 矩阵预测,Yang 等(2017)、姚向明等(2015;2016)、Wang 等(2011)、Zhao 等(2007)、陈峰等(2019;2020)使用的轨道交通 OD 矩阵预测等。对于不同的交通系统,数据的可获得性也存在较大差异,如表 5-1 所示。在道路交通网络中,实时的以及真实的 OD 矩阵均无法被获取,但可以通过传感器等获取路段的流量计数,进而通过 OD 估计得到估计 OD 矩阵,但难点在于真实 OD 矩阵无法获取,根据 Yang 等(1991)的研究,估计 OD 矩阵的可靠性也难以评估。在出租车系统中,由于无固定的上下车站点,既有研究通常将研究区域划分为交通小区或网格区域,以匹配轨迹数据或订单数据,进而获取真实的区域之间的历史 OD 矩阵,且一般乘客在乘车时已确定出行目的地,因此实时的 OD 矩阵信息也可以被获取。公交系统中,不同城市的公交系统记录的卡数据信息存在较大差异,部分能够完整记录乘客的上下车站点,然而部分只记录乘客的上车站点或上下车站点均无记录,因此,真实的 OD 矩阵是否可以获取视情况而定;由于存在行程时间,公交系统实时的 OD 矩阵无法获取。城市轨道交通系统具有固定的地铁车站,乘客需刷卡进出地铁车站,因此,能够基于历史的 AFC 数据提取真实的历史 OD 矩阵信息;同样由于交通出行存在行程时间,地铁系统中实时的 OD 矩阵信息无法获取。

表 5-1　实时的及真实的 OD 矩阵可获得性

	道 路 交 通	出　租　车	公　交　车	轨 道 交 通
真实 OD 矩阵	×	√	视情况而定	√
实时 OD 矩阵	×	√	×	×

轨道交通领域利用深度学习模型进行短时 OD 流预测的研究相对较少。既有研究多数使用状态空间模型、最小二乘法模型、多主体仿真模型等传统模型。周玮腾等(2015)采用加权历史平均自适应模型对城市轨道交通短时进站量进行预测,然后通过 OD 矩阵预测和多主体仿真建模的手段获取短时 OD 客流和断面客流预测结果,并提出了一种时空二元验证法进行验证,整个短时客流预测体系相对较完善。姚向明(2016)、赵鹏等(2016)基于最小二乘法提出了一种滑动平均策略下的动态 OD 矩阵估计模型以及基于状态空间方法构建了短时客流 OD 矩阵估计模型,陈志杰、毛保华等(2017)在姚向明研究的基础上提出了一种基于状态空间模型的多时间粒度的短时 OD 客流多模型组合估计方法,提高了短时 OD 估计的准确度。上述传统模型由于需要消耗大量的计算资源,尤其在网络规模较大的情况下,较难满足实时性要求,且预测精度有待提高;多主体仿真模型涉及仿真系统的构建,过程较为复杂,不利于进行模型结构的调整等。在深度学习领域,蒋熙等(2018)和 Zhang 等(2019)以车站为单位,利用并行计算技术,使用 LSTM 逐个车站进行 OD 预测,最后将所有车站的

OD 序列进行合并,作为最终的 OD 矩阵预测结果,但该类研究无法捕捉 OD 流之间的复杂的时空依赖关系和非线性关系,且逐个车站进行预测的建模过程较为烦琐,可行性和实用性较差。

综上所述,城市轨道交通短时 OD 预测领域研究相对较为滞后,需要针对轨道交通独有的特点,充分利用深度学习模型的优点进行模型设计和构建,以满足现阶段构建智慧地铁生态所要求的高精度、高实时性、高可操作性等要求。本节也将充分考虑轨道交通的特点、精度、实时性、可操作性等因素,构建深度学习模型进行轨道交通车站级和网络级短时 OD 流预测,为轨道交通智能感知提供借鉴。

5.2　基于 LSTM 的车站级短时 OD 流预测

5.2.1　问题及数据简介

1. 问题分析

要全面掌握轨道交通系统客流的时空分布,在获得实时的进站量之后,需借助短时 OD 流预测来确定乘客的目的地。短时 OD 流预测结果是动态客流分配的重要输入,同时可为实时的运营组织管理、路径规划、客流缓堵等提供参考,具有重要的研究意义。因此,本节拟在该背景下进行城市轨道交通短时 OD 流预测研究。车站级短时 OD 流预测与网络级短时 OD 流预测面临的问题难点类似,主要不同点在于问题规模、应用场景、建模方式等,在此统一对包括车站级和网络级短时 OD 流预测中面临的问题进行分析。

轨道交通短时 OD 流预测的研究相对较少,其主要原因在于轨道交通中实时的 OD 矩阵不可获取、数据维度大、数据稀疏性严重等问题。下面从数据可获得性、数据依赖关系、数据维度、数据稀疏性四个方面分析 OD 矩阵。

（1）数据可获得性

多数交通预测任务均可获取实时的交通数据。例如进行交通速度预测时,可用实时的 t 时刻的交通速度作为输入预测 $t+1$ 时刻的交通速度。在滴滴、Uber 等叫车服务的 OD 需求预测中,由于乘客在发起服务时已确定出行起终点,因此叫车服务中实时的 OD 需求也可获取,进而可用于实时的 OD 流预测。同样,由于轨道交通乘客进出站需要刷卡,轨道交通的进出站流也可实时获取,进而可用于下一时刻的进出站流预测。该类任务的相同点之一即为实时的交通状态均可获取,故可用作模型输入进行短时交通预测。然而由于乘客从出行起点前往出行终点需要经过一定的行程时间,行程时间示意图如图 5-1 所示,实时的 OD 流不可获取,只有当该时间段内所有乘客全部结束行程之后才可获取该时间段内的 OD 矩阵。因此,当进行实时的轨道交通短时 OD 流预测时,需仔细考虑模型输入。

（2）数据依赖关系

由于所有乘客均具有旅行目的地,当乘客进入地铁站后,必将出站。因此,轨道交通系统中进出站流等于 OD 流之和,在进行模型构建时,需仔细考虑进出站流和 OD 流的关系。

图 5-1　行程时间示意图

（3）数据维度

假设轨道交通网络中存在 n 个车站,则同一时间段内 OD 矩阵中 OD 流的数量为 n^2,极大增加了 OD 流预测的难度。例如,目前北京、伦敦、纽约分别具有 404、270、424 个地铁车站,相应地同一时间段内 OD 矩阵中分别包含 163216、72900、179776 个 OD 流数据,OD 矩阵维度远大于车站数量。

（4）数据稀疏性

轨道交通 OD 矩阵在时间和空间两个维度上稀疏性均较为严重,即大量 OD 对之间不存在 OD 流或 OD 流较小,原因主要来源于两个方面。其一,乘客的出行模式随时间变化,导致 OD 流的稀疏模式相应随时间变化。例如,部分 OD 对间乘客早高峰时段从居住区域前往就业区域,晚高峰时段则会相反。其二,由于 OD 流维度巨大,总的进站客流量分散至不同的 OD 对之间,会导致大量 OD 对之间流量较小甚至为零。图 5-2 展示了北京某市中心地铁车站（A）至郊区地铁车站（B,C,D,E）的 OD 流,由于早高峰北京居民多数从郊区前往市中心工作,所以早高峰期间 A→B、A→C、A→D、A→E 之间的 OD 流较小,晚高峰期间则会相反。表 5-2 展示了不同时间段内不同的 OD 流所占的比例,其中全天超过 40% 的 OD 对之间不存在 OD 流,即 OD 流量为零,全天 OD 流量小于 2 的 OD 对占比 65% 以上。该类较小的 OD 流多数系随机产生,规律性较低,预测难度较大。叫车服务或道路交通的 OD 流预测任务中,同一存在数据稀疏性问题,但问题严重性相对较弱。相比而言,轨道交通进出站流、道路交通流等数据则相对稠密。

表 5-2　OD 流统计数据

OD 流	05:00—05:30	08:00—08:30	12:00—12:30	19:00—19:30
OD=0	95.16%	40.53%	58.46%	54.92%
0<OD≤2	4.34%	25.21%	27.57%	25.41%
2<OD≤4	0.34%	10.40%	7.89%	8.22%
4<OD≤6	0.09%	5.74%	2.87%	3.77%
OD>6	0.07%	18.12%	3.21%	7.68%

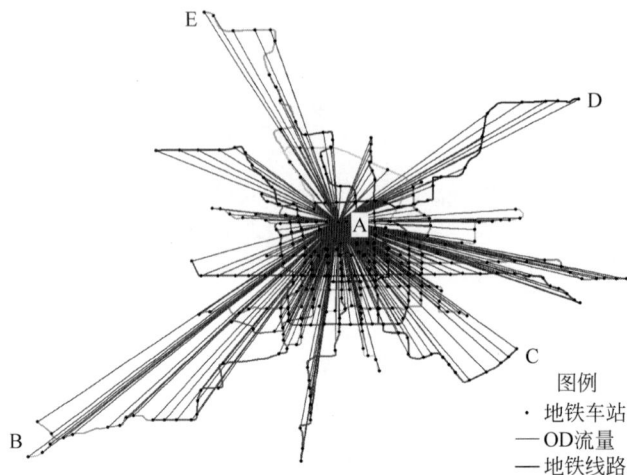

图 5-2　OD 流示意图（见文后彩图）

表 5-3 总结了不同交通状态预测任务的特征。由表可知,由于轨道交通短时 OD 流预测的特殊性,需要针对该类任务的模型输入数据、数据维度、数据稀疏性等问题进行特殊处理。

表 5-3　不同交通状态预测任务的特征总结

预测对象	数据可获得性	数据维度	数据稀疏性	参考文献
道路速度/流量	√	√	√	Guo 等(2019)；Ma 等(2015)
道路 OD 流量	√	!	!	Xiong 等(2019)
叫车服务需求量	√	√	√	Geng 等(2019)
叫车服务 OD 流量	√	!	!	Ke 等(2019)
轨道交通进站/出站流量	√	√	√	Zhang 等(2020)
轨道交通 OD 流量	!	!	!	本节研究

注："√"表示问题不存在,"!"表示问题存在。

综上所述,本章进行车站级以及网络级城市轨道交通短时 OD 流预测时均需考虑以下几方面问题:

(1) 由于实时的 OD 矩阵不可获取,无法使用邻近几个时间间隔的 OD 矩阵作为模型输入,因此在进行实时 OD 流预测时,需首先明确模型输入。

(2) 建模时需考虑如何利用进站流与 OD 流之间的内在依赖关系。

(3) 既有研究普遍对流量较大和流量较小的 OD 对作相同处理。由于 OD 流量为零或者流量较小的 OD 对数量巨大,OD 矩阵数据稀疏性问题严重,因此该处理方法存在一定的不合理性,建模过程中需考虑如何处理数据稀疏性问题以提高预测精度。

鉴于以上几点考量,本节首先提出了 OD 吸引度和 OD 吸引度水平的概念,其次利用 LSTM 深度学习模型搭建了适用于地铁车站级的短时 OD 流预测模型,最后通过实际案例研究验证模型,同时探索了 OD 吸引度水平和时间粒度的最佳组合方式,服务于后续网络级短时 OD 流预测相关研究。具体内容如下:首先,基于 OD 吸引度和 OD 吸引度水平,详细介绍基于 OD 吸引度的 OD 矩阵提取过程,并作为后续模型输入;其次,介绍构建的车站级

短时 OD 流预测模型；最后，在 LSTM 模型和 OD 吸引度的基础上，选取 3 个时间粒度和
3 个 OD 吸引度水平共计 9 个案例验证模型的精度、OD 吸引度指标的合理性以及探索 OD
吸引度水平和时间粒度的最佳组合方式。

2. 问题定义

在对车站级短时 OD 流预测问题定义之前，首先对本节提出的 OD 吸引度以及 OD 吸
引度水平进行详细介绍，其次对基于 OD 吸引度的 OD 矩阵提取过程进行详细介绍，最后对
本节研究的问题进行明确定义。

（1）OD 吸引度定义

Soule 等（2005）的研究表明客流量较低的 OD 对对预测精度存在显著影响，而在城市轨
道交通线网中，大量 OD 流较小甚至为零，该类出行行为多数具有随机性，规律性较低，影响
预测精度，为减弱随机因素对预测过程产生的影响，提高预测精度，引入 OD 吸引度（origin-
destination attraction degree，ODAD）概念。OD 吸引度即较长一段时间内不同时段 OD 间
的平均客流量，是描述 OD 对之间吸引客流强度大小的指标，其表达式为

$$ODAD_{ij}^t = \frac{1}{n}\sum_{k=1}^{n} q_{ij}^{k,t}$$

$$ODAD = \begin{bmatrix} ODAD_{11}^t & ODAD_{12}^t & ODAD_{13}^t & \cdots & ODAD_{1j}^t \\ ODAD_{21}^t & ODAD_{22}^t & ODAD_{23}^t & \cdots & ODAD_{2j}^t \\ ODAD_{31}^t & ODAD_{32}^t & ODAD_{33}^t & \cdots & ODAD_{3j}^t \\ \vdots & \vdots & \vdots & \ddots & \vdots \\ ODAD_{i1}^t & ODAD_{i2}^t & ODAD_{i3}^t & \cdots & ODAD_{ij}^t \end{bmatrix} \qquad (5\text{-}1)$$

其中，i 为进站编号；j 为出站编号；n 为连续时间段内考虑的总天数；k 为该时间段内第 k
天，t 为第 k 天内第 t 个时间段；q 为第 k 天第 t 时间段内 i 和 j 之间的 OD 客流量。由
式（5-1）可知，OD 吸引度为动态指标，对于同一 OD 对，其 OD 吸引度可能在高峰时段较高，
而在午夜时段较低。此外，OD 吸引度为平均指标，因此可减弱随机因素的影响。

本节 i 和 j 的取值范围为（1,276），代表 276 个车站（2018 年即为 308 个车站以及对应
的时间区间）。n 为 25，表示 2016 年 2 月 29 日—4 月 3 日间的 25 个工作日，k 的取值范围
为（1,25）。当时间粒度取 15min 时，t 的取值范围为（1,72），代表一天内 18h 的运营时间，
当取 30min 或 60min 时，t 的变化范围分别为（1,36）和（1,18）。

（2）OD 吸引度水平划分标准

此外，根据经验判断及数据调研结果，本节制定了 OD 吸引度水平划分标准，当时
间粒度为 15min、30min 和 60min 时，OD 吸引度水平如表 5-4～表 5-6 所示，可作为 OD
矩阵预处理的参考标准。当时间粒度为 30min 或 60min 时，对应的值分别变为 2 倍或
4 倍。

一天内不同 OD 吸引度水平下的 OD 对数量变化情况如图 5-3 所示，从时间角度看，"低"
和"较低"水平下的 OD 对数量占比较大。某时间间隔内某一 OD 矩阵的子矩阵如图 5-4 所示，
从空间角度看，只有特定区域存在 OD 流量。流量较小的 OD 对由于缺乏规律性，严重影响模
型预测精度。

表 5-4　15min 时间粒度下 OD 吸引度水平划分标准

ODAD=0	0<ODAD≤1	1<ODAD≤2	2<ODAD≤3	ODAD>3
低	较低	中等	较高	高

表 5-5　30min 时间粒度下 OD 吸引度水平划分标准

ODAD=0	0<ODAD≤2	2<ODAD≤4	4<ODAD≤6	ODAD>6
低	较低	中等	较高	高

表 5-6　60min 时间粒度下 OD 吸引度水平划分标准

ODAD=0	0<ODAD≤4	4<ODAD≤8	8<ODAD≤12	ODAD>12
低	较低	中等	较高	高

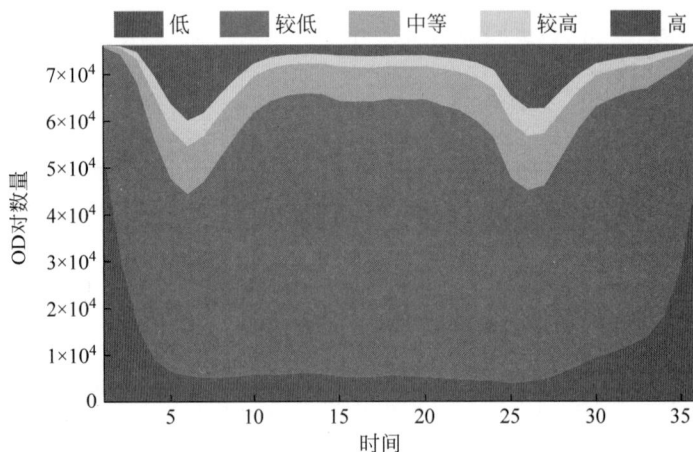

图 5-3　一天内 OD 数量变化示意图(见文后彩图)

（3）基于 OD 吸引度的 OD 矩阵提取

本节基于 OD 吸引度详细展示了 OD 矩阵提取过程。首先,根据式(5-2)提取历史 OD 矩阵,提取的 OD 矩阵与 OD 吸引度矩阵(式(5-1))中的元素为一一对应关系;然后,选取某一 OD 吸引度水平(例如 OD 吸引度为"较低"),根据 OD 吸引度矩阵,删除 OD 矩阵中等于和小于选取的 OD 吸引度水平的 OD 对,此时 OD 矩阵转化为式(5-3);最后,由于删除 OD 对导致出现变长序列,因此将 OD 对同步左移,并将空缺位置补 0 即可获取最终所需 OD 矩阵,如式(5-4)所示,即为后续模型输入。

$$
\mathbf{OD}_{ij}^{k,t} = \begin{pmatrix} q_{11}^{k,t} & q_{12}^{k,t} & q_{13}^{k,t} & \cdots & q_{1j}^{k,t} \\ q_{21}^{k,t} & q_{22}^{k,t} & q_{23}^{k,t} & \cdots & q_{2j}^{k,t} \\ q_{31}^{k,t} & q_{32}^{k,t} & q_{33}^{k,t} & \cdots & q_{3j}^{k,t} \\ \vdots & \vdots & \vdots & \ddots & \vdots \\ q_{i1}^{k,t} & q_{i2}^{k,t} & q_{i3}^{k,t} & \cdots & q_{ij}^{k,t} \end{pmatrix} = \begin{pmatrix} Q_1^{k,t} \\ Q_2^{k,t} \\ Q_3^{k,t} \\ \vdots \\ Q_i^{k,t} \end{pmatrix} \tag{5-2}
$$

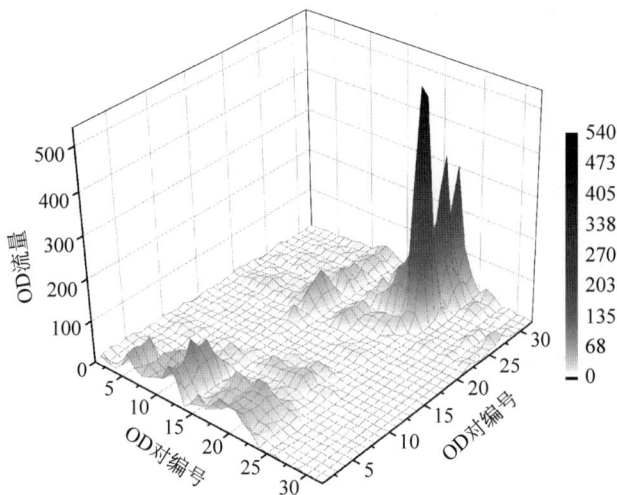

图 5-4 三维视角下子 OD 矩阵示意图（见文后彩图）

$$\mathbf{OD}'^{k,t}_{ij} = \begin{pmatrix} q^{k,t}_{11} & \times & \times & \cdots & q^{k,t}_{1j} \\ q^{k,t}_{21} & q^{k,t}_{22} & q^{k,t}_{23} & \cdots & q^{k,t}_{2j} \\ q^{k,t}_{31} & \times & q^{k,t}_{33} & \cdots & q^{k,t}_{3j} \\ \vdots & \vdots & \vdots & \ddots & \vdots \\ \times & q^{k,t}_{i2} & q^{k,t}_{i3} & \cdots & q^{k,t}_{ij} \end{pmatrix} = \begin{pmatrix} Q'^{k,t}_1 \\ Q'^{k,t}_2 \\ Q'^{k,t}_3 \\ \vdots \\ Q'^{k,t}_i \end{pmatrix} \tag{5-3}$$

$$\mathbf{OD}''^{k,t}_{ij} = \begin{pmatrix} q^{k,t}_{11} & \cdots & q^{k,t}_{1j} & 0 & 0 \\ q^{k,t}_{21} & q^{k,t}_{22} & q^{k,t}_{23} & \cdots & q^{k,t}_{2j} \\ q^{k,t}_{31} & q^{k,t}_{33} & \cdots & q^{k,t}_{3j} & 0 \\ \vdots & \vdots & \vdots & \ddots & \vdots \\ q^{k,t}_{i2} & q^{k,t}_{i3} & \cdots & q^{k,t}_{ij} & 0 \end{pmatrix} = \begin{pmatrix} Q''^{k,t}_1 \\ Q''^{k,t}_2 \\ Q'^{k,t}_3 \\ \vdots \\ Q''^{k,t}_i \end{pmatrix} \tag{5-4}$$

其中，$\mathbf{OD}^{k,t}_{ij}$ 为第 k 天第 t 个时间段的 OD 矩阵；$q^{k,t}_{ij}$ 为第 k 天第 t 个时间段从 i 车站前往 j 车站的 OD 客流；$Q^{k,t}_{ij}$ 为行向量。

LSTM 模型能够借助掩膜层接收变长序列，即能够在模型训练过程中对补全空缺位置的"0"自动过滤，从而使空缺位置处全部输出为 0。预测结果中 OD 对所在位置与输入时所在位置相同。因此在确定输出后，OD 对应该被重新定位至其原始位置（同步右移，即由式(5-4)所在位置重新定位至式(5-2)所在位置）。

（4）问题定义

本节主要在 15min、30min 和 60min 三个时间粒度以及"低""较低""中等"三个 OD 吸引度水平下，使用经典的 LSTM 模型构建车站级短时 OD 流预测模型，同时验证 OD 吸引度对提高预测精度的有效性，并探索时间粒度与 OD 吸引度水平的最佳组合，研究结论可用于后续构建网络级短时 OD 流预测模型。

本节将第 $k-1$ 天第 t 个时间段和第 $k-1$ 天第 $t-1$ 个时间段的 OD 矩阵，以及第 k 天实时的进出站客流量作为模型输入，并采用并行计算技术，对 276 个车站的 OD 序列分别训

练分别预测,将预测结果组合为完整的 OD 矩阵作为最终输出。LSTM 模型的输入如下:

$$Q_i''^{k,t}=f(Q_i''^{k-1,t},Q_i''^{k-1,t-1},I_i^{k,t},O_i^{k,t}) \tag{5-5}$$

其中,$Q_i''^{k-1,t}$,$Q_i''^{k-1,t-1}$ 为式(5-4)中的行向量,分别为第 $k-1$ 天第 t 个时间段和第 $k-1$ 天第 $t-1$ 个时间段从 i 车站进站的 OD 客流向量;$I_i^{k,t}$ 和 $O_i^{k,t}$ 分别为第 k 天第 t 个时间段进站和出站客流量;$Q_i''^{k,t}$ 为预测的第 k 天第 t 个时间段从 i 车站进站的 OD 客流向量。

3. 数据简介

本节使用的数据为北京地铁 2016 年 2 月 29 日—4 月 3 日连续 5 周 25 个工作日的北京地铁刷卡数据,数据集详细信息如表 5-7 所示,共计 276 个车站。从原始 AFC 卡数据中基于 OD 吸引度提取 OD 矩阵以及车站的进站和出站客流数据,用于 LSTM 模型构建。

表 5-7   数据描述

描　　述	MetroBJ2016
日期	2016 年 2 月 29 日—4 月 3 日
时间	05:00—23:00
周数	5
数据量	1.3 亿
车站数目	276
矩阵维度	276 × 276
时间间隔	30min
一天内矩阵数量	36

4. 模型简介

LSTM 模型简介见 2.4.2 节。本节构建的网络结构如图 5-5 所示,包括掩膜层、两层 LSTM 层和全连接层。LSTM 模型输入中每个时间步具有 276 个特征,四类输入数据分别代表四个时间步。四类输入数据具有不同的序列长度,因此首先将其补 0 至序列长度均为 276。由于掩膜层存在,可将填充的 0 全部过滤,从而使 LSTM 模型能够在变长序列上进行训练,进而大大降低了模型复杂度和计算量。

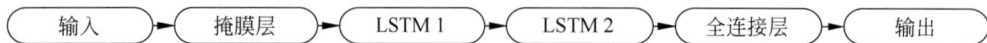

输入 ▶ 掩膜层 ▶ LSTM 1 ▶ LSTM 2 ▶ 全连接层 ▶ 输出

图 5-5   模型框架示意图

5.2.2   模型配置

1. 评价指标和损失函数

本节采用均方误差(MSE)作为损失函数,其表达式如式(5-6)所示。采用均方根误差(RMSE)、平均绝对误差(MAE)以及加权平均绝对百分比误差(WMAPE)作为模型评价指标,其中一天内不同时间段的三个指标按式(5-7)～式(5-9)进行计算,一天内三个指标的平均值按式(5-10)～式(5-12)进行计算。

$$\mathrm{MSE} = \frac{1}{n \times n} \sum_{i=1}^{n} \sum_{j=1}^{n} (q_{ij}^{k,t} - \hat{q}_{ij}^{k,t})^2 \tag{5-6}$$

$$\mathrm{RMSE}^t = \sqrt{MSE} \tag{5-7}$$

$$\mathrm{MAE}^t = \frac{1}{n \times n} \sum_{i=1}^{n} \sum_{j=1}^{n} | q_{ij}^{k,t} - \hat{q}_{ij}^{k,t} | \tag{5-8}$$

$$\mathrm{WMAPE}^t = \sum_{i=1}^{n} \sum_{j=1}^{n} \frac{q_{ij}^{k,t}}{\displaystyle\sum_{i=1}^{n}\sum_{j=1}^{n} q_{ij}^{k,t}} \left| \frac{q_{ij}^{k,t} - \hat{q}_{ij}^{k,t}}{\hat{q}_{ij}^{k,t}} \right|, \quad \hat{q}_{ij}^{k,t} > 0 \tag{5-9}$$

$$\mathrm{RMSE} = \sum_{t=1}^{m} \frac{\displaystyle\sum_{i=1}^{n}\sum_{j=1}^{n} q_{ij}^{k,t}}{\displaystyle\sum_{t=1}^{m}\sum_{i=1}^{n}\sum_{j=1}^{n} q_{ij}^{k,t}} \mathrm{RMSE}^t \tag{5-10}$$

$$\mathrm{MAE} = \sum_{t=1}^{m} \frac{\displaystyle\sum_{i=1}^{n}\sum_{j=1}^{n} q_{ij}^{k,t}}{\displaystyle\sum_{t=1}^{m}\sum_{i=1}^{n}\sum_{j=1}^{n} q_{ij}^{k,t}} \mathrm{MAE}^t \tag{5-11}$$

$$\mathrm{WMAPE} = \sum_{t=1}^{m} \frac{\displaystyle\sum_{i=1}^{n}\sum_{j=1}^{n} q_{ij}^{k,t}}{\displaystyle\sum_{t=1}^{m}\sum_{i=1}^{n}\sum_{j=1}^{n} q_{ij}^{k,t}} \mathrm{WMAPE}^t \tag{5-12}$$

其中,$q_{ij}^{k,t}$ 为预测值;$\hat{q}_{ij}^{k,t}$ 为真实值;t 代表第 k 天内的不同时间段;n 代表车站数量;m 为一天内的时间段个数。

2. 参数设置

本节旨在构建车站级短时 OD 流预测模型,同时探索 OD 吸引度水平和时间粒度的最佳组合方式,因此仅使用 2016 年数据集。其中,前 22 天的数据作为训练集,第 23 天的数据作为测试集,对于 15min、30min 和 60min,迭代次数分别设置为 50、100 和 200,批大小(batch size)设置为 72,使用的优化器为"Adam",其学习率为 0.001,使用 Keras 深度学习框架构建本模型。

实际运营中应谨慎选取用于预测的时间粒度,较小的时间粒度下提取的客流序列虽然能够刻画客流的精细化信息,但规律性较差,预测精度较低,而较大的时间粒度下提取的客流序列则会损失部分客流细节信息,但规律性较强,预测精度较高。鉴于此,本节选取 15min、30min 和 60min 三个时间粒度以及"低""较低""中等"三个 OD 吸引度水平共计 9 个案例研究,以探索时间粒度和 OD 吸引度水平的最佳组合。

5.2.3　预测结果分析

1. OD吸引度水平推荐

应用OD吸引度水平之后，根据相应OD吸引度删除部分OD对，导致OD对数量大幅减少，剩余OD对数量如图5-6所示，三个时间粒度下，OD对数量变化情况基本相同。

图 5-6

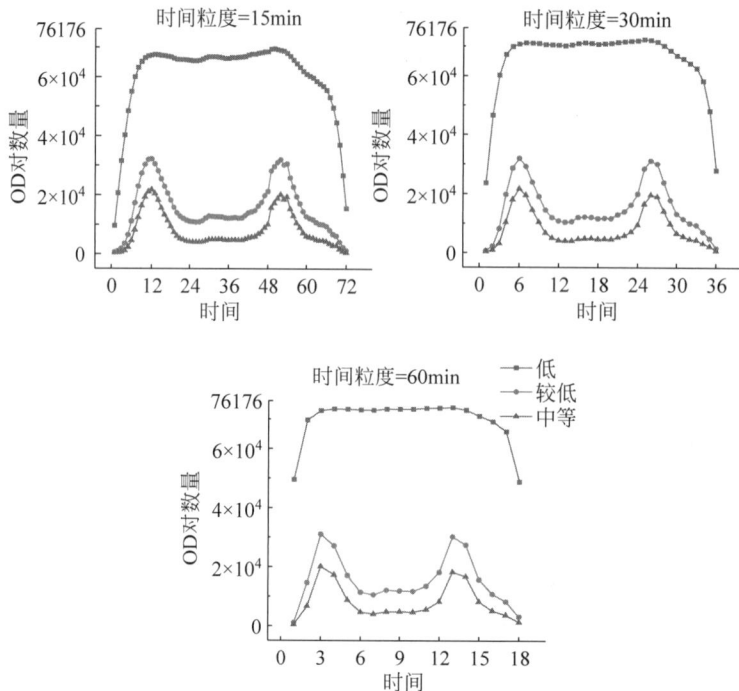

图5-6　不同时间粒度下应用不同OD吸引度水平后的OD对数量

应用"低"OD吸引度水平时，早晚高峰之间删除10000～20000不存在客流量的OD对，清晨和深夜时，剩余OD对数量急剧下降，删除10000～60000不存在客流量的OD对，早晚高峰期间删除40000～50000的OD对，平峰时甚至删除高达50000～60000的OD对。OD对数量变化呈现双峰状，即便早晚高峰时期，仅有少于半数的OD对的OD吸引度水平高于"较低"水平。

应用"中等"OD吸引度水平时，其变化趋势和"较低"水平下较为相似，相应时段满足要求的OD对数量再次减少约10000，但被删除的OD对数量下降幅度相较于"较低"大幅降低。

综上所述，大量OD对间存在较少或不存在客流量，该部分OD对严重影响预测精度。此外，应慎重选取OD吸引度水平，既要尽可能降低吸引度较低的OD对对预测精度产生影响，也要防止过多OD对被删除和忽略。

根据式(5-7)～式(5-9)计算的一天内不同时段不同时间粒度和OD吸引度水平下的模型评估结果如图5-7所示，其中，随着应用OD吸引度水平的提高，所有时间粒度下各个指标均有所下降，OD吸引度从"低"至"较低"各指标下降最为明显，从"低"至"中等"各指标下降有所放缓，因此本节建议采用的OD吸引度水平为"较低"，此时既能保证预测精度存在大幅提高,又能避免过多的 OD 对在模型评估中被忽略。

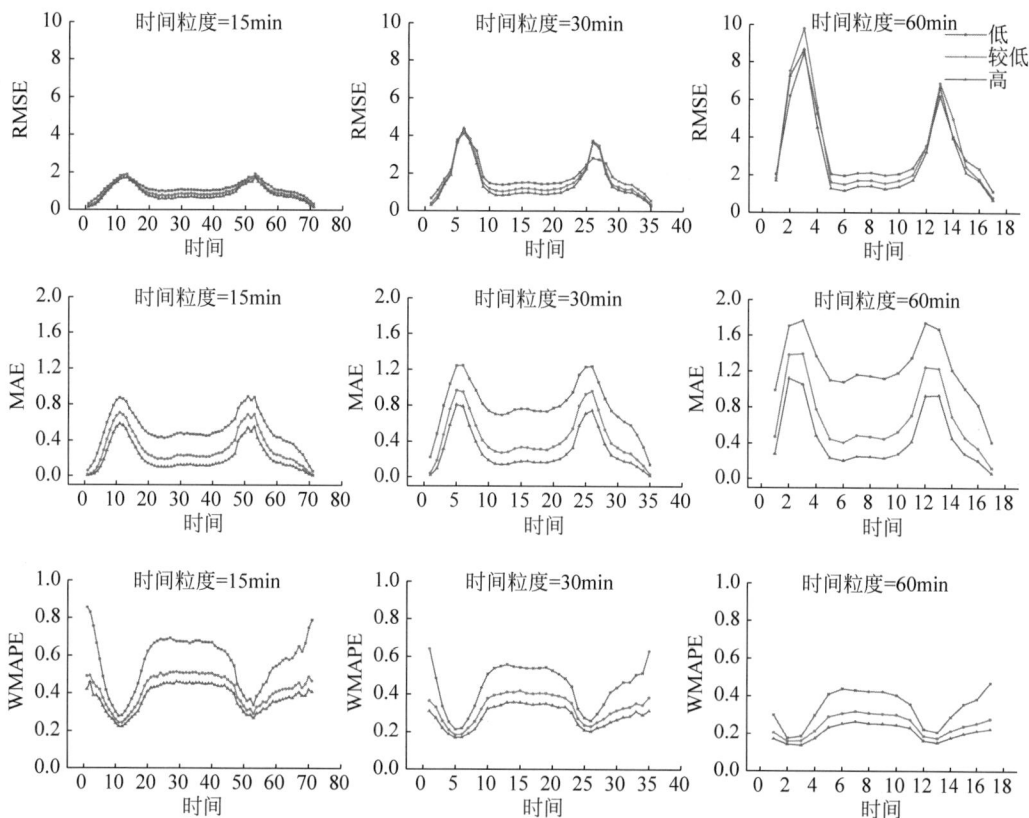

图 5-7　不同时段下的模型评估结果

2. 时间粒度推荐

根据式(5-10)～式(5-12)计算的全天所有时段不同时间粒度和 OD 吸引度水平下的平均模型评估结果如图 5-8 和表 5-8～表 5-10 所示。其中,随着应用 OD 吸引度水平的提高,所有时间粒度下各指标的表现均有所提升。根据表 5-10,当时间粒度为 30min,OD 吸引度水平为"低"时,WMAPE 开始下降至 30% 以下,姚向明等(2015)的相关研究表明,该指标难以下降至 30% 以下,因此根据模型结果,本节推荐采用的时间粒度为 30min,既能保证预测精度,又能避免因时间粒度过大造成客流细节信息被过多忽略。

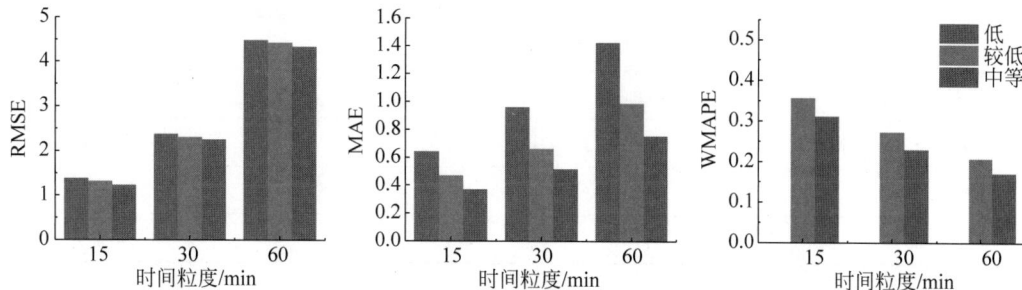

图 5-8　全天平均模型评估结果

表 5-8　一天内平均 RMSE

ODAD\时间粒度	15min	30min	60min
低	1.38486	2.37934	4.48547
较低	1.32064	2.30958	4.42929
中等	1.23677	2.25166	4.33042

表 5-9　一天内平均 MAE

ODAD\时间粒度	15min	30min	60min
低	0.644	0.960	1.424
较低	0.470	0.661	0.987
中等	0.369	0.518	0.755

表 5-10　一天内平均 WMAPE

ODAD\时间粒度	15min	30min	60min
低	46.910%	36.450%	28.220%
较低	35.630%	27.280%	20.770%
中等	31.100%	22.970%	17.120%

3. 模型预测结果评估

此外,本节选取了三个 OD 对以进一步分析车站级短时 OD 流预测模型表现,选取的三个 OD 对具有不同的 OD 流量大小以及不同的 OD 流量变化趋势,如表 5-11 所示,三个 OD 对分别具有较大、中等和较小的 OD 流量大小,且 OD 流量特征分别为单峰-早高峰状、双峰状、单峰-晚高峰状。三个 OD 对的预测结果如图 5-9～图 5-11 所示,结果表明 LSTM 模型能够较好地捕捉客流变化趋势,具有较高的可行性和实际应用价值。

综上所述,本节基于 OD 吸引度指标和 LSTM 模型,构建了车站级短时 OD 流预测模型,通过 15min、30min 和 60min 三个时间粒度以及"低""较低""中等"三个 OD 吸引度水平共计 9 个案例研究,验证了 OD 吸引度指标的合理性,并根据分析结果,推荐可用于实际运营的时间粒度和 OD 吸引度水平的最佳组合方式为 30min 和"较低"。

表 5-11　选取的 3 个 OD 对简介

OD 编号	4～11	34～45	45～225
名称	玉泉路—复兴门	西直门—东直门	东直门—望京西
流量大小	较大	中等	较小
流量特征	单峰—早高峰	双峰	单峰—晚高峰

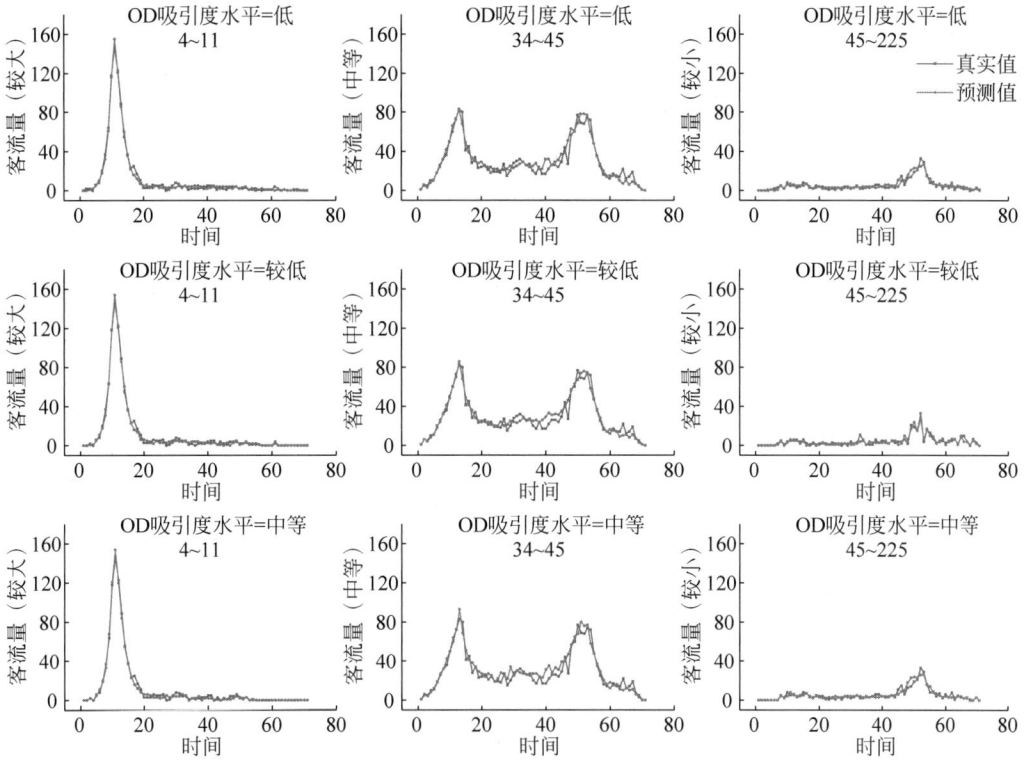

图 5-9 15min 时间粒度下预测值和真实值对比

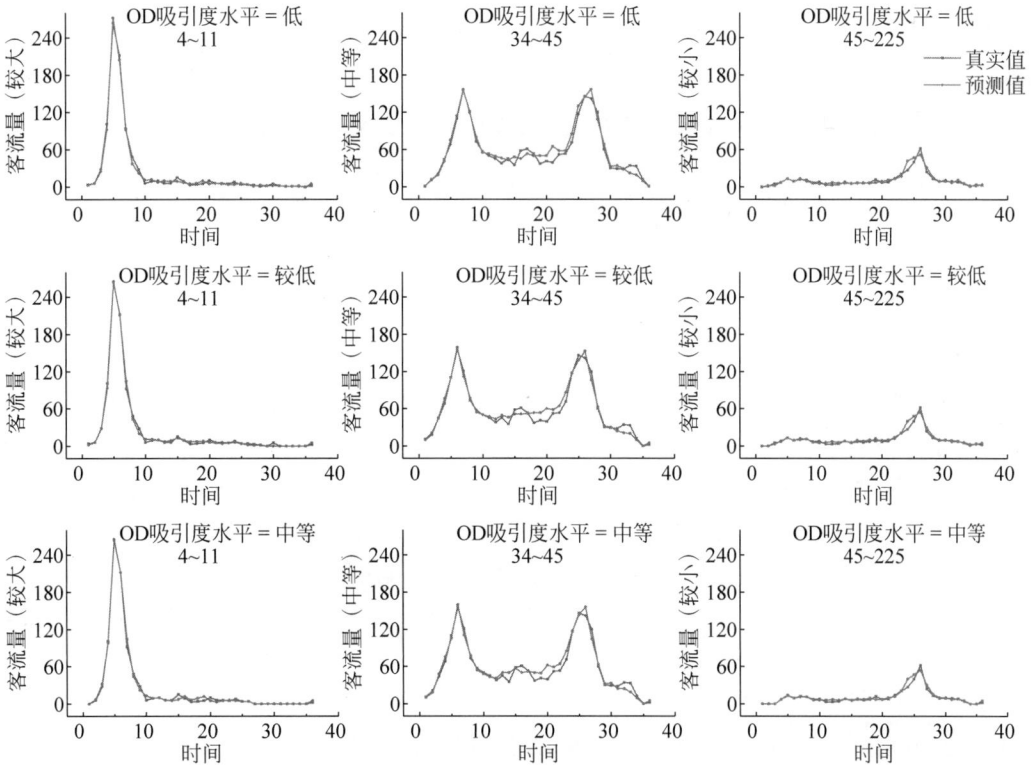

图 5-10 30min 时间粒度下预测值和真实值对比

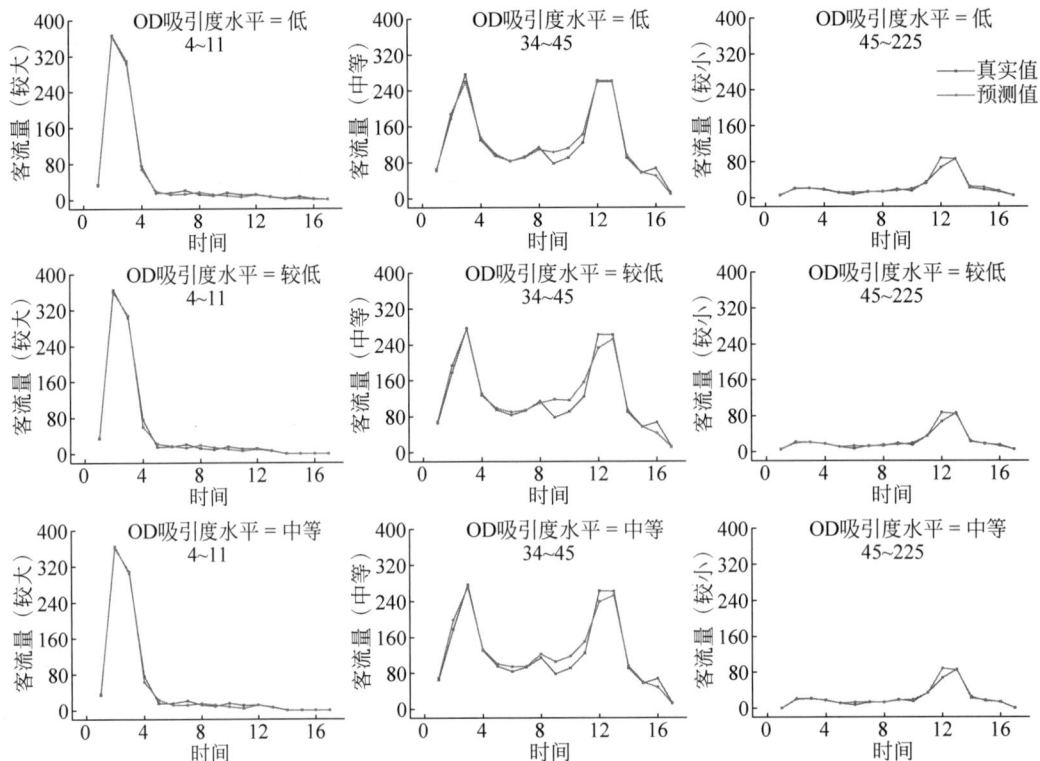

图 5-11 60min 时间粒度下预测值和真实值对比

5.3 基于 CAS-CNN 的网络级短时 OD 流预测

5.3.1 问题及数据简介

1. 问题分析

在智能城市轨道交通短时客流预测体系中,短时 OD 流预测是短时进站流预测和短时断面流预测的桥梁,在整个预测系统中扮演着重要的角色,其结果是动态客流分配的重要输入,有助于进行实时的路径规划和运营组织管理等。但 OD 流预测与前文所述的进站流预测在问题特点、数据特征等方面存在着巨大的不同,因此需要设计独特的模型解决 OD 流预测中存在的诸多问题。传统的 OD 流预测模型存在精度较低、计算资源消耗严重、较难满足实时性等不足,深度学习的发展为该类问题提供了新的解决思路,本节将借助深度学习各类基础模型,针对 OD 矩阵中存在的诸多特有的问题,构建短时 OD 流预测模型,进行城市轨道交通网络级短时 OD 流预测。

如 5.2 节所述,网络级短时 OD 流预测与车站级短时 OD 流预测存在同样的难题。针对该任务中存在的实时 OD 矩阵不可获取、数据维度大、数据稀疏性严重等问题,本节讨论了基于深度学习的网络级轨道交通短时 OD 流预测模型——CAS-CNN(channel-wise attentive split convolutional neural network)。该模型提出了一种进站流/出站流门控机制用以融合历史 OD 矩阵信息以及实时的进站流和出站流信息,从而解决该任务中实时 OD 矩阵不可获取的问题;提出了一种分离卷积操作用以将稀疏的 OD 信息转化为稠密的高阶特征信息,从而一定程度上缓解 OD 矩阵稀疏性严重的问题;提出了 OD 吸引度指标,用以表征不同 OD 对之间吸引客流的强度,并将所有 OD 对划分为不同的 OD 吸引度水平,基于该指标提出了一种掩膜损失函数用以解决 OD 矩阵维度大和数据稀疏性的问题;提出了一种通道注意力机制对模型输入以及提取的高阶特征信息进行加权融合。本节具体内容如下:首先对问题进行明确定义并介绍本节内容使用的数据集,其次介绍构建的 CAS-CNN 模型以及使用的模型配置,最后进行案例研究分析。

2. 问题定义

本节目标为使用历史 OD 矩阵信息以及实时的进出站流信息,预测下一时间间隔的 OD 矩阵,OD 矩阵 M 和进出站客流序列 N 根据式(5-13)~式(5-14)提取。其中,OD 矩阵提取只关注乘客进站时间、进站车站以及出站车站,即 OD 矩阵根据进站时间提取,同一 OD 矩阵所有 OD 流均在同一时间段进站,但由于行程时间不同,可在不同时间段出站。进出站客流序列则根据相应的进站车站和进站时间、出站车站和出站时间提取。进站流和 OD 流的关系如式(5-15)所示,同一个车站的进站流为其相应的 OD 流之和。

$$M^{d,t} \in \mathbb{R}^{i \times j} = \begin{pmatrix} m_{11}^{d,t} & m_{12}^{d,t} & m_{13}^{d,t} & \cdots & m_{1j}^{d,t} \\ m_{21}^{d,t} & m_{22}^{d,t} & m_{23}^{d,t} & \cdots & m_{2j}^{d,t} \\ m_{31}^{d,t} & m_{32}^{d,t} & m_{33}^{d,t} & \cdots & m_{3j}^{d,t} \\ \vdots & \vdots & \vdots & \ddots & \vdots \\ m_{i1}^{d,t} & m_{i2}^{d,t} & m_{i3}^{d,t} & \cdots & m_{ij}^{d,t} \end{pmatrix} \tag{5-13}$$

$$N^{d,t} \in \mathbb{R}^{i \times t} = \begin{pmatrix} n_1^{d,1} & n_1^{d,2} & n_1^{d,3} & \cdots & n_1^{d,t} \\ n_2^{d,1} & n_2^{d,2} & n_2^{d,3} & \cdots & n_2^{d,t} \\ n_3^{d,1} & n_3^{d,2} & n_3^{d,3} & \cdots & n_3^{d,t} \\ \vdots & \vdots & \vdots & \ddots & \vdots \\ n_i^{d,1} & n_i^{d,2} & n_i^{d,3} & \cdots & n_i^{d,t} \end{pmatrix} \tag{5-14}$$

$$\begin{pmatrix} n_1^{d,t} \\ n_2^{d,t} \\ n_3^{d,t} \\ \vdots \\ n_i^{d,t} \end{pmatrix} = \begin{pmatrix} \sum_j m_{1j}^{d,t} \\ \sum_j m_{2j}^{d,t} \\ \sum_j m_{3j}^{d,t} \\ \vdots \\ \sum_j m_{ij}^{d,t} \end{pmatrix}, \quad n_i^{d,t} = \sum_j m_{ij}^{d,t} (\text{进站流})$$

$$\begin{pmatrix} n_1^{d,t} \\ n_2^{d,t} \\ n_3^{d,t} \\ \vdots \\ n_j^{d,t} \end{pmatrix} = \begin{pmatrix} \sum_i m_{i1}^{d,t} \\ \sum_i m_{i2}^{d,t} \\ \sum_i m_{i3}^{d,t} \\ \vdots \\ \sum_i m_{ij}^{d,t} \end{pmatrix}, \quad n_j^{d,t} = \sum_i m_{ij}^{d,t} \text{（出站流）} \tag{5-15}$$

式中，$m_{ij}^{d,t}$ 为第 d 天第 t 个时间段从车站 i 至车站 j 的 OD 流；$\sum_j m_{ij}^d$ 为第 d 天第 t 个时间段车站 i 的 OD 流之和；$n_i^{d,t}$ 为第 d 天第 t 个时间段从车站 i 的进站（或出站）客流时间序列，该序列中车站编号按线路号及邻接关系进行排序。

关于短时 OD 流预测，既有研究通常使用临近几个时间段的 OD 矩阵作为输入预测未来时间段的 OD 矩阵，然而，城市轨道交通中由于存在行程时间，实时的 OD 矩阵不可获取，但实时进出站流可获取，因此，本节要解决的问题如式(5-16)所示，即用历史的 OD 矩阵信息和实时的进站客流和出站客流时间序列信息预测未来一个时间段内的 OD 矩阵。

$$\boldsymbol{M}^{d,t} = f(\{\boldsymbol{M}^{d-x,t}\}_x, \{\boldsymbol{N}^{d,t-y}\}_y), \quad x = 1,2,3,\cdots; y = 1,2,3,\cdots \tag{5-16}$$

式中，$\boldsymbol{M}^{d,t}$ 为第 d 天第 t 个时间段的 OD 矩阵。模型具有两个输入，其中，$\boldsymbol{M}^{d-x,t}$ 为历史临近第 $d-x$ 天同一个第 t 时间段内的 OD 矩阵；$\boldsymbol{N}^{d,t-y}$ 为同一天第 d 天第 $t-y$ 个时间段的进站客流和出站客流时间序列。由于实时的 OD 矩阵信息不可获取，提出了一种进出站流门控机制，即使用进站客流和出站客流作为其中一个输入进行设计，来提供实时的客流信息。

3. 数据简介

本节使用的数据为北京地铁 2 个数据集，分别为前述的 2016 年 2 月 29 日—4 月 3 日连续 5 周 25 个工作日的北京地铁刷卡数据，以及 2018 年 10 月 8 日—11 月 11 日连续 5 周 25 个工作日的北京地铁刷卡数据。由于 2018 年更多的乘客使用手机二维码进站，所获得的 AFC 卡数据量相比于 2016 年较少。两个数据集详细对比信息如表 5-12 所示，其中 2016 年为 276 个车站，2018 年为 308 个车站。

表 5-12　两个数据集对比信息

描　　　述	MetroBJ2016	MetroBJ2018
日期	2016 年 2 月 29 日—4 月 3 日	2018 年 10 月 8 日—11 月 11 日
时间	05:00—23:00	05:00—23:00
周数	5	5
数据量	1.3 亿	1.1 亿
车站数目	276	308
矩阵维度	276 × 276	308 × 308
时间间隔	30min	30min
一天内矩阵数量	36	36

基于 5.2 节结论,本节将基于"较低"OD 吸引度水平,构建 30min 时间粒度下的网络级短时 OD 流预测模型。由于单个时间粒度下 OD 矩阵阶数巨大,无法使用单个 LSTM 模型进行网络级短时 OD 流预测,若使用单个深度学习模型进行网络级 OD 流预测,需借助卷积神经网络相关的模型,将单个时间粒度下的 OD 矩阵作为"图片"处理。因此,针对前文所述的轨道交通短时 OD 流预测中存在的各类难题,本节构建了 CAS-CNN 深度学习模型用于网络级短时 OD 流预测。

5.3.2　CAS-CNN 模型

1. 基础模型简介

(1) 分离卷积神经网络(split CNN)

既有研究通常使用相同尺寸的卷积核提取特征,此时,为了提升模型表现效果,通常会增加网络深度。然而随着网络层数的增加,过拟合、梯度消失、梯度爆炸等问题相应出现,He 等(2015)提出的残差网络一定程度上解决了该类问题,但也同时增加了网络复杂度和计算资源的消耗,例如训练时间。

基于 Szegedy 等(2015;2016)提出的 GoogLeNet,本节将分离卷积操作引入轨道交通短时 OD 流预测任务中,其思想并非加深网络深度,而是使用不同尺寸的卷积核加宽网络宽度,如图 5-12 和图 5-13 所示,该处理方式能有效增加网络的适应能力。

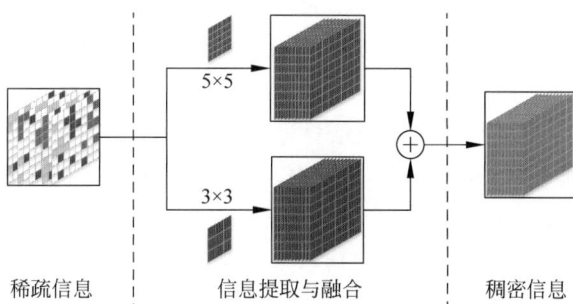

图 5-12　分离卷积示意图

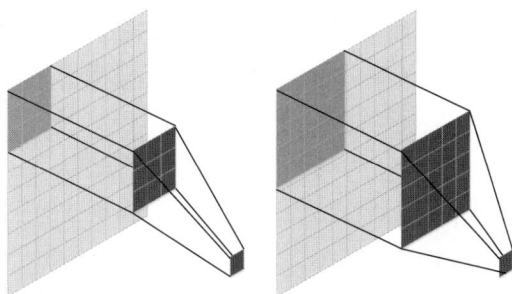

图 5-13　不同尺寸大小的卷积核示意图

如前文所述,轨道交通短时 OD 流预测任务中数据稀疏性问题较为严重,引入分离卷积结构主要原因在于:时间上,如图 5-3 和表 5-2 所示,一天内"低"OD 吸引度水平下(即 OD

流量为零)的 OD 对数量占比高达 40%,通过分离卷积结构,能够将稀疏数据转化为稠密信息。空间上,如图 5-4 所示,只有特定区域存在 OD 流量,平峰区域,较小的卷积核即可提取空间信息,高峰区域,较大的卷积核具有更大的感知域,因而更适合在该区域提取空间信息。因此,本节将分离卷积思想应用至轨道交通短时 OD 流预测任务中,同时使用 3×3 和 5×5 的卷积核对输入的 OD 矩阵进行卷积,然后对卷积结果进行相加,从而提取密集信息,根据 Zhang 等(2020)人的研究,第 i 层网络第 j 个特征图(x,y)处的值 v 按式(5-17)进行计算:

$$v_{ij}^{xy} = \left(b_{ij} + \sum_m \sum_{p=0}^{P_i-1} \sum_{q=0}^{Q_i-1} w_{ijm}^{pq} v_{(i-1)m}^{(x+p)(y+q)}\right)_{k_1} + \left(b_{ij} + \sum_m \sum_{p=0}^{P_i-1} \sum_{q=0}^{Q_i-1} w_{ijm}^{pq} v_{(i-1)m}^{(x+p)(y+q)}\right)_{k_2}$$

(5-17)

其中,m 为第 $i-1$ 层的特征图(feature map)编号;w_{ijm}^{pq} 为第 $i-1$ 层第 m 个特征图的二维滤波器中(p,q)位置的值;(P,Q)为二维滤波器的维度;k_1,k_2 代表不同尺寸的卷积核。

(2) 通道注意力机制(channel-wise attention mechanism)

人类的视觉注意力机制是人类视觉的一种脑信号处理机制。人类视觉通过快速扫描全局图像,获取需要关注的目标区域。然后在该区域投入更多的注意力资源,以获得关于目标的更详细的信息,其他无用信息同时被屏蔽。该机制是人类在注意力资源有限的情况下,从大量信息中快速选择高价值信息的方式。人类视觉注意力机制显著提高了视觉识别的效率和准确性。

受人类视觉注意力机制的启发,既有研究提出了多种注意力机制用于科学研究,例如 Vaswani 等(2017)在 Transformer 中的位置注意力机制和自注意力机制、Wang 等(2017)的残差注意力机制、Yang 等(2016)的多层等级注意力机制、Chen 等(2017)的空间注意力机制、Chen 等(2017)的通道注意力机制等。本节将通道注意力机制引入短时 OD 流预测任务中用于对模型输入以及提取的高阶特征信息进行加权融合。

一方面,轨道交通短时 OD 流预测任务中,实时的 OD 矩阵不可获取,因此,模型使用临近几天内相同时间段的 OD 矩阵作为输入,这些多个矩阵与未来的 OD 矩阵相关性强弱不一,因此,使用通道注意力机制对不同的输入进行加权。另一方面,如图 5-14 所示,分离卷积的输出为从模型输入中提取的高阶特征,因此可利用通道注意力机制对高阶特征进行加权处理,以使重要的特征发挥更大的作用。图 5-15 展示了本节使用的通道注意力机制的内部架构信息,其输入为包含多个通道的数据,然后经过平均池化层、全连接层、ReLU 激活函数层、全连接层、Sigmoid 激活函数层等一系列操作得到权重向量,该权重向量用于对输入进行加权,得到最终的输出,其中 R 为降低通道数目的比例参数,其输出可根据式(5-18)计算。

$$O^l = \begin{cases} Y^l = \mathrm{CNN}(X^l) \\ \delta_1 = \Phi(Y^l) \\ O_1^l = Y^l \times \delta_1 \end{cases}_{k_1} + \begin{cases} Y^l = \mathrm{CNN}(X^l) \\ \delta_2 = \Phi(Y^l) \\ O_2^l = Y^l \times \delta_2 \end{cases}_{k_2}$$

(5-18)

其中,Φ 代表通道注意力操作;δ 为输出的权重向量;k 表示不同的卷积核。

(3) 进站流/出站流门控机制(inflow/outflow-gated mechanism)

如前所述,轨道交通短时 OD 流预测任务中实时的 OD 矩阵不可获取,因此需谨慎考虑如何在该任务中引入实时客流信息。如式(5-13)~式(5-15)所示,OD 流和进出站流之间具有较强的内在依赖关系,因此本节提出了一种进站流/出站流门控机制,该机制通过控制主干的输出,有效地将历史 OD 矩阵信息和实时的进出站客流信息予以融合,如图 5-16 所示。流机制首先利用 1×1 卷积将进站客流时间序列和出站客流时间序列提取为单列向量并相乘,然后对该向量进行加权处理得到加权后的向量,利用该向量对主干的输出进行控制调整,最后再经过 1×1 卷积得到最终的输出结果。

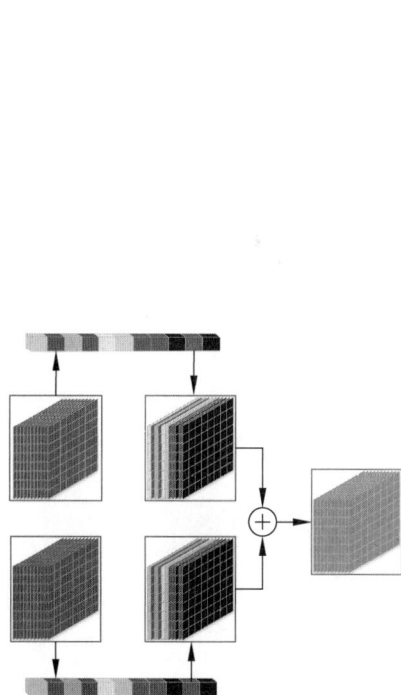

图 5-14　通道注意力机制用于分离卷积输出示意图

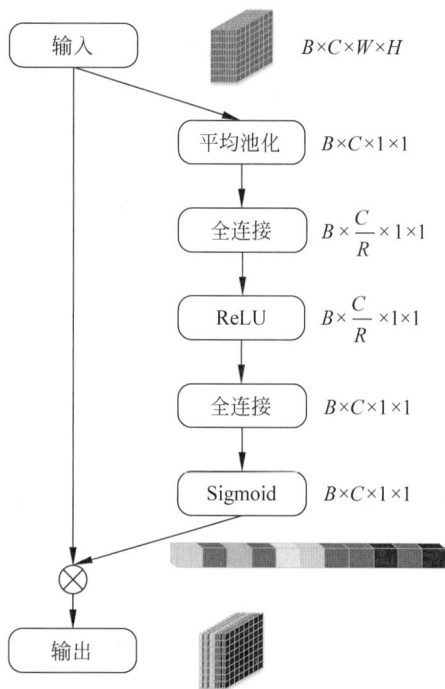

图 5-15　通道注意力机制的内部架构信息

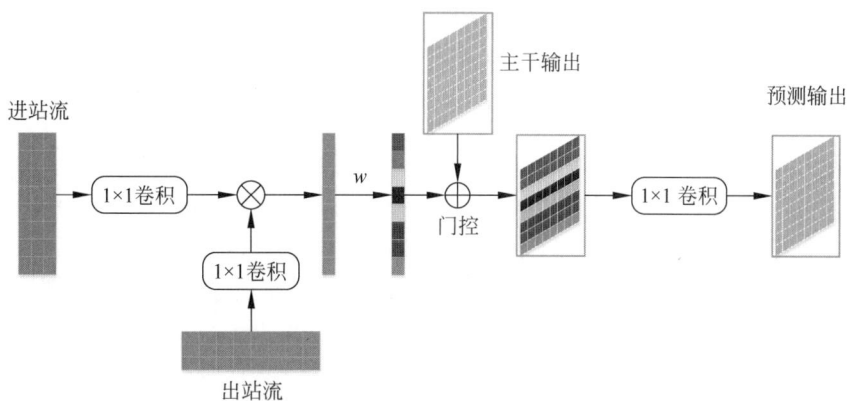

图 5-16　进站流/出站流门控机制示意图

进站流/出站流门控机制可按式(5-19)对历史临近几个时间段的进出站流 $N^{d,t} \in \mathbb{R}^{n \times t}$ 进行处理。该机制使用了 1×1 卷积,1×1 卷积为简单的线性组合,每个卷积核均可实现跨通道的信息通信,因此有利于信息融合和特征提取。此外,1×1 卷积核可以在捕获非线性特征的同时代替全连接层,从而降低模型复杂度。

$$O_{\text{in/out}} = w \times \text{CNN}_{1\times 1}(N_{\text{inflow}}) \times \text{CNN}_{1\times 1}(N_{\text{outflow}})$$

$$O_{\text{fuse}} = (O_{\text{in/out}} + O_{\text{trunk}})_{\text{byrows}}$$

$$O_{\text{pre}} = \text{CNN}_{1\times 1}(O_{\text{fuse}}) \tag{5-19}$$

其中,w 为列向量;代表 N_{inflow} 和 N_{outflow} 的注意力参数;O_{trunk} 为模型主干的输出。

（4）掩膜损失函数（masked loss function）

如前文所述,轨道交通 OD 矩阵中存在大量流量较小甚至为零的 OD 对,且不同 OD 吸引度水平下的 OD 对数量严重不均衡,极大影响模型预测表现。因此,提出了一种掩膜损失函数,其表达式为

$$M-\text{LOSS} = \text{MSE} = \frac{1}{(n\times n)_{\text{no\_mask}}} \sum_{ij} \text{mask} \times (m_{ij}^{d,t} - \tilde{m}_{ij}^{d,t})^2 \tag{5-20}$$

式中,$(n\times n)_{\text{no\_mask}}$ 表示矩阵中未被掩膜覆盖的 OD 对的数量;$m_{ij}^{d,t}$ 为真实值;$\tilde{m}_{ij}^{d,t}$ 为相应的预测值;掩膜 mask 为 0-1 值矩阵,代表着相应的 OD 流是否被掩膜覆盖。对特定的 OD 对,其 OD 吸引度的值随时间变化,因此掩膜矩阵同样随时间进行变化,即该同一 OD 对是否被掩膜覆盖随时间变化。如果相应的 OD 流被掩膜覆盖,掩膜将阻断该处误差进行反向传播,该操作有利于提高模型的预测精度。这个结论的证明过程如下:

假设 $y = w \times x$,则

$$\text{MSE} = \frac{1}{(n\times n)_{\text{no\_mask}}} \sum_{ij} \text{mask} \times (m_{ij}^{d,t} - w \times m_{ij}^{d,t})^2 \tag{5-21}$$

$$\text{gradient} = \frac{\partial \text{MSE}}{\partial w} = \frac{-2 \times m_{ij}^{d,t}}{(n\times n)_{\text{no\_mask}}} \sum_{ij} \text{mask} \times (m_{ij}^{d,t} - w \times m_{ij}^{d,t}) \tag{5-22}$$

$$w_{\text{new}} = w - \text{lr} \times \frac{-2 \times m_{ij}^{d,t}}{(n\times n)_{\text{no\_mask}}} \sum_{ij} \text{mask} \times (m_{ij}^{d,t} - w \times m_{ij}^{d,t}) \tag{5-23}$$

如果 $m_{ij}^{d,t}$ 被掩膜覆盖,即相应的 mask 值为 0,因此 $w_{\text{new}} = w$,表明误差不会在此处反向传播。

2. 主体模型框架

本节提出构建了 CAS-CNN 深度学习模型进行网络级城市轨道交通短时 OD 流预测,旨在解决如何获取轨道交通系统短时期内 OD 流量的问题。该模型结构如图 5-17 所示,包含两个分支,分别用于处理历史 OD 数据和实时的进出站流数据。

主干中,并提出了一种分离卷积操作,利用不同尺寸的卷积核捕捉时空依赖关系,同时将稀疏的 OD 信息转化为稠密的高阶特征信息,从而一定程度上解决 OD 数据稀疏性严重的问题;并提出了一种通道注意力机制对模型输入以及提取的高阶特征信息进行加权融合。

分支中,提出了一种进站流/出站流门控机制以充分利用 OD 流和进出站流的内在依赖关系,融合历史 OD 流信息以及实时的进站流和出站流信息,从而解决该任务中实时 OD 矩阵不可获取的问题。

此外,基于"较低"OD 吸引度水平提出了一种掩膜损失函数并从理论层面证明了其合理性,以处理大量流量较小或流量为零的 OD 对,解决 OD 数据维度巨大和数据稀疏性的问题。

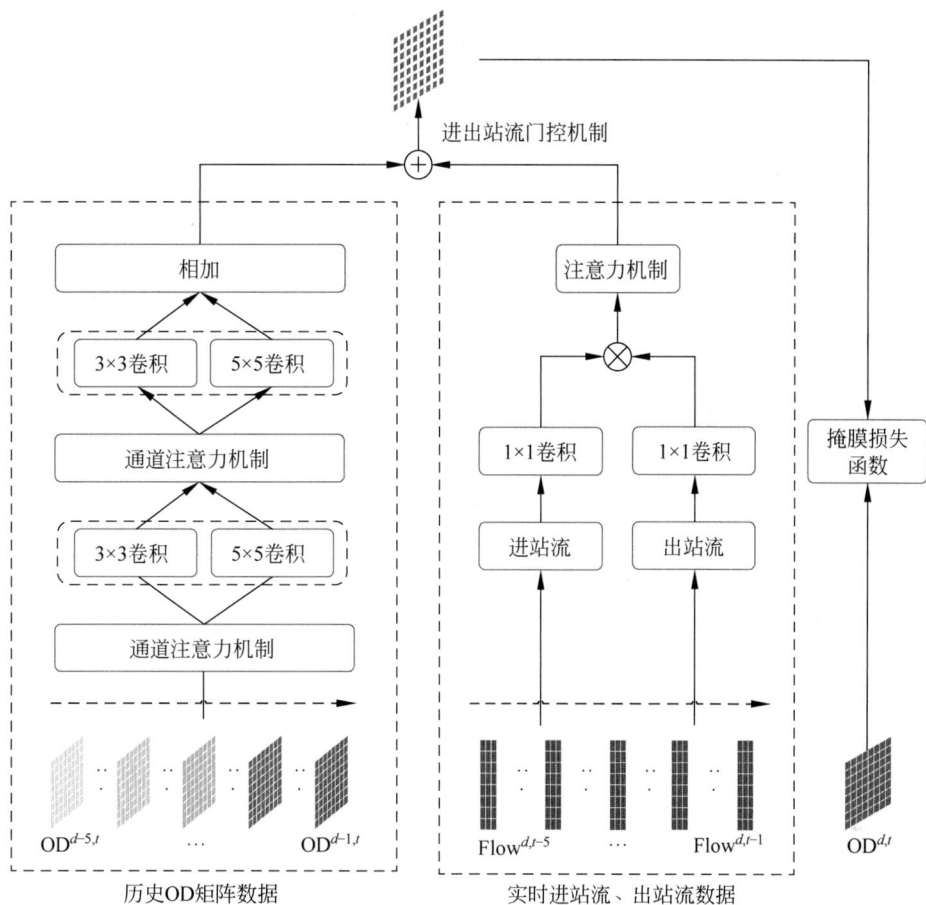

图 5-17　CAS-CNN 模型的结构（见文后彩图）

5.3.3　模型配置

1. 评价指标

本章采用均方根误差（RMSE）、平均绝对误差（MAE）以及加权平均绝对百分比误差（WMAPE）作为模型评价指标，它们的表达式分别为

$$\text{RMSE} = \sqrt{\frac{1}{(n \times n)_{\text{no\_mask}}} \sum_{ij} (m_{ij}^{d,t} - \tilde{m}_{ij}^{d,t})^2} \tag{5-24}$$

$$\text{MAE} = \frac{1}{(n \times n)_{\text{no\_mask}}} \sum_{ij} \frac{|m_{ij}^{d,t} - \tilde{m}_{ij}^{d,t}|}{m_{ij}^{d,t}}, \quad m_{ij}^{d,t} > 0 \tag{5-25}$$

$$\text{WMAPE} = \sum_{ij} \left(\frac{m_{ij}^{d,t}}{\sum_{ij} m_{ij}^{d,t}} \left| \frac{m_{ij}^{d,t} - \tilde{m}_{ij}^{d,t}}{m_{ij}^{d,t}} \right| \right), \quad m_{ij}^{d,t} > 0 \tag{5-26}$$

式中，各个参数的含义与式（5-20）中参数的含义相同；$(n \times n)_{\text{no\_mask}}$ 表示矩阵中未被掩膜覆盖的 OD 对的数量。

2．模型配置和基准模型

本节使用 PyTorch 深度学习框架搭建模型。前四周的数据用于训练和验证模型，其余数据用于测试模型，训练集比例设置为 0.9，验证集比例设置为 0.1。为了避免模型过拟合，在模型训练中采用了早停法技术，训练损失和验证损失变化趋势如图 5-18 所示。图 5-19 为时间步、滤波器数目、批大小和 R 四个超参数的调参结果：对于进站流/出站流门控机制中的时间步，使用临近五个时间步(2.5h)的进站流序列作为输入；对于分离卷积结构的滤波器数目，第一层分离卷积结构中设置 16 个滤波器，第二层分离卷积结构中设置 1 个滤波器；模型批大小为 16；通道注意力机制中，R 设置为 2。模型使用 Adam 优化器，其学习率为 0.001。主干中使用历史临近五天同一时间间隔的 OD 矩阵作为输入，分支利用整个网络临近五个时间步长(2.5h)的进站流序列和出站流序列作为输入。同时，使用 Xavier 标准初始化器来初始化卷积神经网络相关的参数。所有模型均在配有 Intel i7-8700K 处理器(12M 缓存，最高 3.20GHz)，24GB 内存，和 NVIDIA GeForce GTX 1070Ti GPU 的台式计算机上实现。

图 5-18

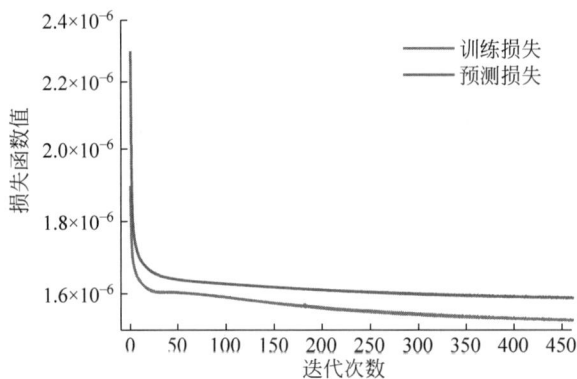

图 5-18   训练损失和验证损失变化趋势图

图 5-19

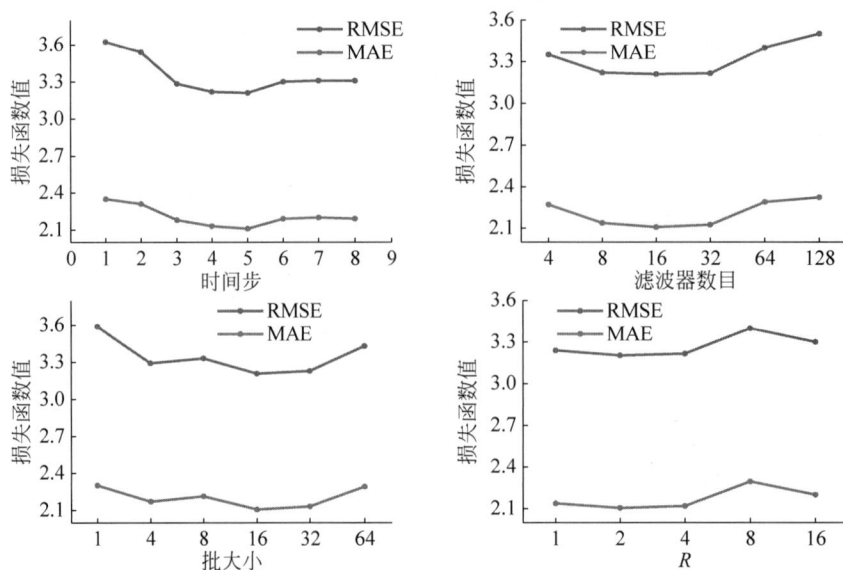

图 5-19   参数微调结果

本节将 CAS-CNN 模型与 2D CNN、3D CNN、ConvLSTM、ConvGRU、TrajGRU 以及 ST-ResNet 六个模型进行对比。由于数据维度原因,本节并未将历史平均模型和自回归移动平均模型等传统模型及 LSTM 和 GRU 等经典深度学习模型作为基准模型,主要原因在于该类模型难以使用单一模型进行网络级短时 OD 流预测。此外,基于 CAS-CNN 模型,为了验证分离卷积结构、掩膜损失函数、通道注意力机制和进站流出站流门控机制的有效性,分别设计了五个消融实验模型,这五个模型其他的参数与 CAS-CNN 模型的相同。对于 CAS-CNN 模型,基于"较低"OD 吸引度水平构建掩膜(mask)文件,并将其应用至掩膜损失函数中。以上所有模型的输入和输出相同,模型详细信息如下。

2D CNN 和 3D CNN:两个模型均为三层结构,每层分别设置 8、16 和 1 个滤波器,前两层的激活函数为 ReLU,最后一层为线性激活函数。核尺寸为 5×5,学习率为 0.001,批大小为 8。

ConvLSTM 和 ConvGRU:两个模型均为三层结构,每层分别设置 8、8 和 1 个滤波器,前两层的激活函数为 ReLU,最后一层为线性激活函数。核尺寸为 3×3,学习率为 0.001,批大小为 8。

TrajGRU:该模型为编码-预测(encoder-forecaster)结构。编码部分层数为两层,每层具有 32 个和 64 个滤波器。预测部分层数为两层,每层具有 64 个和 32 个滤波器。核尺寸分别为 3×3 和 5×5,学习率为 0.001,批大小为 16。

ST-ResNet:该模型为原始 ST-ResNet 模型中的一个主体分支结构。

CAS-CNN(no S-CNN):将分离卷积结构替换为普通卷积结构,核尺寸为 3×3。

CAS-CNN(no mask):将掩膜损失函数替换为普通的均方根误差损失函数。

CAS-CNN(no CA):直接删除通道注意力机制部分。

CAS-CNN(no inflow):直接删除进站流/出站流门控机制中进站流门控部分,保留出站流门控部分。

CAS-CNN(no outflow):直接删除进站流/出站流门控机制中出站流门控部分,保留进站流门控部分。

CAS-CNN:本节提出的完整 CAS-CNN 模型。

5.3.4　预测结果分析

1. 网络级预测结果表现

不同模型的网络级预测结果表现如表 5-13 和图 5-20 所示。根据结果对比分析可得:

(1) 深度学习模型表现效果与其复杂度相关性较弱,与其适用性相关性较大。基准模型中,2D CNN 和 3D CNN 表现相似,ConvLSTM 和 ConvGRU 表现相似,然而相对简单的 CNNs 比相对复杂的 ConvLSTM 和 ConvGRU 表现较好,可能原因在于:首先,ConvLSTM 和 ConvGRU 为针对降雨量预测任务提出的经典模型,该任务中,尤其在清晨和深夜时段,输入数据相对于轨道交通 OD 矩阵更加稠密;其次,ConvLSTM 和 ConvGRU 更适合于存在严格时间顺序的序列,然而由于轨道交通中无法获得实时 OD 矩阵,因此本研究的输入数据之一为前五天同一时间段的 OD 矩阵,其时间顺序并不明显;最后,研究仅使

图 5-20

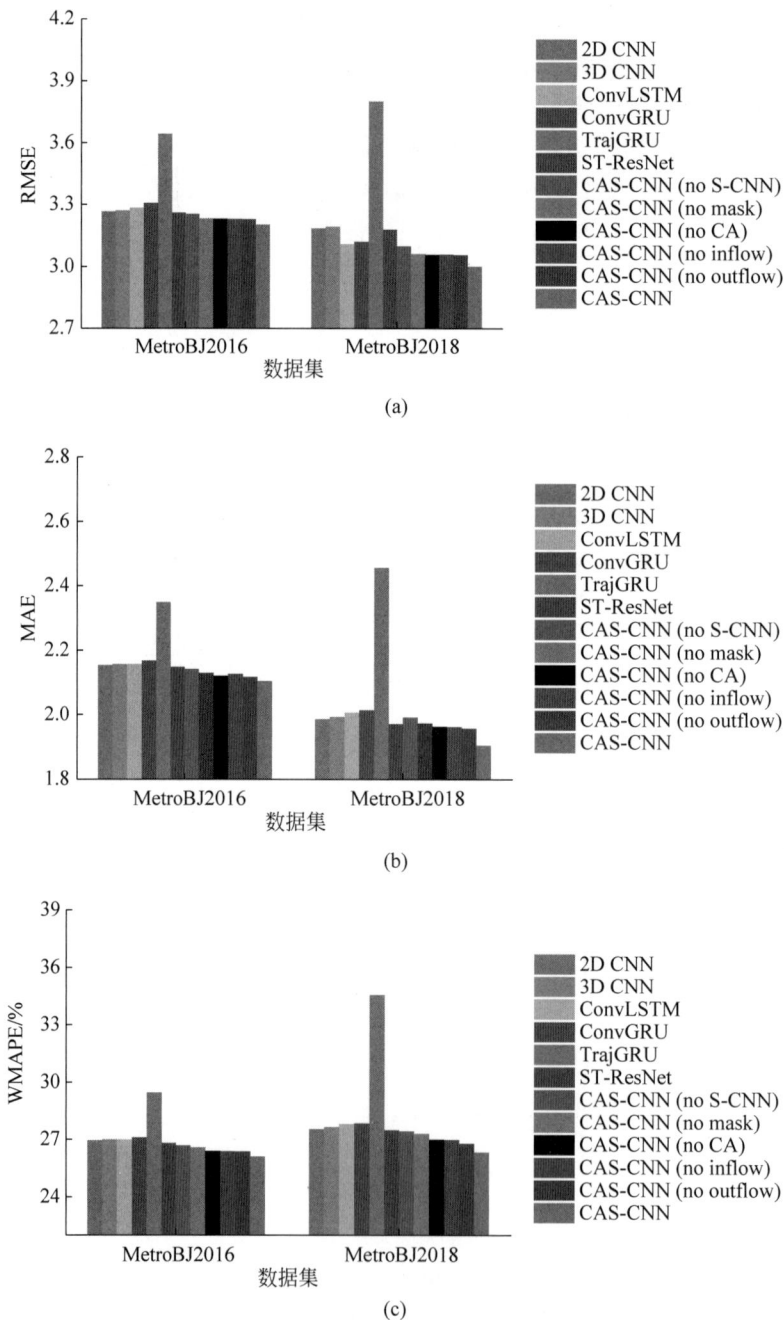

(a)

(b)

(c)

图 5-20　不同模型表现对比

用了连续五周的 AFC 数据,当训练相对复杂的模型时,通常需要更多的训练数据集,因此,当数据量有限时,相对简单的模型可能表现相对较好。最为复杂的基准模型 TrajGRU 表现最差,主要原因在于 TrajGRU 是为基于位置变化的运动模式设计的,不适用于轨道交通 OD 矩阵。以上分析结果表明,多数情况下,增加模型复杂度不利于提升深度学习模型表现效果,增加模型适用性则更有利于提升深度学习模型表现效果。

表 5-13 不同模型表现对比

模 型	MetroBJ2016			MetroBJ2018		
	RMSE	MAE	WMAPE	RMSE	MAE	WMAPE
2D CNN	3.266	2.154	26.940%	3.185	1.986	27.540%
3D CNN	3.271	2.157	27.000%	3.193	1.993	27.660%
ConvLSTM	3.284	2.157	26.980%	3.109	2.008	27.830%
ConvGRU	3.307	2.168	27.100%	3.121	2.015	27.860%
TrajGRU	3.643	2.349	29.460%	3.800	2.457	34.560%
ST-ResNet	3.260	2.149	26.810%	3.179	1.971	27.490%
CAS-CNN(no S-CNN)	3.255	2.142	26.680%	3.099	1.991	27.420%
CAS-CNN(no mask)	3.233	2.130	26.580%	3.061	1.973	27.300%
CAS-CNN(no CA)	3.231	2.121	26.400%	3.058	1.963	27.000%
CAS-CNN(no inflow)	3.230	2.127	26.380%	3.059	1.962	26.980%
CAS-CNN(no outflow)	3.229	2.117	26.370%	3.057	1.958	26.790%
CAS-CNN	**3.203**	**2.105**	**26.100%**	**3.001**	**1.905**	**26.330%**

注:加黑数字表示最好的结果。

(2) 本节提出的进站流/出站流门控机制有利于提高模型预测性能。研究结果证明了使用实时的进站流和出站流序列代替实时 OD 矩阵以提供实时信息的有效性。将 CAS-CNN(no inflow)与 CAS-CNN 对比可得,MetroBJ2016 和 MetroBJ2018 两个数据集的均方根误差(RMSE)分别提高 0.84% 和 1.90%,该提升为单个 OD 对的平均预测效果提升,而北京地铁一天具有上千万乘客乘坐地铁,单个时间间隔内存在几万 OD 对,因此从网络角度而言,模型预测效果提升显著。

(3) 本节提出的分离卷积操作、掩膜损失函数和通道注意机制有利于提高模型预测性能。研究结果证明妥善处理小流量或零流量 OD 对有助于提高模型性能。将 CAS-CNN(no S-CNN)与 CAS-CNN 对比可得,MetroBJ2016 和 MetroBJ2018 的均方根误差(RMSE)分别提高 1.60% 和 3.16%。将 CAS-CNN(No Mask)与 CAS-CNN 对比可得,MetroBJ2016 和 MetroBJ2018 的均方根误差(RMSE)分别提高 0.93% 和 1.96%。将 CAS-CNN(No CA)与 CAS-CNN 对比可得,MetroBJ2016 和 MetroBJ2018 的均方根误差(RMSE)分别提高 0.87% 和 1.86%。

2. 个体 OD 对预测结果表现

为了评估模型在单个 OD 对上的表现效果,本节选取了四个 OD 对,其真实值与预测值对比如图 5-21 和图 5-22 所示。从图中可以看出,在两个数据集中 CAS-CNN 模型基本能够准确捕捉 OD 流量一天内的变化情况。其中,OD_1(八宝山-南礼士路)客流特征为单峰-早高峰,客流波动较小,OD_2(建国门-四惠)客流特征为单峰-晚高峰,OD_4(西红门-复兴门)客流特征为单峰-早高峰,两者全天客流波动变化较大,在这三种情况下,CAS-CNN 模型对平稳客流和波动较大的客流均能进行良好预测。对于 OD_3(果园-永安里),其 OD 流量从 2016 至 2018 年大幅减少,导致部分平峰时段的 OD 流量被掩膜覆盖,如图 5-22 所示,即使某些时间间隔内的 OD 流量被掩膜覆盖,CAS-CNN 模型依旧能够较好预测客流变化。总之,在多数情况下,本节提出的 CAS-CNN 模型在两个真实地铁数据集上表现良好。

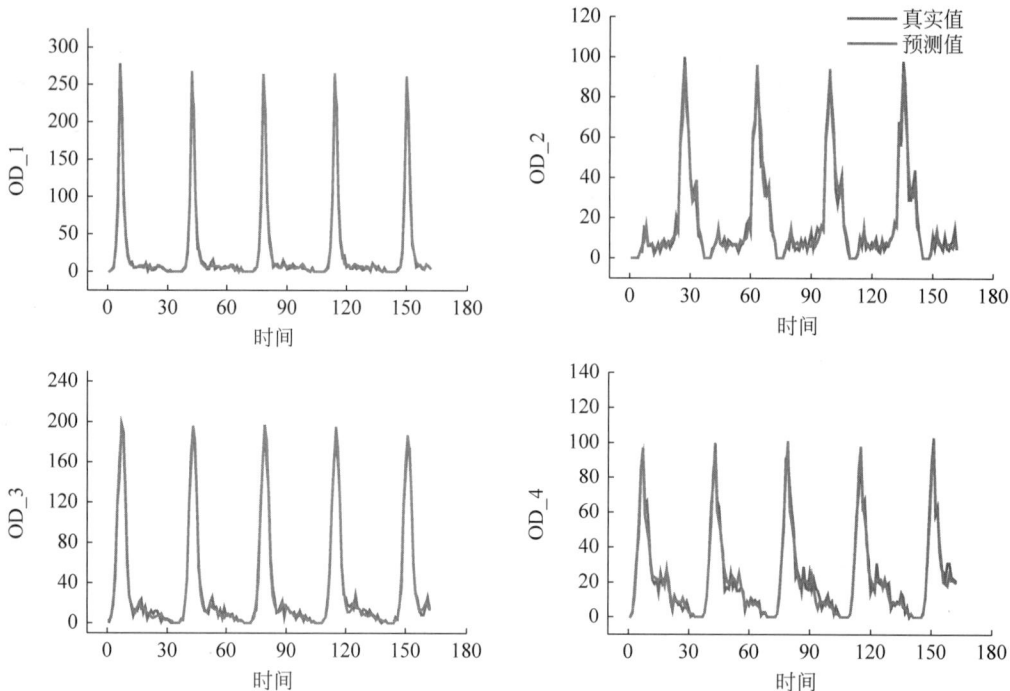

图 5-21 MetroBJ2016 数据集单个 OD 对真实值与预测值对比

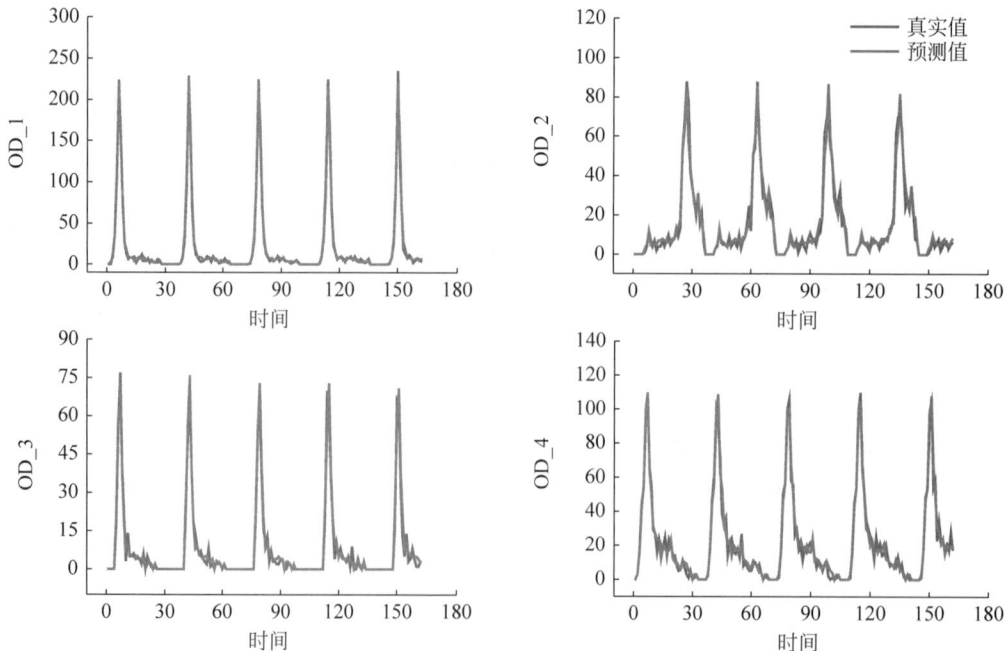

图 5-22 MetroBJ2018 数据集单个 OD 对真实值与预测值对比

3．不同时间粒度预测结果表现

为了评估模型在不同时间段内的表现效果，本节计算了每个时间段内的平均预测精度，其随时间变化趋势如图 5-23 所示。从图中可知，14:00 左右网络存在较大的客流波动，导致各模型的预测精度相应发生较大波动，因此，本节特别比较了该时间段内各模型的表现性

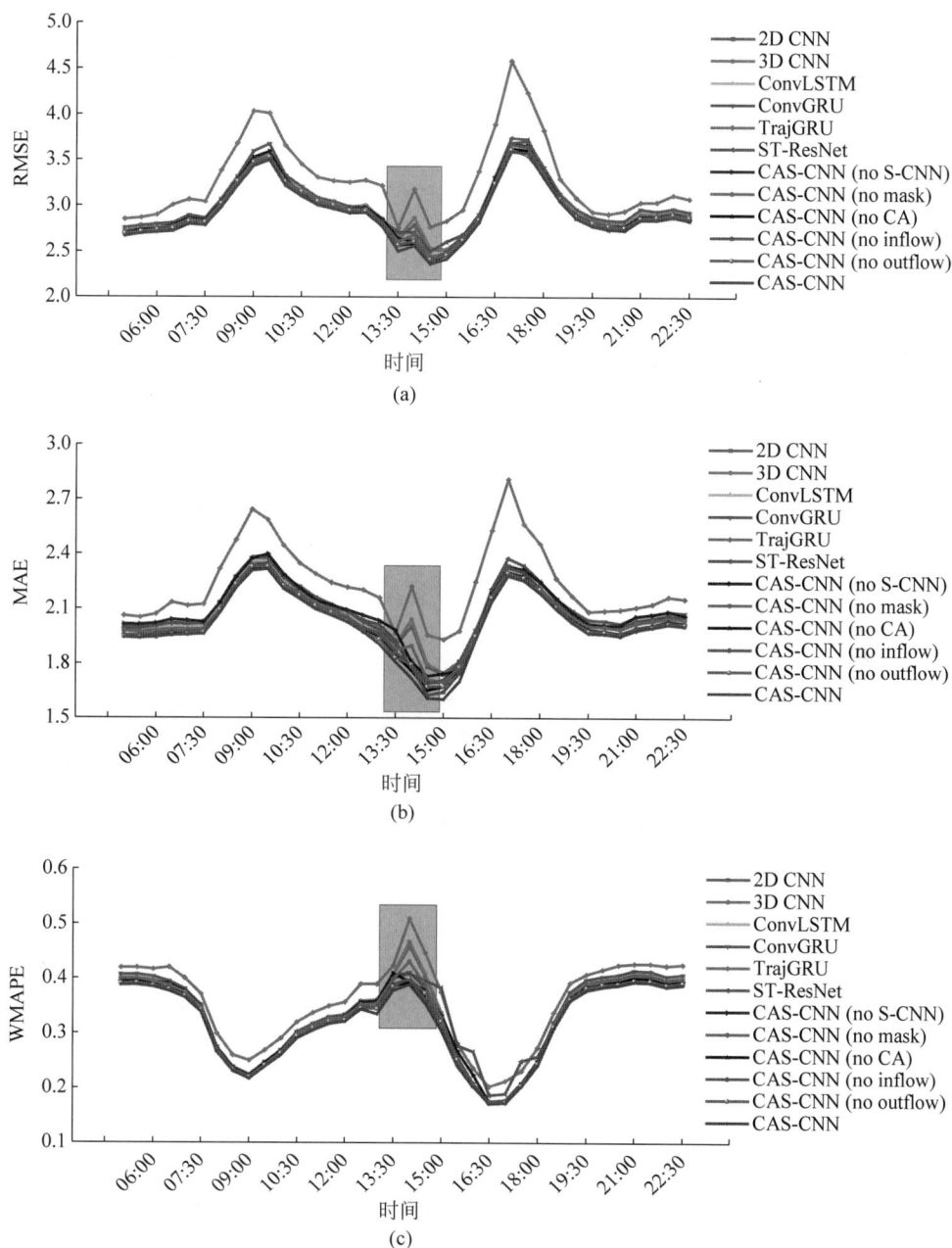

图 5-23

图 5-23 不同时间段模型表现效果对比

（a）区域 1；（b）区域 2；（c）区域 3

能。图 5-23 相应部分放大后的折线图如图 5-24 所示,根据结果对比分析可得:

（1）不同时间段内,各模型表现出相似的变化规律,但无论高峰时段或平峰时段,CAS-CNN 模型的表现多数情况下均优于其他模型,实验结果证明 CAS-CNN 模型稳定性较强。

（2）早晚时段所有模型表现稳定,当到达高峰时段时,各模型表现性能差距变大,说明 CAS-CNN 模型能够更好地捕捉客流量变化。

（3）03:30—15:00 间客流发生较大变化,导致各模型的性能变化相应发生较大波动。如图 5-24 所示,CAS-CNN 模型在此期间仍以较大优势表现最好,实验结果证明了 CAS-CNN 模型适应性较强。

图 5-24

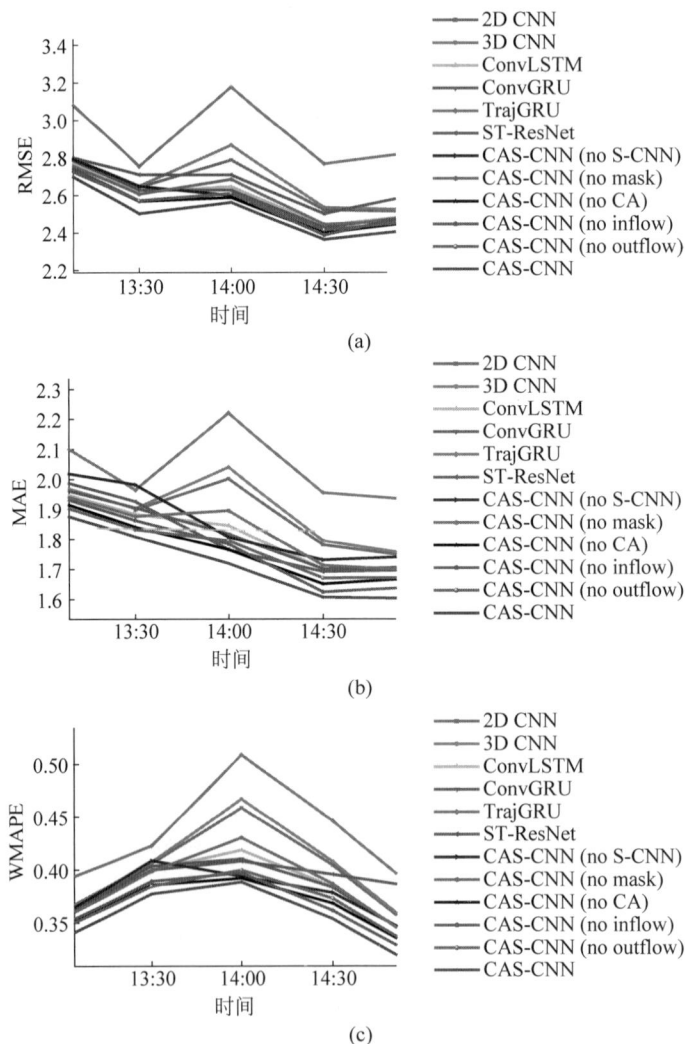

图 5-24 部分时间段模型表现效果对比

(a) 区域 1；(b) 区域 2；(c) 区域 3

5.4　小结

本章研讨了基于深度学习的车站级和网络级城市轨道交通短时 OD 流预测,解决了如何获取轨道交通系统短时期内 OD 流量的问题。在车站级短时 OD 流预测方面,详细分析了车站级和网络级短时 OD 流预测问题中面临的挑战,引入 OD 吸引度概念,在此基础上划分 OD 吸引度水平,借助经典 LSTM 模型构建了车站级短时 OD 流预测模型,探索了时间粒度与 OD 吸引度水平的最佳组合。在网络级短时 OD 流预测方面,基于推荐的时间粒度和 OD 吸引度水平,构建了网络级短时 OD 流预测模型 CAS-CNN,本章的主要结论总结如下:

（1）详细阐述了轨道交通短时 OD 流预测任务存在的问题,并与既有多种交通预测任务进行了对比,突出了轨道交通短时 OD 流预测任务的特殊性和应用价值。

（2）研究了 OD 吸引度指标,并将全网所有 OD 对划分为五个 OD 吸引度水平,即"低、较低、中等、高、较高"。

（3）借助经典 LSTM 模型构建了车站级短时 OD 流预测模型,并推荐了适合用于实际运营的时间粒度为 30min、OD 吸引度水平为"较低"。

（4）研究了基于分离卷积结构、通道注意力机制、进站流/出站流门控机制和掩膜损失函数的 CAS-CNN 网络级短时 OD 流预测模型,有效解决了轨道交通短时 OD 流预测中存在的实时数据不可获取、数据维度大、数据稀疏性严重等问题,为实际运营提供了借鉴参考。

参考文献

SZEGEDY C,LIU W,JIA Y Q. 2015. Going deeper with convolutions[C]. Proceedings of the IEEE conference on computer vision and pattern recognition,1-5.

SZEGEDY C,VANHOUCKE V,IOFFE S. 2016. Rethinking the inception architecture for computer vision [C]. Proceedings of the IEEE conference on computer vision and pattern recognition,2016: 2818-2826.

CHEN L,ZHANG H W,XIAO J,et al. 2017. Sca-cnn: Spatial and channel-wise attention in convolutional networks for image captioning[C]. Proceedings of the IEEE Conference on Computer Vision And Pattern Recognition,5659-5667.

GENG X,LI Y G,WANG L Y,et al. 2019. Spatiotemporal multi-graph convolution network for ride-hailing demand forecasting[C]. 2019 AAAI Conference on Artificial Intelligence,33(1): 3656-3663.

GUO S N,LIN Y F,FENG N,et al. 2019. Attention based spatial-temporal graph convolutional networks for traffic flow forecasting[C]. Proceedings of the AAAI Conference on Artificial Intelligence,922-929.

HE K M,ZHANG X Y,REN S Q,et al. 2015. [C]. Proceedings of the IEEE Conference on Computer Vision And Pattern Recognition,770-778.

JIANG J,LIN F,FAN J,et al. 2019. A destination prediction network based on spatiotemporal data for bike-sharing[J]. Complexity,Vol. 2019.

KE J T,QIN X R,YANG H,et al. 2019. Predicting origin-destination ride-sourcing demand with a spatio-temporal encoder-decoder residual multi-graph convolutional network [J]. arXiv preprint arXiv: 1910.09103.

LIN P W,CHANG G L. 2007. A generalized model and solution algorithm for estimation of the dynamic freeway origin‐destination matrix[J]. Transportation Research Part B：Methodological，41（5）：554-572.

LIU L B，QIU Z L，LI G B，et al. 2019. Contextualized spatial-temporal network for taxi origin-destination demand prediction[J]. IEEE Transactions on Intelligent Transportation Systems，20(10)：3875-3887.

MA X L，TAO Z M，WANG Y H，et al. 2015. Long short-term memory neural network for traffic speed prediction using remote microwave sensor data[J]. Transportation Research Part C：Emerging Technologies，54：187-197.

MA Y Y，KUIK R，VAN ZUYLEN H J. 2013. Day-to-day origin-destination tuple estimation and prediction with hierarchical bayesian networks using multiple data sources[J]. Transportation Research Record，2343(1)：51-61.

OU J S，LU J W，XIA J X，et al. 2019. Learn，assign，and search：Real-time estimation of dynamic origin-destination flows using machine learning algorithms[J]. IEEE Access，7：26967-26983.

SOULE A，LAKHINA A，TAFT N，et al. 2005. Traffic matrices：balancing measurements，inference and modeling[C]. ACM Sigmetrics Performance Evaluation Review，ACM，362-373.

SZEGEDY C，LIU W，JIA Y Q，et al. 2015. Going deeper with convolutions[C]. Proceedings of the IEEE Conference on Computer Vision And Pattern Recognition，1-9.

SZEGEDY C，VANHOUCKE V，IOFFE S，et al. 2016. Rethinking the inception architecture for computer vision[C]. Proceedings of the IEEE Conference on Computer Vision And Pattern Recognition，2818-2826.

VASWANI A，SHAZEER N，PARMAR N，et al. 2017. Attention is all you need[C]. Advances In Neural Information Processing Systems，5998-6008.

WANG F，JIANG M Q，QIAN C，et al. 2017. Residual attention network for image classification[C]. Proceedings of the IEEE Conference on Computer Vision And Pattern Recognition，3156-3164.

WANG S W，QU D X，DONG D C，et al. 2011. Research on the model and algorithm of origin-destination matrix estimation for urban rail transit[C]. Proceedings 2011 International Conference on Transportation，Mechanical，and Electrical Engineering（TMEE），IEEE，1403-1406.

WANG Y D，YIN H Z，CHEN H X，et al. 2019. Origin-destination matrix prediction via graph convolution：a new perspective of passenger demand modeling[C]. Proceedings of the 25th ACM SIGKDD International Conference on Knowledge Discovery & Data Mining，ACM，1227-1235.

XIONG X，OZBAY K，JIN L，et al. 2019. Dynamic origin‐destination matrix prediction with line graph neural networks and kalman filter[J]. Transportation Research Record，2674(8)491-503.

YANG C，YAN F F，XU X D. 2017. Daily metro origin-destination pattern recognition using dimensionality reduction and clustering methods[C]. 2017 IEEE 20th International Conference on Intelligent Transportation Systems（ITSC），IEEE，548-553.

YANG H，IIDA Y，SASAKI T. 1991. An analysis of the reliability of an origin-destination trip matrix estimated from traffic counts[J]. Transportation Research Part B：Methodological，25(5)：351-363.

YANG Z，YANG D，DYER C，et al. 2016. Hierarchical attention networks for document classification[C]. Proceedings Of The 2016 Conference Of The North American Chapter Of The Association For Computational Linguistics：Human Language Technologies，1480-1489.

ZHANG J L，CHE H S，CHEN F，et al. 2021. Short-term origin-destination demand prediction in urban rail transit systems：A channel-wise attentive split-convolutional neural network method[J]. Transportation Research Part C：Emerging Technologies，124：102928.

ZHANG J L，CHEN F，CUI Z Y，et al. 2020. Deep learning architecture for short-term passenger flow forecasting in urban rail transit[J]. IEEE Transactions on Intelligent Transportation Systems，22(11)：7004-7014.

ZHANG J L,CHEN F,GUO Y N,et al. 2020. Multi-graph convolutional network for short-term passenger flow forecasting in urban rail transit[J]. IET Intelligent Transport Systems,10(14)：1210-1217.

ZHANG J L,CHEN F,WANG Z J,et al. 2019. Short-term origin-destination forecasting in urban rail transit based on attraction degree[J]. IEEE Access,7：133452-133462.

ZHANG J L,CHEN F,WANG Z J,et al. 2019. Short-term origin-destination forecasting in urban rail transit based on attraction degree[J]. IEEE Access,7：133452-133462.

ZHANG J,SHEN D Y,TU L,et al. 2017. A real-time passenger flow estimation and prediction method for urban bus transit systems[J]. IEEE Transactions on Intelligent Transportation Systems,18(11)：3168-3178.

ZHAO J H,RAHBEE A,WILSON N H. 2007. Estimating a rail passenger trip origin-destination matrix using automatic data collection systems[J]. Computer-Aided Civil and Infrastructure Engineering,22(5)376-387.

ZHOU H F,TAN L S,ZENG Q,et al. 2016. Traffic matrix estimation：A neural network approach with extended input and expectation maximization iteration［J］. Journal of Network and Computer Applications,6：220-232.

陈志杰,毛保华,柏赟,等. 2017. 基于多时间尺度的城市轨道交通短时OD估计[J]. 交通运输系统工程与信息,(5)：166-172.

蒋熙,贾飞凡,冯佳平. 2018. 基于AFC数据的城轨路网客流OD在线动态估计[J]. 交通运输系统工程与信息,18(5)：129-135.

姚向明,赵鹏,禹丹丹. 2015. 城市轨道交通网络短时客流OD估计模型[J]. 交通运输系统工程与信息,(2)：149-155,162.

姚向明,赵鹏,禹丹丹. 2016. 基于平均策略的城市轨道交通动态O-D矩阵估计[J]. 吉林大学学报(工学版),(1)：92-99.

周玮腾,韩宝明,李得伟,等. 2015. 城市轨道交通客流分布短时预测模型研究及应用[J]. 城市轨道交通研究,(2)：24-28,33.

第 **6** 章

城市轨道交通网络级短时断面流预测

6.1 概述

轨道交通短时断面流预测是构建智能城市轨道交通短时客流预测体系的重要一步,旨在获取不同时段轨道交通线网所有路段的断面客流量。进行城市轨道交通短时进站流和 OD 流预测之后,即解决如何获取轨道交通系统短时期内进站流量、OD 流量的问题之后,由于地铁内乘客的出行轨迹难以获取,AFC 数据中也并未记录乘客的出行路径、换乘信息等,需要预测乘客的路径选择进而通过客流分配等手段获取断面流量,即进行短时断面流预测,以解决如何获取轨道交通系统短时期内断面流量的问题。只有在获取全网所有车站短时进站客流量、短时 OD 客流量和短时断面客流量的基础上,才能全面把握全网客流时间和空间两个维度的分布特征。断面客流量的获取多数借助客流分配模型,以 OD 需求作为输入,通过出行路径搜索和离散选择模型进行配流,从而获取路径/路段流量,抑或通过历史统计得到的断面客流数据进行短时断面流预测,下面分别对这两类研究进行介绍。

目前,既有研究多数通过客流分配获取断面流量。轨道交通客流分配理论从道路交通演化而来,经历了从静态客流分配至动态客流分配的过程。根据陈培文(2018)的研究,静态客流分配大体过程可分为构建地铁网络、构建费用函数及 k 短路搜索、客流分配。根据周玮腾(2016)的研究,动态客流分配大体过程可分为构建时空地铁网络、构建时变效用函数与时变 k 短路搜索、客流分配。静态分配和动态分配的难点均在于费用函数构建以及分配算法的求解等方面。

部分研究通过历史统计得到的断面客流数据进行短时断面流预测。董升伟(2013)利用北京 4 号线 2012 年 8—9 月连续两个月 5min 时间粒度的进出站客流数据以及汇总得到的断面客流数据,采用基于遗传算法优化的 BPNNs 对轨道交通换乘车站和普通车站的断面客流进行短时预测。刘洋(2016)利用直接从北京市轨道交通指挥中心获取的客流清分后的某线路 4 个断面连续 63 个工作日 30min 时间粒度的断面客流数据,提出基于状态空间模型的关联断面短时预测模型,通过多维标度法对断面客流的相关性进行分析,将断面划分为相关小组,并以断面客流序列和时变参数序列作为状态变量构建状态空间模型,然后利用卡尔曼滤波算法对所建模型进行求解。刘岩等(2015)采用类似的方法进行了断面短时客流预测,验证了该方法的有效性。张琛(2017)充分考虑了相邻断面间断面客流的时空耦合特性,分别建立单断面和多断面客流预测模型,结果表明考虑多断面客流时空相关性的短时预测模型要优于单断面短时预测模型。Li 等(2013)提出了一种 BPNNs 与断面客流特征相结合的方法,实现了北京地铁 2 号线断面客流的预测,研究表明将断面客流数据特征与 BP 神经网络相结合具有较好的预测精度。以上方法的不足之处在于通过客流分配获取的既有的断面流数据,并非真实的断面流数据,使用该数据进行预测存在误差累积现象,且以上研究方法在一定程度上忽视了断面流和进站流、OD 流的内在联系。

相较于短时进站流预测和短时 OD 流预测,既有的轨道交通短时断面流预测模型较少,模型结构较为复杂、陈旧。机器学习的发展为客流分配模型提供了新的解决思路,本章首次将计算图模型引入轨道交通领域,结合深度学习思想,借助深度学习领域的计算图模型,以短时断面流预测为目标,通过将轨道交通客流分配模型置于机器学习领域的计算图框架下,构建全新的基于计算图模型的轨道交通短时断面流预测模型,使其满足实时性、实用性的要求,为智慧地铁生态的构建提供新的思路和借鉴。

6.2　问题及数据简介

6.2.1　问题分析

对于获取轨道交通断面客流量的问题,既有研究通常通过客流分配将 OD 流量分配至相关断面,即以 OD 需求作为输入,通过构建复杂的效用函数和路径选择模型,进行静态配流,或借助列车时刻表等辅助数据,进行动态配流。然而传统的获取断面客流量的方法存在以下不足:

(1) 效用函数过于复杂,构建效用函数时通常考虑乘客进出站走行时间、在车时间、换乘走行时间、换乘次数、等车时间、拥堵时间票价、乘客对路径的熟悉程度、拥挤程度、舒适度等诸多因素。然而,随着轨道交通网络规模的扩大,乘客出行行为日趋复杂,出行行为受影响因素过多,导致传统的模型驱动的客流分配方法难以刻画更加真实的交通状态,且无法对模型分配结果进行验证。

(2) 列车时刻表等数据并非公开数据,且难以获取,即使可以获取官方公布的计划列车时刻表,该计划时刻表也难以全面真实反映真实的列车运行情况,例如,若乘客衣服卡在屏蔽门等突发事故发生时,往往会导致列车延误运行。因此,研究如何仅利用 AFC 数据进行动态配流以获取实时的断面客流量,具有重要的科研价值和应用前景。

新兴的机器学习领域的计算图模型为此提供新的解决思路。因此,本章旨在以数据为驱动,将模型驱动的交通分配方法和数据驱动的交通分配方法予以结合,将传统分配模型置于计算图框架下,借助计算图模型估计路径/路段的实时行程时间和车站不同方向的等车时间,进而通过智能体仿真动态获取短时断面流量。基于计算图模型的短时断面流预测方法产生的效果与地铁 AFC 数据基本吻合,从而能够使用真实数据对分配模型进行验证,使基于计算图模型的交通分配方法具有更好的可解释性和准确度。

本章将乘客完整的出行时间分割为前文提到的路径/路段的实时行程时间和车站不同

方向的等车时间,下面对出行时间的分割以及各段出行时间经历的弧段予以详细介绍和定义,后续将依此定义展开研究。

乘客一次出行从刷卡进站至刷卡出站可被分为几个阶段,图 6-1 为乘客乘车过程示意图,图中不同背景颜色代表乘客在不同车站和不同线路的出行行为。起点车站,乘客在闸机处刷卡进站进入轨道交通系统并走向站台,该段走行时间对应进站弧以及图中走行时间,进站弧由闸机节点和站台节点相连;到达站台后等待 1 号线列车到来并上车,若由于拥堵无法登上本班次列车,乘客将会等待下一列列车,对应图中等车时间;乘客乘车前往换乘车站的过程即为在车时间,对应列车运行弧;乘客到达换乘车站后,需经过换乘通道前往另一条线路的车站站台,该段换乘走行时间对应换乘弧;到达该站台后,与在起点车站的行为相似,等待 2 号线列车到来并上车,若由于拥堵无法登上本班次列车,乘客将会在该换乘站台处等待下一列列车,对应图中等车时间;乘客最终乘车前往目的地的过程为在车时间,对应列车运行弧;乘客到达目的地车站下车后,走行至出站闸机并刷卡出站,对应出站弧及图中走行时间,出站弧由站台节点和闸机节点相连,至此乘客完成一次出行。

图 6-1   乘客从起点经历一次换乘到达终点的乘车过程示意图(见文后彩图)

整个出行过程可被嵌入城市轨道交通网络 $G=(V,E)$ 中,其中 V 代表网络中所有节点,包括闸机节点和站台节点,E 为网络中所有的弧,包括进出站弧、换乘弧和列车运行弧。所有的弧均为有向弧,分别为上行方向和下行方向,不同方向的弧属性不同。总之,乘客出行行为中包括 6 种类型的弧以及 3 种类型的节点,其含义定义如下。

1. 弧

(1)进站弧:连接闸机节点和站台节点的弧,对应进站走行时间。

(2)出站弧:连接站台节点和闸机节点的弧,对应出站走行时间。

(3)列车运行弧:乘客在车时所经过的弧,由相邻车站的列车门节点相连,对应在车时间。

(4)换乘弧:乘客在换乘车站换乘时走行经过的弧,由换乘车站的两个站台节点相连,对应换乘走行时间。

(5)下车弧:连接列车门节点和站台节点的弧,本研究中假设下车弧没有时间消耗,仅为表达地铁网络方便设计。

(6)等车弧:连接站台节点和列车门节点的弧,对应的不同方向的乘客等车时间,本研究中不同方向的乘客等车时间有待估计。

2．节点

（1）闸机节点：乘客刷卡进出站处闸机所在的节点。

（2）站台节点：乘客等车时所在的节点。

（3）列车门节点：列车停靠在站台时列车门所在的节点。

上行和下行：若弧 $a \rightarrow b$ 的方向为上行，则弧 $b \rightarrow a$ 的方向为下行。

本章的组织框架如图 6-2 所示，本章剩余内容如下：首先对本节使用的计算图进行简单介绍；其次构建基于计算图模型的轨道交通短时断面流预测模型，通过乘客路径选择建模、k 短路搜索以及有效路径选择、构建数学优化模型、优化模型向量化、计算图模型建模等步骤，估计上文所述的弧段行程时间和站点等车时间，进而通过客流分配和智能体仿真等步骤，最终生成断面流量；最后进行案例研究，将该模型应用于虚拟地铁网络，以验证模型的合理性和有效性，将该模型应用于北京真实地铁网络，以获取网络短时断面客流。

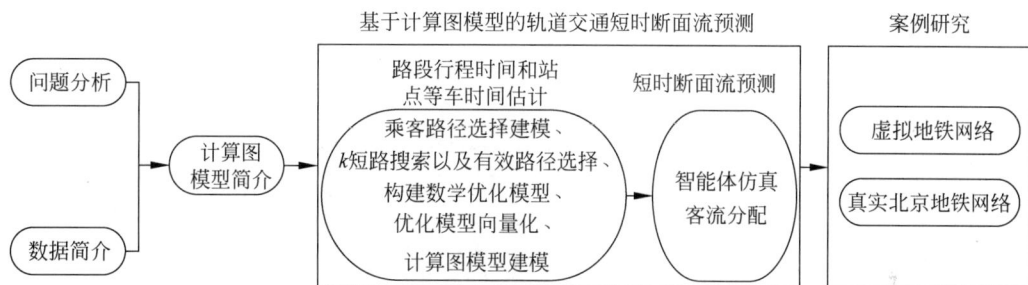

图 6-2　本章的组织框架

6.2.2　网络表示及虚拟数据简介

为了验证提出的基于计算图的短时断面流预测方法的理论严谨性，本章构建了含有三条轨道交通线路共计 14 座地铁车站的虚拟地铁网络，并人为构造了所有 OD 对之间的乘客出行记录以及区间运行时间，因此在该虚拟地铁网络中，所有信息均为已知。

将城市轨道交通物理网络定义为有向网络图 $G = (V, E)$，其中 V 代表地铁车站，E 代表车站与车站之间的弧段。图 6-3 展示了一张含有 14 座地铁车站（8 座普通车站和 6 座换乘车站）、3 条地铁线路（1 条环形和 2 条普通线路）的虚拟地铁网络图，图中，所有绿色节点为换乘节点，所有蓝色节点为普通节点。下面将以该虚拟地铁网络中的 5、6、7、13、14 五个站点为例，介绍节点和弧段的定义规则，节点和弧段的示意图如图 6-4 所示。

1．轨道交通网络节点

轨道交通网络节点分为普通节点和换乘节点，如图 6-4 所示，所有网络节点按线路和车站邻接关系进行编号，重复出现的换乘站虚拟编号加 100 以方便区分换乘站和相应虚拟车站的对应关系。

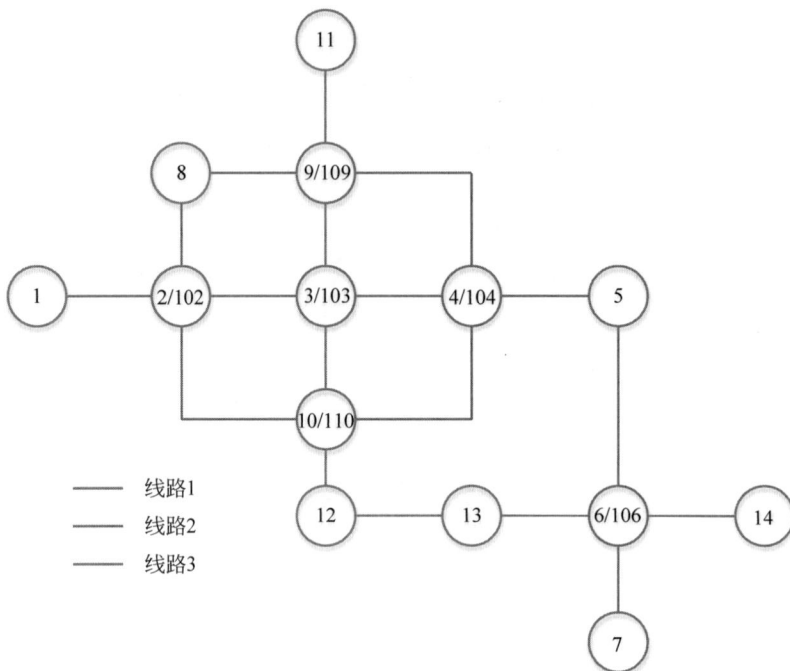

图 6-3　轨道交通虚拟网络示意图

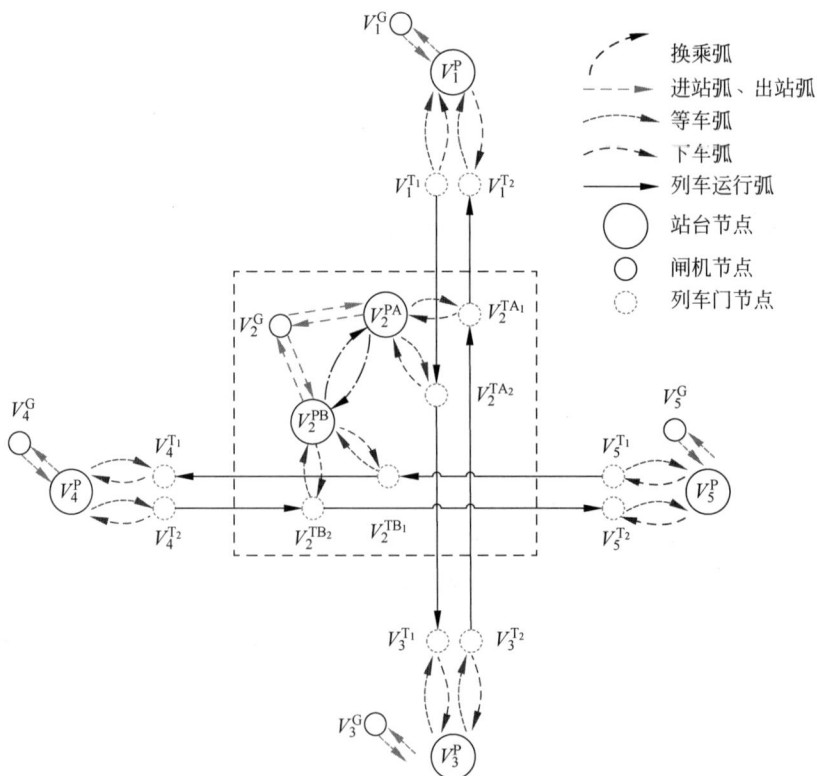

图 6-4　节点和弧段示意图(见文后彩图)

在网络建模过程中将普通节点分割为四个节点,分别代表闸机节点、站台节点和两个列车门节点,闸机节点为相应原始编号加字母 G 表示,例如 V_1^G,V_2^G,V_3^G,站台节点为该车站原始编号加字母 P 表示,例如 V_1^P,V_2^P,V_3^P,列车门节点为相应原始编号加字母 T_1 和 T_2 表示,代表不同的方向,例如 $V_1^{T_1}$,$V_1^{T_2}$。将换乘节点分为七个节点,分别代表闸机节点 V_2^G,原始站台节点 V_2^{PA},虚拟站台节点 V_2^{PB},以及四个列车门节点 $V_2^{TA_1}$,$V_2^{TA_2}$,$V_2^{TB_1}$,$V_2^{TB_2}$。

2. 轨道交通网络边

轨道交通网络边可分为进站弧、出站弧、列车运行弧、换乘弧、等车弧和下车弧,所有弧均为有向弧,即区分上下行、进出站,如图 6-4 所示。每条弧包含起点、终点、所属行别、所属线路、出行真实时间(列车运行时间、换乘走行时间、进出站走行时间)以及名称。

3. 虚拟 AFC 卡数据简介

本节基于既定的弧段和节点时间信息,人为构造了所有 OD 对间的乘客出行记录,所构造的 AFC 卡数据样例如表 6-1 所示。构造的行程时间分为理论行程时间和带残差的行程时间,理论行程时间按该路径所有弧段提前预设的时间相加求得,带残差的行程时间由理论行程时间添加服从正态分布的随机误差求得,旨在模仿真实出行环境。

为尽量模仿真实卡数据环境,构造卡数据时需注意以下几个方面:①所有 OD 对之间均存在足量卡数据记录,以验证模型的严格有效性,但在进行灵敏性分析时,将删除部分 OD 对之间的卡数据记录,以模仿真实卡数据环境;②不同 OD 对的卡数据总量不同;③同一 OD 对 k 条最短路之间的卡数据量比例利用 Logit 模型计算得到;④不同时间段内同一 OD 对的卡数据总量不同,即存在高峰时期和平峰时期;⑤行程时间为 OD 对之间的准确行程时间,不具有行程时间白噪声,但在进行灵敏性分析时,将使用带残差的行程时间,以模仿真实卡数据环境。同一 OD 对同一时间区间内 AFC 卡数据样例如表 6-2 所示。

表 6-1 构造的 AFC 卡数据样例

	卡号	进站车站唯一编号	出站车站唯一编号	进站时间	出站时间	理论行程时间	行程时间(带残差)
1	1000	5	10	55	65.356	10.356	10.785
2	1000	3	4	36	38.691	2.691	3.001
3	1000	1	14	48	91.603	43.603	44.891
⋮	⋮	⋮	⋮	⋮	⋮	⋮	⋮

表 6-2 同一 OD 对同一时间内 AFC 卡数据样例

	卡号	进站车站唯一编号	出站车站唯一编号	进站时间	出站时间	理论行程时间	行程时间(带残差)	所属路径
1	1000	13	9	82	99.393	17.393	18.005	路径1
2	1000	13	9	24	46.497	22.497	23.001	路径2
3	1000	13	9	38	63.368	25.368	26.345	路径3
⋮	⋮	⋮	⋮	⋮	⋮	⋮	⋮	⋮

4. 问题案例

本节将以路径 1(起终点为车站 4-车站 2)和路径 2(起终点为车站 4-车站 5)这两条路径

为例,进一步阐述本章的工作思路。

如图 6-5 所示,途径路径 1 的乘客将从闸机节点 V_4^G 刷卡进站,并经进站弧走行至站台节点 V_4^P 等待乘车,等车弧为 t_v^h,经列车门节点 $V_4^{T_2}$ 乘车后经列车运行弧前往下一个车站的列车门节点 $V_2^{TB_2}$ 后,经下车弧下车至站台节点 V_2^{PB},并经出站弧走行至闸机节点 V_2^G 刷卡出站,其路径行程时间被分割为五段弧段行程时间,其中包括一段节点等车时间。路径 2 的乘车过程与此类似。

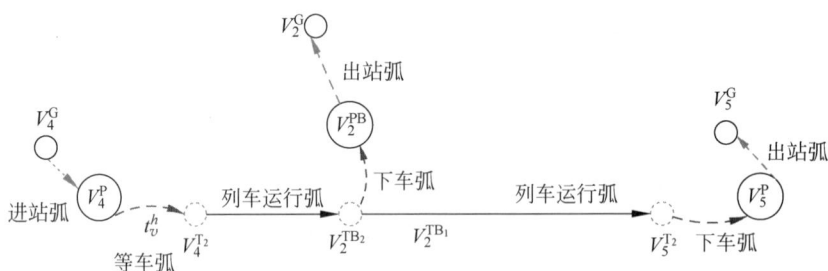

图 6-5　路径示意图

本章将利用经过该两条路径的所有卡数据,借助计算图模型估计八部分弧段行程 t_a,其中包括节点 4 处的等车时间 t_v^h。当获取所有弧段行程时间和节点等车时间后,再借助客流分配和智能体仿真等方法,动态获取实时的断面客流。

6.2.3　真实数据简介

本章随机选取使用的真实数据集为 2016 年 3 月 7 日—3 月 11 日的北京地铁刷卡数据,原始 AFC 卡数据样例如表 6-3 所示,本章使用的为处理后的 AFC 卡数据,而非提取的客流时间序列,数据预处理工作与第 2 章基本相同,处理后的卡数据包括进站车站、出站车站、进站时间、出站时间以及总行程时间,其中将进站时间转化为其所在的时间区间(例如 08:00—08:30、08:30—09:00),如表 6-3 所示。本章还会计算个体乘客的行程时间,该行程时间为乘客的真实行程时间,正是通过将该行程时间分配至不同弧段时间和站点等车时间,借助计算图框架进行客流分配工作,获取短时断面流量。

表 6-3　最终使用的 AFC 卡数据样例

	卡号	进站车站唯一编号	出站车站唯一编号	进站时间区间	出站时间	行程时间
1	74873 ***	19	37	9	875	26
2	19727 ***	44	43	2	466	14
3	42656 ***	29	43	0	464	108
⋮	⋮	⋮	⋮	⋮	⋮	⋮

注:进站时间区间按半小时计。

本章使用的另一数据集为北京地铁车站之间的实际站间距信息(北京地铁官网获取)以及换乘站换乘时消耗的走行时间信息(地铁族网站获取),换乘站处不同线路间的换乘时间为相关地铁乘客爱好者实地测量的平均换乘时间,由于真实数据难以获取,进站和出站暂定为 2min 以及北京地铁列车实际旅行速度按 30km/h 计算,将该时间换算为列车运行距离,可得换乘站处列车运行当量距离。因此本章使用的区间信息样例如表 6-4 所示。

表 6-4　区间信息样例

起点车站编号	终点车站编号	所属行别	所属线路	起点车站	终点车站	区间长度
1	2	0	1	苹果园	古城	2606
2	3	0	1	古城	八角游乐园	1921
36	35	1	2	车公庄	西直门	909
37	36	1	2	阜成门	车公庄	960
8	301	2	100	公主坟	公主坟	498
9	297	2	100	军事博物馆	军事博物馆	913
10001	1	2	10000	苹果园	苹果园	1000
10002	2	2	10000	古城	古城	1000

注：所属行别（0 表示上行、1 表示下行、2 表示换乘和进出站）、所属线路（换乘弧给定线路编号为 100，进站弧和出站弧给定线路编号为 10000，其余为真实地铁线路编号）、区间长度为列车运行当量距离。

6.2.4　本章符号表示

本章使用的所有符号如表 6-5 所示。

表 6-5　符号汇总

符　　号	含　　义
G	轨道交通网络图
V	轨道交通网络节点集合
E	轨道交通网络边集合
$a \in E$	轨道交通网络边，所有边均为有向弧
$v \in V$	轨道交通网络节点
r	起点车站
s	终点车站
K_q	OD 对集合
k	第 k 条最短路径
K_{rs}	从起点 r 至终点 s 之间的 k 条最短路径集合
$h \in H = \{h_1, h_2, h_3, \cdots\}$	乘客进入轨道交通网络所在的时间间隔集合
t_a	乘客经过弧段 a 上的平均弧段行程时间
t_v^h	节点 v 处第 h 个时间间隔的平均乘客等车时间
α_{rs}^{ka}	t_a 的系数
β_{rs}^{kvh} 和 γ_{rs}^{kvh}	t_v^h 的系数（代表 t_v^h 的方向）
c_{rs}^{kh}	效用函数
Ψ_{rs}^{kh}	路径选择模型
θ	Logit 模型参数
p	乘客选择第 k 条路径的概率
$\tilde{c}$	真实的路径行程时间向量表示
$\boldsymbol{B}$	弧段集合的向量表示
$\boldsymbol{M}^h$	不同时段节点集合的向量表示
$\boldsymbol{A}$	弧段集合和节点集合的组合向量表示

符　　号	含　　义
t_a	所有弧段行程时间的向量表示
t_v^h	所有弧段行程时间的向量表示
t	所有弧段行程时间和所有弧段行程时间的组合向量表示
P	路径选择概率向量

6.3　计算图模型简介

计算图是机器学习中底层的一种计算框架,是一种描述计算过程的"语言",其包含节点和连边,每个节点代表一种变量或者对变量的一种计算操作,变量可以是标量、向量、矩阵等,操作可以是循环神经网络、卷积神经网络、全连接网络等,每条边代表变量之间的数据依赖关系,即变量之间的流动关系,因此计算图也可称作数据流图。计算图完整描述了变量的正向传播过程,以及基于该计算图进行的误差的反向传播过程。图 6-6 展示了只有两层全连接层神经网络的计算图,其包含输入层、隐藏层和输出层。其实现的功能为将 (64,1000) 维的张量经过第一层全连接层转化为 (64,100) 维的张量,经过第二

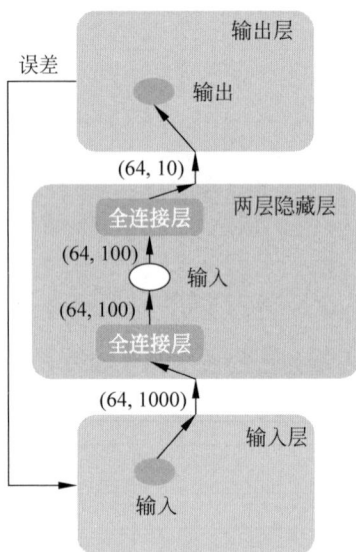

图 6-6　计算图示意图

层全连接层转化为 (64,10) 维的张量,即为最终的输出。深度学习中的反向传播算法基于链式法则,严格依据计算图中的数据流关系,将误差从输出节点反向传播至输入节点,从而优化网络参数。

近年来,部分研究开始将交通领域的四阶段法、OD 估计等传统交通问题置于计算图框架中,借助 TensorFlow、PyTorch 等深度学习框架,利用反向传播算法,求解模型中特定参数。Wu 等(2018)将手机信令数据、浮动车数据、传感器数据和居民调查数据等不同数据源嵌入一种多层次流网络计算图中,利用计算图多源数据的正向传播和路径行程时间误差的反向传播更新并估计交通四阶段法中的各种交通行为参数,最终完成交通四阶段法中的三个阶段,即交通生成(各小区的交通产生量)、交通分布(各小区间的 OD 需求量)和交通分配(各小区间不同路径不同路段上的车流量、客流量),该框架有助于深入理解各种交通出行行为。在此基础上,Sun 等(2019)分析了各种交通政策(如增加某路段过路费、增加或减少某OD 对的 OD 需求等)的边际效应,将各种交通政策单独或协同嵌入上述多层次流网络计算图中,从而将各种交通策略造成的边际效应和潜在的流量迁移进行了量化。Ma 等(2020)将大规模路网的动态 OD 估计问题置于计算图框架下,借助路段流量动态估计路网的 OD 需求量,其利用计算图中数据的正向传播(初始化的 OD 需求量)和误差的反向传播(估计路段流量和真实路段流量之间的误差),借助路径选择模型和动态分配模型,有效估计了 OD需求量、路径选择概率、动态分配率、路段/路径行程时间等交通行为参数。

综上所述,交通状态估计方法可大致分为两类,一类为模型驱动,另一类为数据驱动。随着路网规模的扩大,乘客出行行为日趋复杂,出行行为受影响因素过多,导致模型驱动的交通状态估计方法难以刻画更加真实的交通状态,而将传统交通模型置于计算图框架下,能够将模型驱动的交通状态估计方法和数据驱动的交通状态估计方法予以结合,有机融合多源异构大数据,估计各类交通行为参数,模型能够和真实数据相吻合,以刻画更加真实的交通状态,模型参数具有良好的可解释性。

轨道交通诸多理论和应用与道路交通较为相似,既有基于计算图模型的交通领域的相关研究也以道路交通为主,轨道交通领域并未涉及。随着轨道交通线网规模的扩大,模型驱动的交通状态估计方法难以刻画真实的轨道交通系统的状态,且无法对估计结果进行验证。鉴于此,本章以 AFC 卡数据为驱动,将轨道交通客流分配模型置于计算图框架下,构建轨道交通短时断面流预测模型,以获取轨道交通短时断面客流量,刻画更加真实的轨道交通系统状态,且模型具有良好的可解释性,可用真实数据进行验证。

6.4　基于计算图的车站等车时间与链路行程时间估计

本节将通过乘客路径选择建模、k 短路搜索以及有效路径选择、构建数学优化模型、优化模型向量化、计算图模型建模等步骤,估计上文所述的弧段行程时间和站点等车时间,进而通过客流分配和智能体仿真等步骤,最终生成断面流量。短时断面流预测模型框架如图 6-7 所示,模型输入为 AFC 卡数据和网络拓扑信息,模型主体为基于计算图的客流分配和借助智能体仿真获取短时断面流,模型输出为节点等车时间、弧段行程时间和实时断面流量。

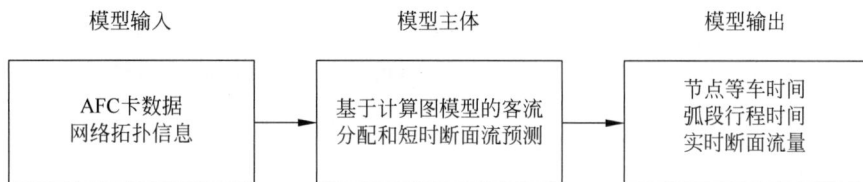

图 6-7　短时断面流预测模型框架

6.4.1　路径选择建模

乘客的路径选择行为受多种因素影响,包含确定性因素和随机因素,确定性因素包括乘客进出站走行时间、在车时间、换乘走行时间、换乘次数、等车时间或拥堵时间票价等,随机因素包括乘客对路径的熟悉程度、拥挤程度、舒适度等。乘客复杂的路径选择行为并非本章的研究重点,因此,为简单起见,本章将乘客的出行广义费用函数简单定义为上述乘客一次出行过程中花费的时间,即

$$c_{rs}^{kh} = \sum_a \alpha_{rs}^{ka} t_a + \sum_v \beta_{rs}^{kvh} t_v^h + \sum_v \gamma_{rs}^{kvh} t_v^h \tag{6-1}$$

其中,c_{rs}^{kh} 为乘客的广义出行费用,$r, s \in K_q$,K_q 为 OD 对集合,$k \in K_{rs}$,K_{rs} 为起始车站 r 至终点车站 s 之间的路径集合;$a \in E$ 为地铁网络图 G 中的弧集合;$v \in V$ 为地铁网络图 G

中的车站节点集合; $h \in H = \{h_1, h_2, h_3, \cdots\}$ 为乘客进入地铁网络时所在的时间间隔区间; t_a 为乘客经过该弧 a 时消耗的时间; t_v^h 为时间间隔 h 内乘客在该车站节点 v 的等车时间; α_{rs}^{ka}, β_{rs}^{kvh} 和 γ_{rs}^{kvh} 为 t_a 和 t_v^h 的系数, 其定义式如下:

$$\alpha_{rs}^{ka} = \begin{cases} 1, & \text{若 } rs \text{ 之间的第 } k \text{ 条路径经过弧 } a \\ 0, & \text{否则} \end{cases}$$

$$\beta_{rs}^{kvh} = \begin{cases} 1, & \text{若 } h \text{ 时间段 } rs \text{ 之间第 } k \text{ 条路径的起点车站或换乘车站为 } v \text{ 且路径为上行方向} \\ 0, & \text{否则} \end{cases}$$

$$\gamma_{rs}^{kvh} = \begin{cases} 1, & \text{若 } h \text{ 时间段 } rs \text{ 之间第 } k \text{ 条路径的起点车站或换乘车站为 } v \text{ 且路径为下行方向} \\ 0, & \text{否则} \end{cases}$$

$$(6\text{-}2)$$

本章使用的广义费用函数具有以下几层含义:

(1) h 代表乘客进入地铁网络时所在的时间间隔, 因此乘客的广义费用函数与乘客进站时间区间有关, 不同的进站时间区间、同一条路径, 乘客具有不同的广义出行费用, 即式(6-1)中 c_{rs}^{kh} 与进站时间区间 h 有关。

(2) 乘客在路径的起点车站和换乘车站的等车时间与时间段有关, 不同时间段内乘客在同一站点的等车时间不同, 即式(6-1)中 t_v^h 与进站时间区间 h 有关。

(3) 乘客在路径的起点车站和换乘车站的等车时间与上下行有关, 同一时间段相同站点、不同乘客去往不同方向时, 等车时间不同, 即式(6-1)中 t_v^h 的系数区分上行 β_{rs}^{kvh} 和下行 γ_{rs}^{kvh}。

(4) 假定乘客在所有弧上的走行时间或列车运行时间与时间段无关, 即式(6-1)中 α_{rs}^{ka} 和 t_a 与进站时间区间 h 无关。

(5) 假定随机费用项为服从独立同分布和 Gumbel 分布的随机变量, 此时, 乘客在起终点 r, s 间选择该 OD 对路径集 K_{rs} 中的第 k 条路径的概率可用离散选择模型 Logit 模型描述, 其表达式为

$$p_{rs}^{kh} = \frac{\exp(-\theta c_{rs}^{kh})}{\sum\limits_{k} \exp(-\theta c_{rs}^{kh})} \tag{6-3}$$

其中, p_{rs}^{kh} 为乘客在时间区间 h 内进站时选择起终点 r, s 间第 k 条路径的概率; c_{rs}^{kh} 为式(6-1)中的广义费用; θ 为 Logit 模型参数, 一般作为乘客对整个地铁网络熟悉程度的指标。

6.4.2　k 短路搜索以及有效路径选择

最短路问题是图论中较为经典的问题, Dijkstra 算法、Floyd 算法和 A 星搜索算法是最短路算法中较为出名的三类算法, 其算法特性和应用场景各有不同。Dijkstra 算法出现较早, 主要思想为广度优先搜索, 重点关注源节点至所有节点的最短路径, 连边的权重不可为负。Floyd 算法主要思想为插点法, 即每一步选择一个中介点, 重点关注任意两点间的最短路, 主要适用于稠密图, 连边的权重可正可负, 但不可存在负权回路。A 星搜索算法主要思想为深度优先搜索, 重点关注点到点之间的最短路, 连边的权重不可为负。

图论中有时不只关注最短路, 次短路、次次短路等问题在实际应用中也尤为重要, 例如

乘客的路径选择中,由于受多种复杂因素的影响,有时并非选择最短路出行,再如各种地图软件的路径规划中,通常会推荐多条路径等。在广泛的实际应用背景下,k 短路问题得以被广泛研究,其中 1971 年 Yen(1971)提出的 Yen 算法便是应用广泛的 k 短路算法之一,适用于计算具有非负权边有向图中的单源 k 短无环路径。其主要思想如下:

(1) 输入起点 r、终点 s 和 k 短路条数(假设 $k=3$)。

(2) 求解最短路,该过程可嵌入任何最短路算法,例如 Dijkstra 算法、A 星算法。

(3) 求除最短路外其他所有的潜在次短路。枚举最短路上所有路段,依次将其路段长度设置为 $+\infty$(或将其删除)并求最短路,在所有求得的最短路中,选取最短的为次短路。当将下一路段设置为 $+\infty$ 时,上一路段的 $+\infty$ 恢复原值,即每次只保留一个路段为 $+\infty$。

(4) 对次短路执行步骤(3),求得次次短路。

(5) 输出求得的三条路径,算法结束。

以上步骤需要对所有 r,s 执行 k 短路计算,对于大型复杂网络,则需要消耗大量计算时间。该算法在计算次短路和次次短路过程中,同一个路段会被处理多次。鉴于此,本节讨论了一种近似版 Yen 算法,以路段为迭代对象而非 OD 对 (r,s),其主要思想如下:

(1) 输入整个网络和 k 短路条数(假设 $k=3$)。

(2) 求解最短路,该过程可嵌入任何最短路算法,例如 Dijkstra 算法、A 星算法。

(3) 枚举整个网络上所有路段,依次将路段长度设置为 $+\infty$(或将其删除)并再次求所有 r,s 之间的最短路。当将下一路段设置为 $+\infty$ 时,上一路段的 $+\infty$ 恢复原值,即每次只保留一个路段为 $+\infty$。该步骤执行完毕后,特定 r,s 之间所有路径均包含在内。

(4) 选取所有 r,s 之间的三条最短路并输出,算法结束。

经在相同配置和环境下测试,对于具有 278 个节点的网络,传统算法求三条 k 短路需消耗 2800min 左右,近似版算法求三条 k 短路仅需消耗 50min 左右,时间复杂度大幅降低。

满足以下五个条件的路径即为最终选用的三条 k 短路径:

(1) 路径中不允许出现闭合回路,即同一条路径不允许两次经过同一车站。

(2) 不允许走回头路,即同一区间不允许在同一路径中出现两次。

(3) 起终点车站不允许出现换乘,即在路径起终点处不允许出现换乘弧。

(4) 最短路、次短路、次次短路之间的绝对费用差不允许超过 10%。

(5) 路径换乘次数不允许超过路网最大换乘次数,本节最大换乘次数取 3。

6.4.3 数学优化模型构建

本节主要利用 AFC 数据估计弧段行程时间和节点等车时间。目标函数为最小化估计路径行程时间和真实的路径行程时间之间的误差,决策变量为弧段行程时间和车站等待时间,其中弧段行程时间包括进站弧、出站弧、列车运行弧和换乘弧上的行程时间,节点等车时间包括起始车站和换乘车站处的等车时间。本节首先对真实路径行程时间和估计路径行程时间进行定义,其次构建优化模型形成最终的估计框架。

1. 真实路径行程时间

本节将路径行程时间分为乘客进出站时间、路径起始车站和换乘车站的等车时间、列车运行时间和换乘走行时间几部分,借助个体刷卡数据中记录的进站车站、进站时间、出站车站、出站时间,估计乘客进出站时间、路径起始车站和换乘车站的等车时间、列车运行时间和换乘走行时间,进而求得路径广义费用,用以客流分配。

对乘客 i 的每一次出行,其进站车站为 r,进站时间为 $\tilde{t}_{ir}$,出站车站为 s,出站时间为 $\tilde{t}_{is}$,因此真实的行程时间如下:

$$\tilde{c}_{irs}^h = \tilde{t}_{is} - \tilde{t}_{ir} \tag{6-4}$$

同一 OD 对同一时间段内存在多条出行记录,由于不同出行记录的进站时刻、选择的路径均可能不同等原因,其通常具有不同的行程时间,为了降低计算量,选取该 OD 对该时间段内所有出行记录的平均行程时间作为该 OD 对在该时间段内的真实行程时间,即

$$\tilde{c}_{rs}^h = \frac{1}{N_{rs}^h}\sum_{i=1}^{N_{rs}^h}\tilde{c}_{irs}^h = \frac{1}{N_{rs}^h}\sum_{i=1}^{N_{rs}^h}(\tilde{t}_{is} - \tilde{t}_{ir}) \tag{6-5}$$

其中,N_{rs}^h 为 OD 对(r,s)在时间段 h 内的出行记录数目;N 为网络节点数目;$h\in H$ 为一天内划分的时间段;$\tilde{c}_{irs}^h$ 为特定 OD 对(r,s)在时间段 h 内第 i 条出行记录的真实行程时间。

2. 估计路径行程时间

对于给定的路径选择概率和 k 条路径的出行费用 c_{rs}^{kh},特定 OD 对(r,s)之间期望路径行程时间如式(6-6)所示。当估计期望路径行程时间时,需考虑特定 OD 对之间的 k 条最短路径,因此 c_{rs}^{kh} 与 k 有关。

$$c_{rs}^h = \sum_k p_{rs}^{kh} c_{rs}^{kh} \tag{6-6}$$

3. 构建优化模型

本章的目标函数即为最小化个体出行的真实行程时间与期望出行时间之间的误差,即

$$\min \sum_{r,s,h}(\tilde{c}_{rs}^h - c_{rs}^h)^2 \tag{6-7}$$

将式(6-4)和式(6-6)代入式(6-7)可得

$$\min \sum_{r,s,h}(\tilde{t}_s - \tilde{t}_r - \sum_k p_{rs}^{kh} c_{rs}^{kh})^2 \tag{6-8}$$

本章中使用的费用函数如式(6-1)所示,将其代入式(6-8)可得本章的数学优化模型,如式(6-9)所示。该模型目标函数为最小化个体乘客实际路径行程时间与期望路径行程时间之间的误差,决策变量为 Logit 模型参数 θ、乘客经过弧 a 时消耗的时间 t_a、乘客在该车站节点 v 的等车时间 t_v^h,通过优化该目标函数,得到最终的 θ,t_a,t_v^h,再通过式(6-1)可得估计后的路径广义费用,进而用于后续的客流分配和断面流量的获取。

$$\min_{t_a,t_v^h,\theta} \sum_{r,s,h}(\tilde{t}_s - \tilde{t}_r - \sum_k p_{rs}^{kh}(\sum_a \alpha_{rs}^{ka} t_a + \sum_v \beta_{rs}^{kvh} t_v^h + \sum_v \gamma_{rs}^{kvh} t_v^h))^2$$
$$\text{s. t.} \quad t_a \geqslant 0, a\in E \tag{6-9}$$
$$t_v^h \geqslant 0, v\in V$$

6.4.4　优化模型向量化

本章将上述优化模型置于计算图框架下,以获取目标函数最优时的 θ, t_a, t_v^h。在进行计算图模型建模之前,需将该优化模型中的所有变量进行向量化,然后嵌入计算图中,借助PyTorch 等深度学习框架,构建计算图框架下的可监督学习任务。下面对式(6-9)中涉及的变量一一进行解释。

1. 真实路径行程时间 $\tilde{c}_{rs}^h$ 向量化表示

基于公式(6-5),真实的路径行程时间的向量化表示如下:

$$\tilde{c} = (\tilde{c}_{r_1s_1}^{h_1}, \tilde{c}_{r_1s_2}^{h_1}, \cdots, \tilde{c}_{r_Ns_N}^{h_1}, \tilde{c}_{r_1s_1}^{h_2}, \tilde{c}_{r_1s_2}^{h_2}, \cdots, \tilde{c}_{r_Ns_N}^{h_2}, \cdots, \tilde{c}_{r_1s_1}^{H}, \tilde{c}_{r_1s_2}^{H}, \cdots, \tilde{c}_{r_Ns_N}^{H})^T \quad (6\text{-}10)$$

其中,N 为网络节点数目;$h \in H$ 为一天内划分的时间段;$\tilde{c}_{rs}^h$ 为特定 OD 对 (r,s) 在时间段 h 内的真实行程时间;$\tilde{c} \in \mathbb{R}^{(N_{rs} \times H) \times 1}$ 为所有 OD 对在所有时间段内的真实行程时间,也即本章所需的向量化后的真实路径行程时间变量;N_{rs} 为网络中所有 OD 对数目。

2. 弧段向量化表示

本章中,所有弧段的行程时间与时间段无关,即假定所有弧段在不同时间段内行程时间相同。网络中进站弧、出站弧、列车运行弧和换乘弧所有弧段的数目为 N_a,网络节点数目为 N,则 OD 对之间 k 条路径的弧段向量化表示如式(6-11)~式(6-13)所示。

$$\boldsymbol{B}_{rs}^k = (\alpha_{rs}^{ka_1}, \quad \alpha_{rs}^{ka_2}, \quad \cdots, \quad \alpha_{rs}^{ka_{N_a}}) \quad (6\text{-}11)$$

$$\boldsymbol{B}_{rs} = \begin{pmatrix} \boldsymbol{B}_{rs}^{k_1} \\ \boldsymbol{B}_{rs}^{k_2} \\ \boldsymbol{B}_{rs}^{k_3} \end{pmatrix} \quad (6\text{-}12)$$

$$\boldsymbol{B} = \begin{pmatrix} \boldsymbol{B}_{r_1s_1} \\ \boldsymbol{B}_{r_1s_2} \\ \vdots \\ \boldsymbol{B}_{r_Ns_N} \end{pmatrix} \quad (6\text{-}13)$$

其中,α_{rs}^{ka} 如式(6-2)所示;$\boldsymbol{B}_{rs}^k \in \mathbb{R}^{1 \times N_a}$ 为特定 OD 对 (r,s) 之间第 k 条路径的弧段向量化表示,其元素为 0 或 1;$\boldsymbol{B}_{rs} \in \mathbb{R}^{k \times N_a}$ 为特定 OD 对 (r,s) 之间所有 k 条路径的弧段向量化表示;$\boldsymbol{B} \in \mathbb{R}^{(N_{rs} \times k) \times N_a}$ 为所有 OD 对 (r,s) 之间所有 k 条路径的弧段向量化表示;N_{rs} 为网络中所有 OD 对数目。

3. 节点向量化表示

本章中,所有节点的等车时间与时间段有关,即同一节点不同方向在不同时间段内等车时间不同,令网络中所有节点不同方向的等车节点数目为 N_v,则 OD 对之间 k 条路径的等车节点向量化表示如公式(6-14)~式(6-16)所示。

$$\boldsymbol{M}_{rs}^{kh} = \begin{cases} (\beta_{rs}^{kv_1h}, \beta_{rs}^{kv_2h}, \cdots, \beta_{rs}^{kv_{N_v}h}), & \text{若路径为上行方向} \\ (\gamma_{rs}^{kv_1h}, \gamma_{rs}^{kv_2h}, \cdots, \gamma_{rs}^{kv_{N_v}h}), & \text{若路径为下行方向} \end{cases} \tag{6-14}$$

$$\boldsymbol{M}_{rs}^{h} = \begin{pmatrix} \boldsymbol{M}_{rs}^{k_1h} \\ \boldsymbol{M}_{rs}^{k_2h} \\ \boldsymbol{M}_{rs}^{k_3h} \end{pmatrix} \tag{6-15}$$

$$\boldsymbol{M}^{h} = \begin{pmatrix} \boldsymbol{M}_{r_1s_1}^{h} \\ \boldsymbol{M}_{r_1s_2}^{h} \\ \vdots \\ \boldsymbol{M}_{r_Ns_N}^{h} \end{pmatrix} \tag{6-16}$$

其中,β_{rs}^{kvh} 和 γ_{rs}^{kvh} 如式(6-2)所示;$\boldsymbol{M}_{rs}^{kh} \in \mathbb{R}^{1 \times N_v}$ 为 h 时间段内特定 OD 对(r,s)之间第 k 条路径的等车节点向量化表示,$\boldsymbol{M}_{rs}^{h} \in \mathbb{R}^{k \times N_v}$ 为 h 时间段内特定 OD 对(r,s)之间所有 k 条路径的等车节点向量化表示;$\boldsymbol{M}^{h} \in \mathbb{R}^{(N_{rs} \times k) \times N_v}$ 为 h 时间段内所有 OD 对(r,s)之间所有 k 条路径的等车节点向量化表示;N_{rs} 为网络中所有 OD 对数目;N_v 为网络中所有节点不同方向的等车节点数目。

4. 弧段与等车节点联合向量化表示

将 $\boldsymbol{B}$ 和不同时间段内的 $\boldsymbol{M}^{h}$ 进行联合向量化表示,可得如下的表示形式:

$$\boldsymbol{A} = \begin{pmatrix} \boldsymbol{B} & \boldsymbol{M}^{h_1} & & & \\ \boldsymbol{B} & & \boldsymbol{M}^{h_2} & & \\ \boldsymbol{B} & & & \boldsymbol{M}^{h_3} & \\ \vdots & & & & \ddots \\ \boldsymbol{B} & & & & \boldsymbol{M}^{H} \end{pmatrix} \tag{6-17}$$

其中,$\boldsymbol{A} \in \mathbb{R}^{(N_{rs} \times k \times H) \times (N_a + N_v \times H)}$ 为弧段与等车节点联合向量化表示,N_{rs} 为网络中所有 OD 对数目。

5. 待估计弧段行程时间 t_a 的向量化表示

所有弧段的行程时间的向量化表示如下:

$$t_a = (t_{a_1}, \quad t_{a_2}, \quad t_{a_3}, \quad \cdots, \quad t_{a_{N_a}})^{\mathrm{T}} \tag{6-18}$$

其中,$t_a \in \mathbb{R}^{N_a \times 1}$ 为本章的决策变量之一,a 代表所有弧段。

6. 待估计节点等车时间 t_v^h 的向量化表示

所有节点的等车时间的向量化表示如下：

$$\boldsymbol{t}_v^h = \left(t_{v_1}^h, \quad t_{v_2}^h, \quad t_{v_3}^h, \quad \cdots, \quad t_{v_{N_v}}^h\right)^{\mathrm{T}} \tag{6-19}$$

其中，$\boldsymbol{t}_v^h \in \mathbb{R}^{N_v \times 1}$ 为本章的决策变量之一，等车节点的等车时间与所处的时间段 h 有关，v 代表所有节点。

7. 弧段行程时间与节点等车时间的联合向量化表示

将 $\boldsymbol{t}_a$ 和不同时间段内的 $\boldsymbol{t}_v^h$ 进行联合向量化表示，可得如下的表示形式：

$$\boldsymbol{t} = \left(\boldsymbol{t}_a, \quad \boldsymbol{t}_v^{h_1}, \quad \boldsymbol{t}_v^{h_2}, \quad \cdots, \quad \boldsymbol{t}_v^H\right)^{\mathrm{T}} \tag{6-20}$$

其中，$\boldsymbol{t} \in \mathbb{R}^{(N_a + N_v \times H) \times 1}$ 为弧段行程时间与节点等车时间的联合向量化表示。

8. 路径选择概率向量化表示

由于同一条路径不同时间间隔内等车时间不同，因此对于同一 OD 对 (r,s) 之间的同一路径，乘客的路径选择概率也不同，因此 p_{rs}^{kh} 与时间段 h 有关。在相同时间段内，不同 OD 对不同路径的选择概率如下：

$$\boldsymbol{P}^h = \begin{pmatrix} p_{r_1 s_1}^{k_1 h} & p_{r_1 s_1}^{k_2 h} & p_{r_1 s_1}^{k_3 h} & & & & & \\ & & & p_{r_1 s_2}^{k_1 h} & p_{r_1 s_2}^{k_2 h} & p_{r_1 s_2}^{k_3 h} & & & \\ & & & & & & \ddots & \ddots & \ddots \\ & & & & & & p_{r_N s_N}^{k_1 h} & p_{r_N s_N}^{k_2 h} & p_{r_N s_N}^{k_3 h} \end{pmatrix} \tag{6-21}$$

其中，$\boldsymbol{P}^h \in \mathbb{R}^{N_{rs} \times (N_{rs} \times k)}$；$p_{rs}^{kh}$ 如式(6-3)所示；N_{rs} 为网络中所有 OD 对数目。

所有时间段内，不同 OD 对不同路径的选择概率如下：

$$\boldsymbol{P} = \begin{pmatrix} \boldsymbol{P}^{h_1} & & & & \\ & \boldsymbol{P}^{h_2} & & & \\ & & \boldsymbol{P}^{h_3} & & \\ & & & \ddots & \\ & & & & \boldsymbol{P}^H \end{pmatrix} \tag{6-22}$$

其中，$\boldsymbol{P} \in \mathbb{R}^{(N_{rs} \times H) \times (N_{rs} \times k \times H)}$。

9. 向量化表示汇总

将以上所有标量的向量化表示进行总结，所得的信息如表 6-6 所示。

表 6-6　变量向量化表示

变量	标量	向量	维度	类型	说明
真实行程时间	$\tilde{c}^{h}_{r_i s_i}$	$\tilde{c}$	$\mathbb{R}^{(N_{rs} \times H) \times 1}$	稠密	该 OD 对所有出行记录的平均行程时间作为真实行程时间
弧段	α^{ka}_{rs}	B	$\mathbb{R}^{(N_{rs} \times k) \times N_a}$	稀疏	所有弧段在不同时间段内行程时间相同
节点	β^{kvh}_{rs}、γ^{kvh}_{rs}	M^h	$\mathbb{R}^{(N_{rs} \times k) \times N_v}$	稀疏	同一节点不同方向不同时间段内等车时间不同
弧段与节点	$\alpha^{ka_1}_{rs}$、β^{kvh}_{rs}、γ^{kvh}_{rs}	A	$\mathbb{R}^{(N_{rs} \times k \times H) \times (N_a + N_v \times H)}$	稀疏	B 和 M^h 的组合
弧段行程时间	t_a	t_a	$\mathbb{R}^{N_a \times 1}$	稠密	待估计决策变量,与时间段无关
节点等车时间	t^h_v	t^h_v	$\mathbb{R}^{N_v \times 1}$	稠密	待估计决策变量,与时间段有关
待估计变量	t_a、t^h_v	t	$\mathbb{R}^{(N_a + N_v \times H) \times 1}$	稠密	t_a 和 t^h_v 的组合
路径选择概率	p^{kh}_{rs}	P	$\mathbb{R}^{(N_{rs} \times H) \times (N_{rs} \times k \times H)}$	稀疏	同一 OD 对不同时间段路径选择概率不同

10. 优化模型向量化表示

基于表 6-6,式(6-9)的向量化表示形式如下:

$$\min_{t,\theta} \| \tilde{c} - PAt \|^2_2$$
$$\text{s.t.} \quad t \geqslant 0 \tag{6-23}$$
$$P = \text{Logit}(A; t; \theta)$$

上述优化模型的主要决策变量为 t,包含所有弧段的行程时间以及不同时间段内节点的等车时间,当矩阵 A 列满秩时,该优化问题存在唯一可行解。目标函数中,路径选择概率 P 通过 Logit 模型与时间 t 关联。

6.4.5　计算图模型建模

本章利用计算图框架求解上述优化问题,通过将该优化问题看作机器学习任务并置于计算图框架下,借助正向传播-反向传播算法,求得优化问题的最优解,图 6-8 展示了该优化问题的计算图框架,该框架包含两部分,正向传播部分与反向传播部分。

正向传播部分如图 6-8 中实线所示,该过程假定节点等车时间和弧段行程时间固定,通过计算路径行程时间和路径选择概率,求得估计的 OD 行程时间,并将估计的 OD 行程时间与观察的 OD 行程时间进行对比,得到估计误差。反向传播部分将该误差按原路径进行反向传播,用以调整节点等车时间和弧段行程时间,至此完成一次迭代过程。如此反复迭代计算至迭代停止,得到最终估计的节点等车时间和弧段行程时间,用以后续的断面短时客流预测。

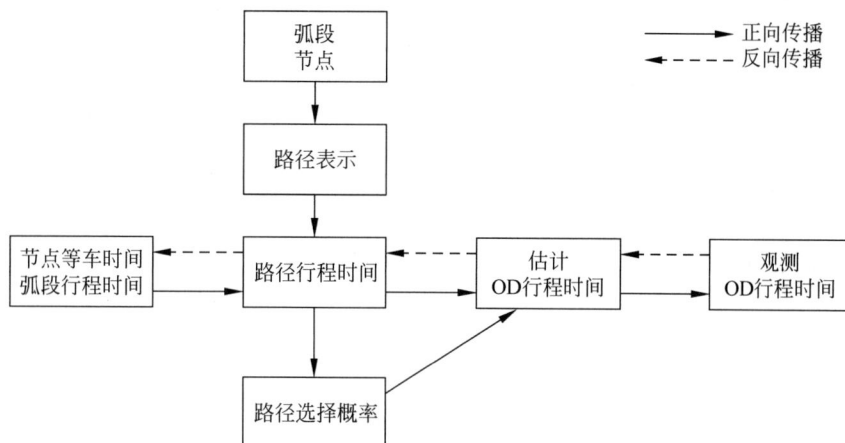

图 6-8 计算图框架：正向传播-反向传播示意图

图 6-9 为该框架相应的变量传播过程，实线表示正向传播，虚线表示反向传播。通过不断迭代变量正向传播与误差反向传播的过程，获取最终的由节点等车时间和弧段行程时间组成的 t。下面对正向传播过程和反向传播过程进行详细介绍。

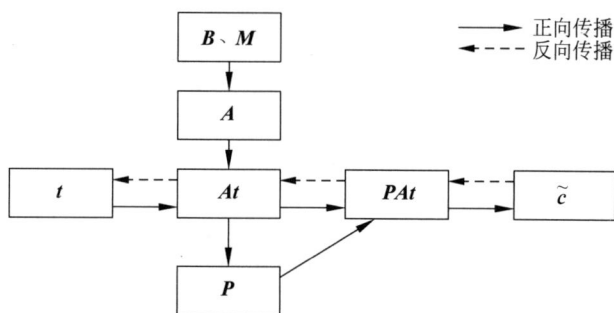

图 6-9 变量正向传播-反向传播示意图

（1）正向传播过程

以随机初始化的节点等车时间 t_v^h 和弧段行程时间 t_a 组成的 t 作为模型输入，并结合路径表示 $\boldsymbol{A}$，获取路径行程时间 $\boldsymbol{c}_{\mathrm{path}}$，根据路径行程时间获取不同路径的选择概率 $\boldsymbol{P}$，根据路径行程时间 $\boldsymbol{c}_{\mathrm{path}}$ 和路径选择概率 $\boldsymbol{P}$ 获取估计的 OD 行程时间 $\boldsymbol{c}$，全过程如式（6-24）所示。

$$\boldsymbol{c}_{\mathrm{path}} = \boldsymbol{A}\boldsymbol{t}$$
$$\boldsymbol{P} = \mathrm{softmax}(-\theta\boldsymbol{c}_{\mathrm{path}}) \qquad (6\text{-}24)$$
$$\boldsymbol{c} = \boldsymbol{P}\boldsymbol{c}_{\mathrm{path}}$$

正向传播过程的最终目标为获取估计的 OD 行程时间 $\boldsymbol{c}$，将式（6-23）中的目标函数看作机器学习任务中的损失函数（loss function），则其可分解为式（6-25）。

$$L = \| \tilde{\boldsymbol{c}} - \boldsymbol{c} \|_2^2$$
$$\boldsymbol{c} = \boldsymbol{P}\boldsymbol{c}_{\mathrm{path}}$$
$$\boldsymbol{P} = \mathrm{softmax}(-\theta\boldsymbol{c}_{\mathrm{path}})$$

$$c_{\text{path}} = At \tag{6-25}$$

其中，$\tilde{c}$ 为从 AFC 数据中获取的观测的平均 OD 行程时间；c 为估计的 OD 行程时间；P 为借助 Logit 模型获取的路径选择概率；c_{path} 为路径行程时间。

（2）反向传播过程

正向传播过程已根据初始化的节点等车时间和弧段行程时间组成的 t 获取了路径选择概率 P，反向传播过程将 P 作为已知量，则式（6-23）可简化为式（6-26），即 $P = \text{Logit}(A；t；\theta)$ 为已知量，进而可求得目标函数的梯度，如式（6-27）所示。

$$\min_{t,\theta} \| \tilde{c} - PAt \|_2^2$$
$$\text{s.t.} \quad t \geqslant 0 \tag{6-26}$$

$$\frac{\partial L}{\partial c} = 2(\tilde{c} - PAt)$$

$$\frac{\partial L}{\partial c_{\text{path}}} = P^{\text{T}} \frac{\partial L}{\partial c}$$

$$\frac{\partial L}{\partial t} = A^{\text{T}} \frac{\partial L}{\partial c_{\text{path}}} \tag{6-27}$$

将式（6-27）进行整合，可得目标函数对时间的梯度，如式（6-28）所示。求得目标函数的梯度后，可利用反向传播算法优化决策变量 t，即

$$\frac{\partial L}{\partial t} = A^{\text{T}} P^{\text{T}} 2(\tilde{c} - PAt) \tag{6-28}$$

正向传播与反向传播循环迭代，直至求得如式（6-23）所示的优化问题的近似最优解。

6.5　客流分配及短时断面流预测

6.5.1　智能体仿真生成断面客流量

根据前文最终估计得到的节点等车时间 t_v^h 和弧段行程时间 t_a 组成的 t，并结合路径表示 A，获取路径行程时间 c_{path}，根据路径行程时间获取不同路径的选择概率 P，基于已有的 A、t、c_{path} 和 P，结合智能体仿真，将短时间内 OD 客流量 Q 分配至各条路径上，获取路径流量 f，根据路径流量，结合仿真，最终获取实时的断面流量 x。获取短时断面流量全过程如式（6-29）所示。

$$c_{\text{path}} = At$$
$$P = \text{softmax}(-\theta c_{\text{path}})$$
$$f = PQ$$
$$x = \sum f \tag{6-29}$$

其中，h 时间段内 OD 对 (r,s) 之间第 k 条路径的流量 $f_{rs}^{kh} = p_{rs}^{kh} q_{rs}^h$；$h$ 时间段内弧段 a 的断面流 $x_a^h = \sum_{rs} \sum_k \alpha_{rs}^{ka} f_{rs}^{kh}$，$\alpha_{rs}^{ka}$ 如式（6-2）所示。

6.5.2　虚拟地铁网络案例研究

本章构造的虚拟地铁网络的所有状态信息均为已知量,包括进站量、OD 量、断面量、站点等车时间、弧段行程时间等,如表 6-7 所示。但在模型构建过程中仅仅使用已知的虚拟卡数据,站点等车时间、弧段行程时间和断面流量均为未知量,基于 6.3 节构建的模型利用已知量推测未知量。由于虚拟地铁网络中站点等车时间、弧段行程时间和断面流量等的真实值已知,因此可利用推测结果与真实值进行比较,从而验证模型的有效性。虚拟卡数据构造规则可参阅 6.1 节。下面分别对模型配置、路径行程时间估计结果、断面流量结果进行阐述,并进行多维度的灵敏性分析。

表 6-7　虚拟地铁网络信息汇总

	估　计　值	真实值/观测值
弧段行程时间	√	√
站点等车时间	√	√
路径行程时间	√	√

1. 模型配置

本章构造的卡数据时间跨度为 07:00—12:00 共计 5h,每个时间区间为 30min,共计 10 个时间区间,182 个 OD 对之间产生了约 181 万条卡数据。

经反复试验,无论将 θ 作为决策变量予以估计,抑或将其固定为常值,对本模型估计结果影响甚微,因此根据既有研究,本节将 θ 取值为 3。此外,本节使用的优化器为

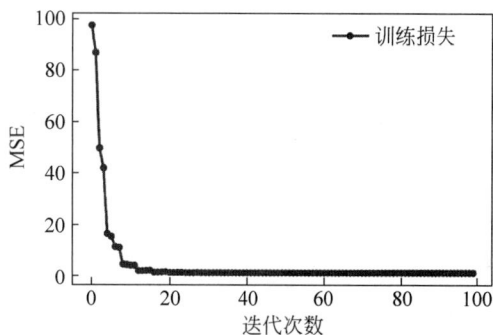

图 6-10　损失函数曲线

Adagrad,其学习率为 0.1,批大小为 8,损失函数为均方根误差(MSE),模型的损失函数曲线如图 6-10 所示,当迭代约 20 次之后,模型已经趋于稳定,且收敛效果较好。

2. 出行时间结果分析

估计的 t 中含有弧段行程时间和不同时间间隔内的节点等车时间。在虚拟地铁网络中,所有真实状态信息均为已知,包括真实的弧段行程时间,在保证所有 OD 对间具有足够的卡数据时,式(6-17)中矩阵 A 列满秩,利用本章提出的模型,将估计的弧段行程时间与真实的弧段行程时间对比,将估计的节点等车时间与真实的节点等车时间对比,将估计的 OD 路径行程时间与真实的 OD 路径行程时间对比,所得的结果如图 6-11 和图 6-12 所示。从图中可知,估计值与真实值基本达到了一一对等关系,严格证明了模型的有效性。

3. 断面流量结果分析

在虚拟地铁网络中,所有真实状态信息均为已知,包括真实的断面流量,在保证所有

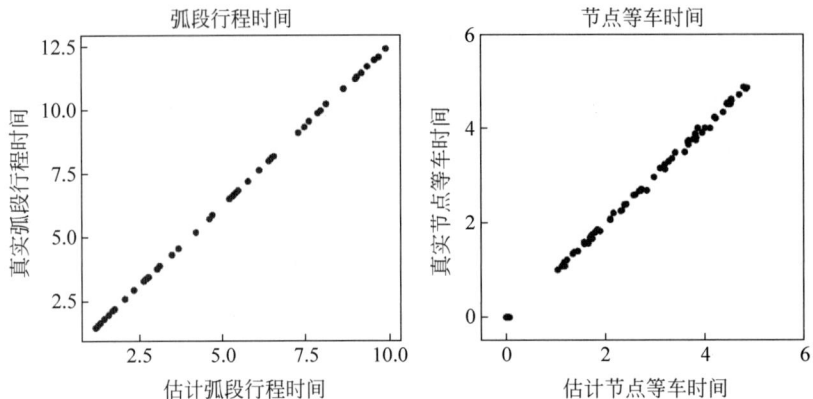

图 6-11 弧段行程时间和节点等车时间结果分析

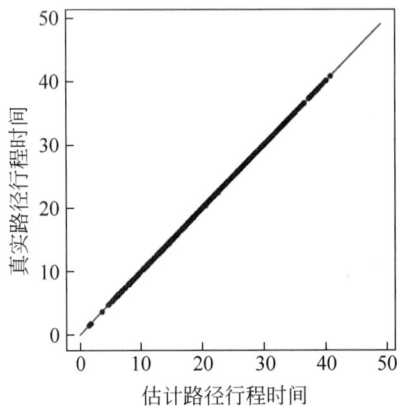

图 6-12 路径行程时间结果分析

OD 对间具有足够的卡数据时,式(6-23)中矩阵 A 列满秩,利用本章提出的模型,将利用估计信息仿真得到的断面流量与真实的断面流量对比,随机选取了四个断面,分别为"3-2""6-7""12-13""4-5",所得的曲线如图 6-13 所示。从图中可知,估计值与真实值基本达到了一一对等关系,严格证明了模型的有效性。

4. 灵敏性分析

上述实验的前提为所有 OD 对之间均存在足量的卡数据记录,且构造的卡数据的路径行程时间为 OD 对之间真实的理论路径行程时间。但在实际卡数据中,大量 OD 对之间不存在卡数据,且同一 OD 对之间的路径行程时间服从正态分布。为了模拟更加真实的卡数据环境,本节进行灵敏性分析,分别对路径行程时间添加 10% 和 20% 的白噪声,在添加 20% 白噪声的基础上,再分别随机选取 20% 和 50% 的 OD 对,将其卡数据予以删除,删除部分 OD 对的数据后,$\tilde{c}$ 中相应 OD 对的真实路径行程时间为零,采用 softimpute 矩阵补全的方法对 $\tilde{c}$ 予以补全,进而进行相关实验和分析。在虚拟地铁网络中删除 OD 对时不允许同一 OD 对在所有时间间隔内均无出行记录,否则 softimpute 矩阵补全将失效。

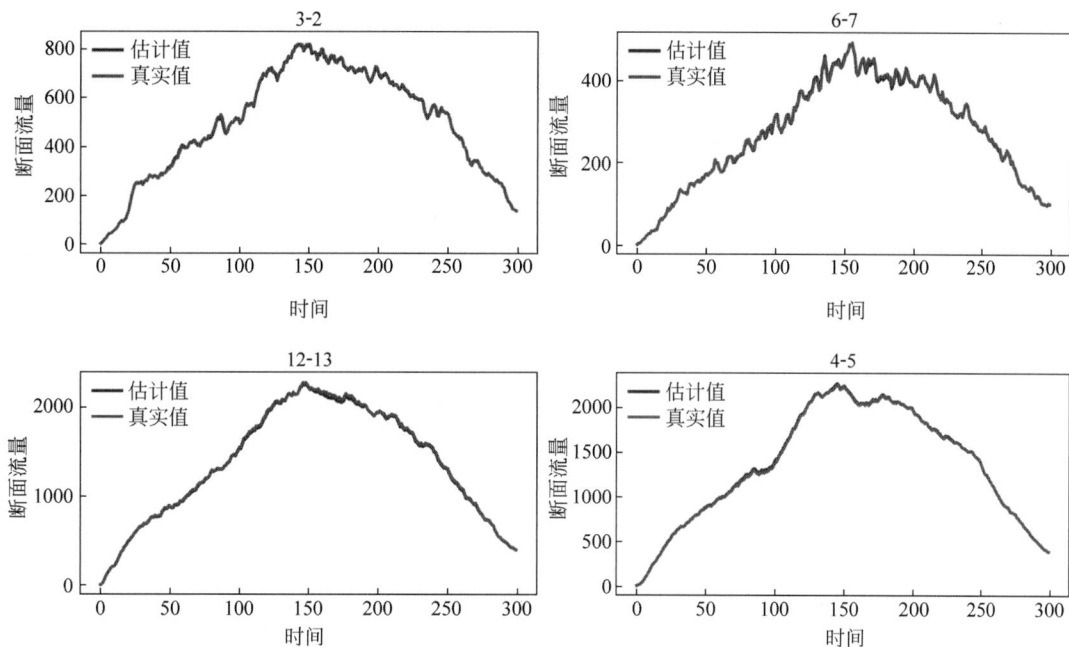

图 6-13　估计断面流量与真实断面流量对比曲线

（1）添加 10％路径行程时间白噪声

本节对所有路径添加 10％的行程时间白噪声，利用添加噪声后的虚拟卡数据进行模型验证，估计的弧段行程时间、站点等车时间、路径行程时间和断面流量分别如图 6-14～图 6-16 所示。从图中可知，估计值与真实值依旧能够较好地吻合。其中，弧段行程时间依旧能够准确估计，站点等车时间开始存在一定的误差，路径行程时间依旧能够准确估计。"3-2""12-13""6-7"三个断面流量依旧能够准确估计，"6-7"间的断面流量波动较大，开始存在一定的误差，但估计值与真实值总体趋势基本保持一致，以上实验结果证明在添加 10％路径行程时间白噪声的情况下，本章提出的模型具有较好的表现效果。

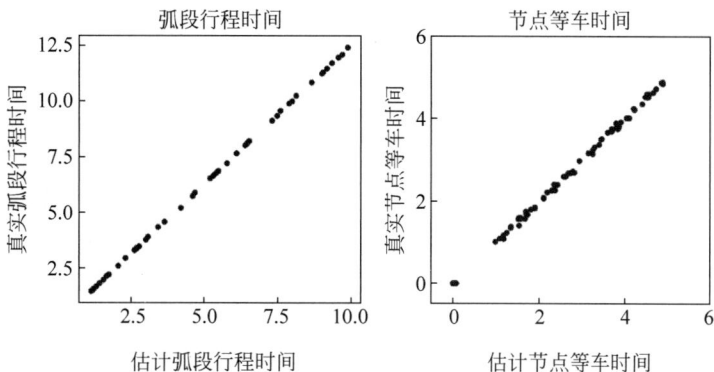

图 6-14　弧段行程时间和节点等车时间结果分析

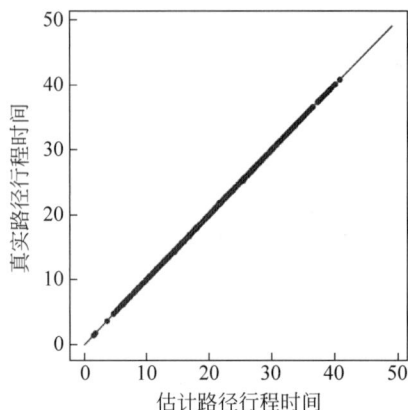

图 6-15   路径行程时间结果分析

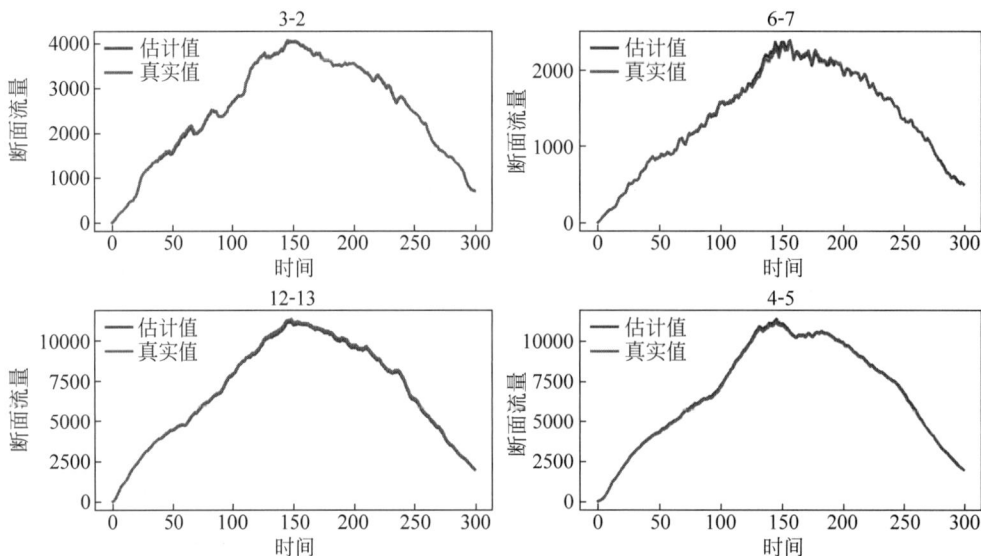

图 6-16   估计断面流量与真实断面流量对比曲线

（2）添加 20％路径行程时间白噪声

本节对所有路径添加 20％的行程时间白噪声,利用添加噪声后的虚拟卡数据进行模型验证,估计的弧段行程时间、站点等车时间、路径行程时间和断面流量分别如图 6-17～图 6-19 所示。从图中可知,弧段行程时间和站点等车时间开始存在一定的误差,但站点等车时间估计误差相对较大,路径行程时间依旧能够准确估计。"3-2""4-5"三个断面的流量依旧能够准确估计,"6-7"和"12-13"间的断面流量开始存在一定的误差,但估计值与真实值总体趋势基本保持一致。以上实验结果证明在添加 20％路径行程时间白噪声的情况下,本章提出的模型具有较好的表现效果。

（3）随机选取 20％的 OD 对删除其数据

在添加 20％路径行程时间白噪声的基础上,本节随机选取 20％的 OD 对,并将该 OD 对间的卡数据记录予以删除,剩余约 145 万条卡数据记录,利用剩余卡数据记录进行试验,试验结果如图 6-20～图 6-22 所示。从图中可知,弧段行程时间和站点等车时间误差继续增

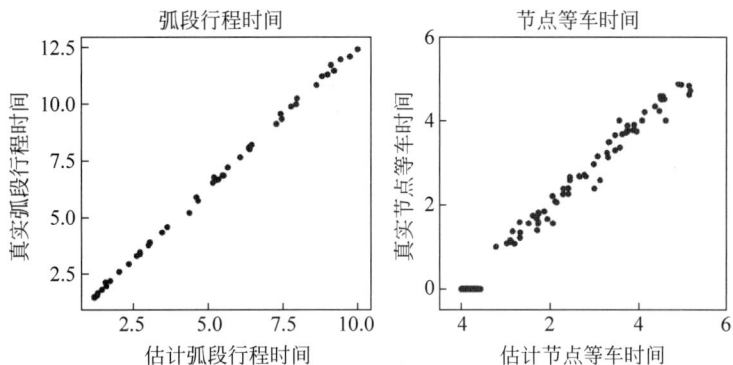

图 6-17　弧段行程时间和节点等车时间结果分析

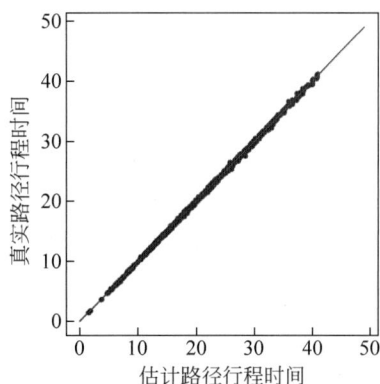

图 6-18　路径行程时间结果分析

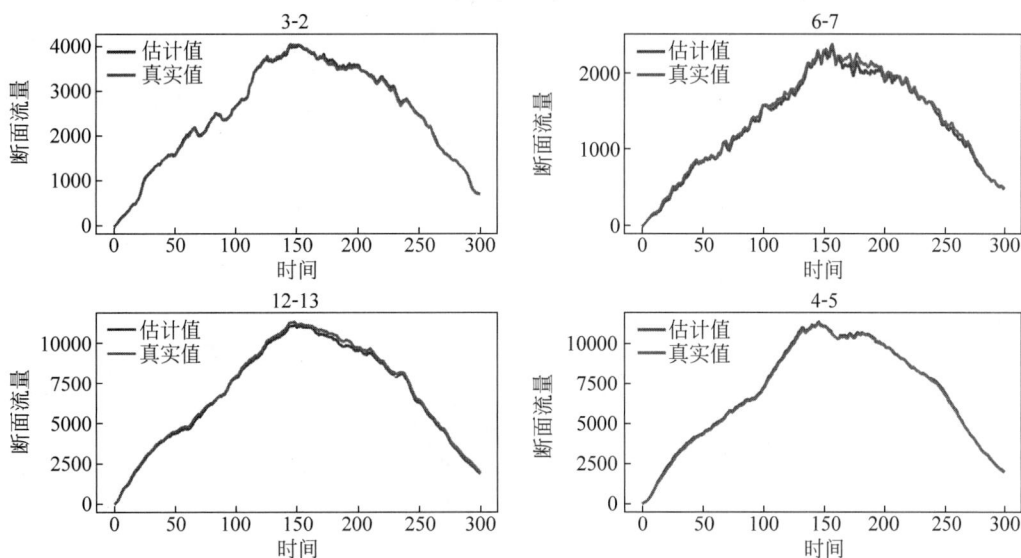

图 6-19　估计断面流量与真实断面流量对比曲线

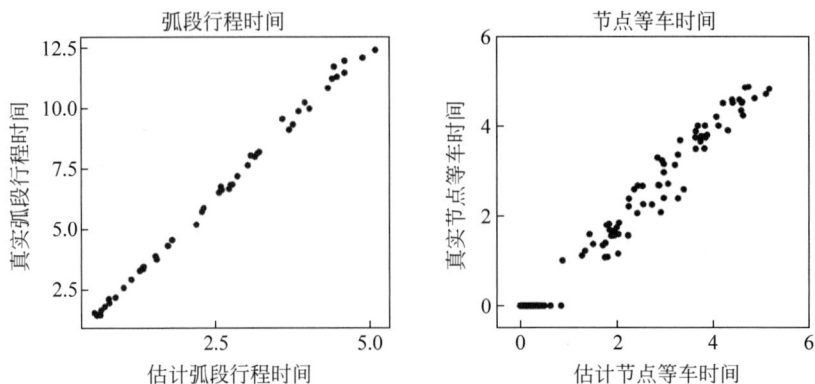

图 6-20　弧段行程时间和节点等车时间结果分析

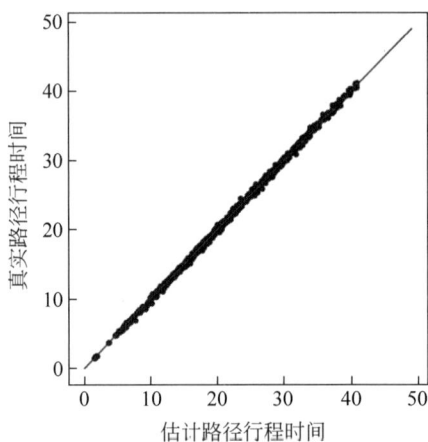

图 6-21　路径行程时间结果分析

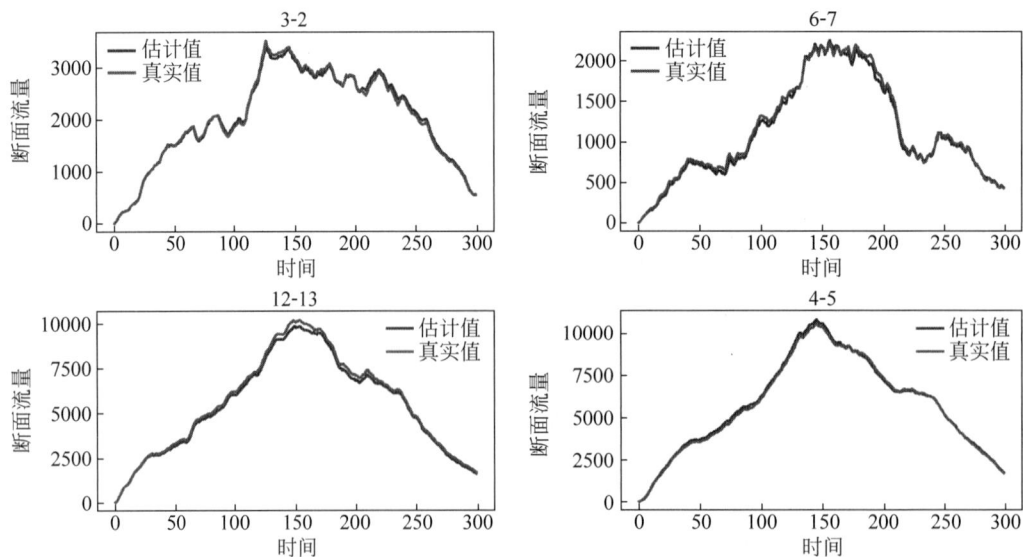

图 6-22　估计断面流量与真实断面流量对比曲线

大,且站点等车时间估计误差增幅更大,路径行程时间依旧能够准确估计。"3-2""6-7""12-13"和"4-5"四个断面的流量均开始出现一定误差,但估计值与真实值总体趋势依旧基本保持一致,误差均在可控范围之内。以上实验结果证明在随机删除20%的OD对数据的情况下,本章提出的模型具有较好的表现效果。

(4) 随机选取50%的OD对删除其数据

在添加20%的路径行程时间白噪声的基础上,本节随机选取50%的OD对,并将该OD对间的卡数据记录予以删除,剩余约91万条卡数据记录,利用剩余卡数据记录进行试验,试验结果如图6-23～图6-25所示,弧段行程时间和站点等车时间误差继续增大,此时,站点等车时间开始估计不准,路径行程时间总体能够准确估计。"3-2""6-7""12-13"和"4-5"四个断面的流量误差均开始增大,但估计值与真实值总体趋势依旧基本保持一致,误差均在可控范围之内。以上实验结果证明在随机删除50%的OD对数据的情况下,本章提出的模型表现效果仍具有一定的表现应用价值,但部分数据开始出现估计不准的情况。

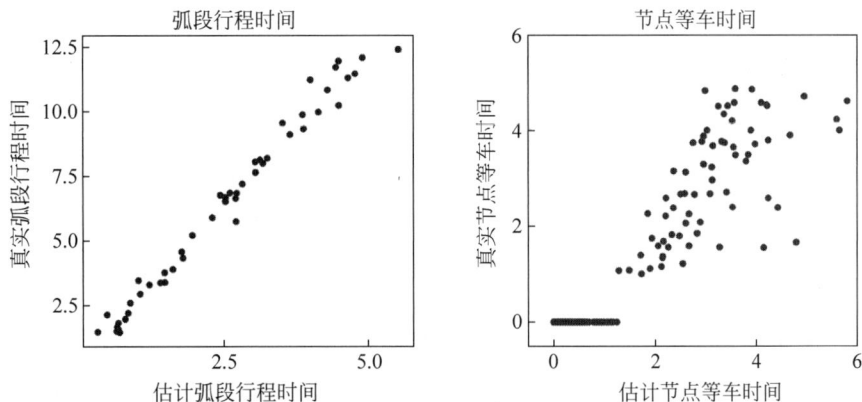

图 6-23　弧段行程时间和节点等车时间结果分析

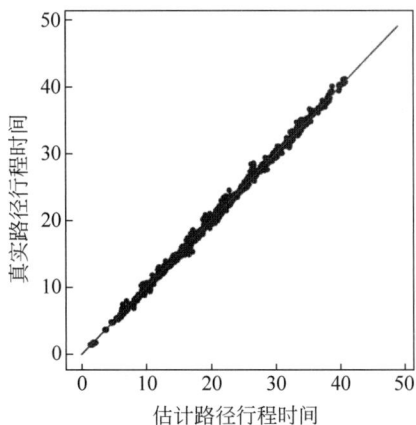

图 6-24　路径行程时间结果分析

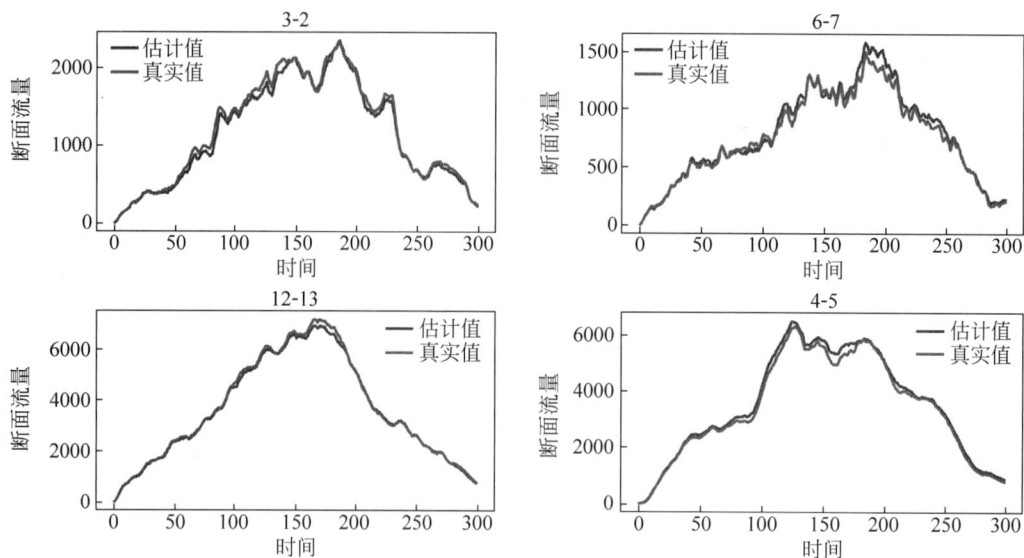

图 6-25

图 6-25 估计断面流量与真实断面流量对比曲线

6.5.3　北京真实地铁网络案例研究

本章的模型框架在虚拟地铁网络中已经得到充分验证。虚拟地铁网络中所有的状态信息均为已知,因此可对模型进行准确验证。但真实地铁网络中,仅能获取 AFC 卡数据和网络拓扑信息,其他信息均为未知,因此,本节将利用前文已经验证的模型框架在北京真实地铁网络上进行应用,以估计真实地铁网络的弧段行程时间、节点等车时间、路径行程时间以及实时的断面流量,见表 6-8。

表 6-8　真实地铁网络信息汇总

	估　计　值	真实值/观测值
弧段行程时间	√	×
节点等车时间	√	×
路径行程时间	√	√

1. 模型配置

本节选取 2016 年 3 月 7 日—3 月 11 日 07:00—12:00 间的真实卡数据进行实验,每半小时划分一个时间区间,共计 10 个时间区间,76176 个 OD 对之间产生了约 1045 万条卡数据。

经反复试验,无论将 θ 作为决策变量予以估计,或将其固定为常值,对本模型估计结果影响甚微,因此根据既有研究(陈培文,2018),本节将 θ 取值为 3。此外,本节使用的优化器为 Adagrad,其学习率为 0.1,批大小为 1024×5,损失函数为均方根误差(MSE),模型的损失函数曲线如图 6-26 所示,当迭代约 10 次之后,模型已经趋于稳定,且收敛效果较好。

2．路径行程时间结果分析

真实地铁网络中，真实的 OD 路径行程时间与估计的 OD 路径行程时间均可获取，两者对比结果如图 6-27 所示。从图中可知，估计值与真实值明显成正比关系，相关系数达 0.700，结果表明，真实地铁网络中，本章的模型框架仍具有一定的合理性和有效性。

在真实地铁网络中，弧段行程时间估计结果的频率直方图如图 6-28 所示，存在约 250 个弧段的行程时间小于 1min，该类弧段多数是同站台换乘的弧段或进出站走行时间较短的弧段，其余多数弧段的行程时间多数分布在 1～5min，与真实的运行环境较为一致。

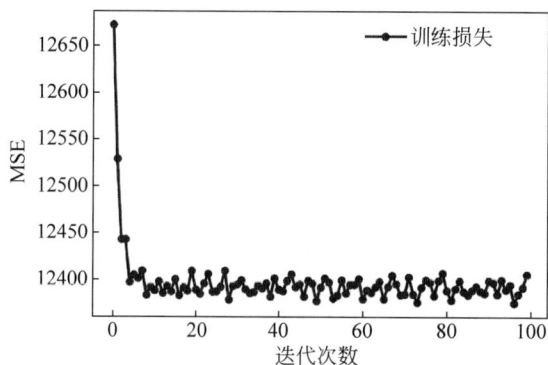

图 6-26　损失函数曲线

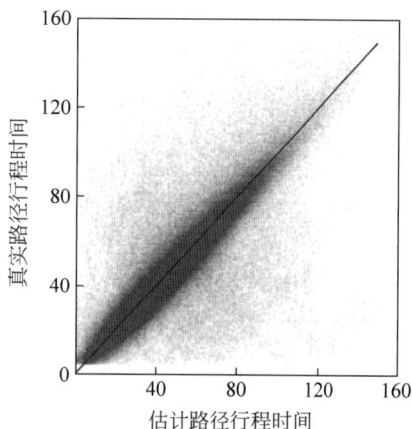

图 6-27　路径行程时间结果分析

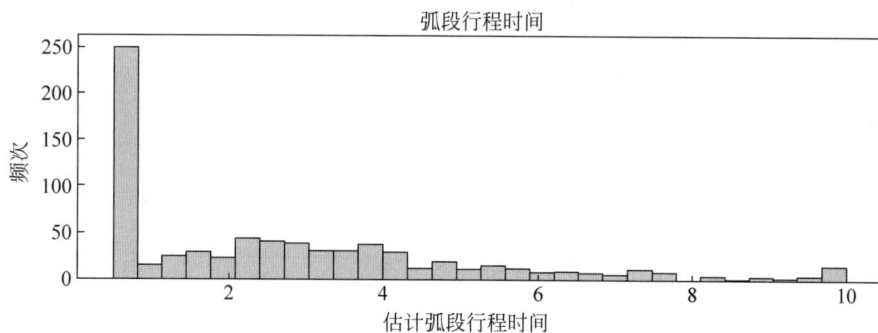

图 6-28　弧段行程时间估计结果频率直方图

真实地铁网络中，不同时间段内站点等车时间的频率直方图如图 6-29 所示，从第 1 个时间段（07：00—07：30）～第 10 个时间段（11：30—12：00），较大的站点等车时间数目在逐渐增多，较小的站点等车时间数据在逐渐减少，第 6 个时间间隔（09：00—09：30），站点等车时间达到最大。本节选取了几个特定站点展示其等车时间随时间变化情况，如图 6-30 所示，分别为雍和宫-北新桥方向、鼓楼大街-安德里北街方向、车公庄-阜成门方向、大望路-四惠方向，图表显示估计结果相对合理，证明了本章模型框架具有较好的表现效果。

3. 断面流量结果分析

真实地铁网络中,利用估计得到的弧段行程时间和站点等车时间,以及 AFC 刷卡数据,进行仿真,以获取实时的断面流量。本节选取了四个断面,分别为"八宝游乐园-古城""五棵松-万寿路""复兴门-西单""八宝山-玉泉路",特定断面的估计断面流量如图 6-31 所示。从图中可知,断面流量变化符合客流变化规律,侧面证明了模型的有效行。

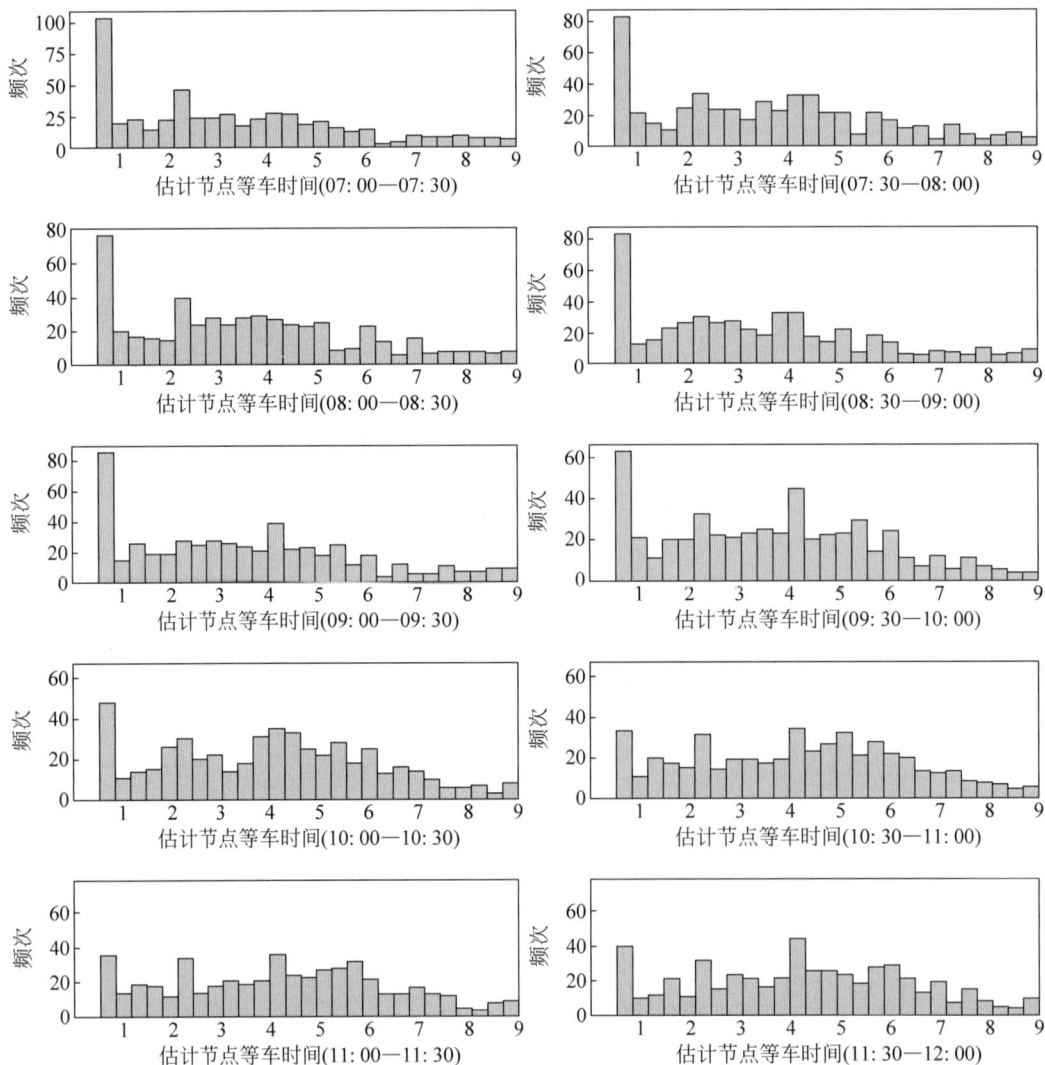

图 6-29　站点等车时间的频率直方图

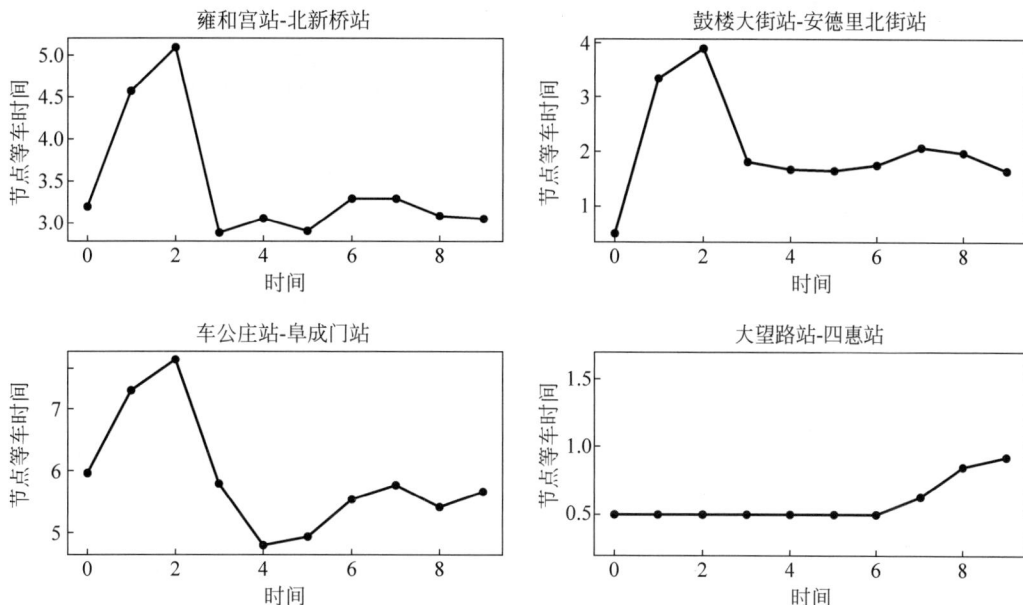

图 6-30 特定站点等车时间变化趋势

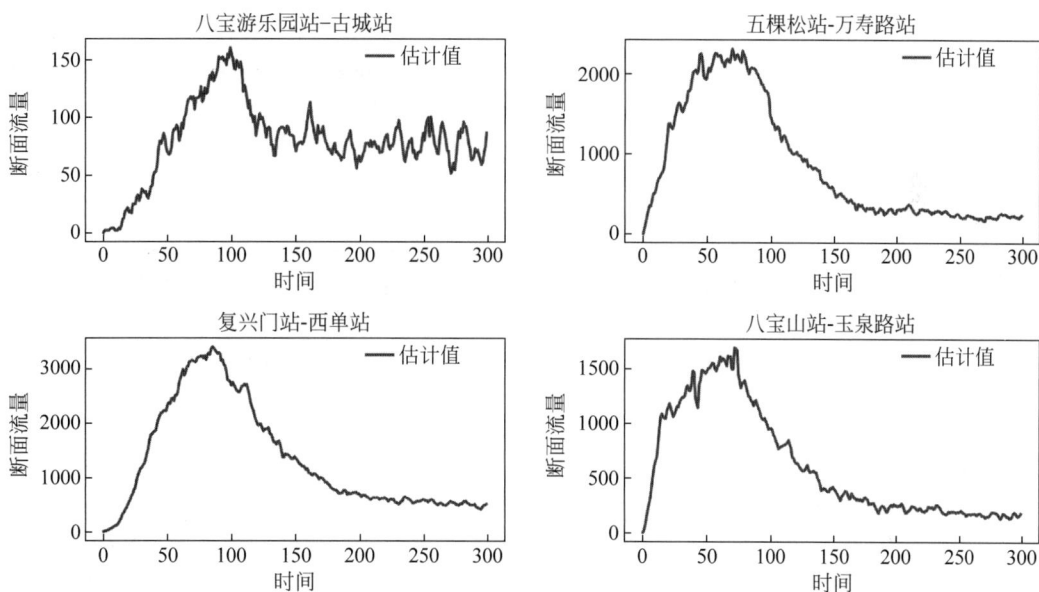

图 6-31 特定断面的估计断面流量

6.6 小结

本章首次将计算图引入轨道交通领域,构建了基于计算图的轨道交通短时断面流预测模型,解决了如何获取轨道交通系统短时期内断面流量的问题。本章以数据为驱动,将轨道交通客流分配与机器学习领域的计算图进行深度结合,将模型驱动的交通分配方法和数据驱动的交通分配方法进行深度结合。首先估计路段行程时间和节点等车时间,然后通过仿真获取断面客流量,最后进行案例研究,将该模型应用于虚拟地铁网络,严格验证了模型的合理性和有效性,并将该模型应用于北京真实地铁网络,获取了网络短时断面客流。本章的主要结论总结如下:

(1)虚拟地铁网络中,本章提出的基于计算图的轨道交通短时断面流预测模型能够较为准确地估计路径行程时间和断面流量,模型结果得以严格验证。

(2)虚拟地铁网络中,随着路径行程时间白噪声的增大以及部分 OD 对的卡数据记录被逐步删除,虽然弧段行程时间和站点等车时间估计结果出现较小误差,但总体路径行程时间和断面流量依旧能够较为准确的进行估计。

(3)本章首次将计算图引入轨道交通领域,将模型驱动的轨道交通分配方法和数据驱动的轨道交通分配方法予以结合,并置于计算图框架下,用以获取短时断面流量,模型实际应用结果能够使用卡数据进行侧面验证,且具有良好的可解释性和模型准确度,具有一定的应用价值。

参考文献

LI Q,QIN Y,WANG Z Y,et al. 2013. The research of urban rail transit sectional passenger flow prediction method[J]. Journal of Intelligent Learning Systems & Applications,5(4):227-231.

WU X,GUO J F,XIAN K,et al. 2018. Hierarchical travel demand estimation using multiple data sources:A forward and backward propagation algorithmic framework on a layered computational graph[J]. Transportation Research Part C:Emerging Technologies,96:321-346.

SUN J P,GUO J F,WU X,et al. 2019. Analyzing the impact of traffic congestion mitigation:From an explainable neural network learning framework to marginal effect analyses[J]. Sensors,19(10):2254.

MA W,PI X D,QIAN S. 2020. Estimating multi-class dynamic origin-destination demand through a forward-backward algorithm on computational graphs[J]. Transportation Research Part C:Emerging Technologies,119:102747.

YEN J Y. 1971. Finding the k shortest loopless paths in a network[J]. Management Science,17(11):712-716.

ZHANG J L,CHEN F,Yang L X,et al. 2022. Network-wide link travel time and station waiting time estimation using automatic fare collection data:A computational graph approach[J]. IEEE Transactions on Intelligent Transportation Systems,23(11):21034-21049.

陈培文. 2018. 基于改进 Logit 模型的城市轨道交通客流分配方法研究[D]. 北京:北京交通大学.

周玮腾. 2016. 拥塞条件下的城市轨道交通网络流量分配演化建模及疏导策略研究[D]. 北京:北京交通大学.

董升伟. 2013. 基于改进 BP 神经网络的轨道交通短时客流预测方法研究[D]. 北京:北京交通大学.

刘洋. 2016. 基于状态空间模型的城市轨道交通断面短时客流预测方法研究[D]. 北京:北京交通大学.

刘岩,张宁,邵星杰. 2015. 城市轨道交通断面客流短时预测[J]. 都市快轨交通,(1):77-81.

张琛. 2017. 基于时空耦合特性的城市轨道交通车站通道断面客流量实时预测[D]. 北京:北京交通大学.

第 **7** 章

以轨道交通为骨干的多模式交通短时客流预测

7.1 概述

近年来,随着我国城市的快速发展以及旅客需求的多样化,多模式交通系统应运而生,协同考虑多种交通模式逐渐成为研究热点。多模式交通系统融合多种交通模式,例如地铁、公交、出租车等供出行者选择,旨在提高出行者出行效率,为出行者提供良好的出行服务。不同交通方式的客流规律复杂且存在差异,使系统呈现出复杂的交通特性,进而导致区域内的客流聚集点出现客流过载、交通拥堵等现象。为避免多模式交通引起的局部客流过载和交通拥堵影响城市交通高效运行,需要精确预测多模式交通短时客流,以便提前制定客流集聚点的客流管控措施,确保城市交通的稳定运行。因此,如何精确地预测多模式交通短时客流,是制定合理客流管控措施的一个重要前提,更是提高多模式交通系统效率的一个重要研究课题。作为智能交通系统(intelligent transportation system,ITS)的重要组成部分,多模式交通短时客流预测通过获取多种交通方式的客流时空规律实现精确的多模式客流预测,能够提升客流聚集点的服务水平,消除局部交通拥堵,保障乘客的安全出行。准确的多模式交通短时客流预测,对决策者而言,有助于多模式交通系统的管理以及交通运输资源的合理调度;对出行者而言,有助于合理制订出行计划,提高出行效率。

随着深度学习的发展,涌现众多基于深度学习的短时客流预测模型,为实现精确的多模式交通短时客流预测提供了有效工具。在多模式交通短时客流预测领域,Wang 等(2022)提出深度学习框架用于协同预测同一空间区域内共享单车与网约车的未来需求,Liang 等(2022)提出多关联时空图神经网络用于协同预测地铁和网约车的需求,该模型基于多任务学习,通过定义多模式交通关联图以及合理构建模型结构,实现不同交通模式间的信息共享。此外,与多模式交通系统类似,对于网约车不同运营模式等多模式系统的需求预测领域,诸多学者也已经进行相关研究。例如,Ye 等(2019)结合卷积神经网络(CNN)和长短时记忆网络(LSTM)协同预测出租车的上车和下车需求,Ke 等(2021)提出多图卷积以及两种新颖的学习框架,即正则化跨任务学习模型和多元线性关系学习,通过学习框架与多图卷积的结合,实现网约车不同服务模式的需求预测。

总体而言,目前针对多模式交通短时客流预测的研究仍然较少,鲜有研究协同考虑两种以上的多模式交通系统。本章首先针对由地铁、公交和出租车组成的多模式交通系统进行分析,实现区域级多模式交通短时客流预测。进一步,在区域级多模式交通系统的分析基础之上,分析网络级多模式交通系统,实现更大范围内的多模式交通短时客流预测,为网络级多模式交通系统的管理与组织提供理论与方法支持。

7.2　基于 Res-Transformer 的区域级多模式交通短时客流预测

本节首先介绍了区域级多模式交通短时客流预测面临的问题、该任务的明确定义、使用的数据以及数据处理方法,进一步,提出基于多任务学习的区域级多模式交通短时客流预测模型,实现了准确的区域级多模式交通短时客流预测,并进行了详细的案例分析。

7.2.1　问题及数据简介

1. 问题分析

近年来,随着国内城市的高速发展以及人们的出行方式的多样化,多模式交通系统逐步形成。尤其是在交通枢纽区域,多种交通模式在此汇合,大量乘客在此进行上下车,导致该区域出现客流过载、交通拥堵等现象。准确预测区域级多模式交通短时客流有利于缓解此类现象的发生,帮助相关部门提前制定相应的管理措施,确保乘客乘降安全的同时提升站点的服务水平。因此,如何精确地预测区域级多模式交通短时客流,是有效管理城市重要客流集散区域的一个重要前提,更是提高区域内各类交通模式运营效率的一个重要研究课题。然而,现有大部分研究通常针对单交通模式的客流展开预测,部分研究针对两种交通模式的客流进行预测,很少有研究同时考虑三种交通模式;此外,由于多模式交通客流规律复杂,模型预测精度不高。针对以上问题,本节提出了基于多任务学习的区域级多模式交通短时客流预测模型。

本节研究针对地铁、公交及出租车三种交通模式进行区域级的多模式交通短时客流预测。针对多模式交通短时客流预测问题,需要考虑以下两个方面的问题:

(1) 由于地铁和公交的客流数据属于基于站点的数据类型,而出租车的客流数据属于无站点的数据类型,导致三种交通模式的客流数据存在异构性。此外,目前鲜有研究考虑三种不同的交通模式,需要考虑如何组织不同交通模式的客流数据,以便于协同预测。

(2) 由于多模式交通的客流数据复杂度较高,客流规律难以被提取,需要考虑如何构建模型,协同地考虑不同交通模式并提取多模式交通客流的时空规律,实现准确的多模式交通短时客流预测。

鉴于以上考虑,本节基于 Transformer 和残差网络等深度学习模型,构建基于多任务学习的深度学习模型,实现区域级多模式交通短时客流预测,通过案例分析证明模型的有效性。具体内容如下:首先,介绍本节所使用的数据集以及数据预处理方法,并对所选站点的多模式交通客流数据进行简要分析;其次,介绍本节所构建的多任务学习模型 Res-

Transformer 以及其基础模型；最后，将所提出模型用于实际案例并证明模型的有效性以及鲁棒性。

2. 问题定义

区域级多模式交通短时客流预测旨在利用历史若干个时间段的地铁和公交的进站客流以及出租车的流入客流（以下统称为进站客流），分别预测指定站点或区域内未来一个时间段的三种交通模式的对应客流。其中，每个时间段的长度即为时间粒度。本节首先定义区域级交通模式信息，并由此给出区域级多模式交通短时客流预测的问题定义。

定义（区域级交通模式信息） 令 S_{block}、B_{block}、C_{blcok} 分别代表所选定区域内地铁和公交的进站客流，以及出租车的流入客流序列。进站客流序列可以表示为

$$S_{\text{block}} = (s_{t-L}, s_{t-(L-1)}, \cdots, s_{t-1}) \tag{7-1}$$

$$B_{\text{block}} = (b_{t-L}, b_{t-(L-1)}, \cdots, b_{t-1}) \tag{7-2}$$

$$C_{\text{block}} = (c_{t-L}, c_{t-(L-1)}, \cdots, c_{t-1}) \tag{7-3}$$

其中，$s_t \in \mathbb{R}^1$，$b_t \in \mathbb{R}^1$，$c_t \in \mathbb{R}^1$ 分别表示第 t 个时间段，地铁、公交及出租车的进站客流；L 表示历史时间段的长度。值得注意的是，本节将所选区域内同一种交通模式对应的所有站点的进站客流进行求和，并将结果视为该区域该交通模式的进站客流，故 s_t、b_t、c_t 均为该时刻对应客流值。依据上述定义可推导出多模式交通短时客流预测的问题定义，如下所述。

问题定义 给定三种交通模式的历史客流数据，则多模式交通短时客流预测旨在寻找一个函数 $F(\cdot)$，该函数将历史 L 个时间段的地铁、公交及出租车的进站客流，映射为未来第 t 个时间段三种交通方式的进站客流，即

$$(s_{t-L}, s_{t-(L-1)}, \cdots, s_{t-1}; b_{t-L}, b_{t-(L-1)}, \cdots, b_{t-1}; c_{t-L}, c_{t-(L-1)}, \cdots, c_{t-1}) \xrightarrow{F(\cdot)} (s_t; b_t; c_t) \tag{7-4}$$

为方便起见，令 $\boldsymbol{X}_{t-1} \in \mathbb{R}^{3 \times L}$ 表示函数的输入，$\boldsymbol{Y}_t \in \mathbb{R}^{3 \times 1}$ 表示输出，上述问题可简化为

$$\boldsymbol{Y}_t = \boldsymbol{F}(\boldsymbol{X}_{t-1}) \tag{7-5}$$

3. 数据集介绍

本节研究基于地铁、公交、出租车的数据集展开，数据的时间跨度为 2016 年 2 月 29 日—2016 年 4 月 3 日（约一个月），本节仅考虑工作日的数据。由于地铁、公交及出租车三种交通模式的运营时间不同，为便于数据对齐，本节以地铁的运营时间为基准，即 05:00—23:00（18h 或 1080min），对三种交通模式的数据进行筛选，并利用 Max-Min Scalar 将所有客流数据归一化至区间（-1,1）。所有数据集均依据比例 7:1:2 划分训练集、验证集和测试集。地铁、公交和出租车数据集细节如下所述。

（1）地铁数据集

本节收集北京市地铁的 AFC 刷卡数据，合计 276 个站点。原始的卡数据信息如表 7-1 所示，包括卡号、进出站名称、进出站编号、进出站时间。由于原始数据量较大，本文首先利用 Oracle 数据库对数据进行清洗与处理，包括删除无关字段，筛选进出站时间间隔大于 4h 的数据，删除含有空字段的数据，删除超出地铁运营时间的数据。接着，将数据导出，并获取 30min 时间粒度下，每个站点在工作日的进站客流数据。

表 7-1　地铁 AFC 卡数据

卡号	出站编号	进站编号	上车时间	下车时间	上车站点	下车站点
458 ＊＊＊＊＊＊	107	218	20160403134900	20160403142325	玉泉路	积水潭
195 ＊＊＊＊＊＊	210	208	20160403085300	20160403090409	北京站	前门
519 ＊＊＊＊＊＊	1561	213	20160403150100	20160403161118	顺义	东四十条

（2）公交数据集

本节收集北京市公交车 IC 卡数据，合计 2635 个站点。原始 IC 卡数据信息如表 7-2 所示，包括乘客的旅行信息，包括进出站时间、进出站名称。由于每个站点都对应数辆不同线路的车辆，为便于进一步处理，利用 Oracle 数据库将进出站名称更改为该站在该线路上站点的排序，最终修改后的卡数据信息如表 7-2 所示。进一步，通过对上下车时间的筛选与清洗，获取站点每 30min 粒度下的进站客流数据。

表 7-2　公交 IC 卡数据

卡号	车辆线路号	上车时间	下车时间	上车站点	下车站点
174 ＊＊＊＊＊＊	664	20160229105201	20160229105703	27	29
865 ＊＊＊＊＊＊	717	20160229184601	20160229185159	9	11
139 ＊＊＊＊＊＊	507	20160229172101	20160229173559	11	13

（3）出租车数据集

本节使用 TaxiBJ 数据集（Zhang et al，2016），该数据集将北京分区域划分为 32×32 的网格，包括流入量和流出量，时间粒度为 30min。结合 GIS 软件，选取其中一天的数据进行可视化，结果如图 7-1 所示。图中每个方块代表一个区域，颜色越深代表该区域的出租车客流越大，可以发现主干道上客流明显较大，且商业区、交通枢纽处客流量也较大。此外，由于原始数据中存在很小一部分的数据丢失，本节采用均值填补的方法，通过对不同周同一个时间段的客流数据求均值，利用均值对缺失值进行填补。

本节选取西直门（XZM）和望京（WJ）作为研究区域，其中，西直门代表交通枢纽，望京代表居住区。本节依据下述原则划分区域：对于地铁而言，一个区域对应一个地铁站，该地铁站的进站客流序列即为区域的进站客流序列；对于公交而言，以区域内对应地铁站为中心，筛选距离地铁站 1000m 范围内的所有公交车站，并将所有公交车站的进站客流求和，构成公交的进站客流序列；对于出租车而言，以地铁站为网格中心，筛选 3×3 的网格作为出租车的对应区域，如图 7-2 所示，并将网格数据求和汇总，形成出租车的进站客流序列。

图 7-3 和图 7-4 分别展示西直门和望京的地铁、公交及出租车的部分进站客流序列。对每个区域而言，虽然地铁与公交的客流量相差较大，但两种交通方式的客流趋势较为相似。由图可知，地铁和公交的客流高峰时段几乎出现在同一时间段，且均存在两个高峰时段，即早、晚高峰，同时二者均存在平峰时段。与地铁和公交的高峰时段发生时间相比，出租车的高峰时段存在轻微的延迟，且持续时间更长，波动更明显。比较西直门和望京，虽然两个区域的地铁、公交及出租车的客流规律较为相似，但西直门作为换乘枢纽，其客流量高于望京区域。

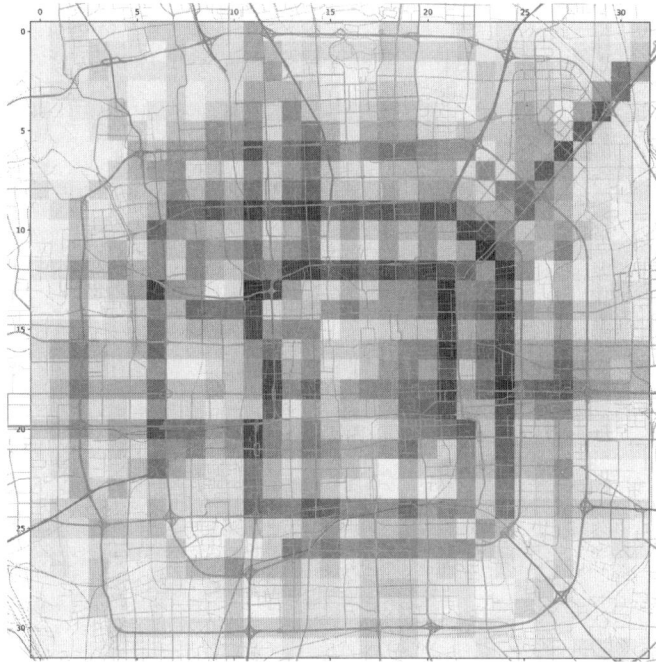

图 7-1　TaxiBJ 数据集可视化图

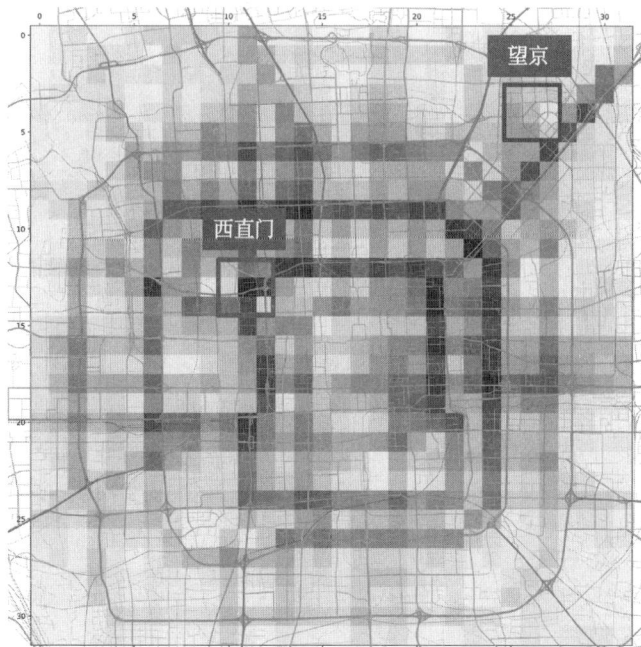

图 7-2　西直门和望京区域

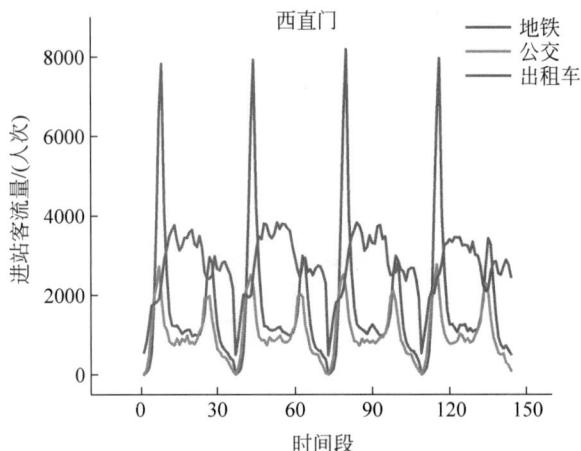

图 7-3　地铁、公交及出租车进站客流序列（西直门）

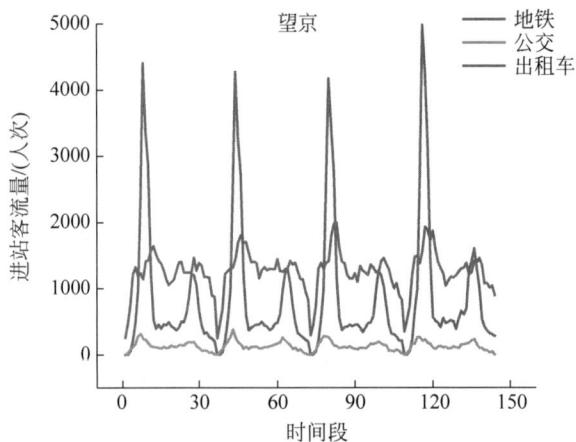

图 7-4　地铁、公交及出租车进站客流序列（望京）

7.2.2　Res-Transformer 模型

本节首先介绍基础模型 Transformer 和残差网络（residual network，ResNet），其次基于上述两种深度学习模型提出多任务学习模型 Res-Transformer 模型，该模型由改进的 Transformer 以及残差网络构成，其中改进的 Transformer 用于获取不同交通模式的时空特性，ResNet 用于获取不同交通模型之间的联系，同时避免梯度消失、梯度爆炸和过拟合的问题。

1. 基础模型介绍

Vaswani 等（2017）首次提出 Transformer 模型用于自然语言处理。Transformer 的一大特点在于，该模型仅由多头注意力机制（multi-head attention mechanism）和前向传播神经网络构成，其中多头注意力机制由多个自注意力机制（self-attention mechanism）构成。下面将着重介绍自注意力机制及多头注意力机制。

自注意力机制可以视为一个函数,该函数能够提取不同交通模式之间的联系。其输入为三个与进站客流相关的向量,即查询向量 $\boldsymbol{Q}$、键向量 $\boldsymbol{K}$ 以及值向量 $\boldsymbol{V}$。自注意力机制将上述三个向量计算从而获取不同交通模式客流数据的时空相关性并提取蕴含在数据中的信息。依据 7.2.1 节的问题描述,假设历史时间段的长度为 L,则地铁、公交及出租车的客流输入可表述为 $\boldsymbol{X} \in \mathbb{R}^{3 \times L}$。首先,通过三个全连接层将输入映射为查询向量 $\boldsymbol{Q}$、键向量 $\boldsymbol{K}$ 以及值向量 $\boldsymbol{V}$,即

$$\boldsymbol{Q} = \boldsymbol{X}\boldsymbol{W}_Q + \boldsymbol{b}_Q \tag{7-6}$$

$$\boldsymbol{K} = \boldsymbol{X}\boldsymbol{W}_K + \boldsymbol{b}_K \tag{7-7}$$

$$\boldsymbol{V} = \boldsymbol{X}\boldsymbol{W}_V + \boldsymbol{b}_V \tag{7-8}$$

其中,$\boldsymbol{W}_Q \in \mathbb{R}^{L \times d_Q}$,$\boldsymbol{W}_K \in \mathbb{R}^{L \times d_K}$,$\boldsymbol{W}_V \in \mathbb{R}^{L \times d_V}$,是三个可学习的权重矩阵,分别用于计算查询向量 $\boldsymbol{Q}$、键向量 $\boldsymbol{K}$ 和值向量 $\boldsymbol{V}$,d_Q、d_K 和 d_V 是超参数。为更清晰的表述,图 7-5 展示 $\boldsymbol{Q}$、$\boldsymbol{K}$、$\boldsymbol{V}$ 的计算过程,通过权重矩阵将多模式交通的历史客流数据转化为三个向量。

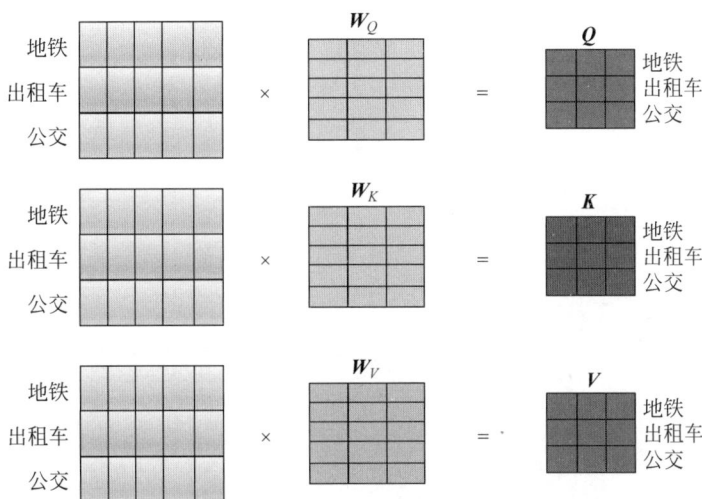

图 7-5 $\boldsymbol{Q}$、$\boldsymbol{K}$、$\boldsymbol{V}$ 计算示意图

自注意力机制的函数表达式为

$$\mathrm{Attention}(\boldsymbol{Q},\boldsymbol{K},\boldsymbol{V}) = \mathrm{Softmax}\left(\frac{\boldsymbol{Q}\boldsymbol{K}^{\mathrm{T}}}{\sqrt{d_K}}\right)\boldsymbol{V} \tag{7-9}$$

其中,$\sqrt{d_K}$ 用于缩放乘积结果;$\mathrm{Softmax}(\cdot)$ 是激活函数,将输入映射至区间 $(0,1)$。然而,仅使用一层自注意力机制难以捕获蕴含在不同交通模式之间的联系以及客流数据的时空相关性。因此,需要将多层自注意力机制集合从而形成多头注意力机制。在多头注意力机制中,每一层自注意力机制代表一个注意点(head),不同的注意点会关注数据中不同的特征。为进一步阐述,如图 7-6 所示,输入为 $\boldsymbol{X} \in \mathbb{R}^{3 \times L}$。多头注意力机制旨在将自注意力机制并行执行 m 次,其中 m 是超参数,代表自注意力机制的层数。通过 m 次并行后,将不同自注意力机制层的结果进行拼接融合,输入至全连接层获取最终的时空相关性矩阵。多头注意力机制可表示如下:

$$\mathrm{Multihead\ Attention}(\boldsymbol{Q},\boldsymbol{K},\boldsymbol{V}) = \mathrm{Concat}(\mathrm{head}_1,\cdots,\mathrm{head}_m)\boldsymbol{W}$$

$$head_i = \mathrm{Attention}(\boldsymbol{Q},\boldsymbol{K},\boldsymbol{V}) \tag{7-10}$$

其中，$\boldsymbol{W}\in\mathbb{R}^{md_v\times L}$ 是可训练参数。

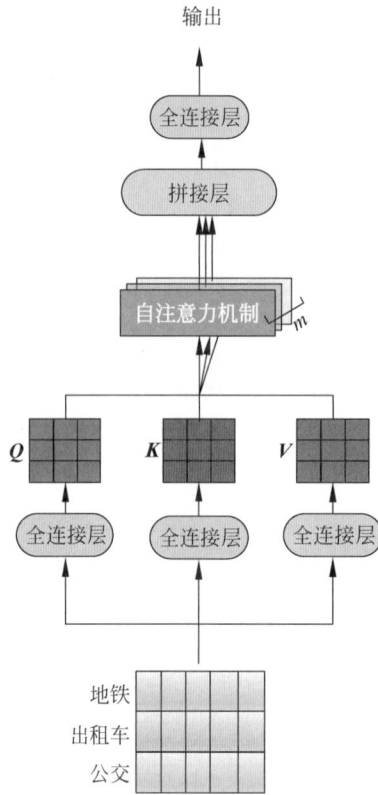

图 7-6　多头注意力机制示意图（见文后彩图）

至此，本节已简要介绍基于多模式交通短时客流预测任务中的 Transformer 模型，下面将介绍 ResNet 模型在该预测任务中的适用性。

He 等(2015)最早提出 ResNet 模型并且被广泛应用至交通等各种领域。例如，Zhang 等(2016)利用 ResNet 模型的优势对原始模型进行改进，提出 ST-ResNet 模型用于客流预测。ResNet 的新颖之处在于模型引入残差连接（residual connection），通过残差连接能够有效缓解因网络过深而导致的梯度消失、梯度爆炸、过拟合等问题。ResNet 模型的框架如图 7-7 所示。通过残差链接，原始的客流数据与经过若干二维卷积神经网络层处理后的数据求和汇总，该操作有助于模型更好地获取客流数据中有价值的信息。对于多模式交通短时客流预测而言，二维卷积神经网络中的卷积操作能够捕获不同时间段，不同交通模式之间

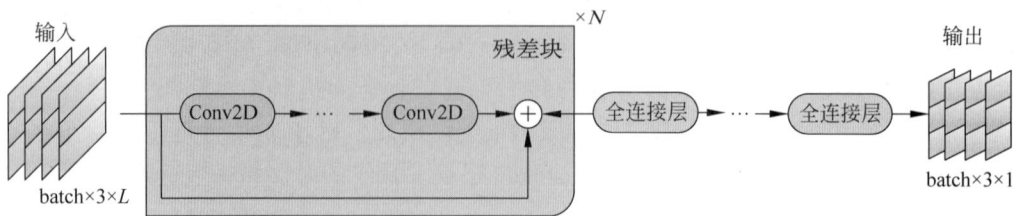

图 7-7　ResNet 模型的框架

的联系。然而在某些情况下,很可能会由于不同交通模式之间关联过弱而导致关联无法被获取,即在数值上非常小,致使模型在获取数据时会丢失信息,同时导致模型难以训练。通过残差连接将原始输入与处理后数据求和,使模型更加稳定,从而能够充分地捕获多模式交通的联系,缓解梯度爆炸、梯度消失等问题,有利于模型训练。因此,残差网络对于多模式交通短时客流预测是至关重要的。

2. Res-Transformer 模型

本节结合 Transformer 模型和 ResNet 模型的优势,提出 Res-Transformer 模型。值得注意的是,原始的 Transformer 模型中包括编码层(encoder)和解码层(decoder),本节仅使用编码层构建所提出的模型。Res-Transformer 模型主要由两部分组成,即改进的 Transformer 层和残差连接。Res-Transformer 模型的框架如图 7-8 所示。

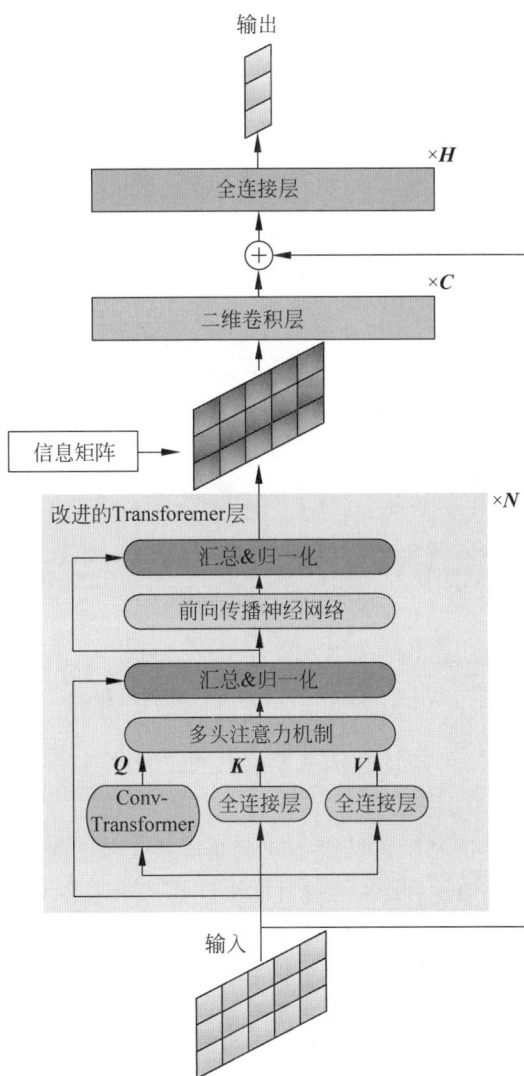

图 7-8　Res-Transformer 模型的框架(见文后彩图)

Transformer 模型能够有效准确地提取蕴藏在多模式交通客流数据中的时空相关性，因此在 Res-Transformer 模型中起到至关重要的作用。Li 等（2019）首次修改 Transformer 模型的基本结构用于时间序列预测问题。其主要贡献在于，提出卷积自注意力机制（convolutional self-attention），该机制对查询向量 Q 和键向量 K 的计算方式进行修改，利用卷积操作替换原始的矩阵乘法。受到该研究的启发，本节提出改进的 Transformer 层，如图 7-9 所示。对于改进的 Transformer 层，多模式交通的历史客流数据被分别输入三个不同的层中，分别计算向量 Q、K 和 V。第一层是 Conv-Transformer 层，用于计算查询向量 Q。Conv-Transformer 模型的框架与原始的 Transformer 模型框架相同，创新点在于 Conv-Transformer 层通过用卷积操作计算三种向量，而非利用矩阵乘法计算。与原始的矩阵乘法计算方法相比，卷积操作更适合处理多模式交通的历史客流数据，并且能够更加全面、充分地获取不同交通模式之间的关联信息。其余两层分别用于计算 K 和 V，计算方法与原始的 Transformer 模型相同。

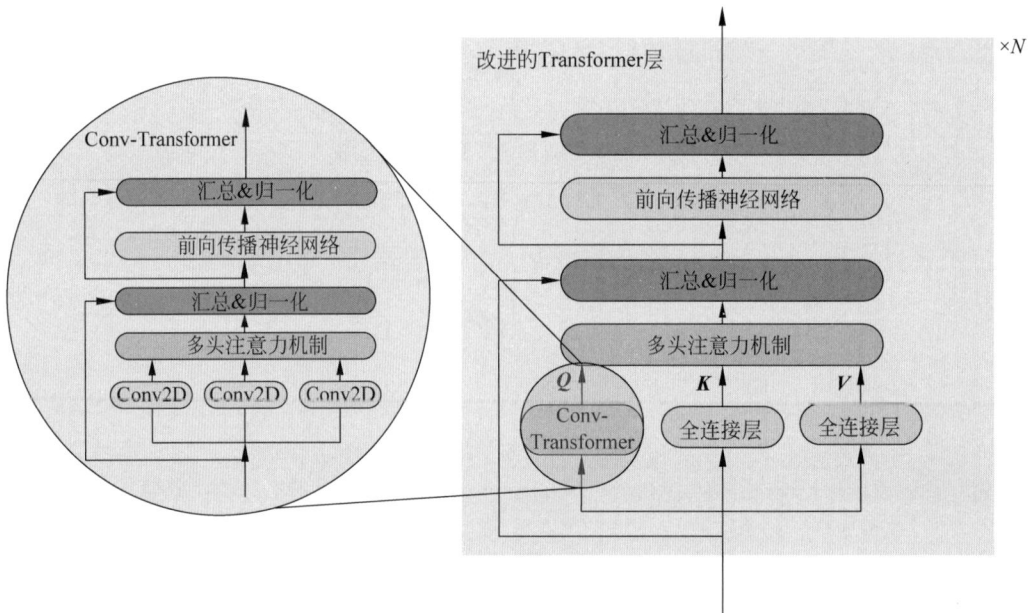

图 7-9 Conv-Transformer 结构示意图

获取 Q、K 和 V 之后，三个向量被输入至多头注意力机制层中用于获取输入历史客流数据中的时空相关性。其中，共有 N 层多头注意力机制层并且最后一层的输出是一个矩阵，该矩阵称为信息矩阵。信息矩阵携带不同交通模式之间的关联信息，信息矩阵中的每一个元素分别代表该交通模式的历史客流对目标交通模式未来客流的影响。由于信息矩阵中每个元素所在位置具有特殊含义，因此每个元素的位置对预测多模式交通未来客流具有极为重要的意义。考虑到卷积操作可以保持矩阵原有的形状，并且能够有效地捕获信息矩阵中各个元素的关联信息，本节选择二维卷积神经网络层对信息矩阵进一步处理，以防止信息矩阵中携带的信息丢失。通过残差连接，二维卷积神经网络层处理后的信息矩阵与原始客流数据求和汇总，最终被输入至全连接层。全连接层对所有信息及特征进行汇总和整合，获取三种交通方式的未来进站客流。

区域级多模式交通短时客流预测的整体框架分为两部分,如图 7-10 所示。具体而言,对于第一部分,首先对数据进行预处理,筛选出目标区域,并从数据中提取出目标区域内对应三种交通模式的客流数据。本节采用滑动时间窗对数据进行处理,并生成模型的输入 $P \in \mathbb{R}^{\text{batch} \times 3 \times L}$,其中 L 代表历史时间段的长度。对于第二部分,将处理好的数据输入至 Res-Transformer 模型中,利用 X_{t-1} 预测未来一个时间段 t 中三种交通模式的进站客流 Y_t。

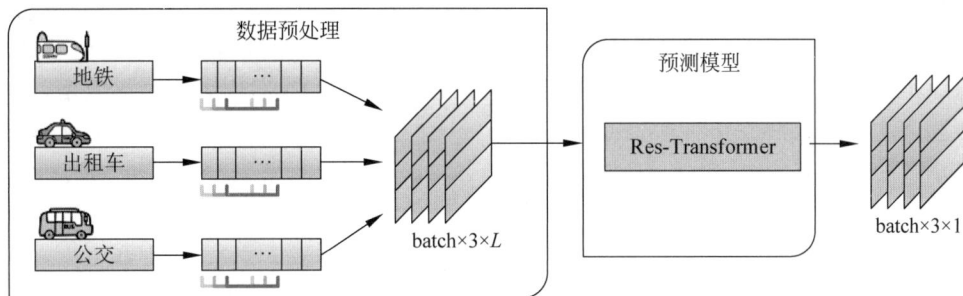

图 7-10　区域级多模式交通短时客流预测整体框架示意图(见文后彩图)

7.2.3　模型配置

1. 评价指标与损失函数

（1）评价指标

本节选择均方根误差（RMSE）、加权平均绝对百分比误差（WMAPE）及平均绝对误差（MAE）作为模型表现的评价指标,它们的表达式为

$$\text{RMSE} = \sqrt{\frac{1}{m} \sum_{i=1}^{m} (y_i - \hat{y}_i)^2} \tag{7-11}$$

$$\text{WMAPE} = \sum_{i=1}^{m} \left(\frac{y_i}{\sum_{j=1}^{m} y_j} \left| \frac{y_i - \hat{y}_i}{y_i} \right| \right) \tag{7-12}$$

$$\text{MAE} = \frac{1}{m} \sum_{i=1}^{m} |(y_i - \hat{y}_i)| \tag{7-13}$$

其中,$\hat{y}_i$ 为预测值;y_i 为真实值;m 为输入客流序列的总长度。

（2）损失函数

本节使用均方误差（MSE）计算每种交通模式的损失。多任务学习的损失函数定义为三种交通模式的损失求和,其定义式为

$$\text{LOSS} = \sum_{i=1}^{3} \frac{1}{m} \sum_{j=1}^{m} (y_j^i - \hat{y}_j^i)^2 \tag{7-14}$$

其中,y_j^i 和 $\hat{y}_j^i$ 分别代表第 i 种交通模式在第 j 个时间段对应客流的真实值和预测值;m 为输入客流序列的总长度。

2. 模型配置信息

本节采用 PyTorch 实现所提出的模型。多模式交通历史客流首先被输入至四层改进的 Transformer 层,用于获取信息矩阵。改进的 Transformer 层中,前向传播神经网络由两层全连接层构成,其中第一层全连接层的神经元个数为 128,第二层全连接层神经元的个数为历史时间段的长度,本节将历史时间段的长度视为超参数。进一步,经过全连接层处理的信息矩阵被输入至两层二维卷积神经网络层,其中卷积核(kernel)大小为 3×3,步长(stride)为 1,填充(padding)为 1,滤波器(filter)个数为 8。通过残差连接,处理后的信息矩阵与原始输入相加汇总,并输入至 4 层全连接层,用于获取未来时间段的客流数据,其中,全连接层内的神经元个数分别为 128、64、32 和 3。除上述参数外,Res-Transformer 模型还存在 4 个超参数需要考虑,包括权重矩阵的维度 d_q、d_k 及 d_v(本节假定 d_Q、d_K 及 d_V 为相同的值),历史时间段的长度,改进的 Transformer 层中注意点的个数以及批(batch)的大小。以上四种超参数调整过程及结果如下文所述。

对于权重矩阵的维度 d_Q、d_K 及 d_V,本节设定集合(4,8,12,16,20,24,28,32),在集合内寻找最优值;对于改进的 Transformer 层中的注意点,本节设定搜索区间为[2,10],步长为 1;对于历史时间段的长度,本节设定搜索区间为[5,15],步长为 1;对于批(batch)的大小,本节设置集合(2,4,8,16,32,64,128),在集合内寻找最优值。在调整超参数时,本节采用控制变量法,即在过程中,首先选择一个目标超参数进行调优,仅改变该目标超参数的值,其余超参数均保持不变,直至模型取得最优效果时,再进行下一个超参数的调优。以批大小的调整为例,首先将其余三个超参数赋予一组随机的初值,并保持不变。其次,依据批的搜索集合调整批的值,并观察模型预测效果。当模型的评价指标获得了最低值,即证明批大小取得最优值。最后,将批设定为最优值,并重复上述过程进行下一个超参数的调整,直至所有超参数都调整完毕。本节使用 RMSE 和 MAE 作为模型效果的评价指标,并使用西直门数据集进行超参数调优。超参数调整结果如图 7-11 所示,由结果可知,对于权重矩阵的维度 d_Q、d_K 及 d_V 最优值为 12;对于历史时间段的长度,最优值为 12;对于改进的 Transformer 层中注意点的个数,最优值为 4;对于批而言,最优值为 4。

3. 基准模型

本节共设置 7 个基准模型,所有基准模型及 Res-Transformer 模型均采用多任务学习框架,同时考虑三种交通模式并视其为三种不同的任务。基准模型的细节描述如下。

BPNN:作为传统的机器学习模型,BPNN 由若干全连接层构成。本节使用的 BPNN 包含三层全连接层,神经元的个数分别为 128,32 和 3。输入为三种交通模式历史 12 个时间段的进站客流数据,输出为未来一个时间段三种交通模式的进站客流数据。

1D CNN:本节使用的 1D CNN 模型包括一层一维卷积层,其中滤波器个数为 16,卷积核大小为 3,步长(stride)为 1,填充(padding)为 1。三种交通模式被视为三个不同的通道,输入至 1D CNN 进行处理。1D CNN 的处理结果被输入至两层全连接层,用于获取未来的进站客流,其神经元个数分别为 64 和 3。该模型的输入输出与 BPNN 相同。

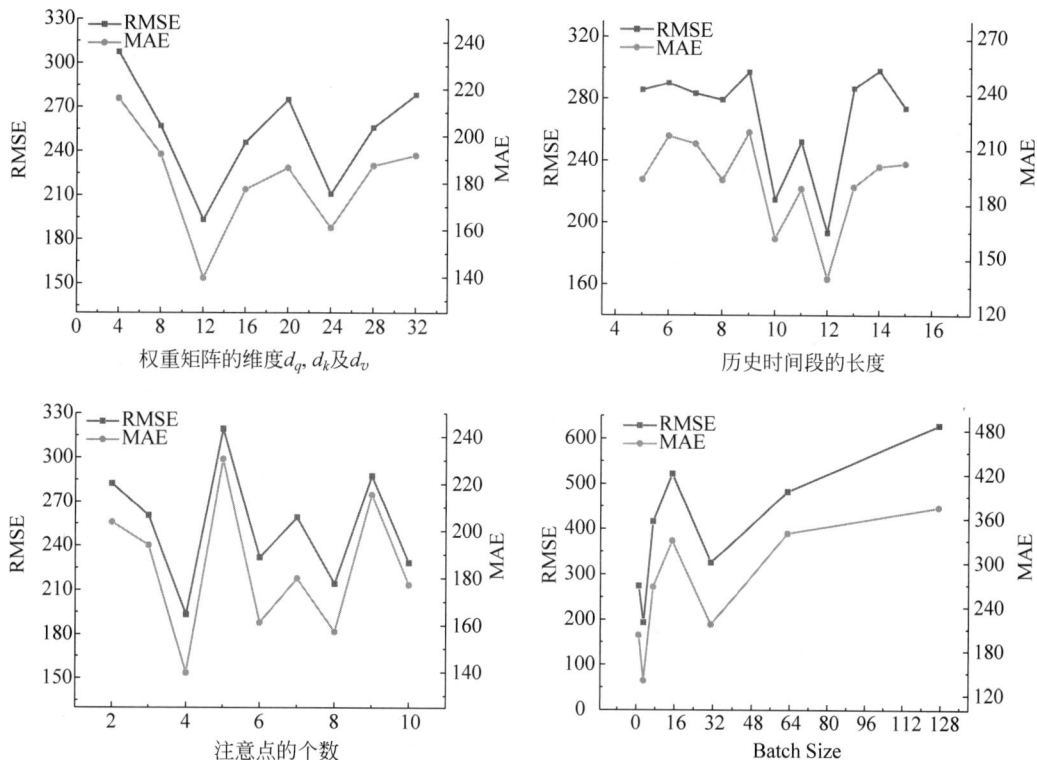

图 7-11　超参数调整结果

2D CNN：本节使用常规二维卷积层以及三层全连接层构建 2D CNN 模型。其中，对于二维卷积层，卷积核大小为 3×3，步长（stride）为 1，填充（padding）为 1，滤波器个数为 8。与 1D CNN 模型不同，2D CNN 模型将三种交通模式视为一个矩阵，因此输入的通道数为 1；对于全连接层，其神经元个数分别为 64，32 和 3。该模型的输入输出与 BPNN 相同。

LSTM：作为 RNN 的代表模型之一，LSTM 模型被广泛地应用至于短时客流预测。本节使用的 LSTM 模型由三个隐藏层构成，每个隐藏层都有 32 个神经元。此外，模型使用四层全连接层用于处理 LSTM 的处理结果，其神经元个数分别为 128，64，32 和 3。该模型的输入输出与 BPNN 相同。

ConvLSTM：由 Shi 等（2015）提出，该模型结合 2D CNN 与 LSTM 的优势能够有效提取时间序列数据中的时空特征。本节使用的 ConvLSTM 模型由三层 ConvLSTM 层以及三层全连接层组成。具体而言，对于 ConvLSTM 层，每层 ConvLSTM 层中包含一层二维卷积层，该二维卷积层滤波器的个数均设置为 64；对于全连接层，其神经元个数分别为 64，32 和 3。该模型的输入输出与 BPNN 相同。

ST-ResNet：由 Zhang 等（2016）提出并用于预测城市范围内人群流动。原始的 ST-ResNet 中有三个分支，本节仅使用其中一个分支。ST-ResNet 模型中共有一个残差块，其中包括两层二维卷积层，滤波器的个数均为 8，卷积核的大小为 3×3，步长（stride）为 1，填充（padding）为 1。此外，模型还包括四层全连接层，其神经元个数分别为 128，64，32 和 3。该模型的输入输出与 BPNN 相同。

Transformer：本节使用 6 个相同的层构成 Transformer 模型的编码层（encoder）。对

每一层而言,注意点的个数为 8,权重矩阵的维度 d_Q、d_K 及 d_V 均设定为 32。Transformer 的处理结果被输入至四层全连接层中,其神经元的个数分别为 128,64,32 和 3。该模型的输入输出与 BPNN 相同。

7.2.4 预测结果分析

1. 对于三种交通模式的结果分析

本节使用西直门和望京数据集对预测模型进行训练和测试,结果如表 7-3 和表 7-4 所示,表中最后一列表示三种交通模式的总预测指标。从表中可知,两个数据集中 BPNN 表现最差,这是由于不同的交通模式具有不同特性,导致输入的客流数据较为复杂,BPNN 难以有效地区分不同交通模式,且很可能将三种交通模式视为一种交通模式,由此推测 BPNN 只能捕获输入客流数据中有限的非线性特征,而忽略不同交通模式的关联信息以及时空相关性,导致预测效果较差。由此证明,仅使用全连接层是不合适的,BPNN 难以有效处理多种交通模式的进站客流数据。与之相比,1D CNN 的表现优于 BPNN。虽然 1D CNN 能够区分不同的交通方式并且获取不同交通模式之间的关联信息以及空间特征,但是历史客流数据的时间特征捕获仍不充分。与 1D CNN 相反,LSTM 能够较好地捕获历史客流数据的时间特征,其预测精度略优于 1D CNN。然而,上述模型的结果均未达到最优,预测精度仍有提升空间。实验结果证明,仅捕获数据的时间特性、空间特性或多模式交通的关联信息难以准确预测多模式交通的未来客流。

表 7-3 区域级多模式交通短时客流预测模型结果比对表(西直门)

XZM	地 铁			出 租 车			公 交			总预测指标		
	RMSE	MAE	WMAPE	RMSE	MAE	WMAPE	RMSE	MAE	WMAPE	RMSE	MAE	WMAPE
BPNN	409.51	302.02	16.39%	249.93	202.28	8.79%	167.40	129.59	12.70%	293.37	211.30	12.26%
1D CNN	404.32	279.94	15.19%	245.16	197.88	8.60%	181.55	137.29	13.45%	292.43	205.04	11.90%
LSTM	328.56	228.89	12.52%	291.32	232.62	10.10	187.25	143.76	14.09%	275.61	201.76	11.75%
ConvLSTM	347.28	282.49	15.44%	276.98	238.57	10.37%	148.90	115.66	11.33%	270.49	212.24	12.36%
2D CNN	321.01	250.04	13.58%	257.84	210.67	9.15%	138.28	104.02	10.19%	250.77	188.25	10.93%
ST-ResNet	321.63	235.80	12.88%	229.90	180.85	7.86%	138.60	105.49	10.34%	241.88	174.05	10.13%
Transformer	286.89	215.36	11.78%	222.92	171.51	7.45%	143.81	111.62	10.94%	225.60	166.16	9.68%
Res-Trans	**251.57**	**183.69**	**10.00%**	**173.70**	**136.30**	**5.92%**	**136.30**	**99.13**	**9.71%**	**193.25**	**139.71**	**8.12%**

注:加黑数字表示最好的结果。

表 7-4 区域级多模式交通短时客流预测模型结果比对表(望京)

WJ	地 铁			出 租 车			公 交			总预测指标		
	RMSE	MAE	WMAPE	RMSE	MAE	WMAPE	RMSE	MAE	WMAPE	RMSE	MAE	WMAPE
BPNN	337.58	213.99	24.18%	121.52	93.50	9.91%	29.90	24.10	18.35%	207.86	110.53	16.77%
1D CNN	324.23	210.14	23.48%	112.72	87.62	9.28%	31.25	24.00	18.38%	199.00	107.25	16.16%
LSTM	303.77	213.60	24.31%	155.01	114.77	12.16%	31.84	25.59	19.63%	197.75	117.99	18.02%
ConvLSTM	222.52	168.89	19.53%	131.70	105.98	11.23%	34.84	27.62	21.14%	150.64	100.83	15.56%

WJ	地　铁			出　租　车			公　交			总预测指标		
	RMSE	MAE	WMAPE	RMSE	MAE	WMAPE	RMSE	MAE	WMAPE	RMSE	MAE	WMAPE
2D CNN	214.34	161.13	18.41%	141.89	115.31	12.22%	32.83	25.74	19.64%	149.62	100.72	15.45%
ST-ResNet	212.68	161.13	18.80%	122.06	96.33	10.20%	27.51	21.74	16.59%	142.46	93.07	14.43%
Transformer	200.04	132.30	15.63%	134.55	104.93	11.12%	28.80	22.87	17.49%	140.19	95.86	14.68%
Res-Trans	**196.50**	**113.42**	**13.01%**	**106.75**	**85.54**	**9.06%**	**28.29**	**22.48**	**17.25%**	**130.14**	**73.81**	**11.36%**

注：加黑数字表示最好的结果。

通过结合 2D CNN 与 LSTM 的优势，ConvLSTM 相较于上述三种模型，能够更精确地预测多模式交通的未来客流。但可能由于 ConvLSTM 提出的目的是用于降水预测，在数据适配性上存在缺陷，因此预测精度要低于 2D CNN。此外，基于 2D CNN 及残差连接构建的 ST-ResNet 模型表现优于 2D CNN。上述三种预测模型均基于 2D CNN 构建，从模型表现而言，2D CNN 能够显著地提升多模式交通短时客流预测的精度。从数据结构而言，三种交通方式的历史客流数据能够被视为一个矩阵，通过二维卷积操作，卷积核在矩阵上滑动，能够同时考虑不同交通模式的特征，并加以整合与提取。因此，基于 2D CNN 的模型能够有效捕获数据的时空相关性以及多模式交通的联系。通过利用 2D CNN 提取的有效信息，模型能够更好地捕获不同交通模式之间的相似性，同时区分不同交通模式间的差异。然而，由于 2D CNN 所能捕获的时间特征是有限的，基于 2D CNN 的模型在预测结果上仍未达到最优。

如表 7-3 和表 7-4 所示，鉴于多头注意力机制在捕捉客流时间特征的优势，Transformer 模型的预测结果要优于基于 2D CNN 的模型。多头注意力机制能够同时全面地捕获数据的时空特性以及蕴藏在多模式交通之间的关联信息，因此，Transformer 模型的结果在上述所有模型中取得了最好的结果。综上所述，多模式交通短时客流预测的关键在于需要同时有效全面地提取不同交通模式客流数据的时空相关性和不同交通模式蕴含的关联信息。在所有模型中，基于 2D CNN 的模型和 Transformer 模型均能够较好地实现上述关键点，但仍存在局限。为取得最好的预测结果，本节结合 2D CNN 和 Transformer 的优势，借鉴残差网络的思想，构建 Res-Transformer 模型。结果表明，对于所有交通模式，相较于其他基准模型，Res-Transformer 模型取得最低的误差，预测精度最高。由于 Res-Transformer 结构的优势，该模型能够准确地获取多模式交通客流数据的时空相关性，同时能精确地区分不同交通模式之间的差异。此外，由于该模型的所有参数调整均基于西直门数据集进行，然而该模型在望京数据集上同样取得最低的误差，该结果说明 Res-Transformer 模型具有较强的鲁棒性。从评价指标而言，对所有交通模式，在西直门区域，Res-Transformer 模型取得了最低的 RMSE、MAE 及 WMAPE，分别为 193.25、139.71 和 8.12%；在望京区域，Res-Transformer 模型取得了最低的 RMSE、MAE 及 WMAPE，分别为 130.14、73.81 和 11.36%。

2. 对于单一交通模式的结果分析

对于单一交通模式而言，即表 7-3 和表 7-4 前三列。BPNN、1D CNN 均能够较好地预测出租车和公交的未来进站客流，而 LSTM 更擅长于预测地铁的未来进站客流。该现象很可能是由于与地铁相比,公交与出租车客流数据的更为波动和不稳定,导致 LSTM 难以捕获客流数据的时间特性,因此 LSTM 难以准确预测公交和出租车未来进站客流。与上述三个模型相比,基于 2D CNN 的模型,即 ConvLSTM、2D CNN 及 ST-ResNet,在三种交通模式的预测误差上都有明显的下降。值得注意的是,在望京区域,由于 ST-ResNet 模型能够在客流数据存在波动时有效地捕获客流的时空相关性,并且该模型在公交进站客流数据上取得了略低于 Res-Transformer 模型的预测误差。实际上,不论在哪个区域,地铁客流均远大于其余交通模式,因此在所选择的两个区域内,地铁是主要交通模式。特别是望京区域,该现象尤为明显,且公交的客流量要远低于地铁和出租车。因此,为能够给政府提供有效的客流数据支持,帮助管理者更好地管理区域交通,准确地预测地铁和出租车的未来进站客流更为重要。

对于 Transformer 模型而言,该模型在地铁和出租车的预测误差明显低于 ST-ResNet 模型。然而,对于公交的未来进站客流,由于客流的波动性较大,Transformer 模型难以准确地预测公交的未来进站客流。对于 Res-Transformer 模型而言,在所选的两个区域内,该模型均能够准确地预测地铁和出租车未来进站客流且取得最低的预测误差。此外,在西直门区域,Res-Transformer 模型能够准确预测任意交通模式的未来进站客流;在望京区域,对于公交未来进站客流预测而言,Res-Transformer 模型的预测误差略高于 ST-ResNet 模型。该现象很可能是由于望京区域公交客流数据波动大、流量小的特性所导致,如图 7-12(b)所示。为更好进行区域交通管理、更有效进行资源调度,尤其是望京区域,准确地预测地铁和出租车的未来客流更为重要。相较于 ST-ResNet 模型和 Transformer 模型,Res-Transformer 模型更加符合实际要求。Res-Transformer 模型的客流预测结果如图 7-12 所示。虽然西直门区域内三种交通方式的客流比望京区域更加稳定,但所提出模型在两个区域内的预测值均能够较好拟合三种交通模式客流的真实值。对于地铁和公交,Res-Transformer 模型能够准确地预测两种交通模式的高峰时段和平峰时段。对于出租车,即使高峰时段不明显,Res-Transformer 模型也能精确地预测未来客流需求。

3. 消融实验

为进一步证明 Res-Transformer 模型各模块的有效性,本节利用西直门数据集展开消融实验。依据控制变量原则,本节改变了 Res-Transformer 模型的部分结构和框架,共构建 5 个不同的模型,并利用 RMSE、MAE 及 WMAPE 作为评价指标,所得结果如表 7-5 所示。5 个模型的具体细节如下。

Res-Transformer(A):该模型利用全连接层替换 Res-Transformer 模型中用于计算 Q 的 Conv-Transformer 层。

Res-Transformer(B):该模型移除 Res-Transformer 模型中的残差连接及二维卷积神经网络层,即仅使用改进的 Transformer 层和全连接层。

Res-Transformer(C):该模型移除 Res-Transformer 模型中二维卷积神经网络层。

Res-Transformer(D):该模型移除 Res-Transformer 模型中残差链接部分。

Res-Transformer(E):该模型使用四层原始的 Transformer 的编码层,替换改进的 Transformer 层,其余部分与 Res-Transformer 模型一致。

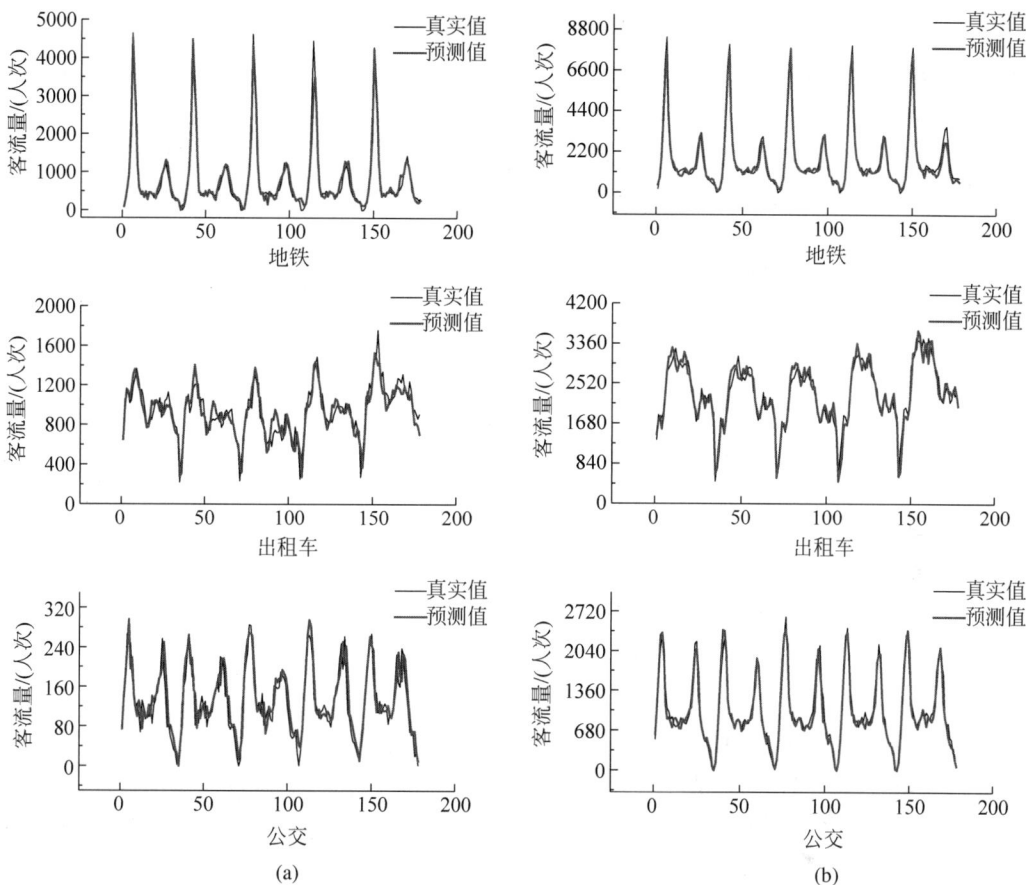

图 7-12　Res-Transformer 模型的客流预测结果

（a）西直门区域；（b）望京区域

表 7-5　区域级消融实验结果比对（西直门）

XZM	地　铁			出　租　车			公　交			点预测指标		
	RMSE	MAE	WMAPE	RMSE	MAE	WMAPE	RMSE	MAE	WMAPE	RMSE	MAE	WMAPE
Res-Trans-former（A）	498.00	408.86	22.08%	213.10	175.38	7.62%	139.58	113.36	11.11%	322.95	132.53	13.44%
Res-Trans-former（B）	406.81	306.23	16.68%	318.63	259.69	11.28%	173.59	132.86	13.02%	314.72	232.93	13.54%
Res-Trans-former（C）	364.49	286.48	15.69%	225.04	176.20	7.66%	195.15	149.87	14.69%	271.77	204.19	11.90%
Res-Trans-former（D）	280.11	215.34	11.80%	251.72	217.83	9.46%	141.44	104.81	10.27%	235.92	179.33	10.45%
Res-Trans-former（E）	280.42	202.43	11.09%	185.93	149.65	6.50%	140.80	110.46	10.82%	210.58	154.18	8.90%
Res-Trans-former	**251.57**	**183.69**	**10.00%**	**173.70**	**136.30**	**5.92%**	**136.30**	**99.13**	**9.71%**	**193.25**	**139.71**	**8.12%**

注：加黑数字表示最好的结果。

如表 7-5 所示，对于模型 Res-Transformer（A）和模型 Res-Transformer（C）而言，上述两种模型的预测误差远高于 Res-Transformer 模型，由此证明二维卷积的重要性。值得注意的是，模型 Res-Transformer（A）的预测结果表明，改进的 Transformer 层中用于计算 Q

的 Conv-Transformer 层在本节所提出模型所有组成部分中占据最重要的地位。对于模型 Res-Transformer(B)而言,实验结果表明改进的 Transformer 层不能单独使用,即携带不同交通模式关联信息及时空相关性的信息矩阵不能直接输入全连接层,需要利用二维卷积神经网络层进一步处理。对于模型 Res-Transformer(D)而言,该实验结果表明如果移除 Res-Transformer 模型中的残差连接,模型的预测误差将会略微上升。结合上述分析,为准确预测多模式交通的未来客流,信息矩阵需要经过二维卷积神经网络层处理,并利用残差连接,与原始客流输入求和汇总。对于模型 Res-Transformer(E)而言,该模型采用了 Res-Transformer 模型的框架,但与本节所提出的模型不同,使用原始的 Transformer 的编码层替换改进的 Transformer 层。该模型在五个消融实验模型中取得最低的预测误差。此外,与表 7-3 相比,该模型的预测误差低于原始的 Transformer 模型。由此证明,Res-Transformer 模型的框架能够显著提升模型的预测精度。然而,模型 Res-Transformer(E)在预测误差上仍高于本节所提出的模型,这表明与改进的 Transformer 层相比,原始的 Transformer 模型难以全面地捕获蕴含在不同交通模式之间的时空相关性以及关联信息,难以获取有价值的信息矩阵。上述实验充分证明了 Res-Transformer 各模块的有效性。

4. 多模式交通预测与单模式交通预测

为进一步验证多模式交通短时客流协同预测的优势,本节将 Res-Transformer 模型以及 LSTM 模型进行修改,分别构建针对地铁、公交和出租车的单模式模型。单模式模型与多模式模型的唯一区别在于,单模式模型只对特定的交通模式客流进行学习和预测,而不考虑多模式交通之间的关联。本节使用西直门数据集对模型进行训练及测试,并使用 RMSE、MAE 和 WMAPE 作为评价指标,结果如表 7-6 所示。表中"(S)""(T)"和"(B)"分别表示对于地铁、出租车和公交的单模式预测模型。

表 7-6 单模式预测模型与多模式预测模型结果比对(西直门)

XZM	地　铁			出　租　车			公　交			点预测指标		
	RMSE	MAE	WMAPE	RMSE	MAE	WMAPE	RMSE	MAE	WMAPE	RMSE	MAE	WMAPE
Res-Transformer(S)	608.30	407.71	22.11%	—	—	—	—	—	—	—	—	—
Res-Transformer(T)	—	—	—	289.27	219.31	9.53%	—	—	—	434.41	283.25	16.42%
Res-Transformer(B)	—	—	—	—	—	—	289.17	220.15	21.57%	—	—	—
LSTM(S)	472.53	318.75	17.27%	—	—	—	—	—	—	—	—	—
LSTM(T)	—	—	—	309.34	234.57	10.19%	—	—	—	341.15	229.55	13.31%
LSTM(B)	—	—	—	—	—	—	173.68	135.33	13.26%	—	—	—
Res-Transformer	**251.57**	**183.69**	**10.00%**	**173.70**	**136.30**	**5.92%**	**136.30**	**99.13**	**9.71%**	**193.25**	**139.71**	**8.12%**

注:加黑数字表示最好的结果。

首先,针对单模式的预测模型。对于地铁和公交而言,基于 LSTM 的单模式模型的模型表现优于基于 Res-Transformer 单模式模型,而对于出租车而言,Res-Transformer 模型的表现更好。该结果表明 LSTM 模型更适合用于预测具有明显客流规律的单模式交通客流,而 Res-Transformer 模型更适合用于预测不具有显著客流规律的单模式交通客流。在多模式预测模型中（表 7-3）也可以得到相似的结论，对出租车而言，Res-Transformer 的评价指标是所有模型中最低的，并且相较于 LSTM 的评价指标有了显著下降。其次，为便于比较单模式和多模式的预测模型，本节将单模式预测模型的结果进行汇总，并计算了对于所有交通模式的评价指标，即表格最后一栏。由表可知，对于三种交通方式，单模式预测模型的评价指标均远高于多模式模型。由此证明，通过协同考虑多种交通模式并提取不同交通模式的关联信息，能够显著提升每种交通模式的预测精度。

5. 多模式交通中的交互机理分析

为进一步探究不同交通模式之间的交互机理，本节开展两个实验分别探讨自注意力机制和多头注意力机制中多模式交通的交互机理。首先，依据自注意力机制的数学表达式(7-9)，式中 $\mathrm{Softmax}(\boldsymbol{QK}^{\mathrm{T}}/\sqrt{d_K})$ 代表三种交通模式历史进站客流的得分矩阵，该矩阵反映不同交通模式的历史进站客流数据对未来进站客流数据的影响程度。如图 7-13 所示，假设自注意力机制的输出为 $\boldsymbol{P}\in\mathbb{R}^{3\times3}$，其中 $\boldsymbol{P}$ 的第一行为 $\boldsymbol{P}_1$ 代表地铁对应的输出结果。在得分矩阵中，方块的颜色越深，代表该交通模式在该时段的客流对未来客流的影响程度越高。例如，在结果 $\boldsymbol{P}_1$ 中，地铁的历史客流数据对地铁的未来客流数据的影响占据主导地位，其影响因子为 0.70。此外，出租车与公交相比，出租车的历史客流数据对地铁未来客流的影响更加显著。

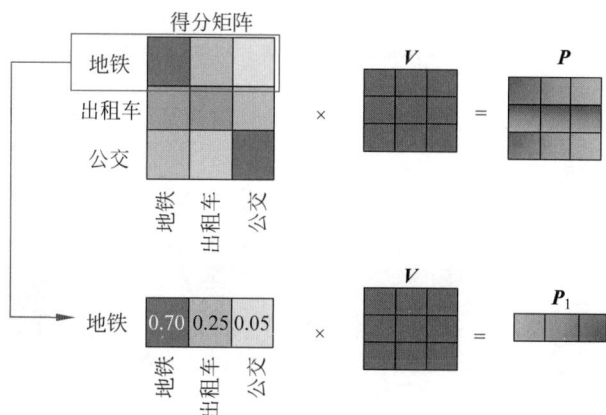

图 7-13　得分矩阵原理示意图

多头注意力机制由若干个自注意力机制构成，对多头注意力机制而言，本节利用西直门数据集对模型进行训练，共获取 8 个不同注意点的得分矩阵。依据得分矩阵的定义可知，每组输入的客流数据对应着若干组得分矩阵，为便于观察此处仅选取一组得分矩阵进行分析。如图 7-14 所示，共有 8 个得分矩阵，每个矩阵由 9 个块构成，其中每个块表示某种交通模式的历史客流数据对另一种交通模式未来客流数据的影响程度。图中块的颜色越深代表影响程度越大，依据每个矩阵中块的颜色可以发现不同的注意点捕获客流数据中不同的特征。例如，对于 2 号注意点和 3 号注意点，即 heads＝2 和 heads＝3，两个得分矩阵的样式呈"十"字分布，且"十"字位置的格子颜色相较于其余格子而言颜色更深，表明出租车的历史客流显著影响地铁、公交和出租车这三类交通模式的未来客流，占据主导地位。此外，地铁、公交和出租车的历史客流数据对出租车的未来客流数据都有较大的影响。与上述情况相反，对于 6 号注意点而言，该注意点的得分矩阵也呈"十"字分布，"十"字位置上的格子较其余格子而言颜色更浅，即得到了与 2 号、3 号注意点完全相反的结果。由此进一步证明,单一的注意点只能提取多模式交通客流数据的局部信息,无法全面捕获不同交通模式蕴含的信息与特征。因此,为全面获取客流数据中蕴含的时空相关性以及不同交通模式之间的联系,使用多头注意力机制是必要的。

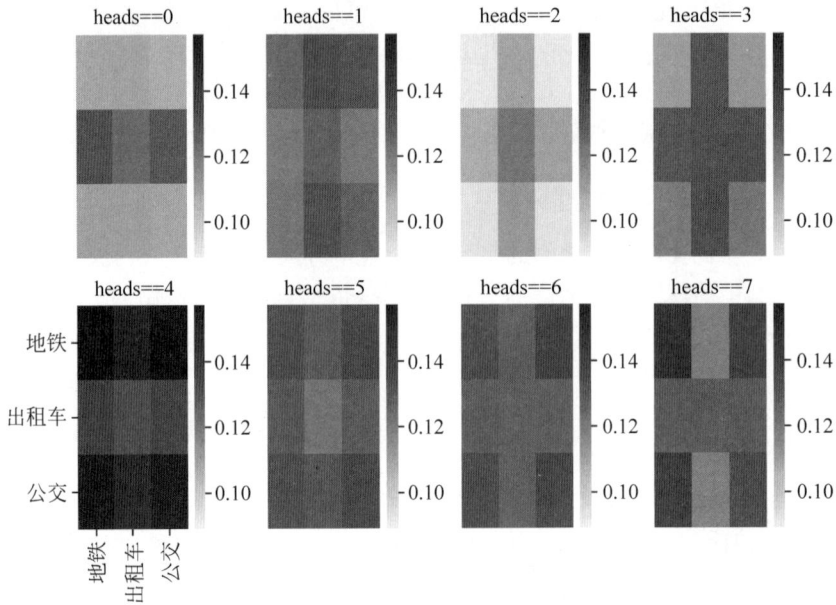

图 7-14　不同注意点的得分矩阵示意图

上述分析表明了使用多头注意力机制的必要性,但与单一的注意点相同,仅使用一层多头注意力机制层所能获取蕴含在客流数据内的信息是有限的。为全面捕获蕴含在数据中时空相关性以及不同交通模式的关联,需要使用若干层多头注意力机制层。如图 7-15 所示,

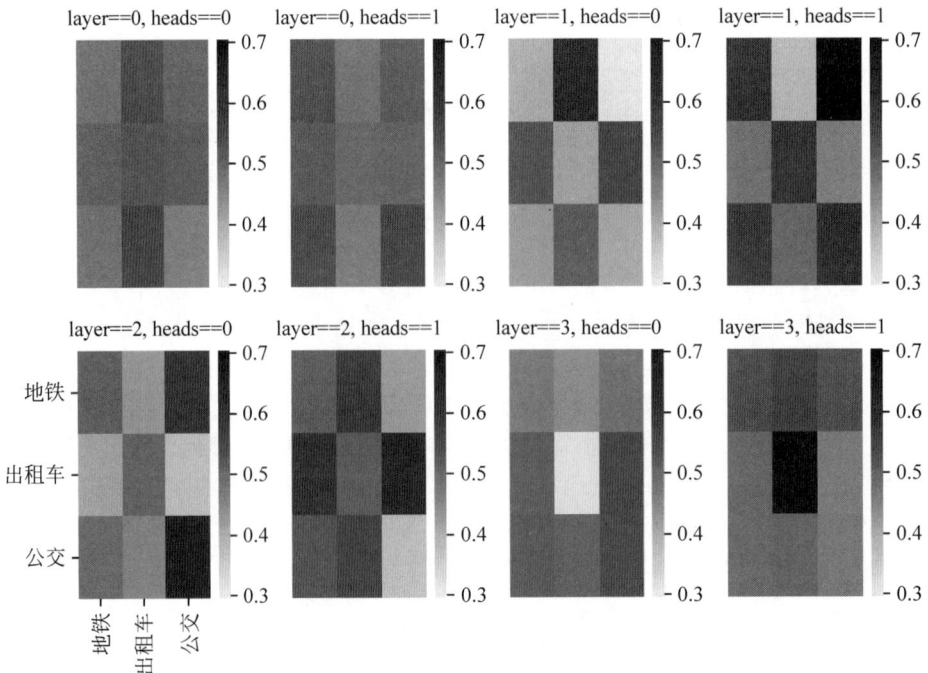

图 7-15　不同多头注意力机制层的得分矩阵示意图

由 4 层多头注意力机制层所获取的一组得分矩阵,其中每层多头注意力机制都有 2 个注意点。由图可知,不同层可以捕获客流数据中截然不同的信息。

7.3　基于 Res-Informer 的网络级多模式交通短时客流预测

首先介绍了网络级多模式交通短时客流预测面临的问题、该任务的明确定义、使用的数据以及数据处理方法,进一步提出基于多任务学习的网络级多模式交通短时客流预测模型,实现了准确的网络级多模式交通短时客流预测,并进行了详细的案例分析。

7.3.1　问题及数据简介

1. 问题分析

区域级多模式交通短时客流预测能够依据站点的特性准确地预测区域级的多模式交通客流,然而大多数情况下,管理者需要同时管理城市内多个区域,例如交通枢纽或居住区等,以确保城市交通网络的通畅运行,缓解网络范围内客流过载、交通拥堵等现象。协同考虑城市内多个区域,进行准确的网络级多模式交通短时客流预测,有助于城市交通网络管理部门针对不同区域提前制定相应的管理措施,确保交通安全同时提升各个区域的服务水平。因此,如何精确地预测网络级多模式交通短时客流,是有效管理城市交通网络的一个重要前提,更是提高网络范围内各类交通模式运营效率的一个重要研究课题。然而,与区域级多模式交通短时客流预测不同,网络级多模式交通短时客流预测存在客流关系复杂、数据量庞大及数据结构难以组织等问题。针对这些问题,本章提出了基于多任务学习的网络级多模式交通短时客流预测模型。

研究针对地铁、公交及出租车三种交通模式进行网络级的多模式交通短时客流预测。针对网络级多模式交通短时客流预测问题,需要考虑以下两个方面的问题:

(1) 与区域级多模式交通短时客流预测问题相同,不同交通模式的客流数据存在异构性,但由于网络中不同网格具有不同特征,网络级多模式交通短时客流预测无法直接采用7.2 节的处理方法对客流数据进行处理,需要依据数据集特征对客流数据结构进行重新组织。

(2) 由于网络级别的多模式交通客流具有规模大、数据结构复杂的特性,因此在构建模型时不仅要考虑如何合理构建模型获取网络规模下多模式交通客流的时空规律,同时还要考虑如何减少计算资源和时间成本的消耗,提升模型的实用价值。

基于以上考虑,本章基于 Informer 和残差网络等深度学习模型,构建基于多任务学习的深度学习模型,实现网络级多模式交通短时客流预测,并通过案例分析证明模型的有效性。具体内容如下:首先,介绍所使用的数据集以及数据预处理方法,并选取部分网格内的多模式交通客流数据进行简要分析;其次,介绍所构建的多任务学习模型 Res-Informer 以及其基础模型;最后,将所提出模型用于实际案例证明模型的有效性以及鲁棒性。

2. 问题定义

网络级多模式交通短时客流预测与区域级多模式交通短时客流预测较为相似,区别在于网络级多模式交通短时客流预测旨在利用所有网络历史若干个时间段的地铁和公交的进站客流以及出租车的流入客流(以下统称为进站客流),分别预测网络范围内未来一个时间段的三种交通模式的对应客流。首先定义网络级交通模式信息,并依据式(7-4)和式(7-5)给出网络级多模式交通短时客流预测的问题定义。

定义(网络级交通模式信息)　令 S_{network}, B_{network} 和 C_{network} 分别代表网络内地铁和公交的进站客流,以及出租车的流入客流时间序列。假定,目标交通网络中地铁、公交及出租车对应的站点数或网格数分别为 I,J 及 K,其中每一个网格或车站可视为一个区域,由7.2.2节的定义可推导出,网络级别的多模式交通客流时间序列定义为

$$S_{\text{network}} = (s_{t-L}, s_{t-(L-1)}, \cdots, s_{t-1}) \tag{7-15}$$

$$B_{\text{network}} = (b_{t-L}, b_{t-(L-1)}, \cdots, b_{t-1}) \tag{7-16}$$

$$C_{\text{network}} = (c_{t-L}, c_{t-(L-1)}, \cdots, c_{t-1}) \tag{7-17}$$

其中,$s_t \in \mathbb{R}^I$,$b_t \in \mathbb{R}^J$,$c_t \in \mathbb{R}^H$ 分别表示第 t 个时间段,网络内地铁、公交及出租车的进站客流;L 表示历史时间段的长度。与区域级不同,网络可划分为若干规则区域,而每个区域都存在对应的交通模式的客流数据,因此,s_t,b_t,c_t 均为一维向量,记录对应交通模式在对应时刻内所有站点的客流数据。

问题定义　依据式(7-4)和式(7-5),令 $X_{t-1} \in \mathbb{R}^{(I+J+H) \times L}$ 表示网络级多模式交通历史客流数据,$Y_t \in \mathbb{R}^{(I+J+H) \times 1}$ 表示未来一个时间段内多模式交通客流,则网络级多模式交通短时客流预测问题可简化表示为

$$Y_t = F_{\text{network}}(X_{t-1}) \tag{7-18}$$

其中,$F_{\text{network}}(\cdot)$ 表示网络级多模式交通短时客流预测模型。

3. 数据集描述

本节使用与7.2节相同的数据集,但对数据进行重新划分,获取北京市的网络级多模式交通短时客流数据,具体细节如下所述。依据出租车网络数据(见图7-1),将该区域划分为8×8的网格并以此为研究区域(见图7-16)。针对研究区域,利用 ArcGIS 软件,筛选每个网格内三种交通模式对应站点及站点的客流量。如图7-16所示,虽然所有网格均有出租车上下客区域和公交站点,但部分网格缺失地铁站点。因此,依据数据集的特征重新组织数据结构,具体方法为:对地铁而言,依据网格筛选后,共筛选174个站点,设定地铁的总站点数为174,并依据站点的邻接关系重新组织各站点顺序,形成地铁进站客流数据集;对公交和出租车而言,依据网格筛选结果,由于每个网格内均有出租车与公交的进站客流数据,故设定出租车与公交对应网格总数为64,并提取出租车与公交的进站客流数据集。综上所述,设定 I,J 和 H 分别为174,64和64。

选取其中两个出租车和公交对应的网格区域以及网格区域对应的地铁站点的客流数据进行可视化分析,如图7-17所示。由图可知,两个网格区域对应的多模式交通客流规律差

异较大。客流量方面,图7-17(a)中地铁进站客流量明显高于公交和出租车,且出租车和公交车的进站客流量大致处于同一水平;与之相反,图7-17(b)中出租车进站客流量明显高于地铁和公交,且地铁和公交的进站客流量相近。客流规律方面,对地铁而言,图7-17(a)中地铁进站客流存在明显的早晚高峰,且早晚高峰对应客流峰值都较大,虽然图7-17(b)中地铁进站客流也存在早晚高峰,但早高峰客流峰值明显小于晚高峰客流峰值;对公交而言,所选网格内客流规律较为相似;对出租车而言,图7-17(a)内不存在明显的双峰现象,与之相反,图7-17(b)存在明显的早晚高峰。综上所述,与区域级别的多模式交通客流不同,网络级别的客流数据差异较大,具体表现在两个方面:①同种交通模式在不同区域内存在不同的客流规律;②不同交通模式客流规律差异较大。

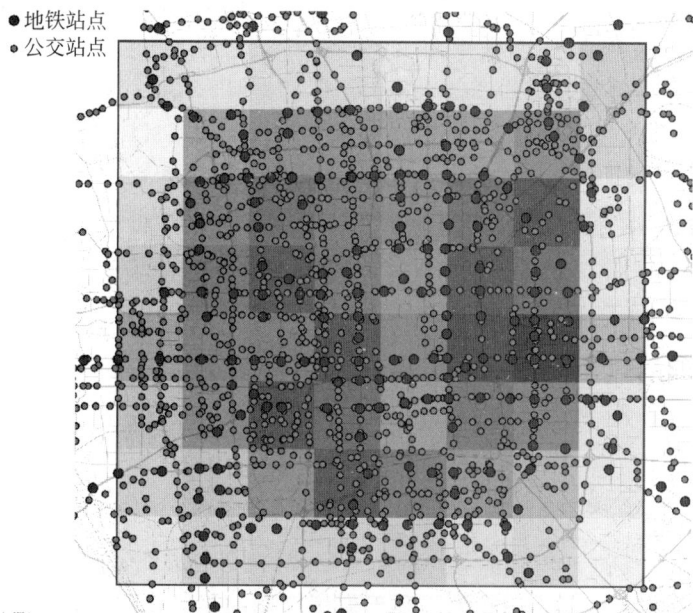

图 7-16 网络客流数据提取示意图

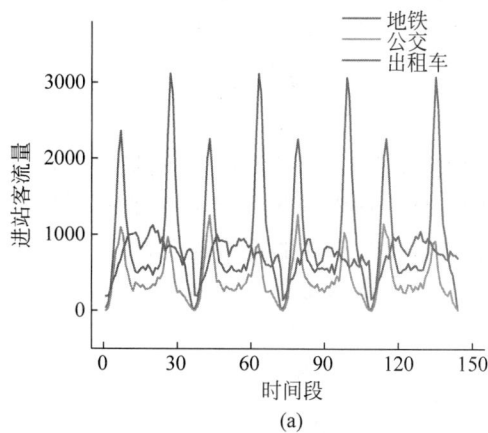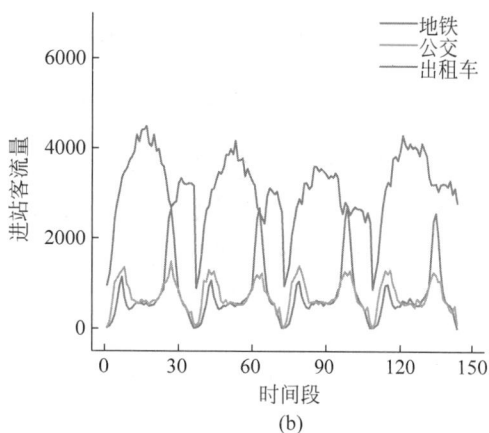

图 7-17 网络地铁、公交和出租车进站客流示意图

7.3.2　Res-Informer 模型

首先针对网络级多模式交通短时客流预测模型进行问题定义。其次,介绍基础模型 Informer,并基于 Informer 和 ResNet 提出多任务学习模型 Res-Informer 模型,该模型主要由两部分构成:Informer 和残差连接。与 Transformer 模型相比,Informer 模型能够减少计算资源的消耗,同时有效地捕获多模式交通客流的时空规律,因此更适用于网络级多模式交通短时客流预测。

1. 基础模型简介

Zhou 等(2020)针对 Transformer 模型进行改进,并提出 Informer 模型用于长时间序列预测任务,该模型创新点在于概率稀疏(ProbSparse)自注意力机制层以及蒸馏层(distilling layer)。该模型与原始的 Transformer 模型类似,具有编码层(encoder)和解码层(decoder)的结构,本节只考虑编码层,下面将着重介绍概率稀疏自注意力机制及蒸馏层。

Vaswani 等(2017)提出的 Transformer 中,自注意力机制如式(7-9)所示,其中查询向量 $Q \in \mathbb{R}^{L_Q \times d_Q}$,键向量 $K \in \mathbb{R}^{L_k \times d_k}$,值向量 $V \in \mathbb{R}^{L_v \times d_k}$,由于本节针对多模式交通短时客流预测开展研究,设定 d_Q, d_K 及 d_V 三者相等并且值为 d,该参数为超参数。此外,L_Q, L_K 及 L_V 与输入客流序列的维度相关,即为历史时间段的长度 L。由式(7-9)推导出自注意力机制的另一种表达形式为

$$\text{Attention}(\boldsymbol{q}_i, \boldsymbol{K}, \boldsymbol{V}) = \sum_j \frac{f(\boldsymbol{q}_i, \boldsymbol{k}_j)}{\sum_h f(\boldsymbol{q}_i, \boldsymbol{k}_h)} \boldsymbol{v}_j \tag{7-19}$$

其中,$p(\boldsymbol{k}_j \mid \boldsymbol{q}_i) = f(\boldsymbol{q}_i, \boldsymbol{k}_j) / \sum_h f(\boldsymbol{q}_i, \boldsymbol{k}_h)$；$f(\boldsymbol{q}_i, \boldsymbol{k}_j) = \exp(\boldsymbol{q}_i \boldsymbol{k}_j^{\mathrm{T}} / \sqrt{d})$。

式(7-19)代表第 i 个查询值的注意力的概率形式,该研究表明,原始的 Transformer 模型中使用的自注意力机制内存占用较大不利于模型性能的提升,此外原始的自注意力机制对应的特征图存在长尾分布现象,即少数点积对(dot-product pair)贡献绝大部分的注意力,而剩余部分对注意力几乎没有贡献。为进一步有效地度量查询向量的稀疏性,结合 KL 散度(Kullback-Leibler divergence),提出第 i 个查询值 $\boldsymbol{q}_i$ 对应稀疏性的度量公式如下所示:

$$M(\boldsymbol{q}_i, \boldsymbol{K}) = \ln \sum_{j=1}^{L_K} f(\boldsymbol{q}_i, \boldsymbol{k}_j) - \frac{1}{L_K} \sum_{j=1}^{L_K} \frac{\boldsymbol{q}_i \boldsymbol{k}_j^{\mathrm{T}}}{\sqrt{d}} \tag{7-20}$$

Zhou 等(2020)研究表明,若第 i 个查询值 $\boldsymbol{q}_i$ 对应的 $M(\boldsymbol{q}_i, \boldsymbol{K})$ 值较大,则其注意力对应的概率较稀疏,并且在自注意力机制对应特征图的长尾分布中,该注意力很可能包含对注意力贡献较大的点积对。为方便计算,该研究提出稀疏性度量公式的近似表示为

$$\bar{M}(\boldsymbol{q}_i, \boldsymbol{K}) = \max_j \left\{ \frac{\boldsymbol{q}_i \boldsymbol{k}_j^{\mathrm{T}}}{\sqrt{d}} \right\} - \frac{1}{L_K} \sum_{j=1}^{L_K} \frac{\boldsymbol{q}_i \boldsymbol{k}_j^{\mathrm{T}}}{\sqrt{d}} \tag{7-21}$$

基于式(7-21),概率稀疏自注意力机制的公式为

$$\text{Attention}_{\text{ProbSparse}}(\boldsymbol{Q}, \boldsymbol{K}, \boldsymbol{V}) = \text{Softmax}\left(\frac{\bar{\boldsymbol{Q}} \boldsymbol{K}^{\mathrm{T}}}{\sqrt{d}}\right) \boldsymbol{V} \tag{7-22}$$

其中,$\bar{\boldsymbol{Q}}$ 为稀疏矩阵,其维度与 $\boldsymbol{Q}$ 相同,但该矩阵仅由依据近似的稀疏性度量公式获得的前

m 个查询值 $\boldsymbol{q}_i$ 构成, m 是超参数,称为度量值。概率稀疏自注意力机制如图 7-18 所示。

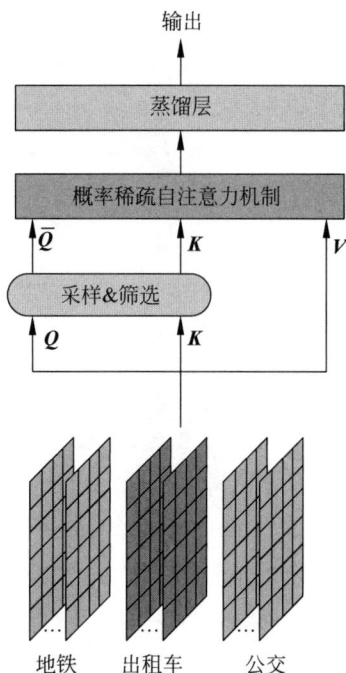

图 7-18　概率稀疏自注意力机制示意图

概率稀疏自注意力机制对应的得分矩阵为 $\mathrm{Softmax}(\overline{\boldsymbol{Q}}\boldsymbol{K}^{\mathrm{T}}/\sqrt{d})$,其工作原理与 Transformer 模型中的得分矩阵类似,但该矩阵能够更加高效地提取数据中实际有效的部分,减少内存占用。由于区域级别的多模式交通客流数据均是一维向量,原始的注意力机制的长尾分布不会过多影响模型的预测精度。相比之下,网络级别的多模式交通客流数据均为矩阵,且由于站点或网格的数目更多,导致输入历史客流数据更加庞大,客流数据的规律更为复杂,若采用原始的注意力机制难以有效提取蕴含在其中的时空相关性等特征,并容易造成过多的内存占用,不利于模型训练。利用概率稀疏自注意力机制则可以缓解上述问题,通过设定合理的度量值减少训练模型时的计算量以及内存空间的占用,关注位于"主导"地位的特征,有利于提升模型的预测精度。概率稀疏自注意力机制虽然能够筛选"主导"特征,从而提升模型的预测精度,但单一的概率稀疏自注意力机制难以全面地考虑数据的所有特征,因此与多头注意力机制相似,通过并行执行若干个概率稀疏自注意力机制,形成多头概率稀疏自注意力机制,从而充分捕捉网络级多模式交通客流数据的时空相关性,以及关联信息。

类比前文所述的 Transformer 模型,Informer 模型同样可以获取一组客流数据对应的信息矩阵,但由于概率稀疏自注意力机制仅对查询向量 $\boldsymbol{Q}$ 进行筛选,值向量 $\boldsymbol{V}$ 存在冗余现象从而导致信息矩阵难以进一步处理,为此 Informer 使用蒸馏层消除值向量 $\boldsymbol{V}$ 的冗余。假定第 i 层编码层中多头概率稀疏注意力机制的输出为 $\boldsymbol{R}_i$,则蒸馏层原理如下式所示:

$$\boldsymbol{R}_{i+1} = \mathrm{ELU}(\mathrm{Conv1D}(\boldsymbol{R}_i)) \tag{7-23}$$

其中,ELU(·)为激活函数;Conv1D(·)为一维卷积操作;$\boldsymbol{R}_{i+1}$ 表示下一层的输入。与未经过蒸馏层处理的结果相比,通过蒸馏层处理,其结果为一组更为集中的信息矩阵。接着将信息矩阵组输入至全连接层中,即可获取多模式交通的未来进站客流。Informer 框架如图 7-19 所示。

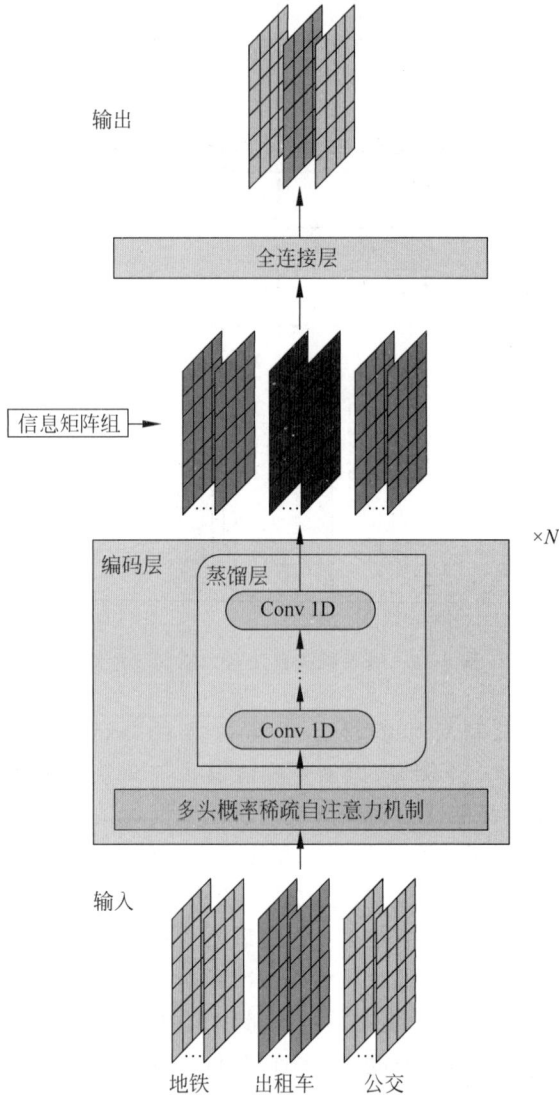

图 7-19 Informer 框架

2. Res-Informer

结合前文对 Informer 模型的基本描述,为构建更适合网络级别的多模式交通短时客流预测模型,本节结合 Informer 模型以及残差网络,提出 Res-Informer 模型,其具体结构如图 7-20 所示。Res-Informer 模型主要由两部分组成,即 Informer 的编码层(encoder)以及残差连接。值得注意的是,在获取网络级不同交通模式进站客流数据时,地铁站点数目与出租车和公交网格数目不同,导致不同交通模式的输入维度不同,故采用多分支的方式进行模型构建,每个分支对应一种交通模式。此外,Res-Informer 模型采用多任务学习的思想,同时考虑三个分支,其中不同分支对应不同任务。

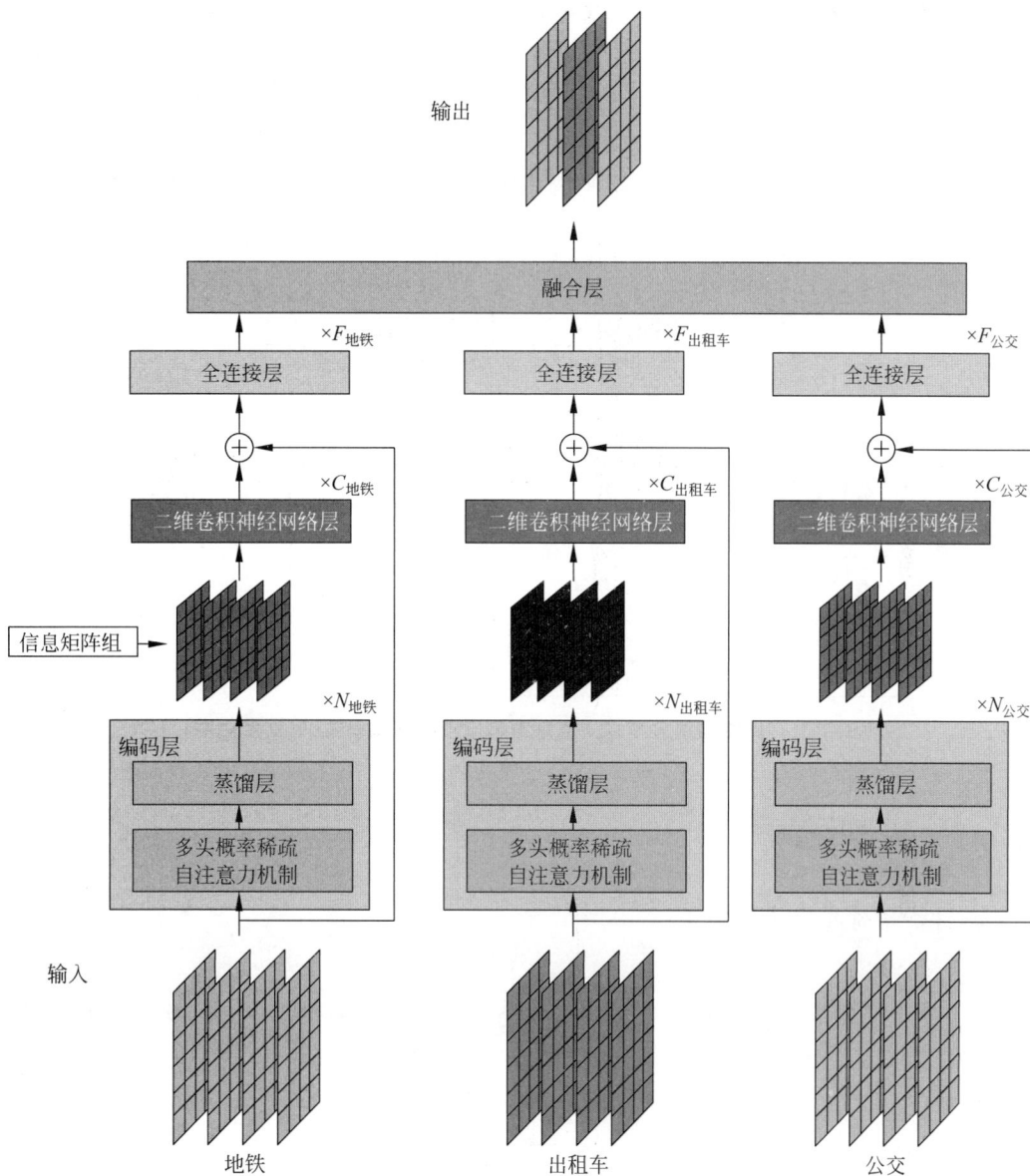

图 7-20 Res-Informer 框架示意图(见文后彩图)

Informer 模型是改进的 Transformer 模型,对网络级别的多模式交通短时客流预测而言,该模型提取的信息矩阵记录着对应交通模式不同站点或不同网格之间的客流时空相关信息以及关联信息。依据 7.2 节的实验结果,为充分利用信息矩阵能并提升模型精度,将 Informer 的输出输入至二维卷积神经网络中,对信息矩阵进行进一步处理。此外,由于网络级别的多模式交通短时客流数据具有数据量庞大、数据关系复杂等特点,不同站点或网格间的时空相关性难以捕获,导致训练过程中可能出现梯度消失、梯度爆炸等现象,致使模型预测精度降低。为避免上述问题,本节利用残差连接,将二维卷积神经网络的处理结果与原始的客流矩阵求和汇总,并将结果输入至全连接层中获取非线性关系进而预测进站客流。最后通过融合层将三种交通模式的未来进站客流拼接,得到最终的结果。网络级别多模式交通短时客流预测整体框架如图7-21所示。具体而言,首先将交通网络网格化,通过 GIS 软件筛选每个网格内对应的各交通模式的站点及对应客流数据,形成每种交通模式在网络规模下的数据集。在数据集中,地铁、出租车和公交对应总数为 I,J 和 H。利用滑动时间窗对数据集进行处理,形成每种交通模式的历史客流矩阵。其次,将不同交通模式的历史客流矩阵输入至对应分支,并预测三种交通模式在下一个时间段 t 的进站客流 $\boldsymbol{Y}_t$。

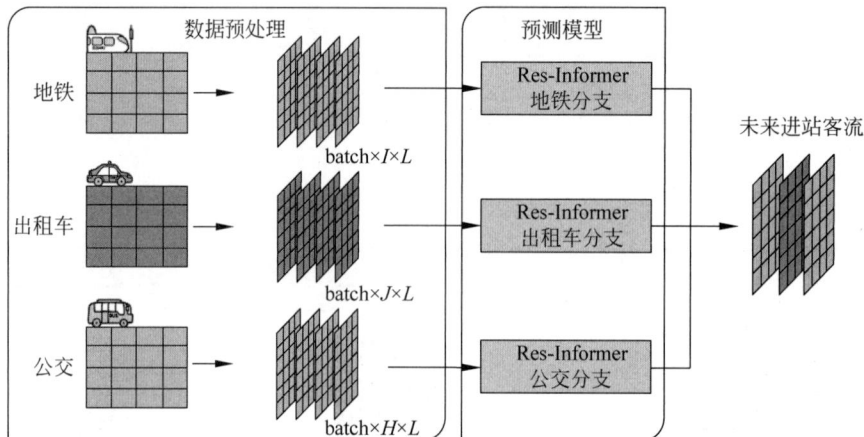

图 7-21　网路级别多模式交通短时客流预测整体框架(见文后彩图)

7.3.3　模型配置

1. 评价指标和损失函数

(1) 评价指标

本节选择均方根误差(RMSE)、加权平均绝对百分比误差(WMAPE)及平均绝对误差(MAE)作为模型表现的评价指标,它们的定义式分别为

$$RMSE = \sqrt{\frac{1}{m}\sum_{i=1}^{m}(y_i - \hat{y}_i)^2} \tag{7-24}$$

$$WMAPE = \sum_{i=1}^{m}\left(\frac{y_i}{\sum_{j=1}^{m}y_j}\left|\frac{y_i - \hat{y}_i}{y_i}\right|\right) \tag{7-25}$$

$$MAE = \frac{1}{m}\sum_{i=1}^{m}|(y_i - \hat{y}_i)| \tag{7-26}$$

其中,y_i 和 $\hat{y}_i$ 分别表示第 i 种交通模式的真实值和预测值;m 为输入客流序列的总长度。

(2) 损失函数

本节使用均方误差(MSE)计算每种交通模式的损失。多任务学习的损失函数定义为三种交通模式的损失求和,其定义式如下:

$$\text{LOSS} = \frac{1}{m} \sum_{i=1}^{3} \sum_{k}^{T} \sum_{j=1}^{m} (y_j^{i,k} - \hat{y}_j^{i,k})^2 \qquad (7\text{-}27)$$

其中，$y_j^{i,k}$ 和 $\hat{y}_j^{i,k}$ 分别代表第 i 种交通的第 k 个站点或网格，在第 j 个时间段的客流的真实值和预测值；m 为输入客流序列的总长度；$T \in \{I, J, H\}$ 表示该交通模式对应的站点总数或网格总数。

2. 模型配置信息

本实验在 PyTorch 环境下搭建 Res-Informer 模型。Res-Informer 参数主要包括三个部分，即 Informer 的编码层，二维卷积神经网络层以及全连接层。此外，由于采用多分支结构，每个分支参数独立，具体参数设定如下所述。对于 Informer 编码层而言，本节将三条分支的参数设为相同值。具体而言，历史客流数据被输入至一层 Informer 编码层，其中蒸馏层由一个 1D CNN 构成，卷积核大小为 3，填充（padding）为 1，滤波器个数为历史时间段长。对于二维卷积神经网络层而言，三条分支参数不同，具体如下。对地铁分支，该分支包含两个 2D CNN 且参数设定相同，卷积核大小为 3×3，步长（stride）为 1，填充（padding）为 1，神经元个数为 2；对公交分支和出租车分支，二者设定相同，均包含两个 2D CNN 且二者参数设定相同，卷积核大小为 3×3，步长（stride）为 1，填充（padding）为 1，滤波器个数为 4。对于全连接层而言，三条分支参数不同，具体如下。对地铁分支，包含四层全连接层，神经元个数分别为 2048,1024,512 和 174；对出租车和公交分支而言，均包含四层全连接层，且对应参数设定相同，神经元个数均为 1024,512,256 和 64。此外，Res-Informer 还存在四个超参数，即历史时间段的长度，批（batch）的大小，多头 ProbSparse 注意力机制中注意点的个数以及度量值的大小。下面将介绍这四种超参数的调整过程及结果。

对于历史时间段的长度，由于网络级别数据的特点，设定搜索区间为 [2,12]，步长为 1；对于批（batch）的大小，设置集合 (2,4,8,16,32,64,128)；对于多头 ProbSparse 注意力机制中注意点的个数，设置其搜索区间为 [2,10]，步长为 1；对于多头 ProbSparse 注意力机制中度量值的大小，设置搜索区间为 [2,8]，步长为 1。在调整超参数时，与 7.2 节相同，采用控制变量法进行参数调整，具体原理不再赘述。使用 RMSE 和 MAE 作为模型效果的评价指标，并使用全网数据集进行超参数调整。超参数调整结果如图 7-22 所示，由图 7-22 可知，对于批（batch）而言，最优值为 16；对于历史时间段的长度，最优值为 4；对于多头 ProbSparse 注意力机制中注意点的个数及度量值大小，最优值分别为 3 和 5。

3. 基准模型

所有基准模型均采用多分支结构框架，且同时考虑三种交通模式，将三种交通模式视为不同的任务。基准模型的细节如下。

BPNN：该模型由若干全连接层构成，不同分支参数设定不同。地铁分支，包含三层全连接层，神经元个数分别为 1024,512 和 174；出租车和公交分支，均包含三层全连接层，神经元个数分别为 512,256 和 64。对于每个分支而言，输入均为对应交通模式的历史进站客流矩阵，输出均为未来一个时刻的进站客流矩阵。

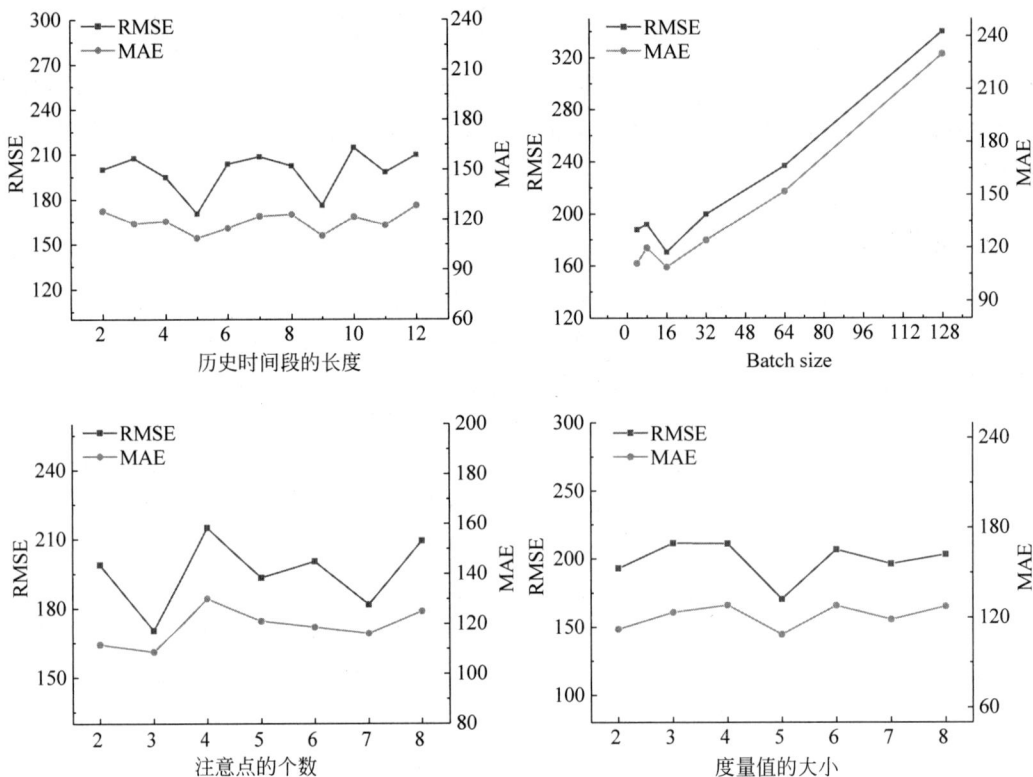

图 7-22

图 7-22　超参数调整结果

1D CNN：对于三种交通模式对应分支，均使用一层一维卷积层，且参数设置相同，卷积核大小均为 3，步长（stride）为 1，填充（padding）为 1，滤波器的个数均为 8。值得注意的是，不同的历史时间段被视为不同的通道。此外，设置若干全连接层获取未来进站客流，不同分支全连接层参数设置不同。地铁分支，包含四层全连接层，神经元个数分别为 2048，1024，512 和 174；出租车和公交分支均包含四层全连接层，且参数设置一致，神经元个数均为 1024，512，256 和 64。该模型的输入输出与 BPNN 相同。

2D CNN：对于三种交通模式对应分支，均由一层二维卷积层和四层全连接层构成，不同分支参数设定不同。对于地铁分支而言，二维卷积层中，卷积核大小为 3×3，步长（stride）为 1，填充（padding）为 1，滤波器个数为 2；全连接层中神经元个数分别为 2048，1024，512 和 174。对于出租车和公交分支而言，其参数设定一致，二维卷积层中，卷积核大小均为 3×3，步长（stride）为 1，填充（padding）为 1，滤波器个数为 4；全连接层中神经元个数分别为 1024，512，256 和 64。该模型的输入输出与 BPNN 相同。

LSTM：对于三种交通模式对应分支，均使用一层隐藏层，其中神经元个数均为 4。此外，为获取未来进站客流，设置若干全连接层对数据进行进一步处理，不同分支全连接层设定不同。对于地铁分支，包含三层全连接层，神经元个数分别为 1024，512 和 174；对于出租车和公交分支，均包含三层全连接层，神经元个数分别为 512，256 和 64。该模型的输入输出与 BPNN 相同。

ConvLSTM：对于三种交通模式对应分支，ConvLSTM 参数设定不同。地铁分支由一层 ConvLSTM 层以及五层全连接层构成,其中,对于 ConvLSTM 层,包含一层二维卷积层,滤波器的个数设置为 8;对于全连接层,包含五层全连接层,神经元个数分别为 2048,1024,512,256 和 174。出租车和公交分支参数设定相同,均由一层 ConvLSTM 层以及五层全连接层构成,其中,对于 ConvLSTM 层,包含一层二维卷积层,滤波器的个数设置为 16;对于全连接层,包含五层全连接层,神经元个数分别为 2048,1024,512,256 和 64。该模型的输入输出与 BPNN 相同。

ST-ResNet:对于三种交通模式对应的分支,均由一个残差块和四层全连接层构成。对于地铁分支而言,残差块由两个二维卷积层构成,其中卷积核大小均为 3×3,步长(stride)为 1,填充(padding)为 1,滤波器个数均为 2;对于出租车和公交分支而言,其参数设定一致,残差块由两个二维卷积层构成,其中卷积核大小均为 3×3,步长(stride)为 1,填充(padding)为 1,滤波器个数均为 4。此外,不同分支的全连接层的设置与 2D CNN 一致。三种交通模式的输入输出与 BPNN 相同。

Informer:与 Res-Informer 模型相同,本节将三条分支的 Informer 参数设为相同值,每条分支均由 Informer 的编码层和全连接层构成。其中,多头概率稀疏注意力机制中注意点的个数及度量值大小分别为 2 和 5,其余参数设置与 Res-Informer 相同。该模型的输入输出与 BPNN 相同。

7.3.4 预测结果分析

1. 三种交通模式的预测结果分析

本节使用处理后的网络客流数据作为数据集对模型进行训练并预测未来进站客流,结果如表 7-7 所示。由于本节针对网络级别客流进行研究,单一的交通方式无法全面地体现网络进站客流的特征,为实现网络级客流管理、网络范围内资源调度,本节着重分析多模式交通下的进站流预测效果。由于网络级别下的多模式交通客流数据极为复杂,每种交通模式不同网格或站点的客流规律差异较大,而 BPNN 很可能将不同网格或站点的客流数据视为一个网格或站点,丢失了对应交通模式在不同网格或站点的部分信息,导致 BPNN 在所有基准模型中预测误差最大。与 BPNN 相比,虽然 1D CNN 与 LSTM 都将不同的历史时间段视为不同的通道,但二者的结果却截然相反。1D CNN 在公交和地铁的进站客流预测上表现较好,而 LSTM 在出租车的进站客流预测上表现较好,但整体而言,LSTM 的预测误差低于 1D CNN。1D CNN 能够获取不同网格或站点对应进站客流中的空间相关性,LSTM 能够获取进站客流的时间相关性,但二者预测效果仅优于 BPNN,这表明通过单一的数据特性,例如不同网格或站点客流数据的时间相关性或空间相关性,难以准确预测网络级别的多模式交通短时客流。

基于 2D CNN 的模型均取得较好的预测效果。ConvLSTM 能够提取不同网格或站点间的空间相关性,同时获取历史客流数据的时空相关性,因此可以准确预测地铁和公交的未来进站客流,但由于出租车未来进站客流预测误差较高,导致整体预测误差较高。与之相比,2D CNN 能够更为准确地预测出租车和公交的未来进站客流,从整体而言,该模型性能优于 ConvLSTM。对于由残差网络和 2D CNN 构建的 ST-ResNet,其整体预测效果要优于 2D CNN 和 ConvLSTM。此外,与其他基准模型相比,ST-ResNet 能够最为精准地预测网络级别地铁未来进站客流。正如 7.2.4 节所述,二维卷积操作有助于模型提取和整合进站客流数据的时空相关性,但与区域级别不同,对网络级别而言,二维卷积能够有效地获取不同网格或站点的进站客流时空相关性与联系,并通过反向传播获取其他交通模式的信息。然而,基于 2D CNN 的模型并未取得最好的预测结果。

表 7-7　网络级多模式交通短时客流预测模型结果比较

网络级	地　铁			出　租　车			公　交			总体预测指标		
	RMSE	MAE	WMAPE	RMSE	MAE	WMAPE	RMSE	MAE	WMAPE	RMSE	MAE	WMAPE
BPNN	130.29	85.65	14.62%	339.00	244.26	13.67%	228.85	166.12	17.93%	212.68	136.32	14.93%
1D CNN	118.07	81.18	13.85%	366.04	268.34	15.02%	164.99	109.19	11.79%	205.41	126.78	13.89%
LSTM	146.49	94.95	16.21%	308.34	228.45	12.78%	171.33	120.39	12.98%	192.89	120.79	13.24%
ConvLSTM	104.33	68.69	11.72%	321.26	232.04	12.99%	204.78	117.32	12.66%	192.43	113.61	12.45%
2D CNN	112.89	72.32	12.34%	317.01	228.82	12.81%	167.25	114.61	12.37%	185.92	114.45	12.54%
ST-ResNet	**102.80**	**66.81**	**11.40%**	311.77	224.72	12.58%	171.46	116.12	12.51%	181.43	110.72	12.13%
Informer	115.19	79.15	13.49%	296.03	212.16	11.87%	170.04	123.08	13.27%	179.68	116.58	12.77%
Res-Informer	104.95	68.59	11.70%	**283.95**	**215.08**	**12.04%**	**163.08**	**111.65**	**12.04%**	**170.50**	**108.76**	**11.91%**

注:加黑数字表示最好的结果。

　　与上述基准模型相比,基于 Transformer 改进的 Informer 模型,在网络级别多模式交通短时客流预测上取得最低的预测误差。虽然对各个交通模式而言,Informer 并未取得最好的结果,但整体而言,该模型取得了最低的预测误差。由于多头概率稀疏注意力机制,Informer 能够提取不同网格或站点的时空特征,并且对特征进一步筛选,使得信息矩阵中干扰信息减少。由于信息矩阵仍较为复杂,需要被进一步处理,才能获取未来进站客流。Informer 使用全连接层处理信息矩阵,很可能无法充分处理信息,致使预测误差上升。Res-Informer 结合 Informer 和残差网络的优势,在所有模型中取得最低的预测误差。与 Informer 不同,Res-Informer 利用二维卷积神经网络层对信息矩阵进行进一步提取和整合,有助于简化信息矩阵,便于后续全连接层对客流特征的提取与整合。此外,通过残差连接避免信息丢失等问题使模型更易于训练。该模型在所有交通模式的预测结果中取得了最优的预测效果,其总体预测指标 RMSE、MAE 及 WMAPE 分别为 170.50、108.76 和 11.91%。此外,Res-Informer 在出租车和公交的进展客流预测上均取得最佳的预测效果,对出租车而言,最低的 RMSE、MAE 及 WMAPE 分别为 283.95、215.08 和 12.04%;对公交而言,最低的 RMSE、MAE 及 WMAPE 分别为 163.08、111.65 和 12.04%。

　　Res-Informer 的预测结果如图 7-23 所示,其中图 7-23(a)、(b)分别与 7.3.1 节中的图 7-17(a)、(b)对应。值得注意的是,图 7-23(a)中出租车客流量较小且波动较大,图 7-23(b)中相对稳定。Res-Informer 的预测值均能够较好地吻合三种交通模式客流的真实值,能够准确地预测不同交通模式的高峰时段和平峰时段。

2. 消融实验

　　本节通过消融实验进一步证明 Res-Informer 结构的有效性,依据控制变量原则改变 Res-Informer 的部分结构和框架,共构建两个不同的模型,并利用 RMSE、MAE 及 WMAPE 作为评价指标,结果如表 7-8 所示。模型细节描述如下。

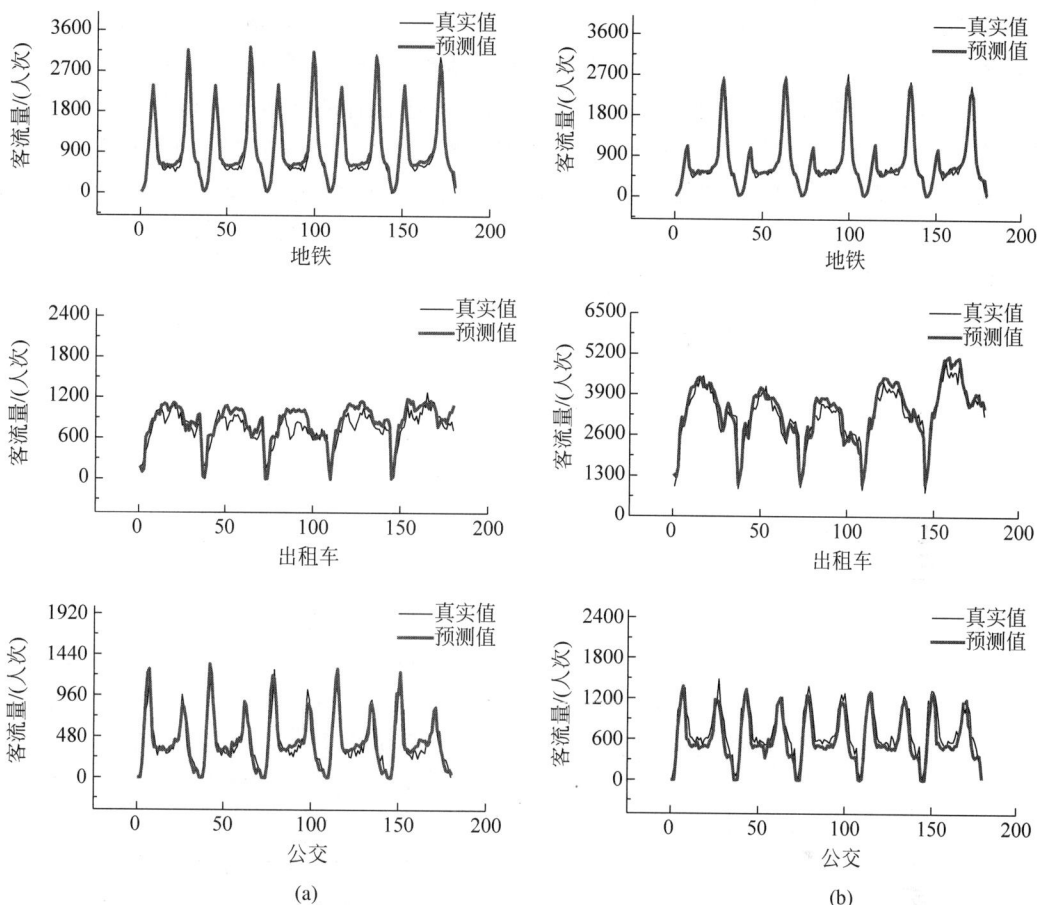

图 7-23 Res-Informer 预测结果

表 7-8 网络级消融实验结果比较

网络级	地 铁			出 租 车			公 交			总体预测指标		
	RMSE	MAE	WMAPE	RMSE	MAE	WMAPE	RMSE	MAE	WMAPE	RMSE	MAE	WMAPE
Res-Inform(A)	115.33	79.74	13.60%	352.71	248.51	13.91%	225.29	121.49	13.12%	211.62	124.35	13.62%
Res-Inform(B)	106.01	68.58	11.71%	340.69	248.76	13.92%	254.90	125.88	13.56%	211.76	118.91	13.02%
Res-Informer	**104.95**	**68.59**	**11.70%**	**283.95**	**215.08**	**12.04%**	**163.08**	**111.65**	**12.04%**	**170.50**	**108.76**	**11.91%**

注：加黑数字表示最好的结果。

Res-Informer(A)：移除 Res-Informer 模型中的残差连接，其余部分保持不变。

Res-Informer(B)：移除 Res-Informer 模型中的二维卷积神经网络层，其余部分不变。

如表 7-8 所示，模型 Res-Informer(A)表现最差，证明在进行网络级别预测时，随着客流数据量的增加以及复杂性的提升，训练过程中很可能出现梯度爆炸、梯度消失等问题，导致模型无法充分获取蕴含在多模式交通客流数据中的信息甚至出现数据丢失情况，致使模型预测误差显著增加。此外，与表 7-7 中的 Informer 相比，直接使用二维卷积神经网络层处理 Informer 的信息矩阵很可能会导致模型预测误差上升,因此信息矩阵的处理并非只是简单地添加二维卷积层,需添加残差连接避免预测精度下降。相较于 Informer,模型 Res-Informer(B)在地铁的预测误差上显著下降,证明残差连接有助于地铁客流预测,但出租车和公交预测误差有所上升。与 Res-Informer 相比,模型 Res-Informer(B)的预测误差更高,结果表明信息矩阵需要由二维卷积神经网络进一步处理,简化信息矩阵后,再输入至全连接层获取未来进站客流。综上所述,Informer 处理后的信息矩阵需要由二维卷积神经网络进一步处理,并且必须结合残差连接,避免信息丢失等问题,结果表明 Res-Informer 模型结构的有效性以及合理性。

7.4　小结

本章介绍了不同规模下的多模式交通短时客流预测方法。首先,对于区域级的多模式交通短时客流预测问题,提出 Res-Transformer 模型,该模型能够较好地捕获不同交通模式客流数据的时空相关性以及关联信息,尤其是模型中的 Conv-Transformer 层,该模块能够有效地获取整合多种交通模式的时空相关性。其次,对于网络级的多模式交通短时客流预测问题,依据网络级别客流数据的特点,构建多分枝形式的多模式交通短时客流预测模型 Res-Informer,该模型能够较好的捕获网络范围内不同交通模式客流数据的时空相关性以及关联信息,尤其是模型中的残差连接,由于网络客流数据庞大和复杂的特点,残差连接能够使多头概率稀疏注意力机制的优势充分发挥,同时避免信息丢失、梯度爆炸、梯度消失等问题。本章的主要结论总结如下:

(1)多任务学习的适用性。借助多任务学习的思想,本章将地铁、公交及出租车未来进站客流序列预测任务视为三种不同的任务,通过设定合适的损失函数,能够同时考虑三种不同的交通模式。本章基于多任务学习框架,构建 Res-Transformer 和 Res-Informer 模型,实现区域级和网络级的多模式交通短时客流预测。本章所提出的模型均能够综合全面地考虑不同交通模式客流规律的共性,同时准确地辨别不同交通模式之间的差异,并且精确地预测不同交通模式的未来进站客流。

(2)多头注意力机制及残差网络的有效性。针对多模式交通短时客流预测,由于客流数据中包含不同交通模式,区域级和网络级的实验结果均表明,传统的预测模型,例如 LSTM、BPNN 等,难以有效地同时考虑多种交通模式的异同。相反,多头注意力机制,包括自注意力机制和概率稀疏自注意力机制,均能够充分考虑不同交通模式之间的影响以及时空相关性,通过该类机制能够清晰地获取不同交通模式之间的关联信息,有助于提高模型预测精度。此外,对于残差网络而言,二维卷积神经网络层,能够有效地处理客流的时空特征,对特征进一步整合处理并结合残差连接,使得模型能够更加准确地预测多模式交通的未来进站客流。

(3)多模式交通短时客流预测任务应注重客流数据结构。在进行区域级多模式交通短时客流预测时,对每种交通模式而言,由于单一站点客流波动较大且不同站点之间的关联性较为复杂,不利于准确预测其未来客流,本章将所研究区域范围内所有站点的客流求和,视为该区域内该种交通模式的进站客流。在进行网络级别的多模式交通短时客流预测时,由于不同区域很可能无法满足同时存在三种交通模式的条件,本章对地铁数据进行重构,并采用多分支方式进行模型构建，在有效获取客流时空相关性的同时避免因交通模式缺失而导致预测精度下降的问题。

参考文献

HE K M，Zhang X Y，Ren S Q，Sun J. 2015. Deep residual learning for image recognition[C]. in Proceedings of the IEEE Conference on Computer Vision And Pattern Recognition，770-778.

KE J T，FENG S Y，ZHU Z，YANG H，Ye J P. 2021. Joint predictions of multi-modal ride-hailing demands：A deep multi-task multi-graph learning-based approach[J]. Transportation research. Part C，Emerging technologies，127：103063.

LI S Y，JIN X Y，XUAN Y，et al. 2019. Enhancing the Locality and Breaking the Memory Bottleneck of Transformer on Time Series Forecasting[J]. Conference and Workshop on Neural Information Processing Systems，32.

LIANG Y B，HUANG G，ZHAO Z. 2022. Joint demand prediction for multimodal systems：A multi-task multi-relational spatiotemporal graph neural network approach[J]. Transportation Research Part C：Emerging Technologies，140：103731.

SHI X J，CHEN Z R，Wang H，et al. 2015. Convolutional LSTM Network：a machine learning approach for precipitation nowcasting[J]. Advances in neural information Processing Systems，28：1-9.

VASWANI A，SHAZEER N，PARMAR N，et al. 2017. Attention is all you need[J]. Advances in neural information processing systems，30：1-11.

WANG Q R，GUO B，OUYANG Y，et al. 2022. Learning shared mobility-aware knowledge for multiple urban travel demands[J]. IEEE Internet of Things Journal，9(9)：7025-7035.

YANG Y J，ZHANG J L，YANG L X，et al. 2022. Short-term passenger flow prediction for multi-traffic modes：A residual network and Transformer based multi-task learning method[J]. arXiv preprint arXiv：2203.00422.

YE J C，SUN L L，DU B W，et al. 2019. Co-prediction of multiple transportation demands based on deep spatio-temporal neural network[J]. ACM，305-313.

Zhang J B，ZHENG Y，QI D K. 2017. Deep spatio-temporal residual networks for citywide crowd flows prediction[C]. Thirty-first AAAI conference on artificial intelligence.

ZHOU H Y，ZHANG S H，PENG J Q，et al. 2020. Informer：Beyond efficient Transformer for long sequence time-series forecasting[J]. Proceedings of the AAAI conference on artificial intelligence. 35(12)：11106-11115.

第 **8** 章

基于计算机视觉的城市轨道交通站内
短时客流预测

8.1　概述

随着城市化进程的加快,轨道交通客流量不断增加,短时客流识别与预测相关研究也不断增多。既有轨道交通短时客流预测相关研究大多以整个车站为最小单元,但随着智慧地铁的建设,以车站为最小单位进行短时客流预测已经不能够满足更加精细化的轨道交通客流管理需要。因此,轨道交通短时客流预测需要向着更加精细化、科学化的方向改进,例如,需要针对轨道交通车站内部单个闸机口、楼扶梯口、换乘通道、站台等客流瓶颈处场景,进行更加精细化的短时客流识别与预测。基于精细化的轨道交通站内场景短时客流预测信息,乘客可更加合理地规划出行,轨道交通运营管理部门可以及时采取措施疏散站内拥挤乘客,预测和处理紧急情况,保障乘客乘车安全,提升乘客出行体验。因此,研究轨道交通站内不同场景下更加精细化的短时客流识别与预测意义重大。

近年来,基于计算机视觉的目标检测与目标跟踪相关研究发展迅速,为利用现有的站内监控视频数据,进行更加精细化的短时客流识别与预测提供了可用的算法。其中,目标检测是指对视频当前帧内的所有乘客进行检测,目标跟踪是指对视频内的所有乘客轨迹进行跟踪,客流识别是指利用目标检测与目标跟踪进行乘客数量统计以及客流时间序列提取。下面分别对目标检测、目标跟踪以及短时客流预测进行概述。

8.1.1　目标检测

目标检测是计算机视觉领域的基础研究内容,其基本思路是通过处理视频或图片,检测其中的目标。例如,Song 等(2019)借助目标检测算法对道路车辆进行检测、分类与计数,对轨道交通站内场景下的乘客进行目标检测。Liu 等(2021)基于深度学习和光流法对上下车乘客进行检测,Zhang 等(2021)基于卷积神经网络对站台场景的乘客进行计数,Sipetas 等(2020)通过存档的视频数据对站台留守乘客数量进行统计。然而,既有的轨道交通相关的目标检测研究仅识别监控视频中的客流数量,没有将目标检测算法与其他算法进行结合,不能对站内不同场景下的客流同时进行识别和短时预测,使得相关部门难以根据站内不同场景的未来客流量分布进行更加精细化的客流管理。

8.1.2 目标跟踪

利用视频进行乘客数量统计以及客流时间序列提取时,需要借助目标跟踪算法对乘客轨迹进行跟踪,从而进行乘客计数。目标跟踪算法是基于目标检测结果进行的,Wojke 等(2017)提出的 Deep SORT 算法是当前较为主流的目标跟踪算法,其使用卡尔曼滤波器对跟踪目标进行预测,再根据交并比(Intersection over Union,IoU)使用匈牙利算法和级联匹配对跟踪目标进行匹配。当目标被长时间遮挡时,Deep SORT 算法可以较好地进行行人重识别。因此,使用目标检测与目标跟踪结合的方式可以确定检测目标的轨迹,从而实现视频内的乘客数量统计以及客流时间序列提取,例如史红梅等(2015)对入侵铁路的异物进行检测和跟踪。然而,目标跟踪算法降低了利用视频进行目标检测与跟踪的实时性,因此在进行实时的目标检测与跟踪时,需要考虑如何对模型以及视频进行处理,以满足实时检测与跟踪的要求。

8.1.3 短时客流预测

短时客流预测相关研究由来已久,从传统的基于数理统计的预测模型,到基于机器学习的预测模型,再到基于深度学习的预测模型,短时客流预测经历了长远的发展。在道路交通领域,Zhang 等(2017)提出的 ST-ResNet、Li 等(2018)提出的 DCRNN、Xu 等(2020)提出的 GE-GAN 等深度学习框架,以及在轨道交通领域,Zhang 等(2021)提出的 ResLSTM、Zhang 等(2020)提出的 ConvGCN 等深度学习框架,均为当前较为先进的短时客流预测模型。然而,目前轨道交通客流数据主要来源于 AFC 刷卡数据,只能统计车站整体的进出站人数,从宏观上把握轨道交通各站间的客流规律。对于轨道交通站内的闸机口、楼扶梯口、换乘通道、站台等场景,其精细化短时客流识别与预测相关的研究不充分,难以从微观层面把握站内不同场景下的客流运行规律。

在此背景下,使用计算机视觉领域工具可以弥补既有研究的不足,进一步优化轨道交通站内更加精细化场景下的短时客流预测研究。因此,使用站内已有的监控设备,利用计算机视觉工具进行短时客流预测研究成为保障轨道交通站内乘客安全,提高站内运营效率的有效途径。本章基于检测速度满足实时性的 Redmon 等(2016)提出的轻量化 YOLOv5 目标检测算法和 Deep SORT 目标跟踪算法,结合 Hochreiter 等(1997)提出的 LSTM 预测算法,以实时的监控视频数据为输入,以精细化短时客流预测结果为输出,构建了实时的、可在线训练的、端到端精细化短时客流识别与预测模型——Detect-Predict 模型。

8.2 问题及数据简介

8.2.1 问题分析

轨道交通的短时客流预测通常以车站为最小单位,不能及时对站内各场景的拥挤微观客流进行有效疏导,站内踩踏事故时有发生。为了预测站内不同场景的微观客流,保证站内乘客通行安全,提出基于计算机视觉的端到端精细化短时客流识别与预测模型——Detect-Predict 模型。首先,利用闸机口、楼扶梯口、换乘通道、站台等处拍摄并标注乘客头部的图片数据集,通过 Liu 等(2017)提出的剪枝方法对目标检测算法进行训练和剪枝优化;其次,结合目标跟踪算法,实现精细化场景下的乘客数量统计以及客流时间序列提取;最后,利用客流时间序列提取结果对 LSTM 预测模型进行训练,实现精细化场景下的短时客流预测。本章通过模型剪枝、视频预处理等方式,使构建的端到端 Detect-Predict 模型满足实时性要求,同时利用客流识别结果对预测模型实时在线训练并微调,实现精细化场景下的短时客流识别与预测。

综上所述,本节基于目标检测以及目标跟踪等深度学习算法构建基于计算机视觉的轨道交通站内场景的短时客流预测模型,并通过实际案例研究验证模型精度。具体内容如下:本节介绍本章解决的问题,以及建立模型使用的数据,8.3 节具体介绍本章建立的模型,8.4 节为模型在数据上的实验结果,8.5 节为本章小结。

8.2.2 问题定义

在轨道交通站内场景下,为对监控画面中的短时客流数量进行统计和预测,需要对站内单个闸机口、楼扶梯口、换乘通道、站台等场景下的实时监控视频数据进行处理,从而得到相应时间粒度下的客流量,并输入至后续模型进行相应场景下的短时客流预测。具体为,通过客流识别算法实时输出轨道交通站内相应场景下时间粒度为 5min 的客流时间序列,并将其输入至后续预测模型进行该场景下实时的短时客流预测,最终实现一个实时输入轨道交通站内场景的监控视频,实时输出该场景未来 5min 的客流量预测结果的端到端客流识别与预测模型。

本研究构建的模型由客流识别和客流预测两部分组成。其中,客流识别部分由目标检测和目标跟踪算法组成,影响客流识别结果的因素主要有监控摄像头拍摄视频的帧数、角度、分辨率、画面中乘客的密集程度和重叠程度,以及识别乘客的准确性。其中,轨道交通站内场景拍摄的角度固定,输出画面的分辨率可设置,因此可忽略两者对客流识别结果的影响。客流识别部分的难点为怎样选择画面的帧数来平衡识别的实时性与准确性,将在后面的章节给出研究结果。轨道交通站内场景的摄像头通常在站内顶部呈俯视角度,因此,画面中乘客数量密集时,乘客身体部位遮挡严重,乘客头部相较于其他部位遮挡情况较轻,故选择乘客头部作为检测目标来缓解乘客密集程度和重叠程度对客流识别的影响。影响客流预测准确性的因素为客流识别的准确性和预测模型的精度。为简化表达,后续将训练后的 YOLOv5 目标检测算法表示为 $f_1(x)$,将 Deep SORT 目标跟踪算法表达式简化为 $f_2(x)$,将 LSTM 短时客流预测算法的表达式简化为 $f_3(x)$。

为了进行精细化短时客流识别与预测,首先需要对视频中的乘客进行目标检测和目标跟踪,以获取乘客数量以及客流时间序列,然后利用获取的客流时间序列进行预测,Detect-Predict 模型可表示为

$$Y = f_3(f_2(f_1(X)))　\hfill (8-1)$$

式中,X 为监控视频数据;Y 为当前场景下的短时客流预测结果,f_1 为训练后的 YOLOv5

目标检测算法；f_2 为 Deep SORT 目标跟踪算法；f_3 为 LSTM 短时客流预测算法。

对于目标检测算法 f_1，将采集到的每张图片及其标注作为算法的训练集 $P(i, m_i, x_{m_i}, y_{m_i}, w_{m_i}, h_{m_i})$，其中 i 表示所输入图片的序号，i 最大取图片总数量 $n = 2428$；m_i 为第 i 张图片上标注的检测目标数量，$x_{m_i}, y_{m_i}, w_{m_i}, h_{m_i}$ 分别表示第 i 张图片、第 m_i 个标注目标的中心点坐标以及检测框的宽和高。使用 $P(i, m_i, x_{m_i}, y_{m_i}, w_{m_i}, h_{m_i})$ 训练 YOLOv5 目标检测算法，得到适用于轨道交通站内场景、检测目标为乘客头部的 YOLOv5 算法，YOLOv5 算法训练前后可表示为

$$f_1 = f'_1 \left(\sum_{i=1}^{n} P(i, m_i, x_{m_i}, y_{m_i}, w_{m_i}, h_{m_i}) \right) \tag{8-2}$$

式中，f'_1 为训练前的 YOLOv5 算法；f_1 为训练后的 YOLOv5 算法。

利用训练后的 YOLOv5 算法 f_1，得到输入视频中每帧图片内的检测目标坐标 $f_1(X_j)$，并将其输入 Deep SORT 目标跟踪算法 f_2 中，对检测目标进行逐帧跟踪，得到乘客的运行轨迹，进而对视频中的乘客数量进行统计，得到统计结果 y_j。因此，以监控视频数据 X 作为输入，借助目标检测算法 f_1 与目标跟踪算法 f_2，可得到客流时间序列识别结果：

$$y_j = f_2(f_1(X_j)) \tag{8-3}$$

式中，X_j 为第 j 个时间段的监控视频数据；y_j 为第 j 个时间段内的客流识别统计结果，本章以 5min 为时间粒度进行客流统计。

最后，将多个时间段的客流识别与统计结果作为客流时间序列，输入至 LSTM 短时客流预测模型 f_3 中，可得到当前场景下的精细化短时客流预测结果：

$$Y = f_3(y_1, y_2, \cdots, y_t) \tag{8-4}$$

式中，t 为历史时间步，本章采用了 8 个历史时间步；Y 为未来 1 个时间步的客流预测结果。本章提出的框架中，可利用实时的客流统计结果，对 LSTM 短时客流预测模型 f_3 进行在线训练并微调，以提升 LSTM 算法的实时在线预测精度。

8.2.3　数据简介

1. 目标检测数据集简介

本章的检测目标为轨道交通站内场景下的乘客，因此拍摄了北京地铁某站站内闸机口、楼扶梯口、换乘通道、站台等处多个机位共计 2428 张图片，并标注了 45983 个检测目标作为轨道交通站内场景下的乘客头部数据集(而非乘客全身数据集)，用于对 YOLOv5 目标检测算法进行训练，以减少遮挡情况对检测精度的影响。拍摄的部分场景如图 8-1 所示，拍摄画面内的乘客角度变化丰富，且呈现为：①闸机口的乘客比较分散，没有分布的明显规律，使得学习到的特征更集中于检测目标本身；②换乘通道 1 的乘客大多背对摄像头，使得学习到的特征角度更加多样化；③换乘通道 2 的乘客十分密集，使得算法更能适应密集场景下的目标检测。在图片标注过程中，使用 LabelImg 开源软件标注数据集每张图片中的每个乘客头部，以此作为 YOLOv5 算法的检测目标。数据集中每个检测对象都被准确标记，图 8-1 中的方框为标注结果。数据集中每张图片的标注结果都存储到单独的文本(.txt)文

件中,以此数据集训练目标检测算法可以提高其在不同角度、不同尺度等方面检测乘客头部的准确性。

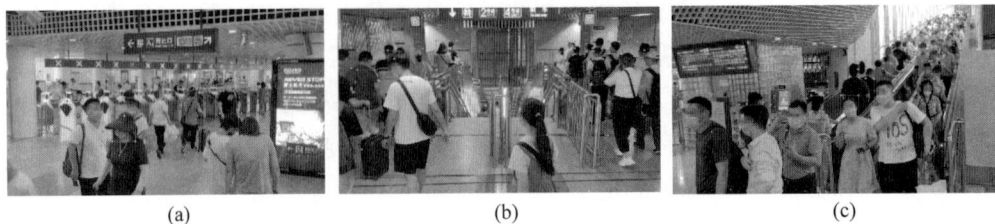

图 8-1 数据采集及标注图片示例
(a) 闸机口;(b) 换乘通道 1;(c) 换乘通道 2

2. 精细化短时客流识别与预测模型数据简介

精细化短时客流识别与预测模型使用的数据为本章拍摄的北京地铁某站某楼扶梯口的视频数据。考虑到视频数据体积庞大的现实情况,同时为避免周内各天客流规律不同对实验结果造成影响,选取连续五个周五且在客流数量最多的早高峰 06:30—09:30 的时间段拍摄视频数据,每天的视频时长为 180min,视频的分辨率为 1080P。按照 5min 的时间粒度统计下行方向通过视频检测线的乘客数量,每天生成 36 个早高峰客流时间序列。其中,视频中的真实人数由人工计数确定,用以验证 Detect-Predict 模型的准确性。

8.3 模型简介

8.3.1 客流识别算法与客流预测算法

1. 乘客数量统计以及客流时间序列提取算法

在对轨道交通站内闸机口等场景进行精细化短时客流预测之前,首先需要对各场景下的客流数量进行识别和统计。本章利用轨道交通站内已有的视频监控设备,借助计算机视觉领域的 YOLOv5 目标检测算法和 Deep SORT 目标跟踪算法,根据每位乘客在画面中的通行情况统计乘客数量。需要注意的是,视频中存在乘客之间互相遮挡问题,由于轨道交通站内视频监控的视角通常较高,头部遮挡情况较轻,因此本章将检测目标设置为乘客的头部,以减少画面中乘客密集时互相遮挡对检测精度的影响。

本章采用的 YOLOv5 目标检测算法是对 YOLO 系列算法的轻量化改进和检测速度的进一步优化,因此更适合检测需要满足实时性和需要进行部署应用的轨道交通场景。YOLOv5 算法的结构如图 8-2 所示,总体由三部分组成。其中,Backbone 负责提取图片中的信息,所提取的信息随着卷积层数的加深而增多。由浅层物理信息,如轮廓特点,到深层语义信息,如乘客特征。Backbone 中的 C3 层使用 shortcut 残差网络解决网络层数增加导致的梯度发散问题。同时,在 Backbone 最后的卷积层和全连接层之间加入 SPP 层进行池化,使得全连接层也可以适应不同尺度的输入图片。Neck 将提取出的信息充分利用,生成特征金字塔,用于检测不同尺度的目标,不同尺度的目标检测结果分别从 Head 端的不同卷积层输出。

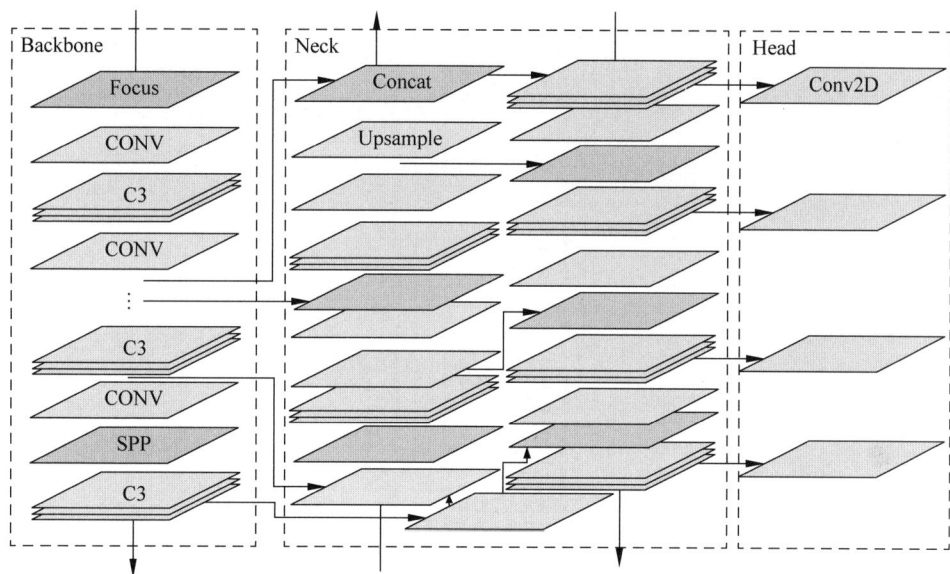

图 8-2　YOLOv5 算法的结构

Deep SORT 跟踪算法是在以乘客头部为目标的检测算法的基础上,对输入每帧图片中的乘客进行重识别,从而获得乘客的运行轨迹。其中,Deep SORT 的核心算法是卡尔曼滤波算法和匈牙利算法,卡尔曼滤波算法用于对下一帧的目标检测框进行预测,匈牙利算法用于级联匹配和 IoU 匹配。通过不断的预测和匹配过程,得到乘客的运行轨迹。本章使用的 Deep SORT 权重为在大型行人重识别数据集上训练后得到的权重,其算法结构如图 8-3 所示。

考虑到算法落地应用,需要节省计算资源,便于模型部署和移植。因此,需要对 YOLOv5 算法进行压缩,以提高其检测速度,进而可将其部署到轨道交通站内不同场景。受剪枝压缩方法——Network Slimming 启发,本章采取通道剪枝的方法对 YOLOv5 算法进行剪枝,使得 YOLOv5 算法更加紧凑。对模型进行剪枝的整体步骤如图 8-4 所示。

剪枝效果示例如图 8-5 所示,剪枝之前神经元的连接如图 8-5(a)所示,取值接近 0 的神经元较少;稀疏训练后神经元的连接如图 8-5(b)所示,部分神经元的取值接近 0,在网络中的权重非常小,因此去除此神经元对网络的影响不大;将取值接近 0 的所有神经元修剪后,整个网络被压缩成图 8-5(c)所示的结构,使得模型更加紧凑,模型体积压缩,有利于节约计算资源,进而将模型部署到轨道交通站内相应场景,进行落地应用。

本研究剪枝的具体流程为:使用标注乘客头部的数据集对 YOLOv5 算法进行正常训练得到能够检测乘客头部的初始网络。正常训练使得算法专注于检测轨道交通站内场景下的乘客头部,将完成正常训练的 YOLOv5 作为初始网络对 BN(batch normalization)层进行剪枝;进行稀疏训练,改变 BN 层参数的权重分布,使其均值逐渐趋向于 0;对参数趋向于 0 的 BN 层进行剪枝,剪枝后的算法参数减少;对剪枝后的算法进行微调,使得算法的精度回升,压缩工作完成,得到紧凑的算法。

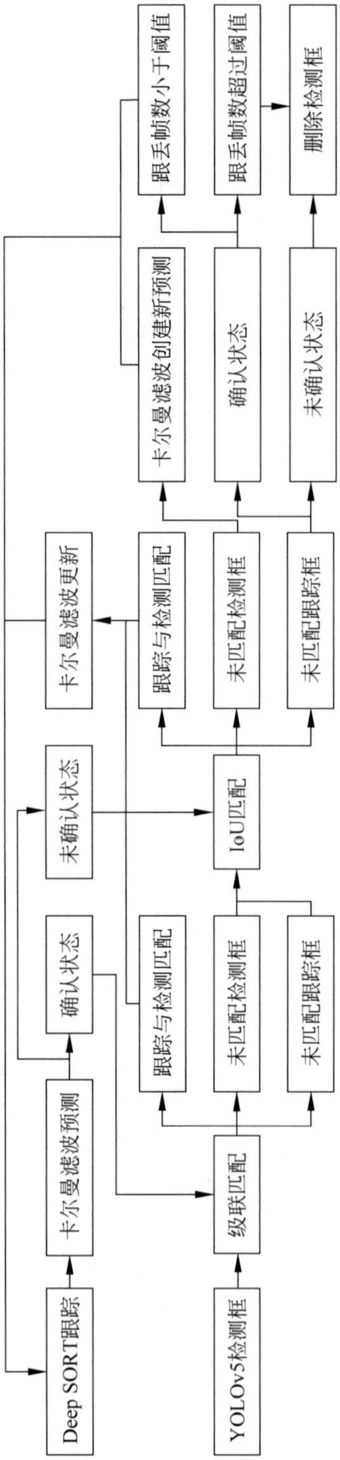

图 8-3   Deep SORT 算法结构

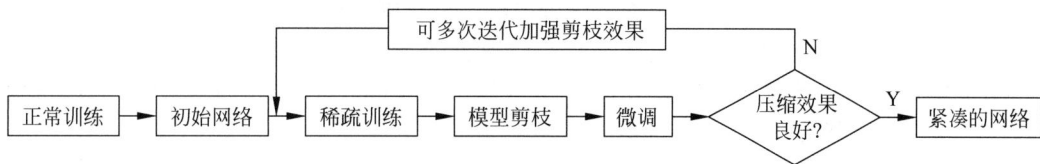

图 8-4　对模型进行剪枝的整体步骤

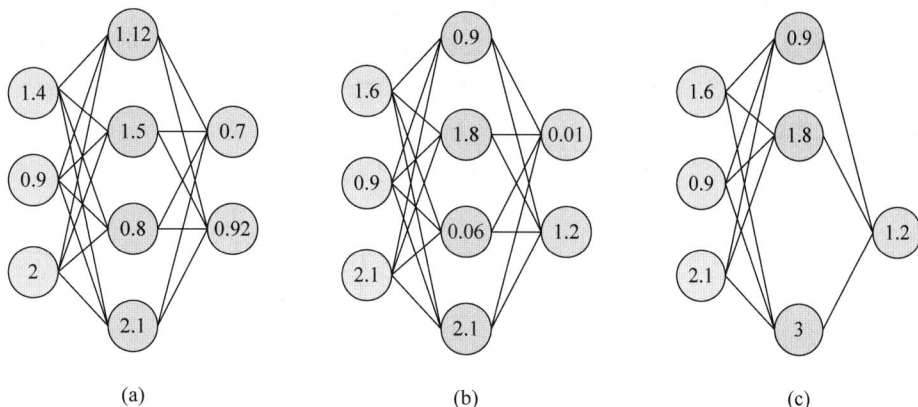

图 8-5　修剪效果示例

（a）剪枝之前；（b）稀疏训练后；（c）修剪取值接近 0 的神经元后

首先，BN 层可以有效地解决深度神经网络随着深度的增加引起的训练困难、收敛难度增加问题，起到保护梯度、防止过拟合作用。BN 层的计算公式为

$$
\begin{cases}
\hat{x} = \dfrac{x_i - \mu_{\mathcal{B}}}{\sqrt{\sigma_{\mathcal{B}}^2 + \varepsilon}} \\
y_i = \gamma \hat{x} + \beta
\end{cases}
\tag{8-5}
$$

其中，x_i 和 y_i 为 BN 层的输入和输出；$\mathcal{B}$ 为当前的批量；$\mu_{\mathcal{B}}$ 和 $\sigma_{\mathcal{B}}$ 是小批量 $\mathcal{B}$ 上特征图的均值和标准差；γ 和 β 对应 BN 层的权重和偏差。当权重 γ 接近于 0 时，可以将此输出剪掉。

其次，通过稀疏化训练使部分权重 γ 逼近 0，稀疏化训练需要在损失函数内添加权重 γ 的 L1 正则约束，实现 γ 的稀疏化，即

$$
L = \sum_{(x,y)} l(f(x,W),y) + \lambda \sum_{\gamma \in \Gamma} g(\gamma)
\tag{8-6}
$$

其中，等式右边的第一项为正常训练的损失；第二项为 γ 的 L1 正则约束，$g(\gamma) = |\gamma|$，λ 为正则系数，用来平衡原始的损失函数和约束项。稀疏化后将 γ 逼近 0 的通道剪掉，此处剪掉稀疏化训练后值为 0.1 及以下的 γ 值，并进行微调训练，使得检测的精度回升，得到更紧凑的以乘客头部作为目标的检测算法。

再次，将剪枝完成后更紧凑的 YOLOv5 目标检测算法与 Deep SORT 目标跟踪算法组合用于乘客数量统计，将不同时间段统计的乘客数量组合成客流时间序列。

最后，规定乘客检测框左侧中点处为检测撞线点，如图 8-6 所示，乘客检测框的红色标记点处即为检测撞线点。在监控画面中设置两条横向的居中检测线，如图 8-6 中的蓝色与紫红色线。根据乘客运行轨迹的红色标定点通过画面中横向检测线的顺序判断画面中乘客

的通行方向和数量,具体为,标定点依次通过两条检测线则相应通过方向乘客数量计数增加一个单位。例如,ID 号为 41 的乘客标记点先通过蓝色线再通过紫红色线,则下行方向 Down 的数量加一。最终以此输出 5min 时间粒度下乘客通行数量的时间序列数据,实时输入后续短时客流预测算法中。

2. 短时客流预测算法

利用上述模型输出的以 5min 为时间粒度的客流时间序列,构建 LSTM 短时客流预测算法进行短时客流预测。LSTM 算法是由 Hochreiter 等(1997)提出的一种循环神经网络。LSTM 算法相较于传统的循环神经网络有其优势,传统的 RNN 由于梯度消失和梯度爆炸等问题,存在信息丢失,无法处理记忆长期信息的任务。LSTM 算法由于存在特殊的记忆单元,可以在一定程度上解决长期依赖的问题,因而在短时交通预测等领域发展迅速,逐渐代替了传统的 RNN。LSTM 算法的结构如图 8-7 所示,其使用单元状态来保存长期的信息,从而解决长期依赖问题。LSTM 算法的关键在于控制用来保存长期状态的单元状态,其使用三个门作为三个控制开关,使得信息选择性通过。遗忘门负责接收上一个模块传过来的信息,并决定被遗忘和被保存进此模块长期状态的信息,记忆门决定被保存到长期状态的信息,输出门决定作为输出传到下一个长期状态中进行处理的信息。图 8-7 即为 LSTM 算法三个门的结构,其中 σ 为 sigmoid 激活函数,tanh 为双曲正切激活函数。

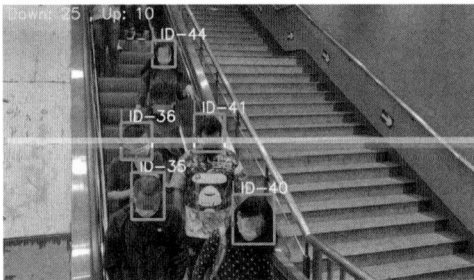

图 8-6　客流识别(见文后彩图)

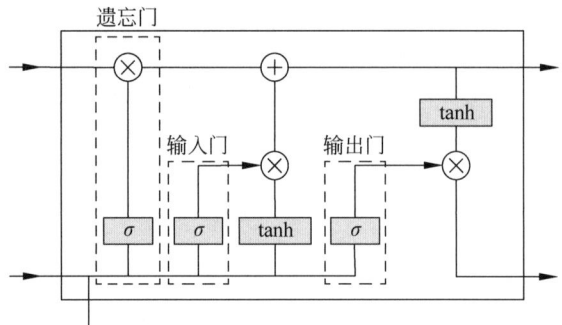

图 8-7　LSTM 算法的结构

基于 LSTM 短时客流预测算法,将得到的客流时间序列实时输入到短时客流预测算法中进行预测,同时,将实时提取的客流时间序列不断输出至 LSTM 算法中,对 LSTM 算法进行实时在线训练,以提升其预测精度。

8.3.2　Detect-Predict 模型

本章提出的基于计算机视觉的轨道交通站内精细化短时客流识别与预测模型——Detect-Predict 模型的整体框架如图 8-8 所示。

在构建 Detect-Predict 模型前,首先利用闸机口、楼扶梯口、换乘通道、站台等处拍摄并标注乘客头部的图片数据集训练 YOLOv5 目标检测算法,使得模型能够在轨道交通站内场景下进行乘客头部检测;其次对模型进行剪枝压缩,以满足实时性及模型部署要求;再次利用训练并剪枝优化后的 YOLOv5 目标检测算法,进行乘客数量统计以及客流时间序列提取;最后利用提取的客流时间序列训练 LSTM 模型,得到预训练后的短时客流预测模型。

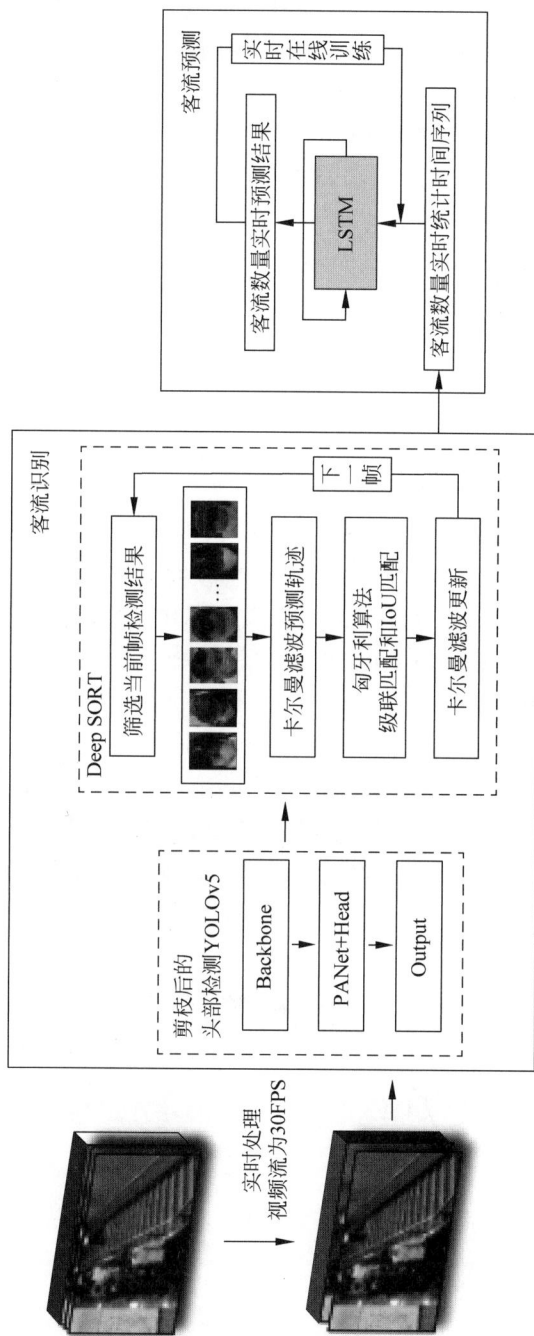

图 8-8 Detect-Predict 模型的整体框架(见文后彩图)

基于上述训练并剪枝优化后的 YOLOv5 目标检测算法,以及 LSTM 短时客流预测模型,构建端到端的精细化短时客流识别与预测模型——Detect-Predict 模型,模型总体输入轨道交通站内各场景下的监控视频,输出精细化的短时客流预测结果,并通过不断在线训练,提升模型的预测效果。为了平衡识别精度与处理速度,该模型首先将输入视频处理为 30FPS,并输入以头部为检测目标的 YOLOv5 算法,检测视频中每帧图片的目标;其次,将检测完毕的、带有检测框的每帧检测结果依次输入到 Deep SORT 目标跟踪算法中,获取每位乘客的运行轨迹,并根据运行轨迹统计 5min 时间粒度下视频中的乘客数量,目标检测和目标跟踪部分共同构成客流识别算法;最后,将上述客流识别算法输出的客流时间序列实时输入到 LSTM 算法中进行精细化短时客流预测,同时对 LSTM 算法进行在线训练与微调,以提升 LSTM 算法的后续预测精度。

8.4　实验及分析

8.4.1　客流识别实时性实验

客流识别工作的识别时间不能超过视频本身的时长,对于 5min 的视频,客流识别的时间不能超过 5min,否则会影响识别的实时性;同时,视频帧数越高,视频越连贯,识别结果越接近真实值,然而相同时间内需要处理的帧数越多,识别的时间越长。因此,为了平衡客流识别的实时性与准确性,本章将一段 5min 的视频数据处理成如图 8-9 所示的 12 个不同帧数下的视频,并统计该帧数下对应的识别时间以及识别结果,该 5min 视频内的真实乘客人数为 112 人。由图 8-9 可知,随着视频帧数的增加,识别时间相应增长,识别结果更加准确,当视频帧数为 30FPS 时,识别时间小于 5min,能够满足实时性要求。在满足实时性的前提下,视频帧数为 30FPS 下的识别结果最接近真实值,且该识别结果能够满足准确性要求。因此,本章选取 30FPS 的视频作为精细化短时客流识别与预测模型的输入。

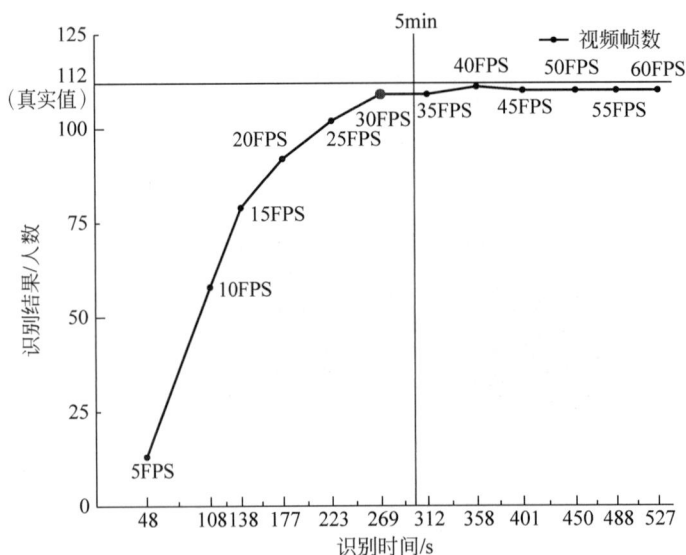

图 8-9　帧数选择对识别时间与识别结果的影响

为验证将视频帧数处理为 30FPS 是否满足客流识别的实时性,使用本研究拍摄的视频数据对客流识别的实时性进行验证。将总时长为 900min 的视频数据划分为 180 个时长为 5min 的视频,将视频帧数批量处理为 30FPS,并依次输入客流识别模型中统计单个视频的识别时间。结果表明,在视频帧数为 30FPS 的情况下,客流识别的时间均在 5min 以下,识别的平均时间为 272s,部分视频的识别结果如表 8-1 所示。因此,客流识别能够满足实时性的要求,时长为 5min 的视频均可在 5min 以内识别完毕。

表 8-1 60FPS 与 30FPS 识别时间及准确率对比

视频序号	60FPS 识别时间（单位/s）	识别准确率	30FPS 识别时间（单位/s）	识别准确率
1	534	98.2%	278	100%
2	525	96.0%	264	95.9%
3	522	100%	255	96.8%
4	520	96.5%	254	96.5%
5	515	100%	250	98.9%
6	512	98.1%	249	96.3%
7	511	97.4%	248	96.7%
8	508	97.0%	237	95.5%

注：原始视频时长为 300s。

8.4.2 乘客数量统计以及客流时间序列提取算法

1. 正常训练

本章利用上述目标检测数据集训练基于 YOLOv5 的目标检测算法,训练迭代次数为 300,经过训练得到轨道交通站内场景下乘客头部检测的权重。在交并比 IoU 为 0.5 的情况下目标检测算法的精确率(precision)为 0.912,召回率(recall)为 0.779,平均精度(mAP)为 82.1%。

精确率的计算公式为

$$\text{Precision} = \frac{\text{TP}_A}{\text{TP}_A + \text{FP}_A} \qquad (8\text{-}7)$$

其中,TP_A 为乘客头部被正确检测的数量；FP_A 为将背景错误地识别为乘客的检测数量。

召回率的计算公式为

$$\text{Recall} = \frac{\text{TP}_A}{\text{TP}_A + \text{FN}_A} \qquad (8\text{-}8)$$

其中,FN_A 为将乘客头部错误地检测为背景的数量。

在目标检测中,每一个检测类别都可以召回率(recall)和精确率(precision)分别为横坐标和纵坐标绘制一条召回率-精确率(R-P)曲线,AP 为该曲线下的面积,mAP 是多个类别 AP 的平均值,在本章中其与 AP 意义相同。

训练后算法的可视化结果如图 8-10 所示,其中检测框为模型的检测结果。该结果显示轨道交通站内多个场景的检测效果较好,正对、背对镜头的乘客能够得以识别,密集通道处的遮挡乘客也得到了较好的识别。这表明该检测算法可以满足统计乘客数量以及提取客流时间序列的需求。

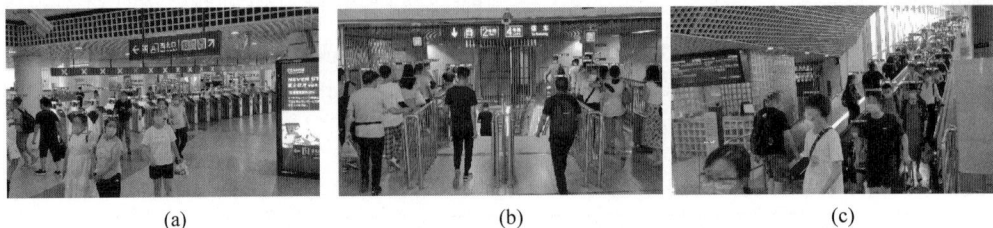

图 8-10 目标检测效果

(a) 闸机口；(b) 换乘通道 1；(c) 换乘通道 2

2. 稀疏训练

以上述正常训练得到的 YOLOv5 作为初始网络，对其 BN 层的权重 γ 进行稀疏化处理，其中正则系数 λ 设置为 0.0001。未进行稀疏训练时，初始网络的权重 γ 值随训练迭代次数的分布如图 8-11(a) 所示，随着训练迭代次数的增加，权重 γ 始终接近均值为 1 的正态分布，其中几乎没有接近 0 的权重参数，因此可用于剪枝的 BN 层较少，难以达到模型压缩的效果。对网络进行稀疏化训练后，权重 γ 值随训练迭代次数的分布如图 8-11(b) 所示，BN 层的参数随着训练迭代次数的增加，权重分布的均值逐渐趋向于 0，因此，存在较多权重的取值接近 0，可用于剪枝的 BN 层较多，满足剪枝条件，剪枝后能够达到模型压缩的效果。

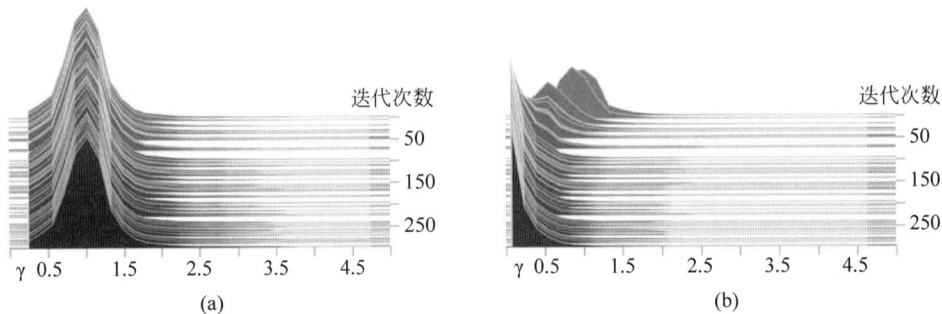

图 8-11 正常训练与稀疏训练的 γ 值分布

3. 模型剪枝及微调

随着训练次数的增加，越来越多的权重 γ 值接近于 0。为了加快模型的训练速度，将权重 γ 值接近于 0 的 BN 层从网络中删除，从而达到剪枝压缩的目的。

经过微调，剪枝前后的模型效果对比如表 8-2 所示。

表 8-2 剪枝前后模型效果对比

指标	Precision	Recall	mAP	权重文件大小	参数数量
剪枝前	0.912	0.779	82.1%	14.4 M	706 万
剪枝后	0.904	0.792	83.1%	2.9 M	139 万

　　由表 8-2 可知,剪枝的所有步骤完成后,目标检测算法的 mAP 上升了一个百分点,并且权重文件和参数数量均得到了较好的压缩。将剪枝后的乘客头部检测算法与 Deep SORT 目标跟踪算法相结合构成客流识别算法,用于统计乘客数量以及提取客流时间序列,其中 Deep SORT 算法已在大型行人重识别数据集上训练完毕,适用于对乘客头部进行追踪。

4. 客流识别算法实验结果

　　以某楼扶梯口下行方向乘客的统计为例,利用客流识别算法对该场景下的乘客数量进行统计。每 5min 输出一次统计结果,得到以 5min 为时间粒度的时间序列数据。将连续五个周五的早高峰视频数据统计与识别结果进行可视化,统计结果与真实值对比如图 8-12 所示。结果显示算法识别结果与真实值接近,满足预测需要。

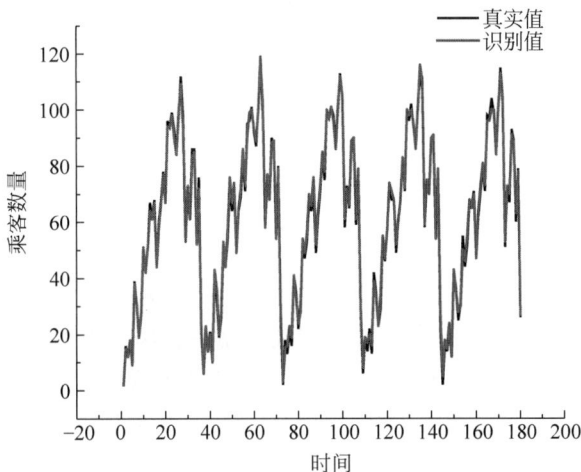

图 8-12　统计结果与真实值对比

　　此外,该算法在该楼扶梯口连续五个周五的早高峰 06:30—09:30 的视频数据上进行测试,得到算法准确率为 99.48%。准确率(accuracy)的计算如下:

$$Acc = \frac{TP_B + TN_B}{TP_B + TN_B + FP_B + FN_B} \tag{8-9}$$

其中,TP_B 为乘客被正确识别且计数的数量;TN_B 为非乘客没有被计数的数量;FP_B 为假阳性,即非乘客被错误识别并计数的数量;FN_B 为假阴性,即乘客被错误识别且并未得到计数的数量。

8.4.3　精细化短时客流预测

　　利用上述识别的客流时间序列,构建基于 LSTM 的短时客流预测模型,取 80% 的数据为训练集,学习率为 0.002,迭代次数为 1500。剩余 20% 的数据为测试集,用于端到端的 Detect-Predict 模型的测试,该模型预测结果的 RMSE 为 11.07,MAE 为 8.02,WMAPE 为 12.57%,预测结果如图 8-13 所示。从图中可知,预测结果能基本拟合真实结果,说明 Detect-Predict 模型具有较好的短时客流预测效果。

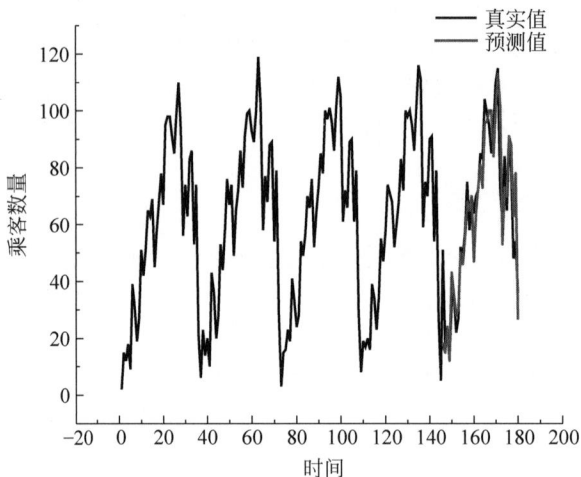

图 8-13

图 8-13　精细化短时客流预测结果

8.5　小结

　　本章基于计算机视觉算法,提出了一种轨道交通站内场景下的精细化短时客流识别与预测模型——Detect-Predict 模型。该模型以轨道交通站内各场景下的拍摄视频为输入,以精细化的短时客流预测结果为输出,同时可通过在线训练来提升模型的预测效果,并满足实时性以及模型部署要求,可利用轨道交通站内已有监控设备进行相应场景下的精细化短时客流预测。首先,针对目前轨道交通站内场景的短时客流研究现状进行概述;其次,针对本章提出的模型进行详细介绍;最后,介绍模型的实验结果以及相关分析。本章内容总结如下:

　　(1) 为弥补轨道交通站内精细化场景下短时客流预测相关研究的不足,使得轨道交通运营者实时掌握站内各场景客流信息并及时疏导站内密集客流,保障乘客乘车安全,本章提出了实时的、可在线训练的、端到端精细化短时客流识别与预测模型——Detect-Predict 模型。该模型输入轨道交通站内场景下的监控视频数据,即可统计每个历史 5min 在此场景下通过的客流时间序列并实时预测未来 5min 的客流量。

　　(2) 本章采用借助稀疏化训练进行通道剪枝的方式对目标检测算法进行压缩,同时采用处理输入视频每秒传输帧数(frames per second,FPS)的方法,使得 Detect-Predict 模型同时满足了实时性与准确性的要求,可以部署应用到轨道交通站内相应场景。

　　(3) 目前专门针对轨道交通站内各场景的图片和视频数据较少。本章拍摄并标注了含有 2428 张图片以及 45983 个检测目标的目标检测数据集,以及拍摄了某地铁车站楼扶梯口处连续五个周五的早高峰 900min 的视频监控数据,用以训练乘客识别算法以及验证 Detect-Predict 模型的有效性,同时可供后续轨道交通站内相关研究使用。

参考文献

HOCHREITER S,SCHMIDHUBER J. 1997. Long short-term memory[J]. Neural Computation,9(8):

1735-1780.

LI Y G,YU R,SHAHABI C,et al. 2018. Diffusion convolutional recurrent neural network：Data-driven traffic forecasting[J]. International Conference on Learning Representations,1-16.

LIU Q L,GUO Q,WANG W,et al. 2021. An automatic detection algorithm of metro passenger boarding and alighting based on deep learning and optical flow[J]. IEEE Transactions on Instrumentation and Measurement,70：1-13.

LIU Z,LI,J G. SHEN Z Q,et al. Learning efficient convolutional networks through network slimming[C]. IEEE International Conference on Computer Vision,2017：2736-2744.

REDMON J,DIVVALA S,GIRSHICK,R et al. You only look once：Unified,real-time object detection[C]. IEEE Conference on Computer Vision and Pattern Recognition,2016：779-788.

SIPETAS C, KELIKOGLOU A, GONZALES E J. 2020. Estimation of left behind subway passengers through archived data and video image processing[J]. Transportation Research Part C：Emerging Technologies,118：102727.

SONG H S,LIANG H X,LI H Y,et al. 2019. Vision-based vehicle detection and counting system using deep learning in highway scenes[J]. European Transport Research Review,11(1)：1-16.

WOJKE N,BEWLEY A,PAULUS D. Simple online and realtime tracking with a deep association metric [C]. IEEE International Conference on Image Processing,2017：3645-3649.

XU D W,WEI C C,PENG P,et al. 2020. GE-GAN：A novel deep learning framework for road traffic state estimation[J]. Transportation Research Part C：Emerging Technologies,117：102635.

ZHANG J B,ZHENG Y,QI D K. 2017. Deep spatio-temporal residual networks for citywide crowd flows prediction[C]. Thirty-first AAAI conference on artificial intelligence.

ZHANG J L,CHEN F,CUI Z Y,et al. 2021. Deep learning architecture for short-term passenger flow forecasting in urban rail transit[J]. IEEE Transactions on Intelligent Transportation Systems,22(11)：7004-7014.

ZHANG J L,CHEN F,GUO Y N,et al. 2020. Multi-graph convolutional network for short-term passenger flow forecasting in urban rail transit[J]. IET Intelligent Transport Systems,14(10)：1210-1217.

ZHANG J,LIU J Z,WANG Z Z. 2021. Convolutional neural network for crowd counting on metro platforms [J]. Symmetry,13(4)：703.

史红梅,柴华,王尧. 2015. 基于目标识别与跟踪的嵌入式铁路异物侵限检测算法研究[J]. 铁道学报,37 (7)：58-65.

图例
类别1(53)
类别2(71)
类别3(11)
类别4(48)
类别5(63)
类别6(30)

图 2-2　不同父类车站的空间分布

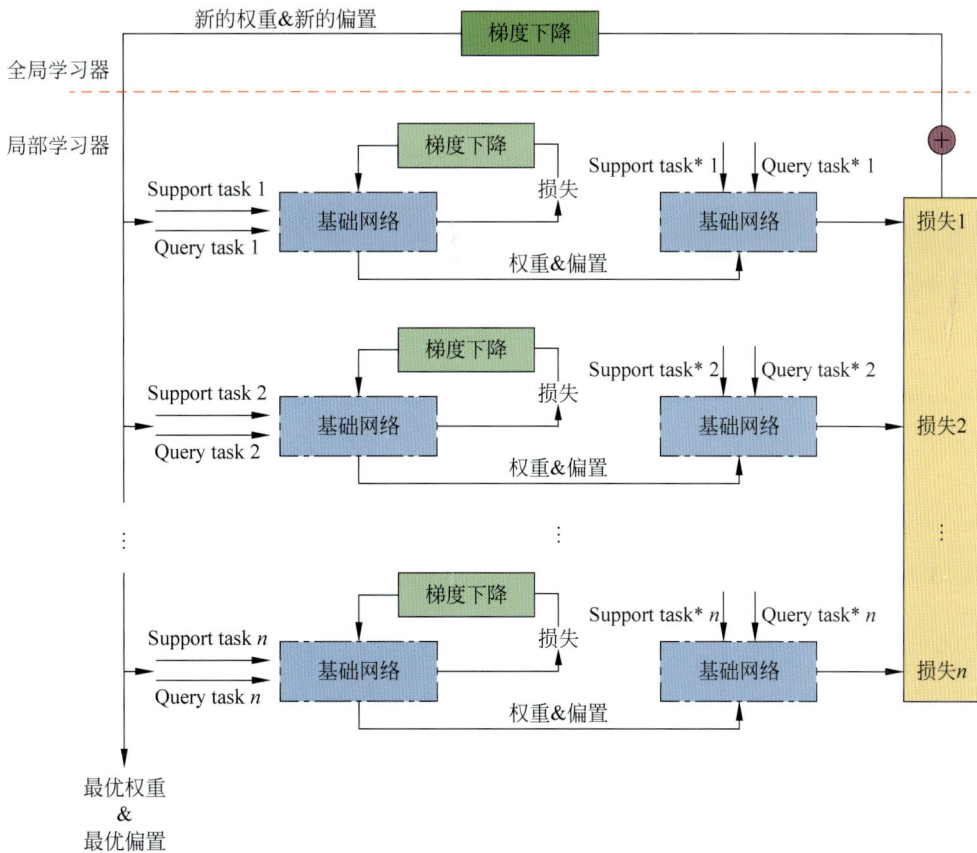

图 2-18　元学习器概况

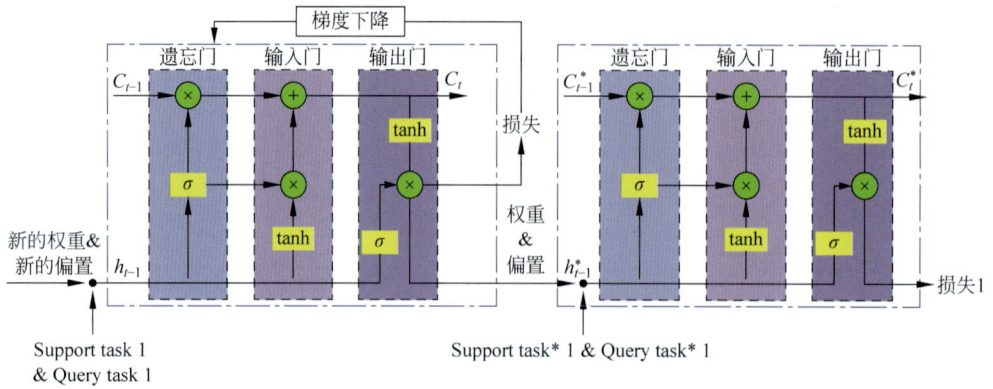

图 2-19　局部学习器的结构

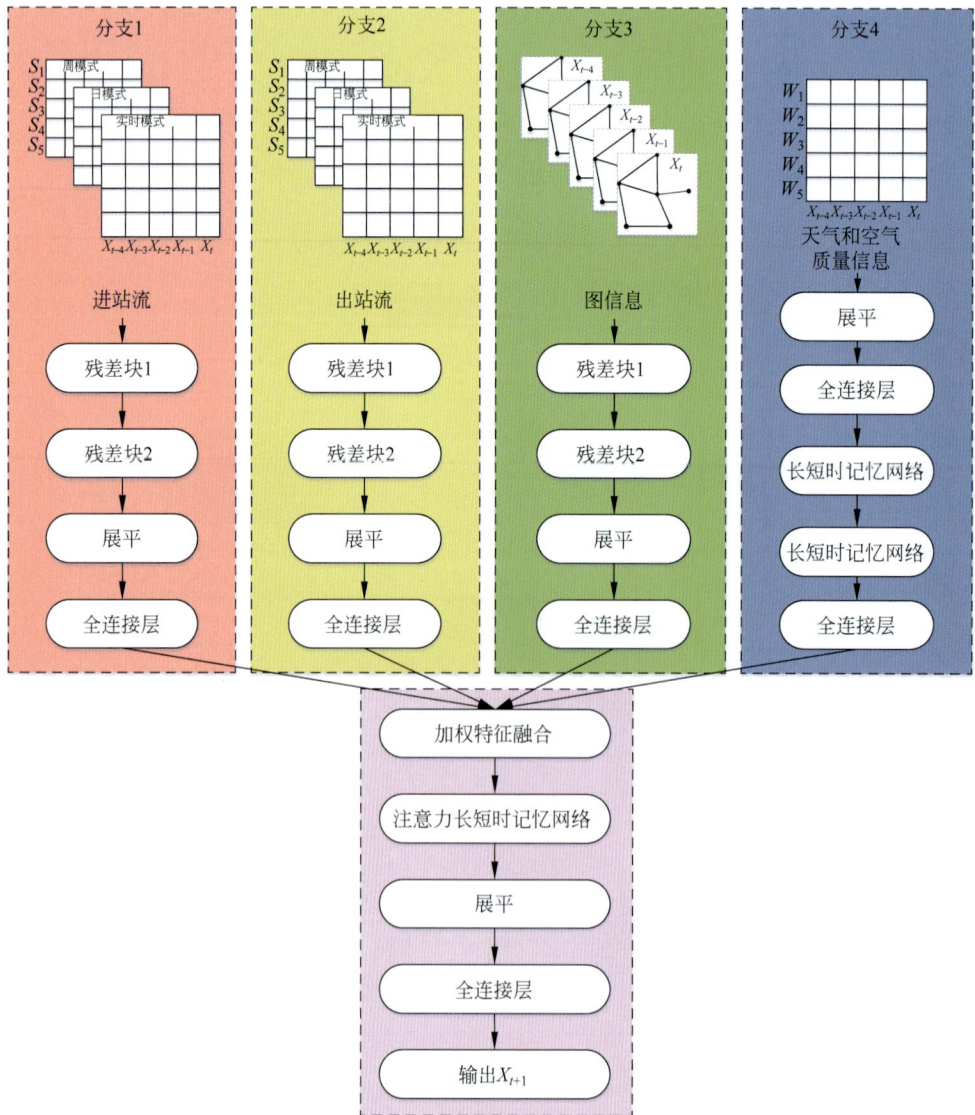

图 3-5　ResLSTM 模型框架

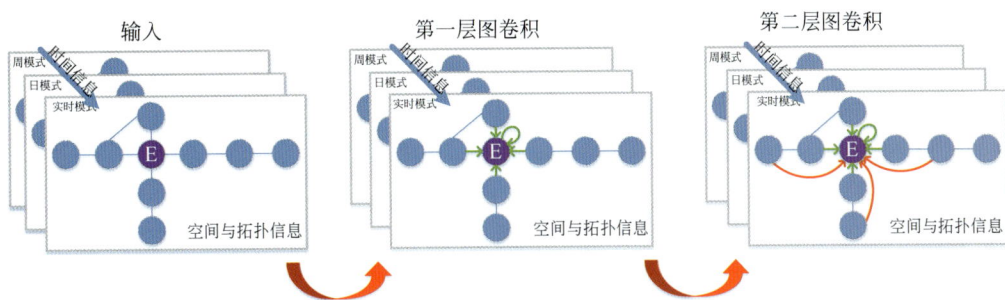

输入 第一层图卷积 第二层图卷积

周模式 日模式 实时模式 时间信息

空间与拓扑信息

图 3-10 地铁网络上的图卷积

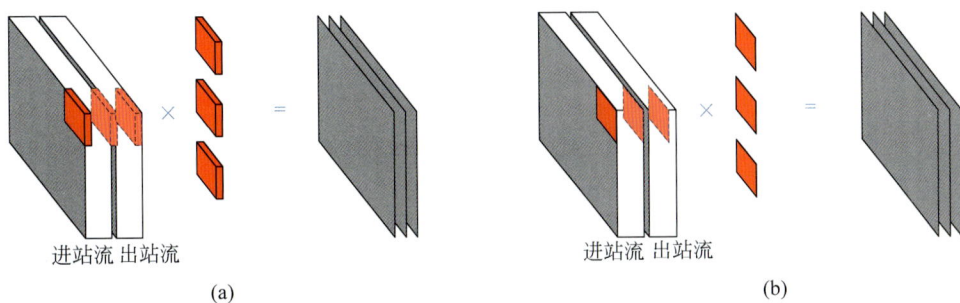

进站流 出站流 进站流 出站流

(a) (b)

图 3-11 二维卷积神经网络和三维卷积神经网络示意图

(a) 二维卷积神经网络;(b) 三维卷积神经网络

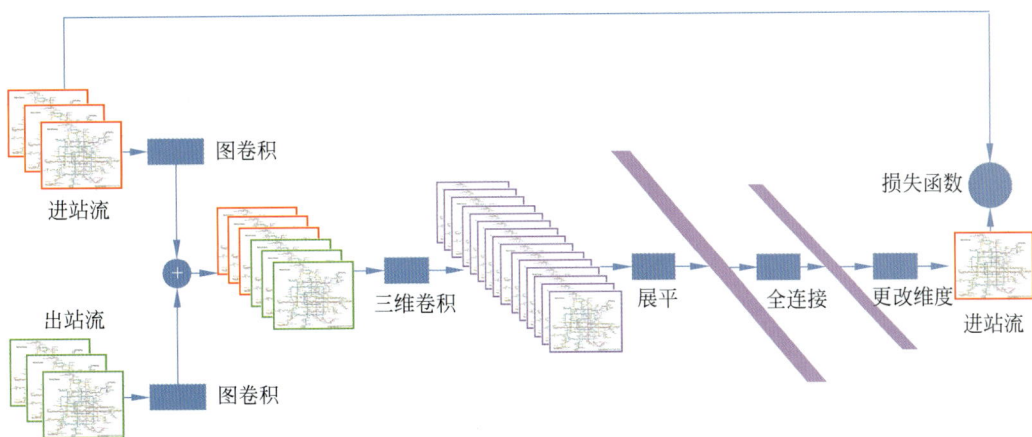

进站流 图卷积

出站流 图卷积

三维卷积 展平 全连接 更改维度

损失函数

进站流

图 3-12 Conv-GCN 示意图

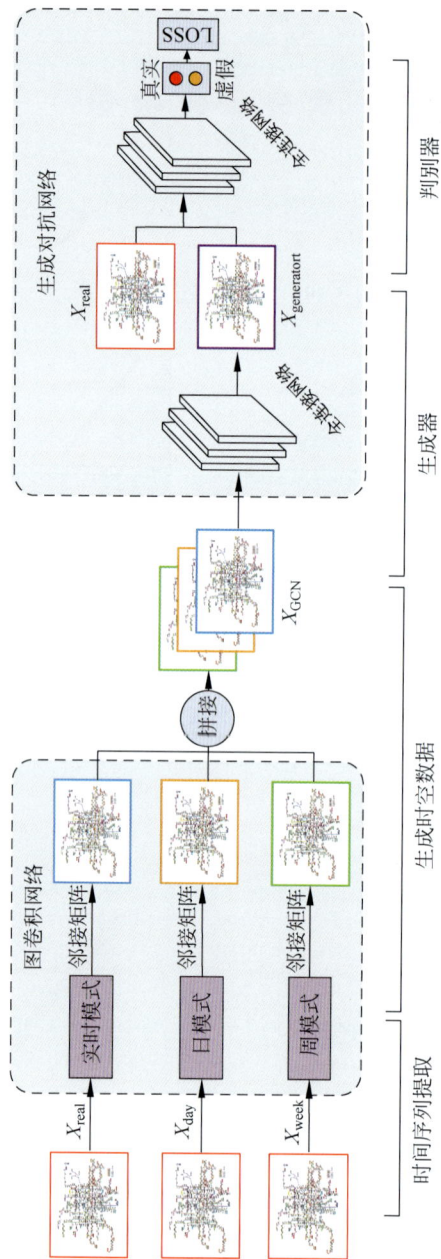

图 3-15 Graph-GAN 模型框架

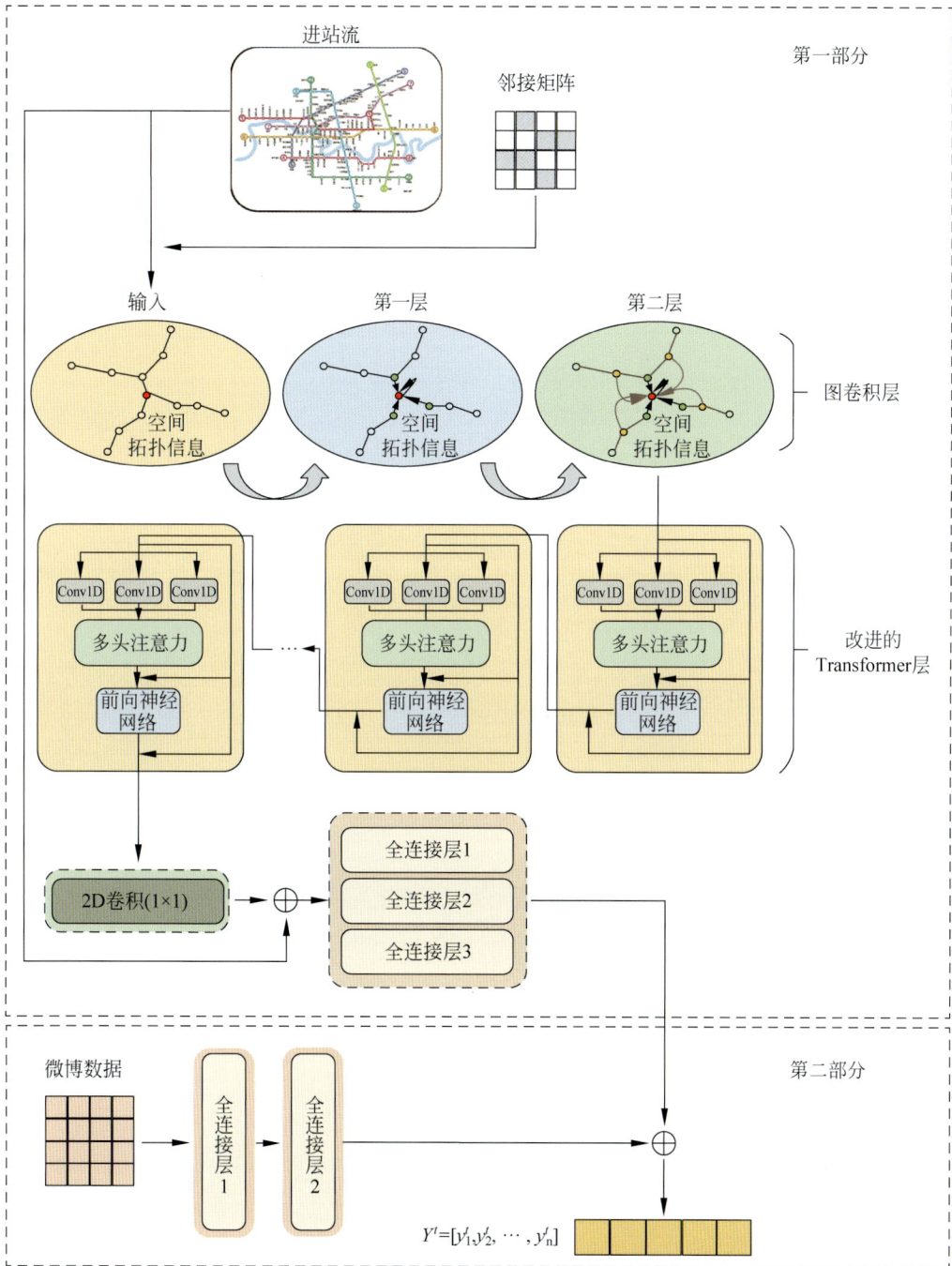

图 4-2　GCN-Transformer 模型框架

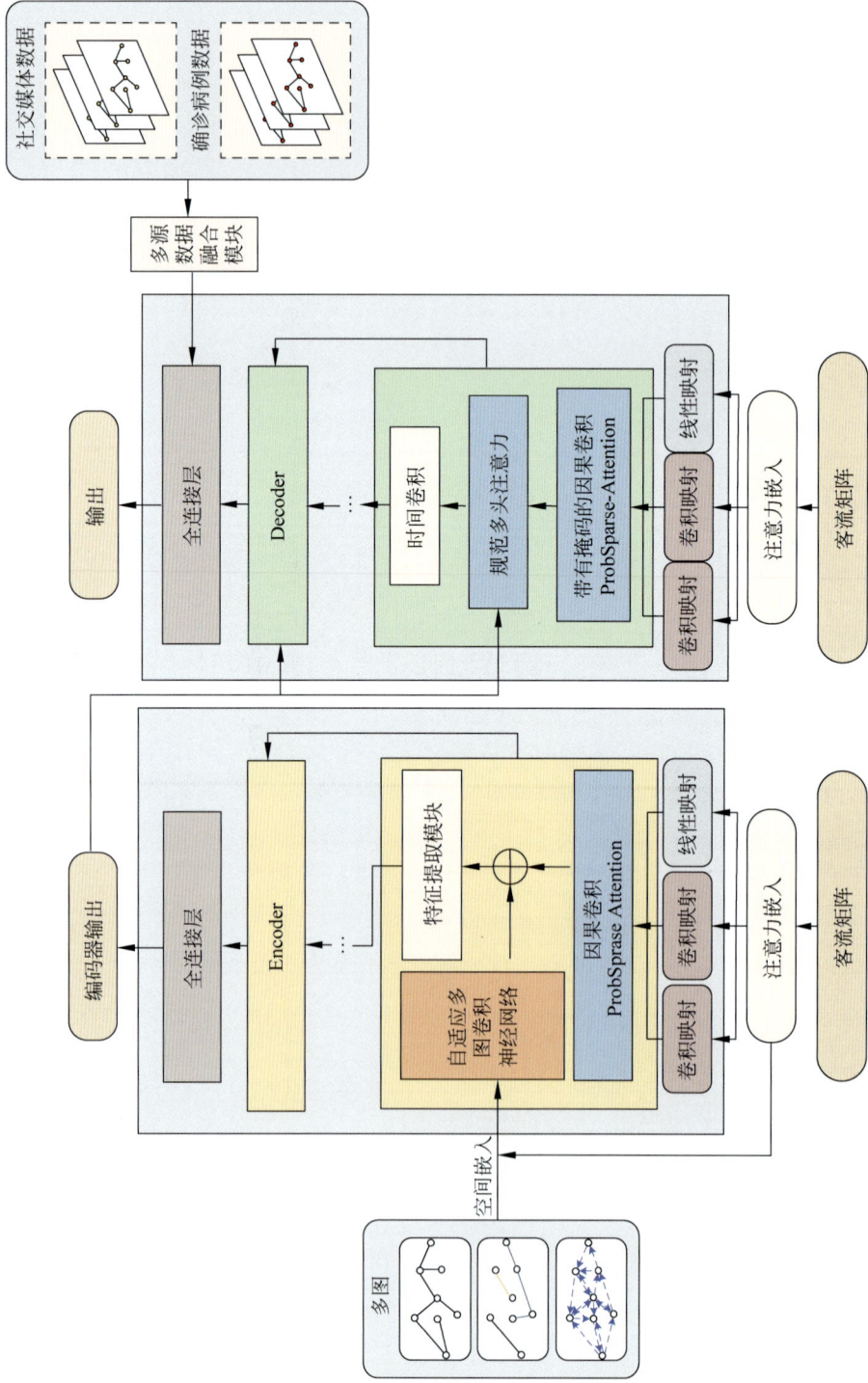

图 4-10 ST-former 框架

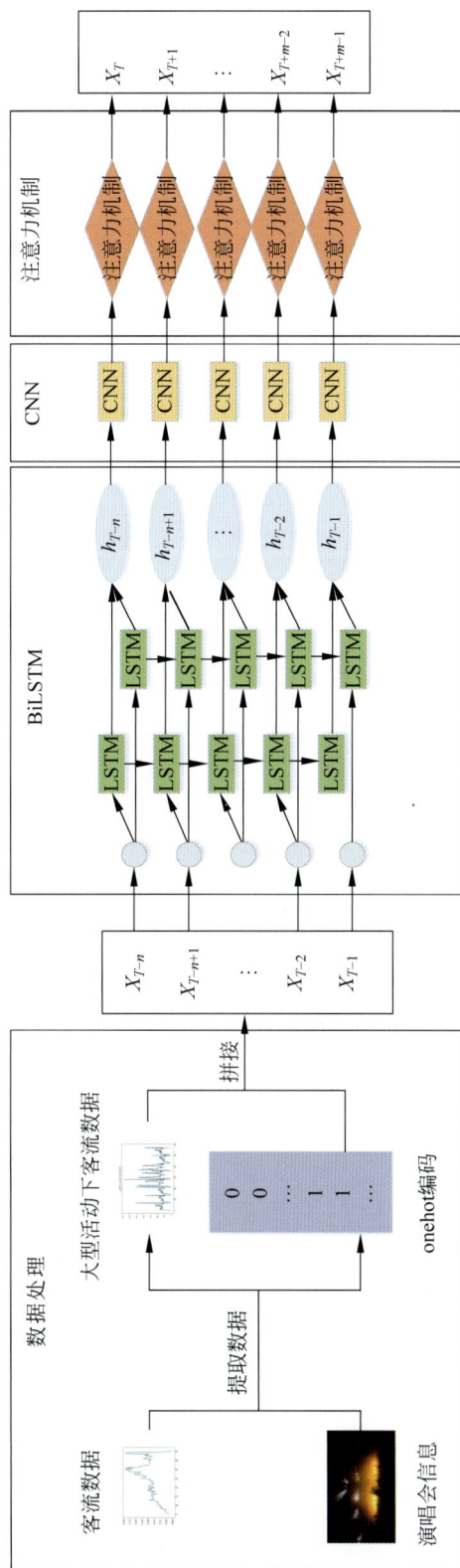

图 4-23　模型框架图

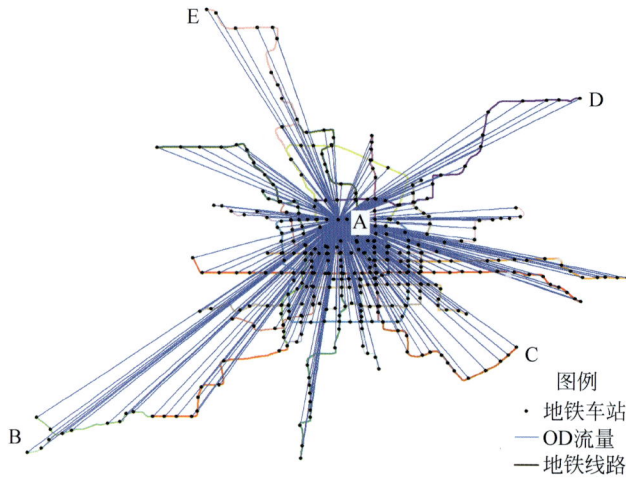

图 5-2　OD 流示意图

图例
· 地铁车站
— OD 流量
— 地铁线路

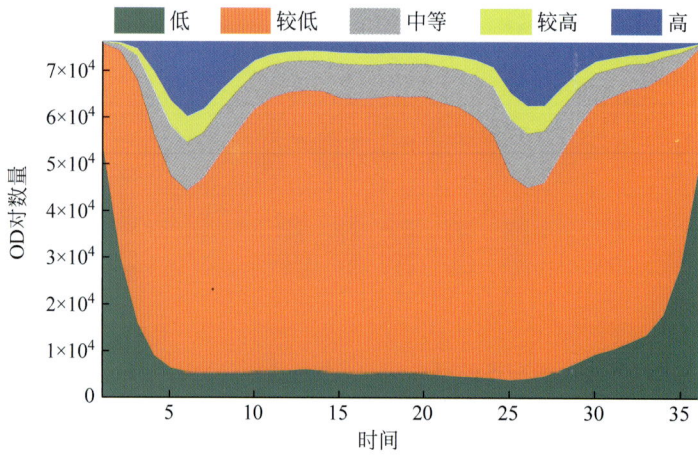

图 5-3　一天内 OD 数量变化示意图

图例：低　较低　中等　较高　高

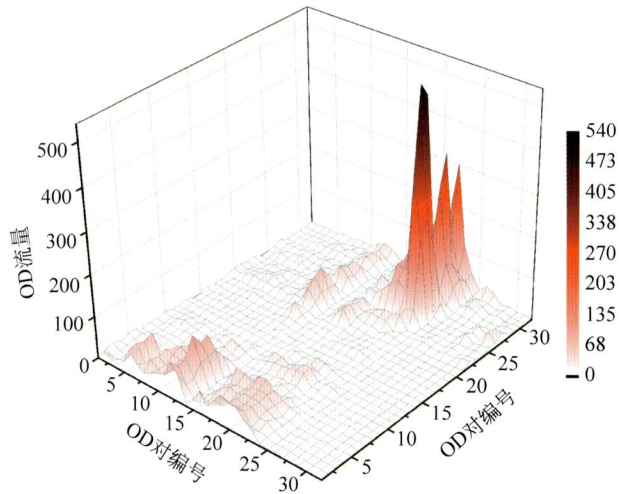

图 5-4　三维视角下子 OD 矩阵示意图

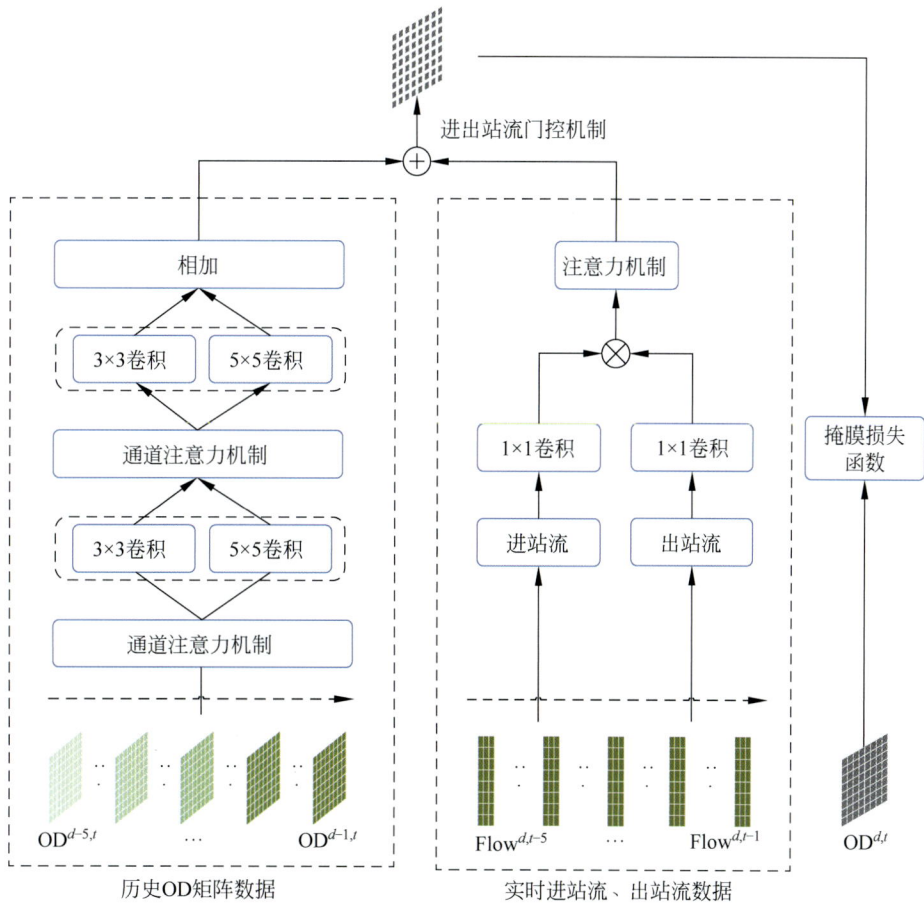

图 5-17 CAS-CNN 模型的结构

图 6-1 乘客从起点经历一次换乘到达终点的乘车过程示意图

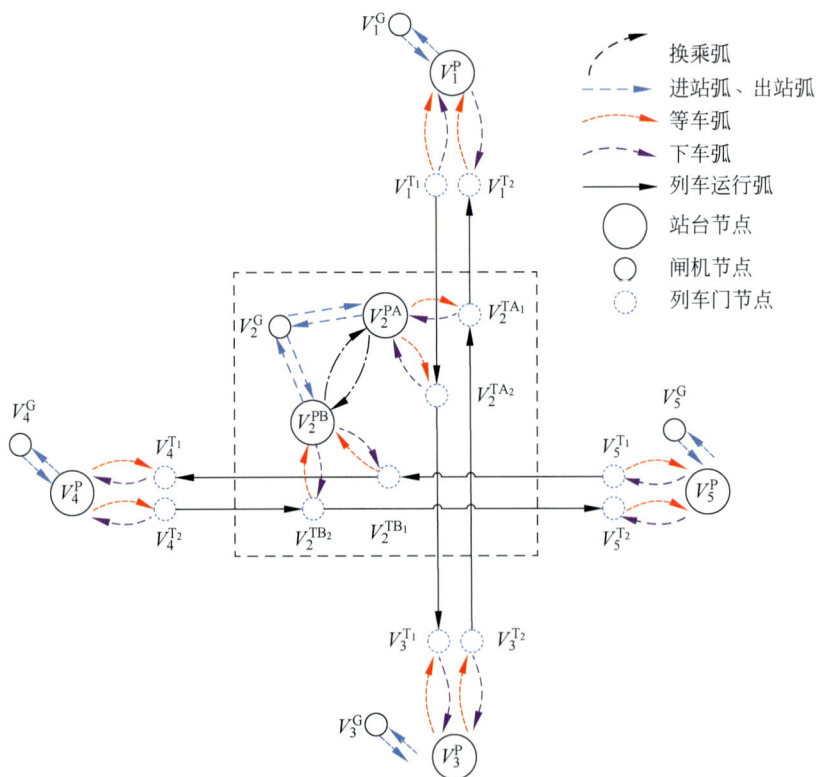

图 6-4 节点和弧段示意图

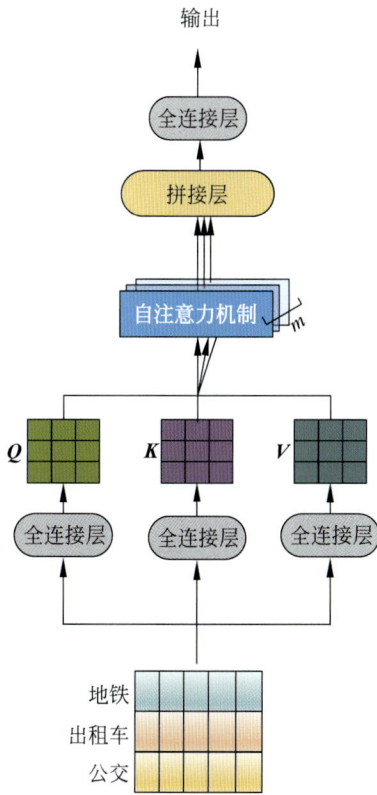

图 7-6 多头注意力机制示意图

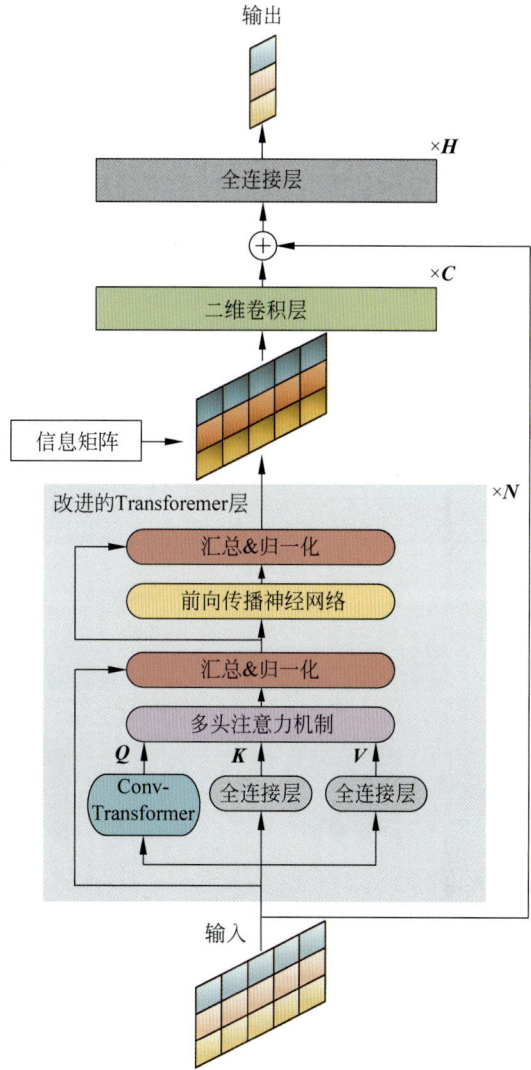

图 7-8 Res-Transformer 模型的框架

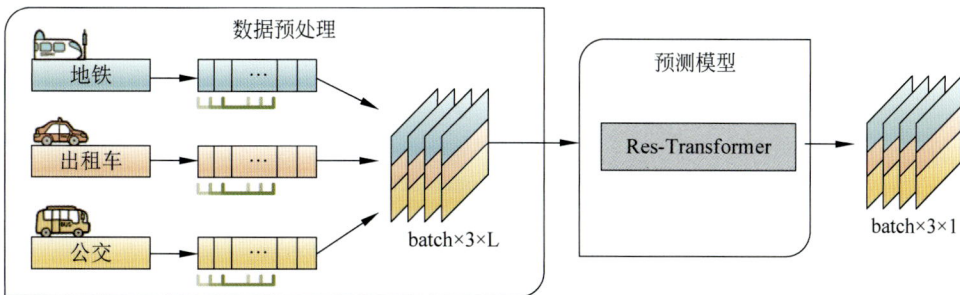

图 7-10 区域级多模式交通短时客流预测整体框架示意图

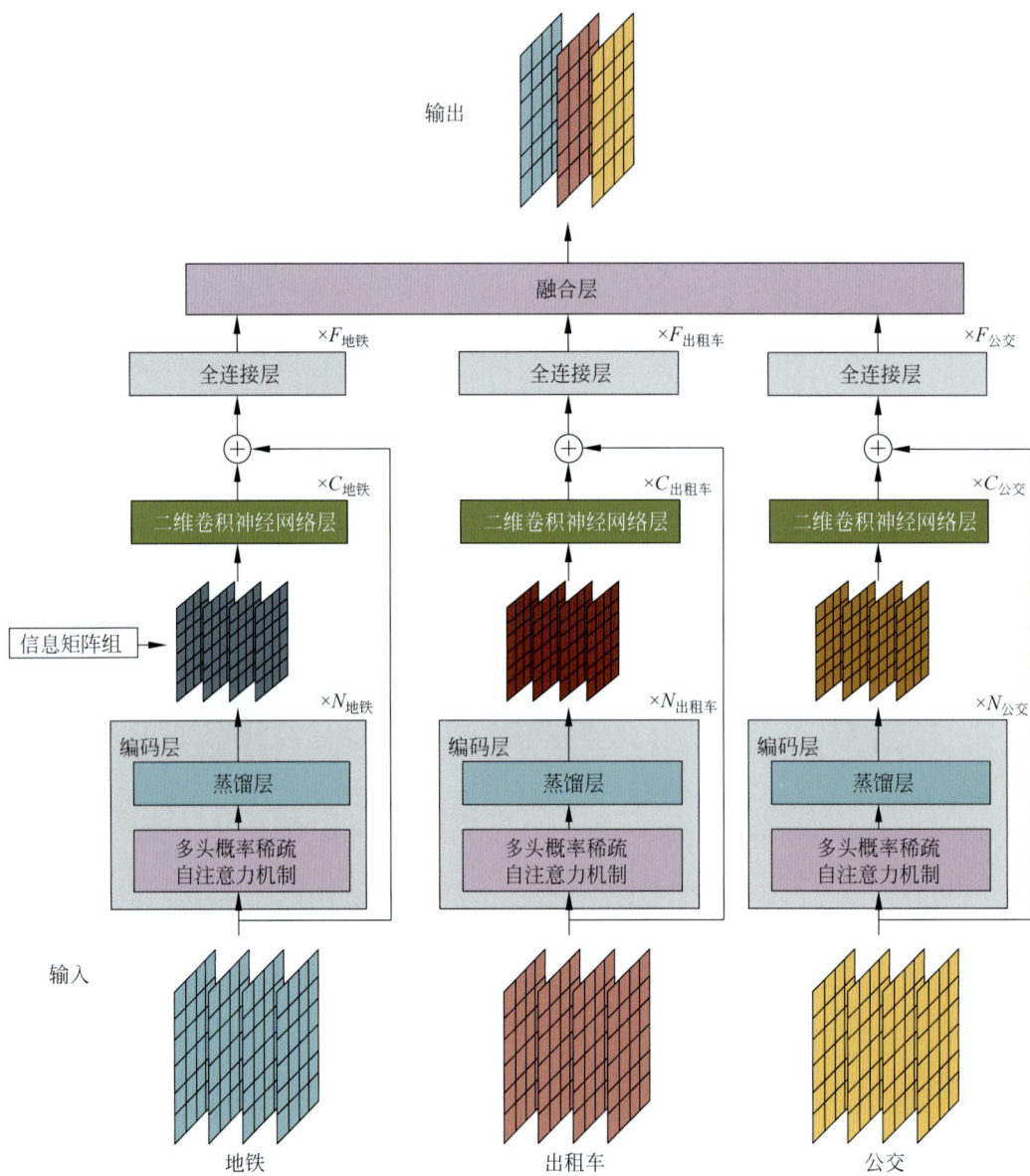

图 7-20　Res-Informer 框架示意图

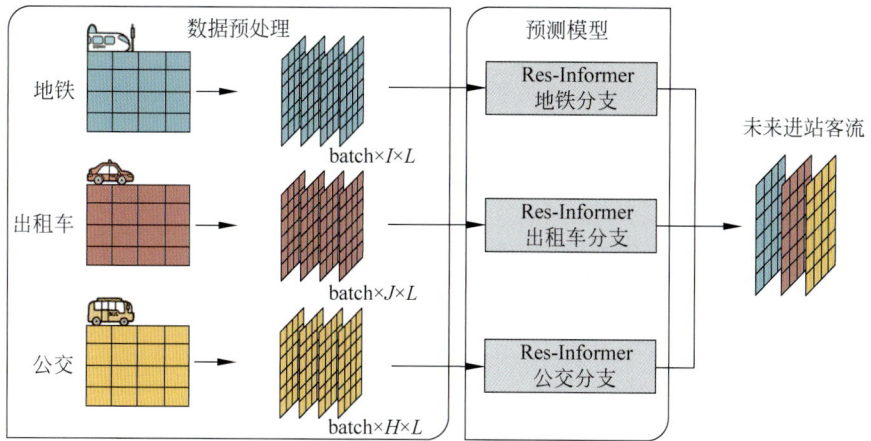

图 7-21 网路级别多模式交通短时客流预测整体框架

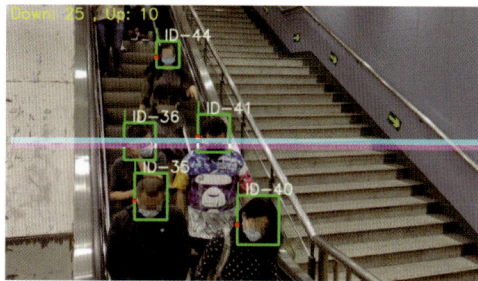

图 8-6 客流识别

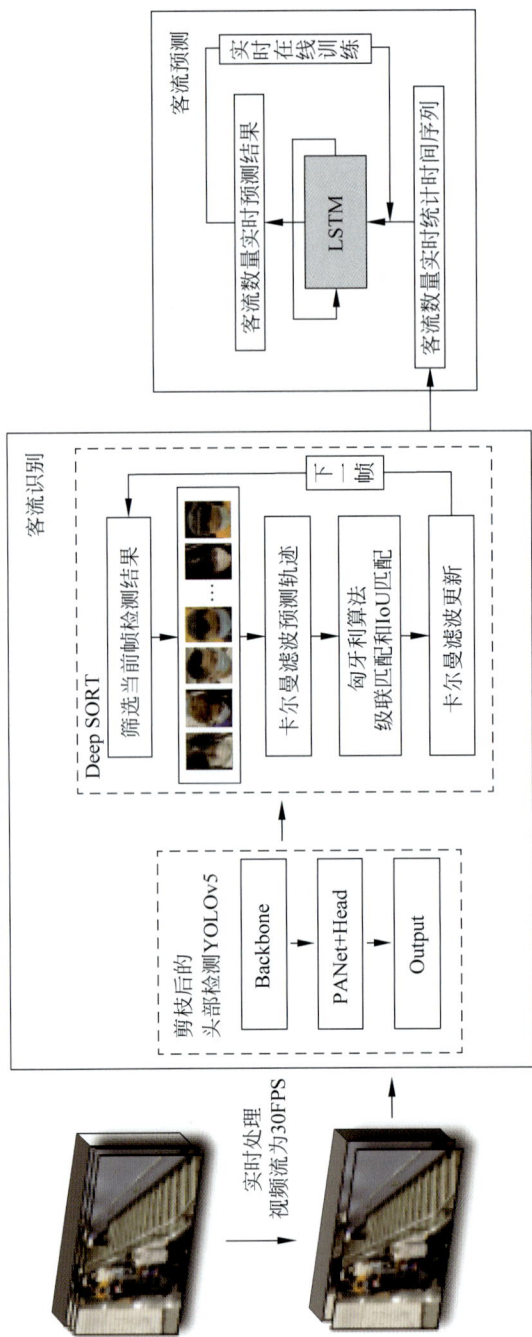

图 8-8　Detect-Predict 模型的整体框架